中国社会科学院创新工程学术出版资助项目

The Theories and Practices of
EU Member States' Economic Reform

欧盟国家经济改革的理论与实践

裴元伦　张　敏 等/著

社会科学文献出版社
SOCIAL SCIENCES ACADEMIC PRESS (CHINA)

本书是中国社会科学院 2009 年度重大（A 类）课题"欧盟国家经济改革的理论与实践"的结项成果。本书各章节撰稿人如下：

序：裘元伦研究员

导论：裘元伦研究员

第一章：张敏研究员

第二章：顾俊礼研究员

第三章：王鹤研究员

第四章：张敏研究员

第五章：薛彦平研究员

第六章：张敏研究员

第七章：蒋尉博士

结语：张敏研究员

本课题的中期成果：〔美〕薇安·A. 施密特《欧洲资本主义的未来》（张敏、薛彦平译）已于 2010 年 4 月由社会科学文献出版社正式出版。

特别感谢以下课题组成员：

裘元伦研究员、顾俊礼研究员、王鹤研究员、张敏研究员、薛彦平研究员、赵俊杰研究员、张宁博士、蒋尉博士。

目　录
CONTENTS

序

欧洲依然有希望

一 "旧大陆"已被唱衰一百年

在欧洲主权债务危机的阴影下，北半球多国不少媒体都在高调唱衰欧洲，其中有的已在为欧元、欧元区和欧盟提前奏起了安魂曲。笔者从来不认同这类论调和预测。

自哥伦布1492～1504年发现美洲"新大陆"之后，欧洲常常被人俗称为"旧大陆"。不过，恰恰在这片"老旧"的土地上，以14～16世纪的文艺复兴为发端，后经展延数百年的一连串战争、革命和变革，形成了现代意义上的民族，产生了现代国家，以及与此相应的现代政治、经济、社会、历史和文化，为人类开启了现代文明之门。建基于此，"欧洲世纪"持续了大约五百年，直至1913年越过其顶点，逐渐被"美国世纪"所替代。自那以来，旧大陆基本上一直处于被唱衰的哀乐声中。1945年，第二次世界大战结束，标志着"美国世纪"的牢固确立，旧大陆欧洲的国际地位大大下落。进入21世纪，由于一群后起追赶、开始实现工业化的新兴国家崛起，整个西方，尤其是其中的欧洲的国际影响力进一步削弱。这次债务危机给欧洲再一次沉重打击。

然而，欧洲国际地位的下降是相对的。没有一个西欧国家是绝对衰落的。看看英国，它在失去了广袤的殖民地和"日不落帝国"桂冠之后，至今依然被公认为世界上重要的发达国家之一；想想德国，它在两次世界大战中连战连败，国土面积越打越小，今日照样挺立于世界先进国家之林；再遥望昔日比较落后的南欧与北欧，二战后，前者也进入了发达国家的行列，后者则更成了令人神往的生活方面现代化最宜居、社会领域最廉洁清新之地。西欧 2010 年拥有全球财富的 27.2%（198 万亿美元中的 54 万亿，仅少于美国的 29.3%，远高于日本的 13.8%，中国的 10%）；截至 2008 年底，欧洲对外直接投资的资本存量达 136236 亿美元，这大致相当于"第二个欧洲"。

更值得强调的是，虽然"欧洲世纪"早已逝去，欧洲在某些方面依然是人类进步事业的先行者。二战后，欧洲有两大创新，即一体化和社会福利制度。在过去的五六十年里，每每欧洲人在联合的道路上迈出脚步时，不少人总是预言"他们成不了"。然而，欧洲人还是一件一件基本做成了。是的，他们很吃力。次次争，回回吵。但是，人们不应忘却，西欧是一个民族国家典型、民主国家集中的地区。"民族特性"是一条很难迈过的门槛，而"民主国家"更是一种十分"麻烦"的制度。因此欧洲联合只能一步一步朝前走。欧洲一体化为建设一种全新的国家间关系提供了一个新的范本，即使最终证明它只是尝试性的也意义深远。在国内社会关系方面，二战后，在一系列内外因素的促动下，在以往历史所取得的若干成就的基础上，又经过了数十年的努力，西欧一些国家建成了比较全面"优厚"的社会福利制度，普遍实现了相对的社会公平与公正，形成了现代"欧洲模式"。这在人类历史上是第一次。它也表明，欧洲在社会进步发展阶段方面，走在了全世界的前头。目前欧洲所面临的债务危机困境，并不能抹杀这两项创新的巨大成就和积极本质。极而言之，即使目前形态的欧元、欧元区和欧盟在这场危机中统统垮台，也决不意味着欧洲就"死定了"，欧洲人一定能找到新路，走出泥潭，向着复兴。欧债危机很可能给"旧大陆"带来新希望，但欧洲人必须为此作出极大的努力甚至一些"牺牲"。

二　欧洲当前的第一要务是"灭火"

自从 2009/2010 年之交肇始于希腊的欧洲主权债务危机爆发以来，至今已经持续将近两年未见缓解，反而犹如一场火灾，有进一步蔓延与恶化之势。这场危机有五个原因：第一，2008～2009 年严重的国际金融危机和世界经济衰退，是引发欧债危机的主要直接原因。第二，欧洲经济长期低增长、高福利这样"配对"难以为继。第三，欧元区制度设计方面的缺陷：统一的货币政策和各成员国独立的财政政策两相分裂，后果严重。第四，德国在欧债问题上的态度影响十分复杂。欧元区国家，包括"危机国"和"施援国"，眼前都将不可避免地经历数年艰难的时日；但是德国的立场有利于欧洲的未来。第五，国际炒作不断打击市场信心，挑拨各方矛盾，对欧债危机起着火上加油的恶劣作用。

欧洲当前的第一要务是给欧债危机"灭火"。欧元区成员国之间有人相互指责于事无补，特别是没有理由责怪德国"小里小气"。德国在欧债问题上所持的六点立场事出有因。德国立场一：欧债危机爆发之初，反对对"危机国"施以援手，认为这样做违背欧共体章程。这是实情。另外，德国自身的财力也相当有限，本国的债务负担也并不轻松。两德统一、苏联（从原东德）撤军、欧盟东扩以及经济危机等，已经用去了至少两万亿美元的德国资金，2010年政府财政赤字也高达GDP的4.5%，公共债务则相当于GDP的83%。德国人最近十年生活不易，从2000~2009年实际工资下降了4.5%，而1995~2007年12年间德国出口制造业的劳动生产率却提高了45%，大约为意大利6.6%的7倍。德国人在勤劳干活，接受改革，节制享受。德国立场二：出于自身和共同利益考虑，德国还是不得不出手救助危机国家，且承当"大头"，同时对受援国提出严厉的整顿财政方面的条件。德国的这种态度照说是可以理解的。在迄今为止的欧洲金融稳定基金（EFSF）4400亿欧元中，德国出资1230亿欧元，占25%以上。2011年9月29日，德国联邦议院以绝对多数票通过议案，把德国所承担的份额从1230亿欧元增加到2110亿欧元。德国立场三：要求私人投资者（欧洲大银行、保险公司、大基金机构组织等）参与救助。一方面要它们出些钱，另一方面也是在提前警告它们，要充分做好思想与物质准备，以应对希腊等危机国可能发生严重的债务违约，防范出现危及整个欧洲金融系统的大危机。德国立场四：反对发行欧元区共同债券，认为在目前各国负债境况迥异的情况下，条件尚不具备。只有等欧洲经济和预算得到更好的整顿，预算赤字真正得到改善，各国处于收支平衡或几近收支平衡的时候才可行。德国至今仍坚持这一立场。德国的这一立场是战略性的，同时也含有策略性，而在策略性这一层面上，是有可能随机作出一些调整的。德国立场五：主张征收"金融交易税"，以遏制世界经济，特别是美欧经济的过度金融化，并借此巩固欧洲银行、强化对银行业的监管，同时提醒美国更严格地管理好自己的金融业。德国立场六：与法国共同倡建"欧元区经济政府"，主要着眼于欧元区中长期的经济治理，特别是严格财政纪律、强化金融监管、协调重要政策、致力经济融合。至于有人埋怨欧洲央行受德国经济货币政策影响，推行低利率政策，结果让有些国家便于乱借钱、乱花钱；还有人说，德国经济竞争力强，其他成员国无力与之相比，结果是欧洲一体化经济利益被德国独占了。这些说法既不符合实际，更没有道理：自己没有弄好，主要责任在自己，其实，"危机国"自己也都清楚。德国的上述立场，有的可能会给人以一种印象，似乎它对救助危机国家不大热心。事实却不尽然。德国（还有法国）是这场欧债危机的最大施救国。诚然，在迄今为止的欧债危机"灭火"过程中，相当程度上是渗透着德国的经济政策思想的。德国不仅急于眼前"灭火"，而且还深思欧洲和本国的长远利益。这合理、正当，且有益于未来。可以预测，欧债危机过后，欧元区国家的长期财政货币政策也许将遵循财政平衡、货币从紧的基本思路，努力实现经济的稳定增长，例如达到年均增长3%的目标。

在德国和法国的带头努力下，在2011年10月27日举行的欧盟和欧元区国家峰会上，艰难达成了新的欧洲救市方案。这些协议的主要内容可以归结为六个字：减记、增资、扩容。所谓"减记"，就是要求私人债权人接受将其所持的希腊主权债务减值50%（欧洲银行曾在2011年7月22日发表声明，将自愿减记所持希腊债券价值的21%），这就意味着他们要为救助希腊"贡献"大约1000亿欧元。所谓"增资"，是指要求银行在2012年6月前筹资1060亿欧元，以缓和银行因资产减记等所造成的损失而引起应急资金不足，并把资本充足率提高到9%，防备欧洲金融体系发生系统性风险。银行增资，首先通过资本市场；必要时也可能由国家注资，但欧洲银行一般并不欢迎政府资本。所谓"扩容"，是指把欧洲金融稳定基金（EFSF）由目前的4400亿欧元扩大到1万亿欧元，这项基金主要是为欧元区不稳定国家发行国债券提供担保；同时借以鼓励大型机构投资者建立一项专门基金，用于购买欧元区国家的政府债券和协助各国重组弱势银行的资本；此外，欧元区还希望吸引欧元区之外的大型机构投资者来为支持欧洲金融稳定基金属下的一个独立基金出资。上述欧洲救市新方案一时提振了全球市场，现在重要的是欧元区国家下一步能够切实有效地贯彻协议的内容，以维护半个多世纪中欧洲一体化事业所取得的核心成就——欧元、欧元区和欧盟。上述首脑会议协议主要着眼于欧元区的中长期治理，但市场力量更关注的是"眼前"，这一点特别值得欧洲领导人重视，随时准备"平地起风波"。不过即使如此，欧洲人手里也还有一些"牌"可打。

三　欧洲的希望之途：改革与联合

欧洲目前的困境，固然同最近三四年西方世界的国际金融危机、世界经济衰退和欧洲主权债务危机直接相关，但它还有更久远、更深刻的原因。首先，最近20年，欧洲对国际形势发展的战略判断严重失误：自从东欧剧变、苏联解体之后，西方欧美，洋洋得意，认为从此西方可以一统天下，傲视世界，"放纵"自己，大搞经济自由化，过度金融化，一心追求享受安逸生活，大大低估外部世界的巨大发展潜能，最终导致自己国际地位的明显下降。其次是对经济全球化的严重后果估计不足。诚然，西方从经济全球化中获益匪浅，包括制度性利益（市场经济制度推广到了全世界）、规则性利益（基本上按西方主导的国际规则行事）、典范性利益（公司企业以西方为样板）以及经济性利益（通过经贸交往等），但却在许多部门，首先是日常消费品和耐用消费品工业生产部门丧失了最最重要的经济竞争力：西方无力与20亿"新"进入国际经济竞争的来自新兴国家和发展中国家的廉价而又能吃苦耐劳的劳动力竞争，而且这种竞争正在迅速地由低端经中端向高端扩展，严重影响到欧洲一些工业部门企业和产品的生死存亡和就业。第三，欧债危机实质上也是欧洲的"低增长危机"和"高福利危机"。过去半个世纪，欧洲经济增长越来越慢，GDP在20世纪60年代年均增长5.3%，70年代3.7%，80年代2.8%，90年代2.5%，2000~2007年年均增长2.6%，最近5年（至2012年）不到2%。而"国家率"（政府支出÷GDP）却不断上升：法国由1950年的28%攀至1999年的52%，德国从30%升到48%，2008年欧盟27国平均为46.8%，其中的一个重要原因是福利"过度"支出，欧盟各国目前约占GDP的30%（比较：美国16%，日本19%）。这种"低增长"和"高福利"是难以长期配对的。

因此，欧洲必须进行深刻改革，也必须进一步推动联合（一体化）。就目前而言，在改革方面，欧洲人须着力先做两件事：一是千方百计推动经济增长和增加就业，为此必须在新的高度上进行结构改革，着力发展、提高新的经济增长点。在这方面，2011年春季欧委会提出的"向低碳经济转型路线图"是一个很好的例子，它目标高、分解细、措施实、前景好。二是改革现行福利制度，基本思路应该是保留其合理的核心部分，避免滥用福利，改授人以"鱼"为授人以"渔"，提倡公民自强自立，捋起袖子干活。为此，欧洲首先需要有可靠的、健康的经济体制和财政货币。在当前，欧元区不少国家不得不举国承受一些"痛苦"，紧缩财政，以尽快达到财政平衡。这也就是德国人为什么坚持上述立场的原因。在联合（一体化）方面，欧洲人也需先做两件事：一是要赋予欧元区经济政府以更多实质性的、可行的内容，哪怕是从一批"核心国家"做起；二是按规定日程落实 2009 年 12 月 1 日起生效的新版《里斯本条约》，改变现行的决策机制，可能还须部分修改某些基础性条约，提高欧盟效率。欧盟目前的机构、机制、法律、规则实在是太庞杂、太费神了，且有许多不合理之处，非改革不可。所有这一切，阻力一定不小。但笔者一直相信欧洲人长期历史积累的智慧和经验，相信大多数欧洲人的理性和良知，不为一串示威抗议、罢工游行所迷惑。人们可以发觉，欧洲领导人的政治勇气和共识，欧洲公民们的改革意识（尽管有点无奈），总的看来，是在向积极方向演变。他们一定能把这场危机转化为又一次推进欧洲事业的新动力。欧债危机过后的欧元区和欧盟一定会有新的积极的改变。

裘元伦

2011 年 12 月 5 日三改

导　论

欧盟国家的经济改革

　　欧洲正在进入一个新的历史发展时期。经历了世界金融危机、世界经济衰退以及欧洲主权债务危机的沉重打击，欧洲目前困难重重。未来欧洲的命运取决于它对全球化的全面适应能力，取决于它对一体化的创新吸纳程度，取决于它在新现代化进程中所取得的实际成就，归根结底取决于欧洲的经济改革。作为推动欧洲联合的欧盟的发展动力，欧盟经济改革不仅需要独当一面地提升欧盟的经济实力及其在世界范围内的竞争力，并且还要联手欧洲共同承担起推动欧盟发展与壮大的重要历史使命。

一　欧盟国家经济改革的背景

　　欧盟在世界经济中所占的重要地位，是欧洲在近现代和当代全面发展的自然结果；而当今欧洲经济力量的相对局限性，则同它最近 30 年，特别是自 20 世纪 90 年代以来发展不及美国与"新兴国家"等密切相关。欧盟经济的这种相对不振主要根源在于旧大陆内部的结构性问题，它们交互来自三个"不适应"，即欧洲在过去的二三十年中未能及时适应经济全球化的新形势，欧盟及其欧元区各国尚未全面适应欧洲统一市场与欧洲统一货币（反之，统一市场与统一货币至今也还没有充分发挥其积极影响），以及欧洲迄今还尚未认真着手适应它需要重新现代化的客观要求。

（一）欧洲未能及时适应经济全球化的新形势

　　自 20 世纪 70 年代中期以来，与美国和其他某些国家相比，欧洲经济的国际竞争力总体趋向下降。欧洲人清楚地意识到随着冷战消逝后美国式全球化的大踏步挺进，欧洲经济的国际竞争力将面临更大的新考验。多年来，欧洲的经济与就业增长不及美国等国，而伴随着这些增长不平等的，除了世人通常说到的世界各地区之间、各国之间以及各国内部愈益加剧的收入、财富之类分配方面的不平等之外，还有欧洲同美国和"新兴国家"相比在国际竞争力等方面的"不平等"也正在进一步变得对欧洲不利。世界经济的全球化发展是一把双刃剑，它在给一个国家或地区的发展带来机遇与便利的同时，又使这些国家和地区面临着更严酷的竞争，使它们的发展更易受世界经济局势、国际贸易、金融和资本运动的影响。全球化被法国前总理诺斯潘称为"世界化"，并明确指出了它的含义：世界化是我们发展所面临的现实。不过，这种现实具有双重意义：首先，它促进了全球的经济增长，但同时也伴随着愈来愈多的不平等；其次，它有利于发现人类的多样性，但本身又孕育着同一性的危险；最后，它释放出一定的能量，但也导致一些需要控制的消极力量。① 在上述三方面的"两重性"中，欧洲人目前在全球化的新形势下所须应对的消极力量显然大于美国人。

经济全球化使作为欧洲经济模式根基的社会福利制度面临严峻考验，劳动、资本、政府三者无不如此。世界范围内的竞争，意味着劳动力市场变得国际化，资本向社会工资较低因而更具竞争性劳动力成本国家的流动成为可能，高劳动力成本经济的工作岗位将流向劳动力成本低廉的经济。这使得西欧各国政府"随意"实行财政货币政策的自由受到很大限制：为维持就业或追求再分配宏伟目标而实行的庞大的赤字支出将受到惩罚；"高工资、高税收、高福利"的福利国家政策成为影响欧盟许多国家国际竞争力的一大决定性不利因素；政府各自独立制定社会政策的自由受到削弱；凯恩斯的"需求管理"模式和"充分就业"政策受到严重挑战。

分解来看，在劳工方面，与战后的"黄金"年代（20世纪50～60年代）相比，经济全球化、快速的技术变迁、后福特主义和自由市场政策的广泛采用所带来的最终结果就是弱化了劳动的就业权利，使雇员承担起失业的风险和工作条件变化的压力，减少了工作场所的自治权，增强了生活的不安定感，工资增长普遍减缓。欧盟长期形成的高福利体制和与之匹配的严格的劳动力管理机制，导致欧盟的产品成本昂贵，在国际竞争中处于不利地

---

① 〔法〕《回声报》2001年4月10日。

位。目前，德、法、意等国的福利支出依然占国内生产总值的 1/3 以上。从 1970 年代以来，美国人均工作时间增加 20%，达到每年 1840 小时，而欧盟 15 个老成员国同一时间段内人均工作时间下降 20%，平均为每年 1550 小时。[①] 高昂的劳动力成本大大削弱了产品竞争力，使欧盟国家的整体出口在世界市场上所占份额明显下降。至于长期困扰欧盟一些国家的高失业率，也是同上述高福利体制和严格的劳动力管理机制分不开的。近年来欧洲的一些企业为了逃避国内高工资、高税收负担而把生产基地转移到国外，尤其是向劳动力便宜的发展中国家转移，从而造成国内就业岗位减少。欧盟统计局报告显示，自欧盟陷入最近这次经济危机以来，共减少就业岗位 430 万个，新增失业人口高达 600 万人。其中受影响最大的是建筑和工业领域的就业。西班牙和爱尔兰的失业人口较 2008 年翻了一番，波罗的海国家的失业人口则是 2008 年的 3 倍。失业人员主要为男性、青年人和临时性工人。[②]

　　从资本角度看，在经济全球化资本自由流动的条件下，如果国内政策威胁到资本利益，它可以马上转移。面对来自世界其他地区的强大竞争，为了提高劳动生产率和降低生产成本，求得生存与发展，欧洲的公司企业纷纷外迁。在过去的几十年中，已有大量传统的、劳动力密集的产业由欧盟国家迁向其他劳动力成本低廉的国家和地区，此举虽然有时巩固和加强了欧洲大公司在国外市场上的竞争地位，却导致欧洲资本大量外流。据最近《世界投资报告》显示，世界外资流出量的几乎一半来源于欧盟国家，达到 11422 亿美元，特别是法国、西班牙和英国。但另一方面，报告也指出欧盟地区的外资流入量也大大增加，这主要是因为欧盟国家为内部共同市场扩大而进行的重组和集中过程引发了新一轮跨国收购浪潮。外国直接投资大量流入英国、法国、荷兰和西班牙，使欧盟的全部外国直接投资流入量增长了 43%，达到 8040 亿美元。但是与欧盟的资本流出量 11422 亿美元相比，欧盟还是存在资本流失的风险。[③] 同时，欧洲在国际贸易的争夺中遭遇来自美国、日本

---

① 中国经济网：《欧盟前进方向不明确　向全球第二大战略力量演化》，2008 年 2 月 3 日，http：//www.ce.cn/xwzx/gjss/gdxw/200802/03/t20080203_14455829.shtml。

② Eurostat, "Impact of the Economic Crisis on Unemployment," July 2009, http://epp.eurostat.ec.europa.eu/statistics_explained/index.php/Impact_of_the_economic_crisis_on_unemployment。

③ 联合国贸易和发展会议：《世界投资报告：跨国公司与基础设施的挑战》，2008，纽约和日内瓦。

及亚洲新兴工业化国家的强大竞争，腹背受敌，国际贸易份额减少。伴随这一趋势而来的是其所拥有的国际劳动市场份额的缩减。另外，欧洲国际竞争力的降低和世界市场竞争的日趋激烈，促使欧洲内部企业兼并加剧。在兼并过程中不仅就业机会大大减少，且伴随大量的裁员。这表明流失资本等于流失繁荣、流失福利、流失就业，最终形成一个恶性循环。

从政府的角度来看，随着资本和生产的全球化，商品、服务、资本、技术以及劳动突破民族国家界限，在全球、全欧盟范围内的加速流动，国家在与资本的"对垒"中越来越处于不利地位，政府决策者在对劳动阶层提供权利保护和对经济的宏观调控以及公共支出水平的控制等经济管理领域的控制力步步后退，民族国家为国民提供就业保障的职能遭到严重削弱。为了鼓励投资，各国纷纷出台降低纳税标准、减少福利支出、降低劳动成本等一系列迎合资本的措施，在国际金融市场上展开了一场世界范围的争夺投资者的竞争。为了留住现有的公司，使它们答应不把成千上万的劳动岗位转移到国外，同时惧怕资本的外流会增加本国的失业，很多政府不得不向资本低头，不得不对跨国公司的要求做出让步。以税收制度为例，为了顺应全球减税的变化以及吸引外资，欧盟许多国家纷纷进行了税制改革。英国实行单一公司税制，最高税率为30%，适用于内、外资公司，低于美、日、法、德等国水平，利润较低公司可享有更低甚至零税率。[①] 德国于2005年12月审议通过了《税制紧急计划法》，此次改革的主要目的便是减轻企业负担，增加就业岗位。[②] 这些税制的改革意味着极大地限制了政府利用财政税收政策提供社会保障的能力。这不仅影响到国家调节整个社会经济生活的能力，还使社会福利制度面临不可抗拒的巨大改革压力。

而2007年发端于美国的全球金融危机在导致全球经济严重衰退的同时——它们也是导致欧洲主权债务危机的直接原因之一，也进一步暴露了欧盟在经济全球化进程中的不适应性。由于美欧大金融机构相互间的深入渗透，加上欧盟国家自身金融系统存在的一大堆严重问题，全球金融危机使得欧盟难以避免地成为危机的重灾区之一，欧盟及其成员国为挽救银行实施的

---

① 郭英彤：《宏观经济政策在欧盟地区的应用与效果评价》，吉林大学出版社，2008，第39页。

② 郭英彤：《宏观经济政策在欧盟地区的应用与效果评价》，吉林大学出版社，2008，第42页。

"救市"措施总共耗资约达 2 万亿美元；与此同时，金融危机对欧盟实体经济的打击也十分沉重，迫使欧盟国家政府推出了一系列"刺激经济计划"以扶持企业，耗资超过 2000 亿欧元。据欧洲中央银行估计，欧元区各国政府的资本注入和购买有毒资产等措施（这意味着把一部分"私债"变成了"国债"）为欧元区增加的政府债务相当于欧元区 2009 年 GDP 的 3.3%。[①]尽管做了许多努力，欧盟及其欧元区 2009 年的国内生产总值将比上年负增长 4%，[②] 经济萎缩程度超过美国。欧盟经济研究机构还认为，2009 年让欧盟最为不安的是高额财政赤字、不断攀升的失业率和相对居高的欧元汇率。据欧洲统计局预测，欧盟 27 国 2009 年全年财政赤字占国内生产总值的比重平均为 6.5%，超过欧盟规定的上限 3% 一倍多，总额高达 8800 亿欧元，如此庞大的财政赤字将给欧盟今后的金融稳定和经济持续增长埋下巨大的隐患。欧盟就业形势依然十分严峻，2009 年底 27 国平均失业率已经达到 10.0%，是近 5 年来第一次大幅度上升。此外，欧元对美元、日元等汇率 2009 年相对居高不下，进一步降低了欧盟产品的出口竞争力，同时还严重影响到了欧盟国家开展旅游、物流和服务贸易方面的收入。

欧盟国家之所以未能及时适应经济全球化的进程，除了上述的结构性因素之外，还有更为深刻的理论认识和实践行为两方面的原因。在理论问题上，诚然，欧洲也有人早已指出了经济全球化会对欧盟国家的经济 – 社会生活产生重大的影响，但是多数当政者始终缺乏勇气采取强有力的有效应对措施。1998 年，英国政治学家约翰·格雷就把福利国家的死亡看成是全球化的一个直接结果。他认为："以为过去的社会市场经济可以在向下协调力量的作用下原封不动的保留下去，这是与全球市场有关的许多幻想中最为危险的一种。相反，社会市场体制正在逐渐被迫自己毁坏自己，以便它们能在比较平等的条件下与社会和劳动成本最低的经济体进行竞争。"[③] 显然，格雷正确地指出了全球化对于欧洲社会福利制度问题的重要性，但就其所面临挑战的结果与原因分析而言，格雷的判断似乎有些夸张了。事实上，欧洲的社会福利制度并没有死亡，而且其精神与核心也绝不会死亡，但它确实迫切需

---

① EBC, Monthly Bulletin, July 2009, p. 68.

② IMF, *World Economic Outlook*, October 2009.

③ John Gray, *False Dawn*: *The Delusions of Global Capitalism*, London, Granta Books, 1998, p. 92.

要相当艰难地适应已经大大变化了的欧洲内外形势与条件。2003 年，德国前总理格哈德·施罗德撰文写道："我们的社会福利国家的基本制度——失业保险、疾病保险、养老保险和护理保险——的基础是如下这些已长期表明为有效的假设：我们绝大部分的福利是在一个民族国家的工业社会中获得的，而这个社会本身能在有规则的正常劳资关系中接近实现充分就业。但是，在全球化的时代，在知识和资本自由流通、劳动市场和人口结构发生激烈变化的时代，我们已不再能运用这些假设了。"① 这就要求欧洲人变革，而施罗德本人也确实提出并实施了一项名叫《2010 议程》的改革计划，不过总的来看也只是一次较小的行动。在实践行为方面，欧洲人显然对最近二三十年经济全球化的迅速发展及其巨大影响估计不足。自 1979 年中国开始走向市场经济，1989～1991 年间东欧剧变、苏联解体，以及全世界几乎所有国家都踏上市场经济道路以来，经济全球化有了真正的"全球"含义，全球一下子大约有 20 亿"新"的劳动力投入到世界范围的激烈的经济竞争之中，他们既廉价又勤劳，其严重后果是西方许多国家尤其是欧洲国家所始料不及的。在这种背景下，欧洲人几十年来所形成的行为方式就显得更加不合时宜。德国人是一个典型。德国另一位前总理赫尔穆特·施密特说，德国人长年来还受种种恐惧支配，有碍于技术进步。德国人有一种容易变得恐惧的心理倾向和拒绝改变的心理倾向。尽管目前大多数德国人的物质生活条件比第二次世界大战结束时要好得多，却经常出现一些忧虑重重的、教派式的运动。它们把矛头指向核电站、核废料、褐煤开采、风力发电设备、高速公路建设、基因技术、吸烟、欧元、外国人等等，围绕能源政策的争论充分证明了这样的事实，即德国的公众讨论经常并且在很大程度上受到种种恐惧的支配。"歇斯底里者"们还日益使自然保护变味。现代技术本来可以帮助缓解空间紧张的问题，可是，过去的灾难预言给德国人造成了恐惧，使他们对几乎所有技术进步——从超高速铁路到数据存储——都充满反感。这种情况如果发展下去，有可能使德国在经济、社会和心理等方面都陷入一种日益危险的形势中。② 幸好，自 1998 年施密特说了上述这番话之后，今天德国和欧洲的气氛已经有

---

① 〔德〕格哈德·施罗德：《塑造未来需要变革的勇气》，《新社会/法兰克福》2003 年第 5 期。

② 〔德〕赫尔穆特·施密特：《全球化与道德重建》（中译本），社会科学文献出版社，2005，第 72、73、88、90 页。

所变化,但毕竟是迟到了一些,而且还须进一步作出极大的努力。

(二) 欧洲一体化仍有待深化和完善

欧洲在国际竞争中地位的下降,使得欧洲人将希望寄托于欧洲联合的进一步发展,包括扩大,尤其是深化——特别是大力完善统一市场与统一货币,使之对欧洲经济起更大的积极作用。欧洲人力图用本地区一体化作为对全球化的一种有力回应,这在理论上和实践上都是有充分证据的。区域经济一体化的所有理论,都从不同角度阐明了它将会带来的利益。无论是巴拉萨把经济一体化定义为既是一个过程,又是一种状态,[①] 柯森从生产要素配置的角度解释一体化的过程和状态,[②] 丁伯根将经济一体化分为"消极的一体化"和"积极的一体化",[③]还是库珀强调的应以行为条件而不是法律条件来衡量一个区域是否实现了经济一体化,[④] 这些理论至少从三个方面给不少欧洲人以期待,希望借区域经济一体化来有效地应对经济全球化:首先,像欧盟这样的区域经济一体化可以使期望的外部利润内部化,减少不完全市场的不确定性,降低交易成本,市场的扩大将带来规模经济效应,一体化成员之间不但可以获得产业内贸易带来的收益,而且还可以获得产业间贸易带来的利润;其次,竞争的日趋激烈化,还会迫使欧盟及其成员国认真审视自身的竞争力,并为提高自己的竞争力作出种种努力;最后,国家对经济主权控制力的削弱为一体化制度的建设提供了客观可能性,而一体化组织拥有与一体化发展阶段相适宜的经济控制权,有利于稳定地区经济。

然而,实际成效与上述预期相去甚远。1996 年,欧盟委员会提交了一份内容丰富的报告《单一市场的影响和效益》,报告由 38 篇独立的论文和 1 份对 13000 家企业的咨询调查组成。据此,在为建立欧洲统一市场加紧作准备的 1987 ~ 1993 年间使收入增长率从 1.1% 提高到 1.5%,而且,这些评估还不能确定"实现单一市场"是促进这一经济增长的唯一因素。[⑤] 欧洲经济

---

① Bela Balassa, *The Theory of Economic Integration*, London: Allen & Unwin, 1962, p. 1.

② Victoria Curson, *The Essentials of Economic Integration*, New York: St. Martin's Press, 1974.

③ Jan Tinbergen, *International Economic Integration*, Amsterdam, Elsevier, 1965.

④ Richard N. Cooper, *The Economics of Interdependence: Economic Policy in the Atlantic Community*, New York: McGraw-Hill, 1968, pp. 8 - 10.

⑤ 〔德〕维尔纳·魏登费尔德等主编《欧洲联盟与欧洲一体化手册》(中译本),中国轻工业出版社,2001,第 272 ~ 273 页。

一体化的实效与预期，在 20 世纪 70 年代以来之所以相去甚远，主要是因为欧洲联合还远未落实——当前集中体现在统一市场与统一货币的作用上。欧盟及其欧元区各国尚未全面适应欧洲统一市场与欧洲统一货币；反之，欧洲统一市场与统一货币，迄今也还未带来像不少经济学家本来所期盼的那样的丰硕成果。虽然欧洲一体化确实给有关国家带来了巨大的政治、经济利益，但同时也造成了不少负担。特别是在最近的二十多年，冷战消逝后对原苏联东欧地区的援助，两德统一所引起的沉重负担，欧盟东扩的大量新费用等，旧的包袱至今还尚未完全消化，新的包袱又接踵而至。

欧盟统一市场宣告建成大约已经 20 年（1993 年起）了，但至今在许多领域离真正的"统一"市场还相去甚远。在金融领域，尽管欧盟的金融一体化取得了巨大的成绩，但仍存在不少的问题。金融一体化是一个利益再分配的过程，必然会遇到利益受损方的巨大阻力。一体化意味着其他国家进入障碍的消除，新的更有竞争力的外国金融机构会争夺本国落后金融机构的商机，导致本国金融机构的利润下降甚至破产。而且，由于外国金融机构一般不受本国的管理，这会降低本国政府官员控制金融资源的权力和影响。因此，习惯于享受垄断利润、缺乏竞争力的本国金融机构和政客们都会想方设法抵制外国金融机构的进入。从欧盟各国应对最近那些危机的过程和措施中也可看出欧盟金融市场的混乱。金融危机的快速蔓延虽然引发了欧洲各国政府纷纷救市，但迄今各国基本上是各自为战，缺乏统一协调，甚至还发生各自采取的措施影响他国而引发争议。例如，爱尔兰政府率先承诺为爱尔兰银行的所有储户提供担保，从而使得邻近的英国担心本国公民将资金从英国转移到爱尔兰，危及英国银行的稳定。面对欧盟一盘散沙的局面，时任欧盟轮值主席国法国和欧盟委员会都力图改变，但收效甚微。欧元区多次首脑会议，与欧盟 4 大国首脑会议、欧盟 27 国财长会议一样，依然是只有加强协调的原则表示，而缺少统一行动的具体措施。在电信业的宽带市场上，发展不平衡的现象也很明显，而且还有加大的趋势，2006 年宽带发展最好与最慢的国家之间的宽带普及率相差 26.5%，而 2005 年这一数据为 23.6%。因此，说欧盟建立起了"统一"的电信市场还为时尚早。[①] 在能源市场方面，

---

① "中国 – 欧盟信息社会合作项目"电信监管与立法考察团：《欧盟电信监管与立法情况考察报告》，《人民邮电报》2008 年 3 月 20 日。

不统一的情况更甚。出于获得稳定低价天然气的需要，欧盟分别于 1998 年和 2003 年发布了 2 个天然气市场改革指令以推进欧盟统一天然气市场的建立。欧盟开始天然气市场改革之初，指令的执行情况良好，大部分成员国都在 2000 年将欧盟指令转化为国内法。但第二个改革指令的执行情况并不尽如人意，根据欧盟统计，截止到 2006 年 10 月欧盟 25 国中只有 7 个成员国完全开放了市场，新入盟 10 国的市场开放度都未达到 100%，拉脱维亚开放度甚至为 0。天然气输配公司的独立性也未达到标准。截止到 2004 年底，欧盟 25 国中只有 11 国实现了天然气输送公司的法定分离，不到规定的一半；而就独立的配气公司而言，有 72% 的国家还需要按照欧盟指令要求进一步将其从竞争业务中分离出来。指令执行的不足直接导致欧盟天然气市场改革不能获得理想结果。欧盟 2005 年、2007 年对欧盟内部天然气市场的调查报告都指出，欧盟天然气市场垄断情况严重，市场并未达到有效运作：截止到 2005 年 11 月，在大多数国家，最大的 3 个能源公司掌握了本国 3/4 以上的市场份额，仅有爱尔兰、西班牙和英国低于 50%；从价格方面来看，欧盟的天然气价格不仅高于其他国家，2006 年为 100 万英热 8.77 美元，高于美国（6.76）、加拿大（5.83）、日本（7.14），而且欧盟内部天然气价格仍参差不齐。[1]在医药市场，统一的步伐受到更多的阻力。在欧洲，由于医药产业是少数能与美国、日本竞争的高技术密集型产业，因此，有人担心改革与联合后欧洲医药产业很难继续富有竞争力。欧盟委员会一直在为单一市场不停的努力，但是，诸多因素（不同成员国的优先政策、医疗费用持续增长的压力、药品消费方式和生活方式的改变，不同国家的自我定价机制，管理措施缺乏经费保障等）导致了成员国与欧盟、成员国之间药物管理体制的差异越来越大。例如，在德国，医生的影响程度最大，而在法国，其医疗集团已被分割，对自主权的关心要多于医药政策的制定。种种迹象表明，一个真正的高度统一的欧盟大市场并没有实现，虽然已有很大进步，但仍需要各国共同努力。

至于 1999 年问世、2002 年正式投入流通的欧洲统一货币——欧元，它是欧洲建设方面的一项伟大成就，总体来说，欧元取得了巨大的成功。在物

---

① European Commission，"Sector Enquiry under Article 17 of Regulation（EC）No. 1/2003 on the Gas and Electricity Markets（Final Report），" Brussels：Commission of the European Communities，2007.

价稳定、刺激贸易和投资、金融市场整合以及欧元国际化等预期方面，欧元已经完成了其使命，甚至是超额完成任务。但是在一些重要的方面，欧元区离理想化的货币区域仍有一定差距。在财政政策和货币政策协调方面，统一货币限制了成员国在货币和财政政策等方面的活动余地。按照《马斯特里赫特条约》的规定，欧元区的货币政策由欧洲中央银行统一制定，而财政政策则仍由各成员国自行制定。这就为欧洲经济的稳定和整合埋下了隐患。欧洲主权债务危机爆发的原因之一，就是欧元制度设计上存在的这一重大缺陷。如 2007 年美国次贷危机爆发后，欧元区各成员国对于如何应对经常发生意见分歧。由于欧元区对预算赤字有着严格的规定，即预算赤字占 GDP 的比例不得超过 3%，因而各成员国政府在通过财政赤字政策刺激经济增长方面显得缩手缩脚——虽然也已经普遍"越轨"。相比之下，美国却不惜背负财政赤字，连续推出大手笔的财政救援计划。在银行业的整合方面，欧元的引入加剧了银行业的竞争，同时也引发了大规模的结构性调整。自欧元区成立以来，由于中小型银行的合并导致欧元区的银行数量减少了 27%，到 2006 年末为 6130 家。但各成员国国内银行业市场的集中度水平依然存在相当大的差异，例如比利时、荷兰和很多新加入欧盟的国家其前五大银行的市场占有率超过了 80%，但是德国这一比例仅为 22%。[①] 虽然金融市场整合取得了长足发展，但人们普遍指出，欧元区并未形成一个理想的单一货币环境，缺乏对不利因素冲击的抵御能力，这会增大欧元区内经济和就业风险。在欧元的覆盖面方面，其进展也十分缓慢。从一开始，欧元区就设想，只要达到趋同标准、并且有这种政治意愿，就会让尽可能多的欧盟成员国加入进来。事实上是，1999 年以来新加入欧元区国家的资格审查相当严格。欧元区成员国在这 12 年间仅增加了五个"分量"不太重的国家，它们是斯洛文尼亚（2007）、塞浦路斯（2008）、马耳他（2008）、斯洛伐克（2009）和爱沙尼亚（2011），目前共有 17 个成员国。在欧盟金融领域最重要的国家英国至今依然游离于欧元区之外。整合的难度加上扩大的缓慢表明欧洲统一货币的完善绝非一朝一夕之事。为了使欧洲统一市场与统一货币进一步发挥积极作用，欧盟及其欧元区成员国必须对它们二者继续予以改善。为此，欧洲也确实正在努力。

① 〔德〕维尔纳·贝克尔：《欧元这十年》，《德意志银行研究报告》，2008。

（三）欧洲亟须重新现代化

除了经济全球化、欧洲一体化带来的一系列问题，欧盟国家还面临着重新现代化的问题。欧洲社会经济改革困难重重，延缓了欧洲人尚需适应旧大陆必须重新现代化的客观要求。这里的"重新现代化"，主要是指包括欧盟国家在内的西方发达国家用高新技术和先进适用技术改造提升传统工业部门更新设备、实现生产过程的自动化、智能化，并创造新兴产业，使整个国民经济建基于知识经济之上以提高劳动生产率和经济效益，并加速经济增长和扩大就业，这其中也伴随着思想观念的重新现代化。欧盟之所以在重新现代化的过程中面临重重困难，有很大一部分原因来源于其根深蒂固的思想观念。

首先，欧洲人的某些思想观念需要重新现代化，例如某些基于社会民主主义理念的社会福利国家制度，其过去的某些假设，在当今经济全球化和国内社会经济条件已经大大改变了的冲击下已经不复存在。最近 20 年来，根深蒂固的莱茵模式的基本价值观虽然受到美国模式价值观的挑战与动摇，近些年来也不得不在某些方面采纳了美国模式中的企业至上、金融市场、股东价值等某些理论与实践。但在欧洲内部对这两种模式的评价一直存在分歧，多数欧洲人仍然信奉莱茵模式的基本价值观，并且认为在西方制度的三要素中，即经济上的资本主义（私有制、市场、竞争等），政治上的民主主义（分权制与民主）和社会上的自由主义（人权等），欧洲至少在后两个方面并不落后于美国。即使在经济上的"资本主义"中，欧洲人还是认为他们所信奉的"效率＋公正"的价值观是更可取的，不愿改变。诚然，欧洲想得到美国模式的活力与灵活性，但更想避开它的一系列弊病，包括过大的社会分配不公、贫富悬殊过大等。因此，欧洲人对美国模式始终怀着矛盾的心态。这种心态，加上根深蒂固的欧洲社会结构体制，使欧洲有关的必要改革举措难以有效实施且长期落后于美国。伴随 2007 年始于美国次贷危机、2008/2009 年恶变成为国际金融危机和世界经济衰退，美国的"自由市场经济"模式遭到了世界各地的普遍质疑；而一直致力于既强调经济效益又重现社会公平公正、以"社会市场经济"（社会福利制度是其重要组成部分）为代表的欧洲模式，不但并未从中得益，反而它的影响力与吸引力也在同时销蚀。这是因为欧洲也像美国一样受到了危机和衰退的猛烈冲击，欧盟经济最近二三十年来长期不振，欧洲社会缺乏活力呈现惰性，欧洲国际竞争力相对下降，以及欧洲一体化事业不时受到挫折，所有这些已在世人眼中严重地损害了欧盟的形象与信誉。2009 年底开始爆发的欧洲主权债务危机又一次给旧大陆以沉重打击。因此，欧洲必须改革，而改革的必由之路似乎是坚守欧洲的核心价值，勇敢地推进各项必要的变革。

其次，由改变思想观念必然引导出来的是原先的一系列政策安排，特别是与社会保障制度相联系的财政政策与劳工政策也需要重新现代化。在制度方面，西欧长期实行高福利的社会保障制度，社会民主主义的思想根深蒂固。这种"人道资本主义"固然有利于社会进步和社会公平，在经济高速发展时期政府也负担得起。但是，在经济停滞、人口老龄化、移民增加的今天，这种高福利制度已日益难以为继，必然导致政府财政赤字增加、企业活力不足、劳动力市场僵化、税收负担加重、资本和人才外流等不利局面。尽管 20 世纪 90 年代以来西欧有的国家通过实行"第三条道路"，对社会保障实行增收节支、"私人化"、"资本化"等方面改革，但改革步伐不快，阻力重重。例如，在失业问题上，由于种种价值观和体制上的差异，欧洲降低失业率的困难要远远大于美国。其一是美国劳工市场远比欧洲灵活，工资、工时制度也不那么死板，不像欧洲企业那样难以解雇员工，且要为雇员支付高比例的保险费。在欧洲，由于社会立法规定的工资和其他社会福利措施，欧洲最底层 10% 的低收入者的工资和美国同类相比要多 80%，其结果是一系列低薪工业和服务业能在美国生存发展，却不能在欧洲生存发展。① 近几年来欧洲的劳工市场、工资工时制度也在向"灵活"方向改革，但它很难会走到美国的那种程度；其二是由于欧美家庭观念不同，欧洲家庭观念允许年轻人待在舒适的家中等待理想的职业。而美国家庭观念较弱，不可能让年轻人住在家中等待就业；其三是工作态度的不同。美国人在失掉工作之后，远比欧洲人更愿意接受一项较低的工作；其四是福利保护方面的差异，美国失业人员中长期失业者较少，因为政府至多只发放 6 个月失业保险金，身体健全的人必须及时去寻找新的工作；而在欧洲，如荷兰，失业救助金可长达两年，法国、英国和德国也至少一年；其五是经济结构方面的不同。例如法国服务业就业人员在全国就业总数中所占的比重比美国少 10 个百分点；其六是欧洲开业的限制较多。在法国，由于申请执照费用很大或者根本拿不到执

---

① 〔美〕莱斯特·瑟罗：《资本主义的未来》，中国社会科学出版社，1998，第 37 页。

照,所以法国缺少雇主。此外,由于特许经营权受到非常严格的限制,也使新的银行、投资公司等各种各样的融资机构很难建立起来。① 此外,欧洲人创办企业的意愿远低于美国人。

最后,除了改变思想观念和政策安排,欧洲在社会经济生活的许多方面也需要重新现代化,例如科技发展、产业结构、企业制度等等。在科技发展方面,欧洲在科技上的不少优势一直保持到第二次世界大战后很长一段时间,甚至到 20 世纪 70 年代,号称"当代科技巨人"的美国还不断从欧洲引进科技人才。欧洲科技地位的相对"衰微"是最近 30 年的事情,从某种程度上看,这并不是欧洲科技实力真的出现下降,而是美国在科技创新上的表现更为出色。欧洲的科技地位受到了来自美国,甚至日本的挑战,在信息技术和计算机软件技术这类前沿科技领域,欧洲人甚至能够感受到来自中国和印度这样的新兴工业国家的压力。在产业结构方面,欧盟一些国家长期对农业高补贴,传统工业和老工业区结构变化缓慢,科技投入相对不足,从而导致欧洲在新经济方面落后于美国,在经济活力和竞争力方面落后于亚太地区。但是欧盟迄今为止投入的经费和人才还远远不足。目前,欧盟国家在科研上的投入占其 GDP 的 1.9%,而美国是 2.7%;欧洲科研人员在劳动人口中所占比例为 5.4‰,而美国为 8.7‰。为了达标,欧盟须把科研投入提高到占其 GDP 的 3%,同时还需要增加至少 70 万科研人员。② 为了做好这些适应性调整,欧洲需要进一步联合与大力推进社会经济改革。

在所有这些方面,欧洲在过去的 30 年中变革进展几乎都不及美国和新兴国家,而欧洲经济的未来主要也取决于它们改革的成功程度。这种改革,可以被看成是一种尝试,一种对看起来似乎要求永远进行下去的欧洲经济社会制度进行某种修改的尝试。它们的主要目的是加快经济增长,增强欧盟的国际竞争力。

二 欧盟国家的经济改革

2007 年开始发生国际金融危机和全球性经济衰退之后,其时正值"新

---

① 〔美〕爱德华·勒特韦克:《涡轮资本主义——全球经济中的赢家与输家》,光明日报出版社,2000,第 129~138 页。
② 薛彦平:《欧洲工业创新体制与政策分析》,中国社会科学出版社,2009,第 37 页。

兴国家"走向"崛起",欧美力量和地位相对有所下降,于是,"欧洲老了"
的声音再起。不过,这最近一次"欧洲衰落论"的内容更为广泛,含义更
为深刻:不少人认为"欧洲模式"已不再具有吸引力;欧盟已在世界各地、
各国的力量角逐中被挤到了"边缘";欧盟将特别难以走出当前的金融危机
和经济衰退,成为世界经济的"累赘";欧洲一体化事业甚至会走向"土崩
瓦解"。在预测将来世界经济四强(美国、中国、日本、印度)的名单中没
有一个国家来自欧洲。国际金融危机将进一步减少欧美在全球事务中发挥作
用所需的实力、信誉和道德力量。国际上的压力和来自欧盟内部的压力、特
别是这次欧债危机对欧盟的经济改革提出了更高更迫切的要求,如何改革是
首先需要思考的问题。

(一) 欧盟国家经济改革思路

欧盟改革势在必行,但并不意味着全盘否定,对于改革程度和领域的把
握十分重要。首先,欧盟的经济改革要保留欧洲模式和体系的核心本质内
容,这是欧盟经济改革成功的基石。与美国模式相比,欧洲模式相对"面
善"。欧美经济模式的实质区别集中在劳工的权利和资本的权力问题上。几
十年来围绕欧美模式的反复争论,主题始终是如何管理一个国家的国民经济
和社会,主要涉及处理以下五对关系,即国家与市场的关系,属体制导向问
题;政府与企业的关系,属经济监管问题;雇主与雇员的关系,属权益分配
问题;国家与公民的关系,属社会安保问题;企业与资本市场的关系,属资
本积累和财富分配问题。在上述五对关系中,核心是资本、劳动和政府三者
的力量对比、所起作用以及如何协作运行。在美国模式下,政府固然也有独
立性,但其行为主要倾向于资本,因而在处理上述五对关系时,自然会偏好
市场、企业、雇主、强调公民自我负责(养老、医疗、就业等)以及重视
直接融资的资本市场;而在欧洲模式下,政府拥有更强的独立性,其行为自
然也重视资本利益,但同时又强调劳资协商和社会平衡。一句话,欧美模式
的实质区别在于,美国不但信奉市场经济,而且实行市场社会;而欧洲固然
也十分重视市场经济,但不听任市场社会。显然,注重社会公正与公平的
"欧洲模式"是人类文明史上的一大进步。诚然,提出社会公正与公平问
题,也许可以追溯到千年以前。然而,直至19世纪末,即使是在最早进行
并且完成工业革命的西欧国家,也没有真正实现过相对的社会公正与公平。
只是在第二次世界大战之后,在一系列内外因素的促动下,在以往历史所取

得的若干成就的基础上，又用了数十年的时间，西欧一些国家才建成了比较全面的社会福利制度，普遍实现了相对的社会公正与公平，形成了举世公认的现代"欧洲模式"。这在人类历史上是第一次。它也表明，欧洲在社会进步发展阶段方面，走在了全世界的前头。

其次，我们也要看到，近些年来，以"社会福利国家"为实质内容的"欧洲模式"面临着一大堆难题：经济缺乏活力，财政不堪重负，社会呈现惰性，甚至连模式本身的上述核心原则都难以坚守——欧盟主要国家内部的社会不平等程度都在加剧，加上最近20年国际大环境中"资本"对"劳动"占据明显优势，有人进而全盘否定"欧洲模式"下的"社会福利国家"；还有来自外部的竞争和挑战。"欧洲模式"，包括它在一个一个国家内的社会福利制度和在一个一个国家间的、以"欧洲联盟"形式表现出来的区域整合组织，而今都举步维艰，都需要进行大力改革，以适应经济全球化、欧洲一体化和更新现代化的全新的世界与欧洲形势。欧洲人只有通过他们自己的更大努力，有效地保持和进一步改善"欧洲模式"的本质积极因素，才能加速并且可持续改善欧洲的经济社会发展进步，才能巩固和加强它在世界上的影响力和吸引力。总体说来，欧盟要在保留其模式和体系的核心本质内容的基础上，大力推进各项必要的改革，首先是调整好以下五对关系。

1. 调整国家与市场的关系

在这方面，欧洲国家的普遍选择是："多些市场，少些国家"和"改进国家，改进市场"。释放市场力量的主要办法是"自由化"（打破垄断、开放市场、放松限制、促进竞争）和私有化。西班牙政府于2000年6月通过了52项旨在"消除垄断时代"的自由化经济措施，核心目标是深入改革生产体系，减少公共赤字和增加经济投入。在私有化方面，意大利最为突出，20世纪90年代更加快了私有化进程，其国有企业改革从国家参与制企业扩大到国家自治公司和国有化企业，国有企业改革迈出了关键的一步，开始了进入包括公共服务部门如铁路、电话等部门的改革。1992年，将国有电话公司、国家铁路公司、全国电力公司改造成股份制公司。同年，又将伊利、埃尼公司变成了以私法准则为指引的企业。1993年，更取消了内阁中的国家参与部，从而实行各行业的私有化。1999年，意大利国家卖掉了最大的电力生产者——国家电力公司34.5%的股份，仅此一项就获资180亿美元。

　　自由化和私有化往往是结伴而行的。把自由化与私有化结合在一起的最具有象征意义的领域也许是电信部门。20 世纪末 21 世纪初，欧洲的国有"老垄断"企业仍占着大多数国家该部门业务量的大约 90%，它们不仅价格贵，而且互不联网。针对这种状况，德国、英国、奥地利、丹麦、意大利、荷兰、葡萄牙、法国等都已在着手进行改革，目标是从 2001 年开始，欧盟成员国的电信市场逐步向其他成员国开放。得益于 2002 年出台的电信监管规则，欧盟电信市场近年来发展迅猛。目前，欧盟 27 个成员国市场均已引入了竞争，与 10 年前相比，消费者已享受到更低的价格和更多的选择。在邮政领域，其私有化改革进程也逐渐加快。2006～2008 年，邮政市场逐步开放。2006 年 1 月 1 日，英国全面开放邮政市场；2008 年 1 月 1 日，德国成为第四个全面开放邮政市场的成员国。2008 年 2 月，欧盟议会及理事会通过了"第三邮政指令"。该指令要求大多数成员国于 2010 年 12 月 31 日前全面开放邮政市场（实际指欧盟邮政市场邮件总量的 95%），其他成员国也要在 2012 年 12 月 31 日前全面开放邮政市场。

　　同时需要强调的是，在调整国家与市场的关系问题上，并不仅仅只是"少些国家"的问题；而且也并不总是线形发展的，它们两者的关系会随着时间推移和形势变化而变动。事实上，在有些领域，国家的作用不仅没有削弱，而是在进一步加强。例如在加强建设"搬不动"的经济与社会基础设施方面和大力培养"流不走"的知识人才方面，欧洲各国都在投入越来越多的人才、财力和物力；人们对国家调控日益复杂的宏观经济和社会生活的能力要求，不是在降低，而是在提高。这一点，在最近这次危机与衰退中表现得尤为突出。如果没有欧盟国家出资数以万亿欧元计的资金用来"救市"以挽救银行，数以千亿欧元计的资金用来"刺激经济"以扶持企业，其后果是不堪设想的。法国、德国倡议提出的建立"欧元区经济政府"的计划，既强调发展市场力量以及对其实行严格的监管；也重视国家和"国家集体"的作用并提高其效率。

　　2. 调整政府与企业的关系

　　调整政府和企业的关系首先是放松政府对企业在开业和营业等方面的某些限制，特别是在用工方面；其次，减少政府对国有企业的补贴；第三，最重要的是减税。自 20 世纪 80 年代中期开始，欧洲特别是欧元区国家通过降低公司（企业）所得税税率等手段进行大规模的减税，这种趋势时至今日仍在继续。各国需要提供更具竞争力的投资环境来鼓励外资进入，人们特别是企业期望通过国家降低税率和扩大税基获得公平而简化的税收体系。例如当1973年爱尔兰加入欧盟时，其国内生产总值（GDP）只有当时欧盟平均水平的60%，其企业税税率为50%。而到了2006年，其GDP水平达到了欧盟平均水平的110%，同时企业税税率为12.5%。降低税率使得爱尔兰获得了更多的投资，促进了本国经济的发展。① 进入21世纪后，世界经济增长放缓，各国纷纷推出各种减税新政，借以刺激消费与投资，吸引外资，拉动本国经济增长。以德国为例，德国的税收改革进程自2001年1月起到2005年底结束，分2001、2003、2005年三个阶段进行。在企业所得税方面，从2001年1月起，德国企业所得税税率从40%降到25%，低于法国、意大利、日本和美国。到2005年，德国的最高个人所得税率下降到42%，低于除了英国以外的其他西方发达国家。正是这样的一系列措施助推了德国经济的发展。而在金融危机之后全球经济复杂的背景下，越来越多的国家趋向采取更多经济刺激措施以巩固经济成果，加快经济增长步伐，减税措施又成首选。例如德国总理默克尔及其自由党新盟友预计为家庭和企业减税240亿欧元，减税措施从2010年1月1日起开始生效。瑞典中右派政府也宣布降低所得税，以刺激劳工市场。

3. 调整国家与公民的关系

这里主要涉及的是社会福利制度问题。欧洲的社会福利制度所内含的人道主义、社会和平与社会公平等，在本意上都具有积极意义。但是随着时间推移和内外环境的变化，平均高达GDP的25%以上的社会福利费用支出已使欧盟国家不堪重负（其中丹麦为29.2%，瑞典28.9%，法国28.5%，德国27.4%，2007年27国平均为27.5%）。② 其基本的改革思路是：保持社会福利制度的基本理念和核心部分；尽力杜绝滥用；节减某些项目；让社区、家庭和个人承担更多的责任；只援助在努力奋斗的"自助者"和真正需要救助的人；改授人以"鱼"为授人以"渔"，鼓励创业；提倡"捋起袖子干活"等。英国前任首相布莱尔说："一个人只知道从福利国家领钱，而对他所处的社会却毫无责任心，这种现象是不能容忍的。"德国前总理施罗

---

① 杨志清：《如何顺应金融危机下的各国减税趋势》，《中国税务报》2009年6月2日。
② OECD，"Welfare Expenditure Report（Microsoft Excel Workbook），"10 Dec. 2009.

德也认为，"那些不尽其力、不尽其责的人应当丧失他原来享有的社会团结，即国家资助的权利。我认为这就是社会主义"①。法国原经济、财政和工业部长法比尤斯同样表示："应该掌握一个基本原则，就是劳动总要比不劳动得到更高的报酬。我们已经取消了好多项失业救济，还有一些需要取消"②。在欧洲领导人的这些思想指引下，各国都在对社会福利制度进行改革。但是这些改革并不只是着眼于"缩减福利"；欧盟国家和社会还在大力为培养、提高、发挥人的能力、创造性主动性积极性以及提供更多创业机会等方面而工作。

4. 调整雇主与雇员的关系

在世界市场和欧洲内部竞争日趋加剧的环境中，欧洲国家昔日一切限于民族国家范围内的雇主与雇员的关系正在日益遭到削弱。过去为实现社会平等和互助而统一调控不同行业和不同企业中的劳资关系的能力正在下降。国际资本流动日益频繁扩大，资本流向选择权的增强，工会组织面临严重削弱甚至生存危机，使雇主和雇员的力量对比关系发生变化，分配关系明显朝着有利于资方的方向倾斜，实现普遍的、规范的、规则的机会减少，结果是在雇主与雇员的关系中出现愈来愈多的"自愿性""灵活性"和多样化。但是雇主与雇员都在寻找适应新形势的妥协途径，包括除了重视收入分配之外，让雇员更多地实现"资本参与"之类。例如在德国的《员工参与管理法》和《企业法》中明确规定，德国企业员工拥有一定的个人参与权，如员工有咨询与讨论权，有了解个人档案的权利，认为受到不公正对待时有申诉权，以及可以用便宜一些的价格购买公司股票等。③ 在工时制度改革方面，欧盟成员国于 2008 年打破多年僵局，就强化每周最长工作时间限制和临时工权益等就业改革问题达成一致。在这项方案中，欧盟每周最长工作时间上限为 48 小时（实际工作时间为每周 40 小时左右），除非雇员自己愿意多工作。但即便雇员选择延长工作时间，每周也不得超出 60 小时，除非劳资双方另有集体性安排。在临时工权益问题上，欧盟成员国一致同意临时雇用人员应从上班第一天起，在薪酬、产假和休假等方面享有与正式签约员工同等

---

① 〔英〕《新政治家》1999 年 5 月 24 日。

② 〔法〕《世界报》2000 年 8 月 25 日。

③ 人民网：《德国企业职工参与管理机制》，2004 年 11 月 29 日，http：//www.people.com.cn/GB/wenhua/40489/40490/3018639.html。

的待遇。但如果一国劳资双方达成全国性协议，则允许有一定的宽限期。目前，欧盟大约有 800 万临时工。由于其灵活性，欧盟企业和雇员也越来越欢迎这种用人机制。① 显然，对于现今的欧洲雇员来说，有没有工作岗位，比工资多增一点还是少增一点更为重要。为了扩大就业机会，欧洲还在提倡培养欧洲人所欠缺的创业精神。英国伦敦商学院和美国巴布森商学院联合发起的年度研究《2007 全球创业观察》数据指出，欧盟的创业精神已经落后中国 2~5 倍。欧盟较低的创业能力直接影响其促进经济增长和推动就业的能力。为此，欧洲采取了许多措施，针对不同规模企业、不同人群提出了不同的创业计划。例如，2009 年 5 月 6 日~14 日，欧洲委员会在布鲁塞尔组织了第一届欧洲中小企业周，旨在让企业了解欧盟及其成员国的支持政策，并鼓励更多的人自己创业。② 欧盟委员会还出台了一份题为"实现大学现代化的新型合作关系：欧盟大学与企业对话论坛"的政策文件，对近年来欧洲大学与企业合作的情况进行总结，并就推动大学与企业合作、促进大学生就业、提高大学生创业能力等给出行动建议，并提出以就业为导向应该成为大学课程改革和学习方法革新的重要目标。③

5. 调整企业与资本市场的关系

在最近的二三十年时间里，对欧美西方经济发展进程影响最大的三个因素，除了科学技术的突飞猛进之外，另外两大因素恐怕要算经济全球化和经济金融化了。所谓"经济金融化"主要有三个含义：一是虚拟经济过于迅速地膨胀，越来越脱离实体经济，银行虽对为公司企业的部分投资项目提供资金仍有兴趣，但银行越来越存在于一个虚拟世界，更对它们的彼此投资和开发复杂的证券感兴趣，而不是投资于实体经济。二是虚拟经济本来就比较难以监管，加上美国等国竭力推行的新自由主义自由化政策和美联储的长期低利率政策，致使资本市场上流动性泛滥，金融机构把大量贷款提供给了根本还不了债的同业机构、公司企业和家庭个人，其间又经过"金融衍生产

① 新华网：《欧盟成员国就每周工时限制等就业改革达成一致》，2008 年 6 月 11 日，http://news.xinhuanet.com/newscenter/2008 - 06/11/content_ 8344914.htm。
② 中华人民共和国人力资源和社会保障部：《欧盟创业政策》，2009 年 7 月 21 日，http://www.lm.gov.cn/gb/news/2009 - 07/21/content_ 315340.htm。
③ 柯常青：《欧盟委员会新政策：大学应培养学生创业精神》，《中国教育报》2009 年 5 月 19 日。

品"的炒作，使最初债务人与最终债权人之间的"链条"不断地被拉长，结果造成断裂，爆发了自 20 世纪 30 年代以来最为严重的金融危机，给银行和企业都带来了巨大的损失。三是虚拟经济首先给富有的投资者和投机者提供了更多更大的风险发财机会，甚至诱使实体经济部门中的公司企业也纷纷把从事虚拟经济业务作为主要的利润来源，使资本市场特别是直接融资的资本市场陷于非理性的扩张，把金融业本身乃至整个国民经济推入更加不稳定的状态。这种危险状态，通过最近这次国际金融危机和世界经济衰退，已让世人有所认识。美欧主管当局正在争取加强监管措施，使金融资本市场恢复正常运转，企业与资本市场关系重新常态化。欧盟及其成员国也在从两个层面上为此作出种种改革努力。

实现企业与资本市场的良性互动发展，是正确处理虚拟经济与实体经济的重要内容，也是应对全球金融危机和保持经济较快发展的重要手段。资本市场对企业的改革和发展的作用至少体现在三个方面：一是帮助企业筹集大量发展所需资金，加快企业的发展步伐；二是促进企业的股份制改革，改善控股上市公司的治理结构；三是推动企业的并购重组，优化经济的布局和结构。以欧盟中小企业融资来说，欧盟在致力于支持中小企业融资方面形成了一整套行之有效的政策框架体系和实施办法。以意大利为例，意大利政府为了促进中小企业的发展并为其融资提供法律保障，先后颁布了一系列的法律、法规，如《中小企业法》《中小企业基金法》《特别银行法》《中小企业融资条例》等，形成了私营中小企业融资法规的框架。欧盟还专门设立了为中小企业提供融资服务的政策性银行——欧洲投资银行（EIB），其资金的 90% 用于欧盟内部的不发达地区的投资项目，10% 用于东欧国家和与欧盟有联系的发展中国家。欧洲投资银行通常利用本身的资金和借助资本市场，通过三种方式对中小企业进行融资。这三种方式为：（1）全球贷款。这是用于支持中小企业投资的一项贷款，主要用于中小企业在工业、服务业、农业领域的投资和与欧盟发展规划、能源及运输有关的小规模基础设施的投资；（2）为中小企业提供贷款贴息。欧盟与欧洲投资银行签署了一项协议，雇员人数不超过 250 人，固定资本不超过 7500 万欧元的企业可享受贴息贷款。贷款的利息补贴由欧盟财政预算支出，由欧洲投资银行管理；（3）阿姆斯特丹特别行动计划（ASAP）。该项计划是根据 1997 年欧盟阿姆斯特丹理事会决议实施的一个三年期的计划，资金来源于 EIB 的经营利润，总额为 10 亿欧元，旨在对高度劳动力密集型和新技术领域的中小企业进行投资和资金支持。另外，针对中小企业经常遇到的贷款难的问题，欧盟委员会于 1993 年专门设立了"圆桌会议"，会议由金融机构资深代表和中小企业代表团组成，目的是讨论中小企业面临的融资问题，并提出双方可接受的解决方案。[①] 实现企业的持续较快增长需要资本市场创造条件和提供支撑。进一步调整企业与资本市场的关系需要多方面的共同努力尤其要解决影响和制约资本市场长期稳定发展的制度性和政策性问题。

(二) 欧洲进一步联合和改革才是出路

欧洲人在过去 50 多年时间内，一次又一次地克服了种种艰难险阻，先后建成了欧洲经济共同体、欧洲共同体和欧洲联盟，实现了作为迄今欧盟主要支柱的统一市场和统一货币，把欧洲一体化事业逐步推向新的高度。尽管如此，由于时代的变迁，特别是 20 世纪 80、90 年代之交东欧剧变、苏联解体、世界格局变动，接着发生的主要由美国发动的一连串战争以及与之紧密相关的全球化的全面迅猛发展，及其带来的包括一系列负面因素在内的复杂影响，使欧洲人及其欧洲建设而今再次面临并且必须适应新的生存与发展环境。只有在现有的欧盟格局基础上进一步推进欧洲联合才能更好地应对世界经济快速变化，保持欧洲的国际竞争力。

1. 欧洲联合本身往往同时也是欧洲改革

从理论上说，欧盟的性质、欧盟的发展路径以及欧盟的实际进程，这三点都决定了欧洲联合往往同时也是欧洲改革。保罗·赫斯特、罗马诺·普罗迪和前欧盟驻华使团大使安高胜等人在谈到欧盟的性质时意思大同小异，都认为欧盟不符合既定的宪政体制。它不像单一制国家、不像联邦制国家，也不像邦联制国家；相反，它最好被称作一个正在形成中的、由一个公共权力来行使某些治理功能的国家联合体。它应当被看成是一个由共同的机构、成员国和人民组成的复合整体。[②] 欧盟的性质决定了它的发展路径。无论是像大卫·米特朗尼、厄恩斯特·哈斯这样的新旧功能主义者，还是像让·莫内

---

① 林丹丹、贾晓玲：《中欧中小企业融资结构与融资政策的比较》，《国际经贸探索》2007 年第 3 期，第 21~25 页。
② 〔英〕保罗·赫斯特等：《质疑全球化——国际经济与治理的可能性》（中译本第二版），社会科学文献出版社，2002，第 296 页。

这样的实践者，他们都认识到，在现实世界中，由于人们对宪法和公约的轻视，以及难以割舍的民族主义，为避免国际冲突而建立世界政府是根本不可能的。而一种功能性的途径，即欧洲一体化如果把政治发展的重点放在提高这个国家联合体的一系列共同决策程序上，而不是放在试图取代国家层面的政治机构上，它也许最有可能获得成功。因此，欧洲人基本遵循了功能主义的一体化路径，即由个别的经济领域，进而发展到更多领域，再进而建立广泛联盟，直至追求逐步走向政治联合。所有这些都触及成员国的各方面的改革。上述欧洲一体化的发展路径得到了欧盟实际进程的印证。例如，《罗马条约》的实施从 20 世纪 60 年代中后期建成关税同盟起就开始变得困难起来。这是因为条约没有考虑到经济政策中的其他方面，因此，有必要进一步完善并建立经济与货币联盟，以避免由于各国政策方向不同而出现危险。这就要求欧洲人必须进一步同时推进联合与改革。

2. 欧洲联合一般都要通过欧洲改革得到落实

（1）欧盟与民族国家的宪政体制完全不同。

欧盟的大部分权力来自成员国之间缔结的条约。它的许多立法取决于成员国一级对共同体框架协议的吸收，而且还取决于这些国家的行政部门对共同政策的贯彻。欧盟各成员国还保留着许多基本的、独特而又重要的政府管理功能，各国拥有自己的语言、文化传统和法律体制，这些东西将继续使完全的欧洲一体化难以进行。即使欧盟再过几年，形成共同外交与安全政策之后也是如此。一句话，欧洲一体化的任何重大决定，都必须经由成员国及其所作出的适应、调整加以贯彻；或者换言之，欧洲国家的联合必须经由欧洲各国的改革得到落实。

（2）欧盟的多元复合结构，既表明了欧洲一体化的复杂性，又决定了欧洲联合的进程在很大程度上取决于欧洲改革的成就。

在欧洲一体化进程中，我们看到的是一幅错综复杂的图像："高"经济与"低"政治并存，欧盟与"欧洲经济区"之类共生，欧盟创始成员国、老成员国、新成员国与"联系国"之类都在其列，"双速"甚至"多速"欧洲客观存在，如此等等。这些多元复合结构现象，既给欧盟的深化与扩大提供了实际可行的机会，又使欧盟必然呈现某些松散性、开放性、灵活性，增加改革难度，使任何欧洲改革都必须同时适应三个"结合"，即原则性与灵活性结合、集团性与开放性结合以及一致性与多样性结合。例如，欧盟走向开放性，对内表现为一体化的日益深化，即用开拓新领域的自由化来体现开放性，欧洲一体化从煤钢联营、关税同盟、共同市场到经济货币联盟走的就是这条道路；对外则表现为欧盟扩大和加强对外关系，用扩展"成员资格"等来展示其开放性；同时，设法压低内部壁垒，作出各种"自由贸易"安排，包括与非加太地区发展中国家签订《洛美协定》，为地中海南岸国家制定的"新地中海战略"，向南美洲南方共同市场提出的建立"欧盟－南方共同市场地区联盟"的倡议，以及亚欧会议等。而在欧盟逐渐增强内外开放性的同时，则是各成员国在不断作出新的调整、适应于改革。可以设想，如果欧洲改革能导致欧洲国家在更多领域、更大程度上趋同，欧盟的多元复合结构将会变得比较简洁一些。

（3）制度安排与经济融合密不可分。

任何的区域一体化安排要长期保持效率就必须有市场动力的支持，制度的结合离不开成员国在经济上一定程度的融合和各种经济壁垒的消除，否则区域一体化安排很可能夭折。"相应的制度安排和实质性的经济融合是推进一体化的两种力量，二者交织贯穿于一体化的整个发展过程中"。① 而无论是新的制度安排，还是经济融合的扩大和深化，不仅都体现了欧洲联合的进展，而且也反映了经济改革的成就。欧洲统一市场与统一货币之所以能取得相当进展，来源之一就是各成员国有了一定程度的经济融合；而它们的成就远未达到人们本来设想的要求，原因也正在于它们之间的经济融合还远远不够。

不过，欧洲人正在通过经济改革和融合来逐渐弥补缺陷。这些经济融合的实质是，在欧洲一体化制度安排框架下，通过改革寻求市场动力的支持；其目的是，在世界和欧洲形成一个相对均衡稳定的经济货币金融制度与市场，并在其中有欧洲自己的形象和分量。当然，欧洲人懂得，欧盟国家的经济改革和融合，仅仅从"经济"领域得到推动是远远不够的，他们还必须从"政治"等方面寻求有力的支持。2009 年 12 月 1 日开始生效的《里斯本条约》或将为此提供重要的新动力。《里斯本条约》被人称为"欧盟改革条约"，它为欧盟确立了新的条约基础，并使之更加民主、透明和高效。条约对欧盟进行了深刻的变革，例如，将设立专职的欧洲理事会主席（即所

---

① 汤碧：《两种区域经济一体化发展趋势比较研究》，南开大学博士研究生毕业论文，2002，第 79 页。

谓欧盟"总统")来增强欧盟行动的连续性；在将来，在许多情况下一致表决制将被取消，特定多数表决制被扩大应用到数十个新的领域，这将使欧盟更加容易作出决议；从 2014 年起，对于部长理事会的决定，将原则上适用"双重多数表决制"，据此，部长理事会的欧盟决议需要 55% 的成员国的赞同，且它们代表 65% 的欧盟人口（2017 年前适用过渡期规定）；部长理事会的轮值主席将保留以三个成员国组成的为期 18 个月的轮值主席团出现；欧盟委员会的委员人数将从 2014 年起减少到成员国数的 2/3；另外，将设立一名"欧盟外交与安全政策高级代表"（即所谓欧盟"外长"），负责欧盟的对外关系；改革条约还将通过增强欧洲议会的地位、将各成员国的议会纳入欧洲立法过程，以及具有法律约束力的基本权利宪章（对于英国和波兰适用特殊规定）来增强欧盟的民主和基本权利保护。[①] 总之，《里斯本条约》将在决策能力、政策制定和机构等重要问题上加强欧盟的作用。它本身就是一项重大改革，同时还将有助于整个欧洲联合与改革的进程。当然，可以想象，落实该条约又将是一个艰难的历程。2011 年 12 月 9 日，欧元区 17 个成员国和非欧元区 9 个欧盟成员国达成了"财政协议"也将同样如此。

（三）欧盟国家经济改革某些具体领域措施

欧盟国家经济政策从 20 世纪 70 年代至今经历了多次重要改革，且涉及各个领域。这些改革的背景因时代不同而有所差异，并且都在不同程度上受到了欧盟联合的推动。本文在此着重对劳动力市场、资本市场、产业结构、科技发展和环境保护等方面的改革作简要介绍。

1. 劳动力市场改革

与不堪重负的社会福利制度一样，僵硬刻板的劳动力市场制度也是最近 30 年阻滞欧洲经济发展的重要因素之一。它的直接后果是增长缓慢，失业增加，就业困难。随着欧盟对劳动力市场领域的重视，劳动力市场与就业政策已逐渐从欧共体极少参与的政策领域发展成为其活动的主要领域之一。

（1）劳动力市场改革地位日益提升。

劳动政策议题引起欧盟的注意主要缘于 20 世纪 90 年代上半叶的高失业率。自 1991 ～ 1994 年，当时欧盟 15 国的失业人数迅速增加，超过了 450

---

① *Tatsachen über Deutschland*, Frankfurt am Main, Berlin: Societäts Verlag, 2008, p. 80.

万，失业总人数最高时接近 1740 万人。① 欧盟正式提出欧盟层面的就业合作与趋同问题始于 1993 年的德洛尔《增长、竞争力与就业》白皮书。1997 年，欧盟首次在《阿姆斯特丹条约》中将就业问题作为独立的部分纳入欧共体条约之中，条约确定就业为共同关注问题，并且倡导建立协调各国就业政策的新机制——欧盟就业战略。同年 11 月，卢森堡特别峰会上签署第一个《就业指导方针》，要求成员国制定相应的《国家行动计划》，并确定就业问题的"四大支柱"——企业家精神（entrepreneurship）、就业能力（employability）、雇员与雇主双方适应性（adaptability）以及平等就业机会（equal opportunity）。

进入 21 世纪，就业政策中纳入了新的因素。欧盟已确定将人口老龄化、全球化和技术变革作为重要挑战。因此，与劳动力市场相关的政策不再简单地受到内部市场先决条件的限制，还要与社会政策共理。2000 年 3 月，里斯本首脑会议将就业设置为新欧洲经济的长期目标。同年 12 月，尼斯会议提出将就业质量问题，特别是工作场所质量作为社会政策议程的指导思路。2002 年 3 月，巴塞罗那会议将充分就业确定为里斯本战略的核心以及经济和社会政策的基本目标。欧洲就业战略（EES）的核心从减少失业转至提高就业率与生产率，并努力为其创建适宜的框架。其后，欧洲就业战略的任务与目标被制定得愈加明确，并扩展至各种不同的场合。对此的核心政策要点在 2005 年 7 月欧洲理事会颁布的"增长与就业综合指导计划（2005～2008）"中得到了确立。为了实现目标，欧盟将就业措施集中于三个重点：吸引和保持更多人就业，增加劳动力供给，并使社会保障体系现代化；改善劳工与企业的适应性；通过更好的教育与技能培训增加对人力资本的投资。除了提升年轻人的关键能力之外，终身学习在此也发挥着重要作用。紧随其后的是新里斯本策略（renewed Lisbon strategy），其规划期定为 2008～2010 年。该策略也保留了欧洲就业战略的要点，主要致力于深化基础性改革。② 这里尤为重要的是实行"灵活保障"（flexicurity）模式。

---

① 〔德〕迪特·伯劳尼格：《欧盟劳动力市场政策——"分权"与"集权"之间难以拿捏的平衡》，《德意志银行研究报告》，2008。
② 〔德〕迪特·伯劳尼格：《欧盟劳动力市场政策——"分权"与"集权"之间难以拿捏的平衡》，《德意志银行研究报告》，2008。

（2）灵活模式顺应时代潮流。

当人们还在艳羡欧洲国家的"高福利制度"和"无固定期限雇佣制度"时，2007年6月27日，欧盟正式开始在共同体范围内推广灵活保障模式，希望"通过灵活性与保障性相结合创造更多更好的工作"。灵活保障模式简言之就是在劳动力市场灵活性和保障性之间权衡取舍，使之均衡的就业市场改革战略。具体包括四项政策要素，即灵活的劳动合同安排、综合性的终身学习战略、积极劳动力市场政策、现代社会保障体系。其中关键点在于保护个人的就业权（注意，并非保护个人工作岗位），增加企业的灵活性和竞争力，明晰政府的责任。

在这种模式下，政府的责任由保护公民不被解雇，更多地转到为公民提供终身学习设施和完善劳动力市场服务上来。首先，公民至少能读完高中或具有相当学力，拥有基本的学习能力；其次，为就业者提供在岗培训；最后，为失业者积极安排再就业培训、帮助寻找工作甚至通过财政支持来创造新的工作机会。在失业救济上，政府不再无期限地提供福利帮助，甚至会对有工作能力而不去找工作的人实行惩罚。另一方面，企业的权责也发生了改变。企业须增加工作时间和工作方式的灵活性，便于劳动者兼顾工作和家庭责任。例如，对于需要照顾小孩的女性，在劳动合同中应允许弹性工作制，或者像芬兰的"工作时间银行"制度，加班时间和节假日工作时间能够以放假时间和额外收入的形式自由存取。另一方面，企业被允许正当解雇员工。在欧洲原有的劳动保障体系中，解雇员工企业需支付高昂的时间和金钱成本，而在新的模式中，企业可以更灵活地招募和解雇员工。

其实"弹性保障"模式并非布鲁塞尔会议的创意，它受到了被高度推崇的一种劳动力市场战略的启发，而该战略已在丹麦成功实施多年。丹麦模式由三个核心要素组成：第一，一个灵活的、相对管制较少的劳动力市场。在丹麦对于解雇并无法律保护，取而代之的是灵活的契约安排保护工人免受任意解雇，但是并不会削弱公司的灵活性；第二是有效而积极的劳动力市场政策。由公共就业服务所组织的一种有规模的中介"集会"为求职者在广阔的范围内提供支持。劳动力的技术技能提高被视作所有相关者（例如政府、社会合伙人和劳工）的一个重要任务；第三，相对充裕的福利金。失业救济金（unemployment benefit）比较高（最高可达工资收入的90%，上限为 1950 欧元/月) 且可以长期支取 (最长期限为 4 年)。① 但是国家支持是建立在失业者须承诺寻找工作并具备获取技能的意愿等条件之上的。

在短短几年期间，欧盟的劳动力市场与就业政策已由一个"次要问题"发展成为欧盟政策的一项核心要素。在此过程中，欧洲就业战略已经日益步入了"中央舞台"。虽然该战略最初主要限于作为缓解失业的单一措施，但它自此逐渐发展成了一项协同促进就业的整体方法，该方法的主要标志便是弹性保障模式。提高工人就业能力而非寻求对雇佣关系保护，这种基本思想是对加速结构变革作出适当反应。这套改革思路，归结为一句话就是：既要授人以"鱼"，即提供必要的社会福利保障；又要授人以"渔"，即鼓励人们学会拥有自身生存发展的能力与机会。然而，欧洲就业战略的效果却是喜忧参半的。欧盟就业政策改革的某些成就与某些成员国的劳动力市场依旧被严重分割形成了鲜明对比。但是无论如何，对某些劳动力市场所固有的成堆复杂问题慎重进行协调管理乃是明智之举。

2. 资本市场改革

欧盟资本市场改革与创新政策体现在几项主要的改革措施中。一是完善资本市场外部环境，具体体现在《金融服务行动计划》（Financial Services Action Plan, FSAP）中，计划执行期为 1999 ~ 2005 年；二是完善风险资本外部环境，具体体现在《风险资本行动计划》（Risk Capital Action Plan, RCAP）中，计划执行期为 1998 ~ 2003 年；三是完善税收和公司治理环境，除了要求上市公司按照国际会计标准在 2005 ~ 2007 年内合并账户外，其他方面进展不大。

欧盟《金融服务行动计划》要实现下述三个目标。第一，建立统一的金融服务市场。欧元流通后，欧盟资本市场各方面都发生了深刻变化，其中最重要的是成员国股票交易市场之间建立了更密切的联系。面对这种新形势，欧盟委员会认为必须优先解决几个问题，包括制定共同的法律，促进证券市场和金融衍生品市场的一体化；消除资本流动的障碍，为在欧盟境内资金筹集活动创造更好的外部条件；确立统一的上市公司财务申报标准，使欧盟境内上市公司可用统一的财务申报书在所有成员国资本市场筹措资金；为

---

① 〔德〕迪特·伯劳尼格：《欧盟劳动力市场政策——"分权"与"集权"之间难以拿捏的平衡》，《德意志银行研究报告》，2008。

欧盟成员国退休基金进入资本市场制定统一的法律框架；为欧盟跨国界证券交易提供法律保障；为欧盟跨国界资本市场重组提供安全和透明的制度环境。第二，建立统一的金融服务零售市场。欧盟金融零售市场必须适应批发市场发生的变化。欧盟拟建立新的法律框架，以便各国金融机构能向整个欧洲的客户群体提供金融服务。金融风险与市场风险防范机制将是这个法律框架的重要组成部分。欧盟委员会认为，要克服当前跨国交易的障碍，至少要在下述几个方面取得进展：提高信息透明度，妥善解决跨国界赔偿问题，完善电子商务服务体系，加强对保险中介机构的监管，确立跨国界零售服务的支付方式。第三，提高金融市场的安全性。欧盟金融监管当局认为，欧元流通以后，成员国的许多金融机构服务对象已经从本国市场转向欧洲市场。在欧盟股票市场上，从前以国别为基础的业务正在过渡到以行业为基础，只有适时地调整政策，才能同上述变化保持一致。欧盟金融监管当局必须完成以下任务：提高对欧盟境内银行、保险和证券服务业务的监管水平，严格遵循巴塞尔委员会（Basle Committee）和欧洲证券委员会的市场监管要求；制定对金融集团的监管方案。所谓金融集团是指那些业务延伸到多个金融领域（银行、保险、证券）并从事跨国界经营的大金融组织。

欧盟《风险资本行动计划》是欧盟委员会根据欧盟境内风险投资特点制定的一项重要措施，主要任务包括：提高风险资本市场一体化水平；加强欧盟成员国在风险资本市场监管上的协调；推动欧盟成员国国内税收体系和政策改革，为风险资本创造一个良好的生存环境；加强风险资本在中小企业技术创新中的作用；培育欧盟风险投资文化。目前，欧盟风险资本行动计划的重要政治和技术目标都已实现，欧盟风险资本正朝着规模更大、管理更成熟和专业化的方向发展。2004年，欧盟委员会提出进一步完善欧洲风险资本市场的新措施，其中包括在欧洲推行国际审计标准，制定退休基金投资风险资本的相关法规和提高欧洲结构基金对风险资本的支持力度等。在欧盟的积极推动下，成员国在风险资本所起的重要作用上已经取得了广泛的共识。[①]

在经受了最近这次国际金融危机的沉重打击之后，2009年，欧盟在改

---

① 薛彦平：《欧盟资本市场的基本特点与发展趋势》，《国外社会科学》2009年第4期，第92~101页。

革金融监管和监督的道路上又向前迈出了积极有效的一步。欧盟国家财长和首脑们在经过多次会议反复讨论之后，已就金融行业监管、金融市场透明度、金融机构评级制度和银行高管薪酬规则等问题达成了广泛的一致。欧盟最近决定的具体政策措施包括：在欧洲乃至全球范围内建立起金融领域的监管和预警机制，并成立经过授权的泛欧执行机构，全面负责与有效实施对整个欧盟金融领域的监管，及时发现和预测可能出现的系统性金融风险，尽早发出预警通告并在必要情况下提出对策建议和实施办法，以防止类似危机再度发生；根据相关设想，欧盟决定成立由成员国金融监管机构代表组成的三个金融监管委员会，分别负责加强成员国在银行系统、保险行业和金融市场领域的统一协调与监管工作，在三个监管委员会的权限问题上，多数欧盟成员国领导人认为，专业的监管委员会应有权作出有约束力的规定，以确保成员国统一执行欧盟的监管规定并协调和解决各国监管机构之间可能出现的矛盾与分歧；此外，在三个监管委员会之上，还将设立一个顾问委员会，以便对三个委员会的工作进行协调与指导。始于 2009 年底的欧洲主权债务危机再次表明了进一步推进欧洲金融市场改革并对其实施严格有效监管的必要性和紧迫性。

3. 产业结构改革

欧盟产业政策的理念是市场导向的，强调为提升工业竞争力创造良好的条件，反对传统的部门干预。1990 年的第一份正式政策通报就确定了这一理念，并提出了开放性、横向型和辅助性的指导性原则，此后陆续出台的欧盟产业政策通报都延续并一再强调上述理念和原则。

从制度支持角度看，欧盟做了许多有益的工作。首先，完善支持研发与创新的制度环境，提高欧盟制造业的国际竞争力。在欧盟委员会提案"投资与研发——一个欧洲行动计划"① 的基础上，部长理事会于 2003 年 9 月形成了一个"为提高欧盟经济增长和竞争力而投资于研究"的决议，此决议强调了对知识产权的保护。保护知识产权对于保持和提升欧盟大多数制造业的竞争力具有至关重要的意义。欧盟委员会近几年的产业政策通报都表示了大力保护知识产权的决心，并陆续提出了几个行动议案。2005 年的产业

---

① European Commission, "Investing in Research: An Action Plan for Europe," COM (2003) 226, 2003.

政策通报确定了在内部市场和对外贸易中亟待提高知识产权保护程度的制造业部门，包括制药业、生物技术、信息通信技术、机械工程、电子工程、汽车、造船、纺织、制革、制鞋、家具，等等。虽然已经取得了不少成绩，但是，欧盟在这方面的行动也并非一帆风顺，至今仍困难重重。这其中的一个重要原因在于欧盟内部政策运行机制和利益协调过程的复杂，例如，欧盟委员会在2000年即向理事会和议会递交了有关"共同体专利"（community patent）的提案，旨在为欧盟范围内申请专利提供一个低成本的统一体系。但是这项提案长期未获批准。2005年10月，欧盟委员会又公布了一份关于研究与创新的通报，确立了共同体支持研究与创新的新的综合政策，其中包括一些与制造业部门高度相关的创议，从而为产业政策的实施提供了更多可利用的措施。[①] 由于研发领域存在着公认的"市场失灵"，除了创造制度环境以外，公共部门对研发和创新活动的直接财政支持也是世界各国产业政策的普遍手段之一，欧盟自1984年开始执行的多个科技框架计划以及成员国政府支持的研发计划都是这方面的具体体现。

其次，利用完善内部大市场的相关制度法规促进各成员国制造业的协调发展。至今为止，欧盟产业政策在与完善内部市场有关的内容中最重要、也最有成果的努力是推动制定产品的技术规则和统一技术标准。欧盟在这方面的努力和成果可谓有目共睹，典型的成功例子是制定了第二代移动通信技术的国际标准之——全球移动通信系统（GSM）标准。

第三，借助贸易政策从制度上支持制造业开辟和拓展国际市场，并为其争取有利的国际竞争环境。在这方面，欧盟产业政策的主要目的在于尽量使第三国向欧盟工业品开放市场，以及为自身产品参与国际竞争争取更为有利的环境。推动第三国的市场开放会扩大欧盟制造业的市场范围，这对于市场普遍相对狭小的欧洲国家而言，是推动制造业结构转型的重要途径。在此欧盟主要采取两种方式：其一，通过多边谈判和协议，主要是在世界贸易组织框架下促进第三国开放市场；其二，通过双边谈判与合作，推进特定国家向欧盟工业品开放市场。目前，欧盟已与美国、拉美、中国、日本和加拿大等最为重要的贸易伙伴开展了制度合作，以此作为多边协议的重要补充。另外

---

① European Commission, "More Research and Innovation-Investing for Growth and Employment: A Common Approach," COM（2005）488, 12 October 2005.

欧盟还致力于降低其制造业参与国际竞争的制度成本，为其争取更有利的国际竞争环境，这主要体现在积极参与国际工业技术标准的制定，将其内部统一市场规则和环境标准向外部世界的推广上。

从横向的部门政策来看，产业政策内容更加务实，也更具可行性。欧盟产业政策的部门政策正处于起步阶段。虽然自 2002 年以来部门政策就开始逐步形成，但是，直到 2005 年政策通报才基本上确定了部门政策的具体形式和针对各制造业部门的政策重点。2005 年通报对欧盟 27 个部门（26 个制造业部门加上建筑业）的竞争力状况和存在的问题进行了详细分析，并逐一确定了对于各部门而言具有优先意义的横向政策。欧盟针对制造业的部门政策有如下特点：虽然当前欧盟针对不同部门的政策侧重点各有不同，但是其共同的支撑点在于提高整个制造业的知识与技术含量。不论是与美、日相比处于劣势的高新技术行业（如制药、生物技术、信息通信技术、航空等）、当前具备强劲竞争力的资本技术密集型行业（如医疗设备、机械工程、电气工程、机动车辆、化学制品等），还是面对新兴国家激烈竞争的传统产业（如造船、纺织服装、皮革、制鞋、家具、印刷与出版、钢铁业等），欧盟的目标都是通过增加产品的知识与技术含量来提高国际竞争力，其具体努力方向主要包括三个方面：第一，促进研发与创新活动、保护知识产权、提高劳动者技能；第二，对于大多数优势产业和传统产业，当前欧盟的另一个政策重点是为其高质量和高附加值产品争取到第三国市场的准入权；第三，对于大多数传统产业而言，欧盟的首要任务是推动其结构转型和升级，一方面通过提高这些行业的知识技术含量和促进创新来避开与新兴经济体之间的低成本竞争，另一方面通过结构基金等财政方式尽量降低转型引起的社会成本。①

2007~2009 年始于美国次贷危机的国际金融危机和世界经济衰退以及最近欧洲主权债务危机，为欧盟国家的产业结构改革提供了一剂新的强力催化剂。在欧盟及其成员国为应对危机和衰退所采取的一系列政策、计划和措施中，专业人士一眼就可以看出，除了应急的行情性政策措施之外，还有相当多的具有结构性政策含义的内容，主要目标是产业结构改革。欧盟国家显

---

① 孙彦红：《欧盟产业政策研究》，中国社会科学院研究生院博士研究生毕业论文，2009，第 35~37、45~47 页。

然是想要利用时机对整个经济特别是其制造业实施改革与创新的战略，以达到提高其全球竞争力、增强长期潜力以及经济可持续发展的长远目标。为此，欧盟提出了一系列明确的政策措施，例如，由欧盟及其成员国扶持一些重要的产业领域，如气候、环保研究和可再生能源专案，开发大容量、高速数位网络系统，致力于生命科学与生物工程产业等；利用技术与科研优势进一步推动"欧洲制造"和欧洲标准的商品标签，使其成为流通欧盟国家市场必备的产品标识，为欧洲生产企业、进口加工商建立统一的技术标准和商品规范，为欧盟产品进一步占领国际市场奠定更加可靠的基础；加强政府机构为企业服务的力度，利用数位网络优化管理手段，最大限度地简化各种有碍提高生产效率的手续和程式，减少企业管理与经营成本，在产业政策、产品资讯、市场变化、知识产权保护等方面加强服务，如此等等。可以预期，这些政策计划措施的实现，将会进一步促进欧盟国家的产业结构调整、科技创新能力提高和公司企业合理重组。

4. 科技发展改革

20 世纪 80 年代以后，欧盟开始意识到欧洲国家在科技开发和应用上同美国的差距，并逐步意识到造成这种落后的原因不是欧洲缺乏发展信息工业技术的潜力，而是欧洲缺乏系统的科技创新发展政策。这个时期，欧盟出台了"欧盟研究开发框架计划"。自 1984 年第一个科技框架计划问世以来，至今已出台了七个框架计划，它们为欧盟的科技发展建立了一个框架结构，为每一时期的科研方向提供重要的指导，影响力正在不断提高，资金投入更是从最初的 32 亿欧元大幅增至 670 多亿欧元。[①]

自第一个科技框架计划（1984 ~ 1987 年）至第五个框架计划（1998 ~ 2002 年），大约有一半的资金直接投入了工业部门。[②] 第六和第七个框架计划大幅度增加了预算总额，并配合欧盟产业政策的需要强调研究要更加紧密结合欧洲的工业，以提高其国际竞争力。第一个框架计划主要涉及能源领

---

① "欧盟研究开发框架计划"（European Research & Technology Development Framework Program），它是欧盟有史以来最重要也是持续时间最长的一个长期科技发展规划，从 1983 年第一个计划提出，到 2007 年共执行了 7 个。

② Robert-Jan H. M. Smits, "EU Research for Industrial Competitiveness," in Michael Darmer and Laurens Kuyper (eds.), *Industry and the European Union: Analysing Policies for Business*, Edward Elgar, 2000, p. 263.

域,同时也把信息和通信技术、工业部门现代化、生物工艺学这三个对于提供共同体工业竞争力有重要意义的领域作为重点。第二个框架计划(1987～1991年)继续把上述有助于提高工业竞争力的领域置于优先位置,特别是在以下三个领域确定了具体的行动项目:信息技术和电子技术领域的ESPRIT项目(全称为 European Strategic Programme for Research and Development in Information Technology,即欧洲信息技术研究与开发战略项目)、材料领域的 EURAM 项目(全称为 European Research in Advanced Materials,即欧洲高新材料研究项目),以及工业技术领域的 BRITE 项目(全称为 Basic Research in Industrial Technology for Europe,即欧洲工业技术基础研究项目)。第三个框架计划(1990～1994年)的主要目的仍是提高共同体工业的国际竞争力,研究目标集中在三个方面的六个领域:(1)扩散性技术,包括信息和通信、工业和材料技术;(2)自然资源的管理,包括环境、生命科学技术、能源;(3)智力资源的管理,包括人员投入和流动,并将重点放在研究成果推广、生命科学技术及培训和交流上。由于《马斯特里赫特条约》的正式生效扩大了欧盟研究与技术开发政策的范围,第四个框架计划(1994～1998年)所确定的具体目标:同时实施总体战略,加强研究开发对经济的影响,提高生活质量,使人类资源与技术进步同步发展,从而为迎接以下三个挑战作贡献:提高欧洲工业的竞争能力,提高欧洲的生活质量,促进对新技术的应用。[①] 第五个框架计划(1998～2002年)将重点投入方向做了调整,主要目的在于应对欧盟面临的现实社会和经济问题,提高欧盟的总体生活水平和工作条件,而提高工业的竞争力则成为实现这些目的的重要手段。鉴于此,第五个框架计划支持的重点由纯科研项目转型为更有利于增强竞争力行业就业的项目。第六个框架计划(2002～2006年)仍紧紧围绕欧盟条约第163条所确定的目标,具体活动以三个主题为核心:集中和整合共同体的研究力量;构建欧洲研究区;加强欧洲研究区的基础。围绕这三个主题,第六个框架计划确定了七项优先研究领域:生命科学、关于健康的基因组学和生物技术;信息社会技术;纳米技术和纳米科学、以知识为基础的多功能材料以及新的生产工艺和设施;航空和航天;食

---

① 关于欧盟第一至第四个科技框架计划的总结,参见杨逢珉、张永安《欧洲联盟经济学》,华东理工大学出版社,1999,第212～213页。

品质量和安全；可持续发展、全球变化和生态系统；知识社会的公民和管理。为配合新里斯本战略的需要，第七个框架计划（2007～2013 年）更加强调要促进欧洲的经济增长和加强欧洲的竞争力，认为知识是欧洲最大的资源，同时也比过去更强调研究要与欧洲工业紧密结合，帮助其开展国际竞争，并且在一些领域争取世界领导地位。第七个框架计划一改以前六个框架计划依照行业划分研发项目的做法，而是从更加综合的角度确立了四个大项目，分别为合作（cooperation）、研究能力（capacities）、原始创新（ideas）和人力资源（people），同时将健康、食品、农业和生物技术，信息和通信技术，纳米科学和纳米技术，材料和新产品技术，能源，环境（包括气候变化）等研究领域置于这些大项目之中，旨在追求研发活动的协同效应。①

"欧盟研究开发框架计划"是欧盟科技创新政策的一个重要组成部分，但并不是欧盟在这个时期执行的唯一计划。欧盟主要成员国在这个时期还推出了"尤里卡计划"（Eureka），但尤里卡计划与框架计划不同，它是一个开放性的计划，合作伙伴并不局限在欧盟成员国之间，不仅欧洲国家可以参加，甚至亚非国家也可以参加，条件是它们必须对项目有所贡献。② 尤里卡计划更偏重某些前沿科技领域，如生物技术、环境技术、材料技术、信息技术、能源技术，这些技术对提升欧洲工业的竞争能力有着重要的意义。到2005 年，尤里卡计划已走过了整整 20 年的历程，已有 1.1 万多家企业（多数是中小企业）参加了尤里卡计划，该计划还吸收了 3000 多个科研机构和大学，项目数也增加到 2600 个，资金总数达到 220 亿欧元。

此外，欧盟还相继制订和执行过两个较有影响的长期科技创新计划。一是"科技成果扩散与应用计划"。③ 该计划关注三个领域：科技研发成果的扩散与应用；科技研发成果向企业的扩散以及建立适合技术扩散的金融环境；二是"科技资源整合计划"。该计划的具体成果是形成欧洲研究区，欧洲研究区利用当代互联网的优势，动员欧洲一切科技研究力量提高欧盟及其

---

① 孙彦红：《欧盟产业政策研究》，中国社会科学院研究生院博士研究生毕业论文，2009，第41～42 页。

② 2005 年，尤里卡计划的参加国家已经从最初的 17 个扩大至 36 个，不仅包括欧盟所有成员国，而且还包括瑞士和土耳其等。

③ 欧盟成果扩散与应用计划的全称是"研究与技术开发成果扩散和应用计划"（Specific Programme for the Dissemination and Exploitation of RTD Results），最初是第四个框架计划内的一个辅助性项目。

成员国研究计划之间的协调水平。[①]

5. 环境保护改革

随着全球变化和全球化时代的到来，环境问题日益成为全人类关注的焦点之一。各国政府逐渐把环境保护提上了议事日程，开始通过制定环境法律、法规及政策来推动环境保护。欧盟作为一个超国家的区域性政治经济组织，在跨国界、区域性的环境保护中取得了很大成就，应当可以说，迄今为止，在这一领域，欧盟是世界的领先者。

在 1957 年的欧洲经济共同体条约中，并没有包括任何关于环境、环境政策或环境法的条款。但在以后的发展过程中，欧洲共同体意识到了环境保护的重要性和采取一致行动的必要性。1972 年 10 月 19 日至 20 日，欧共体首脑会议首次强调了一项共同环境政策的重要性，并在会议结束之前责成共同体立法机构在 1973 年 7 月 31 日之前制订出一个具有实施时间表的行动计划。在此次会议上，欧共体环境政策已经形成雏形。1973 年 11 月 22 日理事会以《欧共体理事会及理事会中成员国政府代表会议的宣言》的形式通过了《欧共体第一个环境行动计划》，由此促成了共同体统一环境政策的形成与发展。1983 年和 1987 年欧共体理事会分别通过了《欧共体第二个环境行动计划》和《第三个环境行动计划》，其间制定了《单一欧洲法》和几项重要的环境指令。1987 年通过《第四个环境行动计划》。1992 年，欧盟国家签署了《欧洲联盟条约》即《马斯特里赫特条约》。其后，欧盟理事会于 1993 年通过了《第五个环境行动计划》，又称《走向可持续性行动计划》。从 1972 年 10 月的欧共体首脑会议至今已通过了六个环境行动计划和一系列法案及条约，欧盟的环境政策在这些行动计划和法案中得到了充分体现。

在第一个环境行动计划（1973～1976 年）中，欧盟明确指出了其环境政策的目标，即提高生活质量、改善环境和人类的生存条件。该计划也提出了欧盟环境政策的一些基本原则：最好的环境政策在于防止污染的产生；在所有技术计划和决策过程的最初阶段都必须考虑环境因素；任何将导致生态失衡的消耗资源和破坏自然的行为都必须被禁止；在科学和技术水平提高的过程中充分发挥其对改善环境和治理污染的作用；污染者付费；一国在采取行动时应确保不会导致另一国环境恶化；在欧盟及成员国的环境政策中应考

---

① 薛彦平：《欧洲工业创新体制与政策分析》，中国社会科学出版社，2009，第 46 页。

虑发展中国家的利益；不断加强对改善全球环境的关注与努力；重视公众的意见；分清等级责任；在共同一致的基础上加强联盟政策与成员国政策的合作与协调。第二个环境行动计划（1977～1981年）基本上是第一个行动计划的延续和扩大。它重申了1973年计划的整套原则和目标，还对防止水和大气污染的措施提供了一定的优先权，对噪声污染也提出了更广泛更具体的措施，加强了共同体环境政策的预防性质，尤其关注对周围环境和自然资源的合理保护和管理。在第三个环境行动计划（1982～1986年）中，欧盟对原有的环境政策进行了变革，将环境政策与共同体的其他政策结合起来，考虑环境政策在经济和社会领域的同等重要意义，并且明确强调了加强环境政策预防性特征的重要性。第四个环境行动计划（1987～1992年）发展和细化了第三个行动计划中的环境政策，强调了环境保护与其他政策（如就业、农业、运输、发展等）的结合必要性，并加强了全球合作的必要性。第五个环境行动计划（1993～2000年）以可持续发展为中心，对欧盟以往的环境政策做了重大的发展。其目标不再是简单的环保，而是在不损害环境和过度消耗自然资源的条件下追求适度的增长，这种增长不应破坏经济社会的发展和对环境资源需求之间的平衡。第六个环境行动计划（2001～2010年）命名为"环境2010，我们的未来，我们的选择"，计划着重保护自然和生物的多样性、环境和健康、可持续的自然资源利用与废物管理为四个优先领域。

经过30多年的努力，自2000年以来，由于《阿姆斯特丹条约》及《尼斯条约》的生效，《第六个环境行动计划》的被批准与全面实施，以及《欧盟宪法条约》的草拟制定等，欧盟的环境立法和政策发生了重大变化，欧盟已经形成了一个包括条约中的一般原则、规则和理事会、委员会通过的指令规章在内的体系完整、门类齐全的法律、法规体系。以空气污染防治为例，1975年，欧盟通过了它的第一项关于空气污染防治的法规——汽油硫含量指令。20世纪80年代中期，由于欧洲大气污染、酸雨、臭氧层破坏加剧以及全球气候变暖等问题的加剧，欧盟进一步逐渐加强了空气污染立法。目前，欧盟针对气体和粉尘排放共通过了近20个法规和指令，针对臭氧层保护通过了9个公约、决定和指令并就成员国在空气污染防治合作方面制定了多项法规，形成了一个相当完善的法规体系。在水污染方面，欧盟有关防治水污染的立法始于1973年理事会关于禁止销售和使用某些具有低度生物退化作用的清洁剂的指令。在过去，欧盟有关水资源保护的立法主要集中于生活饮用水、渔业用水、地下水的水质及其保护，目前其立法范围已经大为扩展。欧盟已经就水资源的功能区、水质、污染物（包括危险物）的排放、某些特定的生产工艺和产品标准4个方面进行了立法。欧盟立法要求各成员国根据水域的用途制定水体的水质标准，划定水功能区；对汞、镉、六氯环己烷和其他一些危险物质的排放也制定了排放标准。[①]

目前环境保护又有了新的发展，自英国2003年首先明确提出"低碳经济"以来，低碳发展已经成为世界未来经济发展的新规则。低碳经济是以低能耗、低污染、低排放为特征的经济发展模式，实质就是要建立新的产业结构和能源结构，以最少的温室气体排放，获得最大的社会产出。2008年底，欧洲议会通过了欧盟能源气候一揽子计划，包括欧盟排放权交易机制修正案、欧盟成员国配套措施任务分配的决定、碳捕获和储存的法律框架、可再生能源指令、汽车二氧化碳排放法规和燃料质量指令等6项内容，规定欧盟到2020年将温室气体排放量在1990年基础上减少至少20%，将可再生清洁能源占总能源消耗的比例提高到20%，将煤、石油、天然气等化石能源消费量减少20%。欧盟各国积极响应，如英国开征气候变化税、实施可再生能源配额政策，争取在"减排量分担协议"之外再减排4.5%；法国在考虑创造"零碳经济"；瑞典大力推行"环保车计划"；德国将环保技术产业确定为新的主导产业重点培育，计划在2020年成为第一大产业；丹麦则在全球率先建成了绿色能源模式，成为世界低碳经济发展典范，形成由政府、企业、科研、市场关联、互动的绿色能源技术开发社会支撑体系。作为保护环境的经济发展模式，低碳经济在未来会有更大的发展。2009年的哥本哈根气候峰会，虽然只取得了有限的成果，但欧盟国家在这方面的努力并未放松。2010年1月欧盟国家有关部长会议已经给自己提出了比上述原先计划更高的减排目标。在2011年11月南非德班召开的联合国气候变化会议上，欧盟总的说来依然对此持积极态度。

经过30多年的努力，欧盟经济领域的各项改革取得重大进展，通过不断提升各项政策的地位和目标，拓展改革的领域和视野，以及多元、灵活的政策实施手段，欧盟的经济改革日益系统和完善，取得瞩目成就。

---

① 肖主安：《试论欧盟环境政策的发展》，《欧洲》2002年第3期，第75~81页。

三　欧盟经济改革的初步结果及依然存在的问题

伴随着欧洲联合和改革，欧盟成为世界上最大的经济体之一，并在一体化方面在艰难中取得重要进展。但同时欧盟国家的经济改革依然存在很多问题，仍需要不断调整与深化。

（一）欧盟经济在世界经济中的地位依然十分重要

经过战后半个多世纪的发展，作为一个整体，欧盟27国在国内生产总值、国际贸易总额、金融资产和黄金储备等方面均超过美国；统一货币欧元顺利启动并如期流通，欧元在世界经济中的影响日益扩大；欧盟的扩大稳步推进，整体经济实力与潜力得到壮大。作为世界经济的最重要力量之一，欧盟对国际权力的需求也在增强，期望参与乃至主导世界经济规则的制定，特别是谋求确定世界贸易规则与国际货币规则，最大限度地追求自己的利益。

1. 欧盟已成为世界最大的经济体

就世界经济地位而言，欧盟的任何一个成员国都无法与美国乃至日本单独相比，但是，作为一个整体，欧盟基本上与美国相当，而远远超过日本。同样重要的是，欧洲货币的统一以及欧盟的多次扩大有助于提升欧盟的世界经济地位。虽然随着一批"新兴国家"的兴起，欧盟的地位相对有所下降，但它的绝对分量仍在增长。

第一，欧盟在当今世界经济生产和贸易中都是一支最大的力量。诚然，自20世纪70年代中期那次世界经济危机以来，欧盟地区的经济增长速度相对比较缓慢，在80年代比不上日本，90年代又不及美国，进入21世纪之后更落后于包括中国在内的一系列"新兴国家"，结果是欧盟在世界经济中的地位相对有所下降。尽管如此，欧盟依然是当今世界经济中的一支极其重要的力量。欧盟的经济规模占到全球GDP生产的1/4，虽然最近30多年欧洲经济增速不快，但一直基本保持稳定，年均在2%左右，在世界经济生活中起着某种"锚定"的作用；欧盟和美国是现行国际秩序和国际规则的制定者和维护者，这些秩序、规则自然首先服务于西方的利益，但中国等新兴国家的崛起迄今为止也正是在这一框架内实现的（不过这一局面正在变化）。这一点对世界经济的长期相对稳定发展十分重要。（见表1）

表1　1966~2009年欧盟、美国、日本GDP增长速度比较[*]

单位：%

国　别	1966~1973年	1974~1990年	1991~2000年	2006年	2007年	2008年	2009年
美　国	3.2	2.7	3.4	2.7	2.1	0.4	-2.7
欧盟或欧元区	5.0（欧元区）	2.3（欧元区）	2.2（欧盟）	3.4（欧盟）	3.1（欧盟）	1.0（欧盟）	-4.2（欧盟）
日　本	10.0	3.8	1.2	2.0	2.3	-0.7	-5.4

[*] 欧盟地区的国家数目：1973年前6国，1973年9国，1981年10国，1986年12国，1995年15国，2004年25国，2007年27国。欧元区2002年12国，2009年为16国，2011年初为17国。

资料来源：1966~1973年、1974~1990年数据取自世界银行 Global Economic Prospect 2000；其后的数据取自IMF，World Economic Outlook，2009年10月。

至于具体说到世界GDP生产和国际贸易中欧盟所占的突出地位，令人印象依然深刻。2010年，世界GDP生产总值为617810亿美元，其中欧盟27个成员国中前排的15国合占了152822亿美元，占世界的24.7%，超过了美国和日本。（见表2）

表2　2010年欧盟前排15国在世界GDP生产中
所占的地位（按市场汇率计）

单位：亿美元，%

国　别	绝对值	比　重	国　别	绝对值	比　重
世界总计	617810	100	瑞　典	4446	0.7
其中:欧盟前排			奥地利	3663	0.6
15国合计	152822	24.7	希　腊	3050	0.5
德　国	33059	5.4	丹　麦	3046	0.5
法　国	25554	4.1	芬　兰	2320	0.4
英　国	22586	3.7	爱尔兰	2041	0.3
意大利	20276	3.3	葡萄牙	2164	0.4
西班牙	13748	2.2	对比资料		
荷　兰	7703	1.2	美　国	146242	23.7
波　兰	4389	0.7	中　国	53909	8.7
比利时	4613	0.7	日　本	57451	9.3

资料来源：IMF，World Economic Outlook，2010年10月。此表系笔者根据前列资料来源计算汇总。

欧盟是国际贸易中的最大实体。它的国际贸易大约有3/5是在区域内完成的，2/5是在区域外实现的。值得指出的是，无论是货物出口与进口，还是服务出口与进口，欧盟在国际贸易中都是占着领先地位，德国长期是世界头号货物出口国（2009 年被中国超过）。2008 年，欧盟前排 10 国在世界货物出口 161270 亿美元中合占比重达 30.9%，价值 49848 亿美元，相当于美国的 383.3%，日本的 637.2%；在世界货物进口 164150 亿美元中合占 31.1%，价值 51033 亿美元，相当于美国的 235.6%，日本的 669.7%。2008 年，欧盟前排的 14 国在世界服务出口 37313 亿美元中合占 42.4%，价值 15821 亿美元，相当于美国的 303.1%，日本的 11 倍；欧盟前排 12 国在世界服务进口 34690 亿美元中合占 38.6%，价值 13388 亿美元，相当于美国的 367.5%，日本的 8 倍。[①] 值得提到的是，欧盟的国际贸易长期保持着基本平衡的态势，既不像美国巨额逆差，也不像中国大量顺差。欧盟在经济生产和国际贸易两方面所达到的成就，与欧盟国家在联合和改革两方面所取得的进展是分不开的。（见表 3）

表 3　2008 年欧盟前排国家在国际贸易中的地位

	货物贸易				服务贸易			
	出口		进口		出口		进口	
	金额（亿美元）	比重（%）	金额（亿美元）	比重（%）	金额（亿美元）	比重（%）	金额（亿美元）	比重（%）
世界总计	161270	100	164150	100	37313	100	34690	100
其中：欧盟前排国家合计	49848	30.9	51033	31.1	15821	42.4	13388	38.6
1. 德国	14652	9.08	12062	7.35	2350	6.29	2846	8.20
2. 荷兰	6340	3.95	5739	3.49	1021	2.74	919	2.65
3. 法国	6087	3.77	7077	4.31	1535	4.11	1370	3.95
4. 意大利	5397	3.35	5563	3.39	1234	3.31	1324	3.82
5. 比利时	4770	2.96	4699	2.86	888	2.38	—	—
6. 英国	4580	2.84	6319	3.85	2835	7.59	1989	5.73
7. 西班牙	2681	1.66	4023	2.45	1426	3.82	1079	3.11
8. 瑞典	1840	1.14	1670	1.01	713	1.91	542	1.56
9. 奥地利	1822	1.13	1842	1.12	616	1.65	420	1.21
10. 波兰	1679	1.04	2039	1.24	345	0.92	—	
11. 爱尔兰	—	—	—	—	961	2.57	1029	2.97
12. 卢森堡	—	—	—	—	676	1.81	404	1.16
13. 丹麦	—	—	—	—	720	1.93	625	1.80
14. 希腊	—	—	—	—	501	1.34	—	—
对比资料	—	—	—	—	—	—	—	—
美国	13005	8.1	21660	13.2	5220	14.0	3643	10.5
日本	7823	4.8	7620	4.6	1437	3.8	1656	4.8

资料来源：WTO Statistics Database Online，2009 年 9 月。此表系笔者根据前列资料来源计算汇总。

---

① WTO Statistics Database Online，2009 年 9 月。

第二，欧洲的货币统一使欧盟的世界经济地位进一步得到提升。创造"欧元"是欧盟最近30年中实现的最大改革之一。1999年起，欧元逐步成长为国际贸易、投资和国际储备的主要货币之一。在国际储备货币中，欧元的份额从1999年初的18%增加到2007年末的26.5%，而美元从2001年巅峰时的71.5%降到大约64%。欧元还发挥了稳定的价值储存功能，2007年公开发行的国际债券中，49%以欧元发行，只有35%以美元发行。在国际债券流通中，欧元在2007年的份额为32%，而1999年初仅为19%；美元的份额则从50%下降到44%；日元急剧下降了一半，仅为5%。大约有40个欧洲、非洲和地中海国家将其汇率政策与欧元挂钩，其中还涉及不同的货币体制，有货币局制度（currency board），比如保加利亚；欧洲汇率机制以及管理浮动汇率制度，比如波兰。欧元现在已经成为继美元之后的第二大国际货币，它已经超越了之前具有国际货币角色的另外11种货币，包括德国马克。①

第三，欧盟的扩大是强化欧盟世界经济地位的另一个重要因素。1973年以来，欧盟经过1973年、1981年、1986年、1995年、2004年和2007年6次扩大，提升了欧盟在世界经济政治格局中的地位，具有深远的战略意义。2007年欧盟再次扩大之后，欧盟已发展成为当今世界上经济规模最大、一体化程度最高的国家联合体，欧盟实现经济增长的潜力比以前得到了加强。2007年，随着罗马尼亚、保加利亚加入欧洲联盟，欧盟成员国扩大至27个，人口增至将近5亿，GDP占世界GDP的1/4。欧盟的扩大进一步展延了欧盟的市场规模，改善了资源禀赋结构，扩展了经济增长的空间。同样重要的是，随着欧盟的扩大，欧盟规则的空间也随之扩大，同时，这种扩大也进一步巩固了欧盟制定世界经济规则的能力。

2. 欧盟制定世界经济规则的能力得到增强

在世界经济舞台上，制定游戏规则的能力取决于经济实力。在经过半个世纪的欧洲一体化发展和长期的经济改革努力之后，欧洲已重新成为世界经济的最重要力量之一。

由于美国在当今世界体系中的突出地位以及战后以来欧美的特殊关系，

---

① 〔德〕诺贝特·沃尔特：《欧元的大时代——欧元的国际角色》，《德意志银行研究报告》，2008。

所以欧洲的国际权力需求首先要求对欧美关系进行重新定位，这个重新定位的过程首先在协调中进行，由于欧洲的经济规模与经济水平以及欧洲对外部世界经济的紧密联系，欧洲在重新定位欧美关系之后首先将谋求自主确定欧洲的对外贸易规则，而由于其巨大的市场地位因而也将在相当程度上确定世界贸易规则。在建设欧洲大家庭的过程中，这种尽力不让局外国家分享的经济利益是把许多分散的国家在政治上联合在一起的必不可少的粘胶剂。要行之有效，这种经济上的粘胶剂就要非常强有力，而只有在内外差别很大的情况下，它才可能强有力。这就是欧洲自己的对外贸易规则。但这并不是问题的全部。欧洲 1993 年实现的内部共同市场到 1995 年已经发展成为"欧洲经济区"，并且随着中东欧的市场的加入使得欧洲建立起了迄今世界上最大的具有一定自我发展能力的市场。在全球市场上，贸易规则向来是由对进入世界最大市场拥有控制力的国家来确立的，这是历史的通则。由于大家都需要进入该市场，那么他们就没有别的选择，只有按照人家规定的规则行事，事情向来如此。英国在 19 世纪确立了世界贸易的规则，美国在 20 世纪步英国的后尘。作为世界最大的市场，欧洲大家庭同样也在尽力为 21 世纪的世界贸易确立规则，而其他国家则不得不学会如何参与这场赛局。由于欧洲共同体将其内部法规加以统一，为局外人进入该市场制定了条件，因此它事实上也在为新世纪拟定国际贸易规则。不管欧洲共同体制定什么样的规则，其他国家都必须在一定程度上按照这些规则行事。当然，随着"新兴国家"的兴起，局势在发生一定的变化。

但是，欧洲的目标不只是要制定世界贸易规则。为了保证外部经济对欧洲的稳定性和确定性，欧洲也要求参与乃至直接制定国际货币规则，欧元是谋求这个权力的起点。欧洲将会凭借强大的统一货币来参与国际货币体系规则的制定，遏制美元霸权，伸张欧洲货币利益。由于经济实力的支持和欧洲各国货币在世界货币体系中的实际地位决定了欧元的崛起和强大是不可避免的，虽然这个过程还需要一定的时间和经历种种困难。当前欧洲就正在经历债务危机的巨大困难，但欧洲人一定能成功地保卫欧元。瑞士联合银行经济学家阿德勒认为一种货币在国际使用范围有多大取决于经济实力、币值稳定、对外经济关系的密切程度和金融市场的结构。由于美国和欧元区拥有的这些决定要素十分相似，因此，德国前总理施密特预期基于欧元在世界上的地位，欧洲中央银行及其背后的欧盟足以能够同华盛顿、东京抗衡，在货币调控和国际金融市场的调控方面发挥作用。谋求国际货币权力完全是欧洲有意识的行动。欧元进入世界货币市场比任何政治宣言或条约都能更明确地表明欧洲在实现其全球雄心方面取得了又一个最有形的进展。在 2007~2009 年源自美国次贷危机的国际金融危机和世界经济衰退过程中和事件后,欧洲(主要是欧盟)为改革当前依然主要由美国主导的国际金融制度表现得特别积极,再一次显示了欧洲的雄心。但是,一种国际货币的地位还须以强大的炮舰威力作为后盾,而这恰恰是欧洲的弱点,这或许是欧洲要致力于建立自己独立的军事力量的真正原因之一。

(二) 欧盟的一体化进展

自从法、德、意、荷、比、卢六国 1951 年成立欧洲煤钢共同体以来,欧洲一体化已经走过了半个多世纪的历程。从市场的统一,到货币的融合,再到政治的联合,欧盟不断深化与扩大。

第一,从统一大市场的建设来看,统一大市场大大提升了一体化的高度,成为承前启后的关键阶段,意义极为重大、深远。深化一体化以应对全球化挑战,是大市场建设起步的根本动因。1973 年至 20 世纪 80 年代前期,在两次世界经济危机冲击下,西欧经济发展增长始终乏力,通胀率居高不下,失业率连年上升,致使与美国差距重新拉大。特别是高新技术领域竞争,明显落后于美、日。同时,随着新兴工业国家崛起,在劳动密集型,乃至某些资本、技术密集型领域,西欧都应对不力。这是构成“欧洲硬化症”和“欧洲衰落说”的直接起因,引起各国密切关注。对此,欧共体认为,只有启动建立“统一大市场计划”,即成员国间不仅要继续促进商品流动(指消除“非关税壁垒”),还要实现服务、资本与人员自由流动(即实现“四大自由”),才能提高国际竞争力,有效迎接挑战。因为,欧洲各国市场规模狭小,任何成员国都不能单独、有效地参与国际竞争(西德市场规模最大,仍不及日本一半,仅为美国的四分之一)。而如能消除造成市场分割的“三大障碍”(指“边界”、“技术”和“税收”障碍),真正建成单一市场,将有望扭转自身的不利地位。随着流通障碍消除,各国企业间交易成本会大大降低;四大自由将有力促进“竞争”和“规模经济”效应,特别是对欧洲的高新技术产业而言;若成员国政策得当,中长期的宏观经济效应颇为可观,如促进增长、降低通胀与创造就业等。为此,在欧盟委员会“白皮书报告”(即“实现内部市场报告”,20 世纪 80 年代中期提交)的基础上,成员国首次修改

《罗马条约》，缔结了《单一欧洲法令》，确定应于 1992 年底前采纳大量相关立法，建成统一大市场，并采纳促进规则通过的两大举措（部长理事会实行多数表决和尽量适用"相互承认"原则）。上述步骤，保证了立法框架如期确立，欧共体在四大自由方面，实现了历史性飞跃。

第二，经济与货币联盟建设是欧盟区域整合的高级阶段。事实上，自 20 世纪 60 年代末起，欧共体即开始筹划启动经货联盟进程，经 30 余年不懈努力，终于自此实现重大跨越，单一货币欧元得以产生，政策统一与协调更是达到了新的历史高度。欧盟的经济与货币一体化进程持续互动，是导致欧元最终产生的根本原因。尽管《罗马条约》无此目标，但早在 20 世纪 60 年代末至 20 世纪 70 年代初，随着关税同盟建成，成员国便曾谋求此事，虽然未果，然而从长远看，欧洲货币体系的建立（1979 年），毕竟迈出了第一步。大市场计划的成功启动，全球化竞争的日趋激烈，则成为再度谋求货币一体化的直接动因：推行四大自由实际上已实现了经济联盟目标；而为应对全球化挑战，进一步实现货币联盟目标，确立单一货币，以提高竞争力和影响力，就不仅可能，且极具必要性和迫切性，因为它有助于保证和深化大市场效应，确立健康、稳定的宏观经济政策框架，并强化"欧洲在国际舞台上的存在"。基于以上考虑，根据"德洛尔报告"（1989 年 4 月）及有关决定，货币联盟建设第一阶段于 1990 年 7 月启动。此后，经过艰苦的政府间会议谈判，成员国终于缔结了条约（即著名的《欧洲联盟条约》，其中就货币联盟做出了详尽规定），并坚持逐一加以实施，终于使成员国在经济统一方面，再次取得重大进展。根据规定，欧元区各国目标、手段本不尽相同的货币政策，已转移到欧盟层面，由欧央行体系实行"单一的货币政策"。政策的目标、手段，也由此得到统一："保障物价稳定"成为首要目标；除保证欧洲央行独立性外，量化物价稳定指标，选择实施战略，统一政策工具（公开市场操作、存贷款便利和最低存款准备金要求）等，都构成促进目标实现的重要手段；与此同时，为了积极配合货币政策目标的实现，对各成员国的财政政策实行大力协调。根据条约规定，欧盟在相当程度上获得对各国财政赤字的监管权，如认定某国财政赤字"过度"，可通告其限期削减，若对方置之不理，欧盟有权实行"制裁"，并确定了 4 项具体措施。此后，又试图通过《稳定与增长公约》加大财政纪律力度（顺便指出，尽管后来事态发展表明，严格控制财政赤字并非易事，但这种目标取向与协调机制的确立，对于保证良性财政、货币政策实施，仍然至关重要）。还应强调的是，以往的欧共体—欧盟政策，往往局限于一个部门或地区（如农业、贸易、地区政策等），但作为西方国家最为重要的两大宏观经济调控手段，欧盟层面的货币政策统一与财政政策协调，则意味着对欧盟整体经济环境，产生直接、重大影响，其意义不应低估。[①] 但最近两年的欧洲主权债务危机表明，欧盟层面上的统一货币政策与基本上仍由各成员国分立的财政政策之间，至今依然不相协调，问题还是相当严重。看来，除了建立货币联盟之外，如何创设财政联盟的问题已经提上议事日程。

第三，旨在建设一个更有效率、更民主、更统一、更强大欧洲的《里斯本条约》2009 年 12 月正式生效，标志着"先经济，后政治"的欧洲一体化进程稳步向前推进。这对欧盟的经济领域也将产生积极影响。世纪之交，欧洲一体化进程面临诸多挑战，欧盟的组织机构、决策程序和管理体制无法适应新形势下的有效运作。2000 年，欧盟领导人就如何使欧盟的机构适应未来的扩张达成了一项条约修正案，此次会议成为《欧盟宪法条约》产生的摇篮，《欧盟宪法条约》是《里斯本条约》的前身。欧盟制宪进程并不平坦。2005 年法国和荷兰在全民公决中否决欧宪条约后，欧盟陷入制宪危机，机构改革议题被迫搁置。2007 年 3 月欧盟领导人在纪念欧盟成立 50 周年时通过《柏林宣言》，被视为《欧盟宪法条约》简化版的《里斯本条约》半年后诞生。然而《里斯本条约》在 2008 年的爱尔兰公投中再次受挫。2009 年《里斯本条约》终于生效，这意味着欧洲一体化进程由此将得到进一步推进。《里斯本条约》是欧洲近十年新一轮改革的结果，它的生效首先将解决扩大后的欧盟如何有效运作的问题。《里斯本条约》把一些原本必须采用一致通过原则的政策领域划归到多数表决制的领域，避免了某些政策因一国反对而不能通过的尴尬局面，有助于提高运营效率。其中，条约引进了"双重多数表决机制"，即欧盟理事会如能获得 55% 的成员国支持、且支持国人口达到 65% 的欧盟人口便可通过一项决策。《里斯本条约》的重要内容之一，是加强欧盟的政治导航机制。它设立任期两年半、可连任一届的欧洲理事会常任主席（即"总统"），取代现行每半年一任的轮值主席国制度。

---

① 中国社会科学院欧洲研究所、中国欧洲学会编《欧洲联盟 50 年》，中国社会科学出版社，2008，第 12 页。

常任主席负责主持欧盟首脑会议、协调欧盟内部事务，并对外代表欧盟。与此同时，欧盟还设立外交和安全政策高级代表，取代欧盟理事会的共同外交与安全政策高级代表与欧盟委员会的外交委员两个职位。这将有利于欧盟增强讨论议题和政策实施的连续性，有助于提升欧盟作为一个国际行为体的重要性，并有助于其他国家和组织与欧盟进行合作与交往，加强其国际行为能力。《里斯本条约》还增加了民主的成分。在欧盟层面，欧洲议会共同参与决策的领域扩大到农业、渔业、交通运输、司法等；在国家层面，成员国议会被首次赋予监督欧盟立法的权力。此外，只要 100 万民众签名，就可以要求欧盟委员会重新审议已经出台的措施；条约规定允许已加入欧盟的成员国退出欧盟等。此外，《里斯本条约》还对具有"欧洲"意义的"社会市场经济"模式加以确认。

但是，《里斯本条约》的生效并不意味着欧洲一体化将从此一帆风顺，其影响至少在短期内还难以显现。首先，欧盟的对内及对外政策需要有一个新的磨合期。对内，随着条约的生效，新运行机制的引入将在欧盟引起新一轮政治博弈，各成员国的利益诉求如何达到一个新的平衡需要时间；对外，如何处理好与美国、俄罗斯等大国以及中国等新兴国家的关系，将是欧盟新一代领导集体面临的一大课题；其次，《里斯本条约》的许多细节如何落实并不明确。从《里斯本条约》获得全体成员国批准到正式实施相距不足 1 个月。时间的仓促使得许多细节至今仍不明确，如欧盟"总统"的职能，究竟是以在欧盟内部沟通协调为主，还是以在世界范围内代表欧盟说话为主；"总统"与"外长"在外交领域如何分工；如何让普通民众享有民主权利等；再次，在国际竞争空前激烈的今天，欧盟原有的社会经济问题以及深层次的矛盾，并不是单靠《里斯本条约》就能解决的。一句话，要落实《里斯本条约》的所有规定和目标，依然会出现许多坎坷和障碍。但数十年来欧盟国家坚持通过谈判和对话已无数次化解危机和矛盾，如今，重新扬帆起航的欧洲一体化进程势必会沿着既定方向不断前行。

（三）欧盟国家经济改革中存在的问题

在最近二三十年间，欧盟国家在欧洲联合和改革两方面都取得了一系列重大的成就（欧洲联合进程本身就是一个不断改革和带来改革的进程），但欧洲改革至今依然存在着不少难解之题。举其荦荦大端，这里只来讨论其中的三个主要问题：一是欧盟及其成员国一直未能及时跟上、适应和应对来自外部世界的挑战与压力,包括来自经济全球化的、美国的以及"新兴国家"的;二是欧洲一体化的不断扩大与深化,既推进了欧盟国家的改革,又给它们的改革带来了许多新的困难;三是在欧盟成员国各国内部,由于各阶级、阶层、利益集团的利益不同,经常严重阻滞欧盟国家的多项改革。

1. 欧盟国家的经济改革步伐未能跟上来自外部世界的迅猛挑战与压力

首先是来自经济全球化的挑战与压力。自 1979 年开始中国走上市场经济发展道路、1989～1991 年东欧剧变与苏联解体之后,加上一些"新兴国家"的逐渐兴起,经济全球化从此含有了真正"全球"的意义。世界经济中一下子增加了将近 20 亿"新"劳动力参与激烈的国际竞争,其后果为西方大多数政经界精英人士所始料不及,尤其是欧洲。在此期间,美国等国还在全球大力推行新自由主义或含有新自由主义因素的政策,核心是经济自由化和私有化,加上有的"新兴国家"特别是中国的异军突起,结果是使商品、服务贸易、国际资本流动和人员的迁移迅速增加,规模急剧扩大,程度日益深入。这种发展进程给欧盟国家的经济发展带来了极大的机遇。因为欧盟是世界最大的贸易区:2008 年欧盟前列 10 个国家的货物贸易出口额(包括欧盟区内外贸易)占国际货物贸易出口总额的 30.9%,进口占 31.1%;同年,欧盟前列 14 国的服务贸易出口额占全球的 42.4%,进口则占38.6%;欧盟国家作为一个整体又是对外直接投资最大的输出地和输入地:2007 年输出 4960 亿欧元,引入 4000 亿欧元,2008 年输出 3540 亿欧元,引入 1720 亿欧元(欧盟统计局);在欧盟国家的劳动就业人口中,外国人已分别在各国占到 5%～10%,大多数在低层工作岗位从业,而占劳动力总数90% 以上的本国劳动力,多数文化较高、技术熟练,这保证了欧盟主要国家产品的高质量。但是与此同时,随着国际市场竞争加剧,"新兴国家"的劳动力及其产品价格低廉,且其中一部分也具有相当的文化与技术水平,而且"新兴国家"还普遍积极采取了吸引外资的政策措施,结果导致欧美资本和技术部分外流,许多产品(主要是劳动密集型产品)甚至整个产业部门生产外迁,对本国就业产生一定影响。值得注意的是,有些"新兴国家"的产品升级在加速进行且成效显著,这特别给欧洲某些支柱产业部门——机器制造、汽车制造、电器电子、化学化工等等——在带来巨大机遇的同时形成了新的压力。据德国《世界报》网站公布的资料,经济全球化可能会"威胁"到 1100 多万个德国的就业岗位流失海外,因为在德国雇员所从事的工作中，有42%完全可以在劳动力成本低廉的其他国家完成。当然，虽然有很多岗位可能会受到影响，但在短期内，它们并不会马上消失。因为在许多国家还缺乏可以胜任德国技术人员工作的高质量的劳动力。但是，中国、印度、巴西等国的劳动力素质正在迅速地迎头赶上。① 在德国机械设备制造业联合会2009年4月发表的一份评估报告称，德国这一传统优势产业的销售额已被中国赶上：在2008年全球机械制造商销售总额1.58万亿欧元中，中国已占2710亿欧元，份额为17.2%；德国为2330亿欧元，占14.7%。虽然德国人也强调指出，中国机械制造业销售额（包括内销）全球第一，并不能说明中国机械出口的地位。德国机械产品出口仍将是世界第一。在机械制造业31个部门中，德国有17个占据世界领先地位，包括机械搬运、电力传输设备、印刷技术等；而中国只有在纺织机械等若干个部门有竞争力。而且，中国50%以上的高端机械产品仍需进口。德国与中国的机械制造业目前还不在同一竞争平台上。但无论如何，中国正在快速追赶，这一点就足以引人注目。所有这一切的结果是，欧盟国际竞争力相对削弱，其世界经济地位也相对下降。而欧盟国家为改革所作的努力，看来在短期内还难以扭转这种颓势。

其次是欧盟国家现在这样的经济改革究竟能不能有效应对来自美国的挑战与压力，也是一个大问题。在当今世界经济中，欧盟与美国是两个最大的合作伙伴，同时又是最大的竞争对手。在这一竞争中，自欧洲度过了二战后1950~1973年重建时期的经济繁荣之后，在接着的30多年时间里，直至2007~2009年由美国引发的国际金融危机和世界经济衰退，美国基本上占有上风，欧洲却经历了多次"衰落论"的销蚀。然而这一竞争至今并未停止。它主要继续在三个领域内展开：一是一般经济领域。就经济规模而言，2010年按市场汇率计算的欧盟GDP高于美国，而人均GDP则是美国高出欧盟1/5，而且美国的经济力量来自一个单一的国家，而欧盟则由27国相加而成，这里的"含金量"是大不相同的。至于经济水平和经济结构，它们含有的高科技成分和服务业发达程度，美国总体上也仍略胜欧盟一筹。二是争夺制定世界经济规则主导权。欧盟近些年来忙于制定成百上千的各种规则，其中绝大多数自然主要适用于欧盟内部，但由于欧盟要求外国进入欧盟

---

① http://www.welt.de，2009年4月4日。

市场时也要同样遵守这些规则，因此它们在一定意义上也具有"国际"意义；在最近这次国际金融危机后，欧美显然又在争夺在这一领域的制定国际经济规则主导权。例如在这次欧洲主权债务危机中，法、德倡议征收"金融交易税"，遭到美、英反对。美国致力于维护和强化二战后由它主导建立的现行国际秩序，在"新兴国家"兴起崛起的背景下，对这种秩序尽管已经有人日益提出必须加以修订使之变得较为公平合理，但没有谁表示要从根本上立即加以推翻。三是"欧美模式"之争。由美国引发的最近这次国际金融危机和世界经济衰退，使美国的自由市场经济模式遭到了普遍的质疑，而作为欧洲模式代表的社会市场经济模式却并未从中得益，因为欧洲经济表现也实在欠佳。它们都失去了相当一部分影响力和吸引力，尤其是自由市场经济模式。但历史已经表明，欧美市场经济未必会从此一蹶不振。"自由市场已经死亡。死于布尔什维克革命、法西斯的国家干预政策、凯恩斯主义、大萧条、第二次世界大战时期的经济控制、（英国）工党于1945年取得的胜利、又一次的凯恩斯主义、阿拉伯石油禁运、安东尼·吉登斯的'第三条道路'和目前的金融危机。在过去的一个世纪中，自由市场至少已经死过10回……"① 但是自由市场经济在事后却一次又一次地以新的面貌得到复活。同样，欧洲的社会市场经济在危机后也会发生变革。如果说"美国梦"的诱人之处在于机遇——美国人相信任何人都有当总统的机会，那么"欧洲梦"的吸引力则是公平。② 而今"机会"和"公平"都受到了打击，欧美模式新一轮之争将在各自变革的新条件下展开。欧洲模式似乎从道义角度较讨人喜欢，但在未来实践中未必会占上风。

第三是面对"新兴国家"的兴起，一方面固然给欧盟带来不少机会，但同时又给欧盟带来了极大的挑战与压力，欧盟国家迄今的经济改革显然不足以应对。2009年之后，欧美经济实力、国际影响力吸引力以及道义力量都明显相对下降。但西方的这一相对下降过程其实并非始于2009年。最近二三十年，特别是1991年苏联解体以来，欧美国家曾经得意忘形，为所欲为。美国人在这一段时间里主要在做三件事：一是尽情享受生活，寅吃卯

---

① 〔美〕P. J. 欧普尔克：《亚当·斯密赢了》，英国《金融时报》2009 年 2 月 11 日。
② 〔美〕塞巴斯蒂安·罗泰拉：《当牢固的安全网开始破损》，美国《洛杉矶时报》网站 2009 年 3 月 30 日。

粮，过着大少爷生活，以为西方资本主义从此可以自由发展、自由发挥了。过度的自由放纵，疏于监管，结果导致金融危机爆发，后果严重、深远。二是强制推行美国式的"自由民主"，到处钻空子搞"颜色革命"，这当然是美国全球战略的一部分，其实际后果尚待观察，但已给美国带来不少麻烦。三是四处打仗。20 世纪 90 年代先打伊拉克，再打原南斯拉夫等；进入 21 世纪后，2001 年开始攻打阿富汗，"反恐"成为美国第一要务，2003 年打伊拉克，推翻萨达姆政权，扶持美国支持的伊拉克新政权。所有这些战争究竟会给美国带来什么重大战略利益，只有未来的历史才能验证。而眼前的实际问题是这些战争严重地拖累了美国，人力、物力、财力巨大消耗不止，并使美国难以他顾。而欧洲人也在这一段时间里在做三件事：一是一心追求提高人的生活质量，过比较安逸的日子。这似乎是非常理想的美好追求。但与此同时，欧洲并没有以最大的努力，辛勤劳动，关注并实现必要的经济增长。事后的教训已经证明，离开必要的经济增长，社会公平也就难以保证。二是忙于制定各种各样的规则，努力深化欧洲统一市场、统一货币以及完善经济社会生活制度化的方方面面，同时又力图以此在制定世界经济规则中占据主导权。但是所有这些努力，迄今还尚未在经济增长、就业扩大和福利保障等方面实际表现出来。三是致力于欧盟的扩大和深化。欧洲联合过程中签订的三项最重要的条约——1957 年的《罗马条约》、1992 年的《马斯特里赫特条约》和 2009 年的《里斯本条约》，其中有两项是在最近 20 年内酝酿签订的，它们确实深化了欧洲一体化，意义不可低估；而欧盟最大的两次扩大则是发生在最近五六年，它们提高了欧盟在全球政治经济中的战略地位，同时也带来了一系列新的难题。以上所述表明，欧美在最近 20 年间，各自忙于"自己"的事情，长期内并未充分重视"新兴国家"的兴起。只是在最近这些年，它们好像才以"突然发现"的不安心情来面对已经发生了大变的这个世界，欧盟在 2006 年 10 月发表的题为《欧盟与中国：更紧密的伙伴，承担更多责任》的政策文件就是这种焦急不安情绪一个表现。在这种情况下，可以想象，欧盟国家迄今为止的经济改革远远不足以有力应对近几年出现的全新局面。

2. 随着欧盟的不断扩大，27 个成员国之间的不同利益更难取得协调一致，这给欧盟国家的多项改革带来了新的麻烦

欧洲一体化进程（包括扩大与深化）从来都是一个不断争吵、不断妥

协、不断进步的过程。这种似乎永无休止的争吵，矮化了欧盟的魁梧体格，损害了欧盟的内外形象。德国媒体最近写道："我们（欧盟）对外将继续表现为一条争吵不息的九头蛇，英国还将一厢情愿地扮演美国小伙伴的角色，法国仍将自视为大国，德国政界从几年前开始就让世界认识到德国又享有威望了。意大利早已越过从悲剧到闹剧的门槛，西班牙则需要半代人的时间才能消化掉自己造成的房地产泡沫的后果。""各国自身利益还将长时间阻碍欧洲有效地行事。""现在各国都只顾自己。"① 这种"各顾各"的现象，在最近发生的国际金融危机、世界经济衰退和欧洲主权债务危机中再次暴露无遗。为应对危机和衰退，从 2008 年 9、10 月份开始，欧盟主要国家各自纷纷推出了耗资巨大的"救市"措施以挽救本国银行等大金融机构，总额达 2 万亿欧元左右；又采取了数以千亿欧元计的"刺激经济计划"以扶持公司企业，而在这个"救市"和"刺激"的进程中，欧盟层面虽然也作了一些协调，但分量有限。即使在欧盟热心提出的改革国际和欧洲金融体制的事务里，英国依然独树一帜，强调要保证它的财政独立权和本国监管机构的特别权力。欧盟国家之间的这些矛盾不仅由于利益分歧，而且还来自体制差异。保罗·肯尼迪认为，德国高质量的产品、一流的基础设施和金融上的谨慎态度给了它力量，而这正是英国、法国、意大利、西班牙、希腊以及其他国家因为随意贷款和巨额政府赤字而跌倒的国家所欠缺的。② 利益与体制等方面的矛盾和不同，经常使欧洲一体化事业举步维艰。最近好不容易刚刚生效的《里斯本条约》诞生过程乃是一个生动的新例证。一进入 21 世纪，欧洲的精英们就早已开始着手制定一部《欧盟宪法条约》，经过两三年的细致周到的努力工作，终于在 2004 年 10 月 29 日，欧盟成员国首脑们在罗马签署了《欧盟宪法条约》，但该条约在 2005 年 5 月和 6 月的法国和荷兰的公决中遭到了否决，它引起了欧洲人对自己未来的反思。2007 年 12 月，欧盟现在 27 个成员国首脑们签署了作为《欧盟宪法条约》替代版或"简化版"的《里斯本条约》，不料又遭到 2008 年爱尔兰公投的否决。后经艰苦工作，爱尔兰认识到欧盟对自己的重要性，终于在 2009 年的二投中获得通过。即便如此，

---

① 〔德〕沃尔夫冈·明肖：《一个没有欧洲的世界》，《德国金融时报》2009 年 12 月 30 日。
② 〔美〕保罗·肯尼迪：《新的世界秩序将在 2009 年出现，美国将陨落》，美国《盐湖论坛报》网站 2009 年 1 月 6 日。

《里斯本条约》的某些关键条款还需要再等待 4～7 年才开始生效。条约规定，在将来，在许多情况里现行的一致表决制将被取消，欧盟将更加容易作出决定，将原则上适用"双重多数表决制"，但在 2017 年前还适用过渡期规定。

欧盟成员国之间不时发生的纷争，除了来自上述的利益矛盾和体制差异之外，还有更深层次的原因，这就是欧盟成员国和各地区的经济发展水平仍存在较大差距。由英国北约克郡、法国弗朗什孔泰、德国北部的汉堡和意大利北部的米兰构成的中心区域，其面积占欧盟原 15 个成员国国土面积的 18%，却拥有 15 个成员国 41% 的人口、48% 的 GDP 和 75% 的研究和开发经费。而一些边缘区域，包括岛屿地区，发展仍然落后，相当一部分边缘和岛屿地区甚至处于停滞状态。这种高度集中状态不仅对欧盟及其成员国的边缘地区有负面影响，而且对其中心地区本身也有不利影响。从长期来看，可能抵消中心地区显而易见的优势，影响欧盟整体的竞争力。除此之外，欧盟成员国在人均产出、失业率、产业结构、购买力以及欧盟成员国之间贸易流动等许多方面，欧盟成员国之间、各地区之间都存在明显的差异。欧盟统计局的数据也显示出这种明显的差距。欧盟 2007 年年初扩大为 27 个成员国后，其内部地区间的贫富差距进一步拉大，最富裕地区的购买力比最贫困地区高出 11 倍以上。欧盟统计局将整个欧盟划分为 268 个地区，以每个地区的购买力与整个欧盟的平均购买力相比较，来分析欧盟内部贫富分化情况。数据显示，最贫穷的罗马尼亚东北部地区的购买力只有欧盟平均购买力的 24%，保加利亚有 3 个地区的购买力是欧盟平均水平的 26%。欧盟 1/4 地区的购买力不到欧盟平均水平的 75%，主要分布在波兰、希腊、罗马尼亚、保加利亚和匈牙利。意大利、葡萄牙、法国和西班牙也有少数地区的购买力不足欧盟平均水平的 75%。欧盟最富裕的地区是英国伦敦地区，其购买力达到欧盟平均水平的 303%。紧随其后的是卢森堡和比利时布鲁塞尔地区，其购买力分别是欧盟平均水平的 251% 和 248%。有 1/6 的欧盟地区的购买力超过欧盟平均水平的 125%，主要分布在德国、英国、意大利、荷兰和奥地利。为解决贫富差距过大且不断扩大的问题，欧盟计划在 2007～2013 年期间向购买力不到欧盟平均水平 75% 的成员国拨款约 1770 亿欧元。[1]

---

① 丁一兵：《欧盟区域政策与欧洲产业结构变迁》，吉林大学出版社，2008，第 42 页。

3. 欧盟国家经济改革的最大阻力，其实主要是来自欧盟各成员国自身内部

欧盟各成员国的各阶级（资产阶级、"中产阶级"、工人阶级）、各阶层（政府官员、经理人、白领职员、蓝领工人）、各利益集团（工会、职业团体，雇主联合会、行业公会，制造商、出口商、进口商、消费者）、各类社会人群（老年人、中青年、少年儿童，男人、女人，本国人、外国人，就业者、失业者）以及各党派（执政党、反对党、议会外党派），都有各自的利益。他们的利益关系不断变动组合，时而耦合，时而分离，时而对立。这种错综复杂的利益关系，在欧洲国家的民主政治制度框架内，注定了每一项重大的经济社会改革，都必须先经过利益相关方的讨价还价协商谈判，然后达成某种妥协协议，再交给有关决策机构讨论争论，而后作出折中决定，接着可能还要经过一段过渡时期，最后才能付诸实行。这通常是一个漫长的过程。其"漫长"程度，还会受到欧洲根深蒂固的社会民主主义思想、价值观理念、社会福利制度以及对社会公平公正的追求等等的影响。欧洲人似乎生来就不相信任何人都有当总统的机会，也不认为谁都能把一家小企业发展成为"大帝国"。但是他们大多数坚信，国家会以过硬的卫生和教育基础设施、强有力的劳工保护手段和慷慨的失业贫困救济体系，来促使广大民众过上"中产阶级"的生活。在最近这次危机和衰退中，无论西方还是东方，好像都在强化这种"国家干预"。但是大多数人并不相信，这会是长期的世界发展大势。欧盟国家更多强调市场的经济改革在重重困难中仍将会继续下去。

有人把最近二三十年欧盟国家经济改革的艰难历程归咎于某些有钱人和许多普通公民。他们以法国为例。他们认为，法国和西方主要国家一样，经历过战后 30 年的繁荣增长时期。然而，此后便进入缓慢增长时期。原因在于其他国家尚能随时代的进步而不断对自身体制进行微调，而法国却丧失了这种能力。这并非来自精英阶层，而是来自公民大众的反对和压力。法国从表面上看，是总统和议会进行决策，但真正的决策力量却是普通的选民和大的财团。一个候选人要想竞选，必须有足够的资金支持，而这些只有财团才能提供。但想赢得竞选，就需要选民（选票）的支持。因此，尽管政治精英能清醒地认识到法国的问题，但难以进行改革。因为改革不可避免地将产生利益的调整。作为金主的大财团不能得罪，而选民更可以直接走上街头，

并不惜使整个国家瘫痪。因此，打着改革旗号上台的总统哪怕是进行最小限度的改革，总是以引发全国性的抗议而告终。民众既不想为改革付出任何成本，又想继续改善生活。不改革，他们会走向街头；改革，他们仍然会走向街头。甚至出现借国难之机而向国家发难，谋取利益。[①] 2006 年的一起事件似乎又给上述观点作了注脚。2006 年 1 月，时任总理德维尔潘政府提出了《首次雇佣合同》法案，允许企业可以自由解雇工龄不到 2 年的青年员工，希望以此鼓励企业多招青年员工，缓解居高不下的青年失业问题。政府的用心看来是善意的，但法国青年并不买账，抗议和骚乱席卷全国，最后政府被迫放弃了这一法案。

然而，把欧盟国家经济改革困难只是归咎于公民大众是欠公允的，政治领导人负有不可推卸的重大责任。各政党之间的争吵不休经常使政府事事难成；在多党制和选票政治的压力下，政治家们往往没有勇气进行改革；他们也没有能力在经济合理性与政治可行性之间找到平衡点。尽管如此，有理由希望，在经过最近这些危机之后，欧盟国家的经济改革不仅还会继续，而且有可能在日益紧逼的欧洲内外挑战与压力的促动下得到加速。考虑到欧盟国家巨大的经济实力和潜力，高新发达的科技水平和知识，总体稳健的宏观经济基础，欧洲一体化事业已经取得的伟大成就，"欧洲模式"核心内容本质积极，欧洲人对改革的日益提高的社会共识，欧洲人长期积累的丰富的处事经验，所有这一切都预示着欧洲的前途并不暗淡。欧盟国家通过进一步的艰难改革，将坚守欧洲价值（包括社会福利制度）的核心成分，逐步去掉那些已经不合时宜的东西，使欧洲成为国际生活中的一支比现今更为强大的力量。当然，欧洲未必会成为像曾任欧盟委员会主席罗曼诺·普罗迪顾问的美国作家杰里米·里夫金所预言的那样，"欧洲梦"将成为 21 世纪人类发展的新梦想。

---

① 《从法国公民社会"黑手党化"看民主在世界的前途》，新加坡《联合早报》2009 年 1 月 19 日。

第一章

二战后欧洲国家（主要是西欧国家）的经济发展进程及其理论背景

第二次世界大战后，西欧各国的经济发展经历了五个阶段：1945 年到 50 年代初为战后恢复时期，西欧各国凭着原有的经济技术基础，借助马歇尔援助计划，工业生产到 20 世纪 50 年代初逐渐恢复到战前水平。20 世纪 50 年代初到 1973 年经济持续高速增长，这一时期是西欧各国经济发展的"黄金时代"。1974 ~ 1982 年欧洲经济一度低迷，进入"滞胀"时期，患上"欧洲僵化症"。1982 年到 20 世纪 90 年代初，资本主义经济进入低速增长时期。20 世纪 90 年代初至今，资本主义经济进入了温和衰退和缓慢回升时期。21 世纪以来，欧盟国家为赶超美国，先后推出了"里斯本战略"和"欧洲 2020 战略"。然而，从 2007 年下半年起，受国际金融危机影响，欧洲国家的实体经济和金融经济均受到重创，一体化进程严重受阻。始于 2009 年底的希腊主权债务危机蔓延至欧元区多个成员国，欧元遭遇自诞生以来最为严峻的挑战，引发人们对欧洲经济发展模式的大讨论。如何加强金融监管、实行多层经济治理、推动创新和向低碳经济转型成为欧洲国家今后时期内经济改革和发展的重点。

第一节　经济恢复时期的经济政策及其增长特征
（1945 ~ 1950 年）

二战严重影响了欧洲各国的经济增长。战争期间，欧洲国家的基础设施遭到严重毁坏，尤其东欧的一些国家，50% 的铁路、公路等交通设施被毁坏。除英国、瑞士、保加利亚和斯堪的那维亚国家外，在 1945 年，其他所有欧洲国家的工业生产水平均不及战前水平的 50%，比利时、荷兰、希腊、南斯拉夫仅是战前的 1/3，意大利、奥地利和德国约为战前水平的 1/4。即使到了 1946 年春，欧洲各国生产总水平也仅是战前水平的 2/3，其中希腊、芬兰、德国、意大利和奥地利的经济发展严重落后①。因此，战后欧洲国家普遍面临严峻的经济重建任务，迫切需要新的经济理论和社会思潮加以指导。

一 "新"经济理论的基本内涵——凯恩斯主义及社会民主主义思想的结合

1929～1933 年爆发了资本主义历史上最严重、最持久、最广泛的经济危机，经济萧条、失业加剧，传统的经济理论已无法解释大萧条中出现的各种经济现象，更不能为摆脱危机提供"有效"的对策。就是在这种形势下，1936 年凯恩斯发表了《就业、利息和货币通论》（简称《通论》）②。

在《通论》中，凯恩斯否定了传统经济学的观点，他提出以往传统经济学中所谓的均衡，是建立在供给本身创造需求这一错误理论基础上的充分就业均衡，这只适合于特殊情况。资本主义不存在自动达到充分就业均衡的机制，因此主张政府干预经济，通过政府的政策、特别是财政政策来刺激消费和增加投资，以实现充分就业。消费倾向在短期内是相对稳定的，要实现充分就业就必须从增加投资需求着手。投资的变动会使收入和产出的变动产生一种乘数效应，因而他更主张政府投资，以促使国民收入成倍地增长。《通论》在西方世界掀起了一场主张国家干预经济的"凯恩斯革命"，对战后欧洲国家经济重建和制定经济政策发挥了重大的理论指导意义。

建立在《通论》思想基础上的经济理论，与战前或 1929 年经济大危机之前的传统经济思想显著不同，因而被称之为"新经济理论"。在实践过程

---

① Derek H. Aldcroft, *The European Economy 1914 – 2000*, 4th Edition, Routledge, 2000, p. 109.
② 〔英〕凯恩斯：《就业、利息和货币通论》（中译本），商务印书馆，1977。1929 年的经济大危机催生了凯恩斯主义学派的创建并发展。然而，在具体的实践中，凯恩斯主义对欧洲各国的指导作用和影响并非整齐划一的。即使在同一时期内，也可见多种经济学说及流派对欧洲各国经济的影响，德国从未实行过真正的凯恩斯主义。

中，凯恩斯主义者将《通论》中的政策建议具体化，特别强调财政政策的作用，以调节社会总需求（包括消费、投资、出口、政府对货物和劳务的购买）、实现经济稳定增长为目标：在萧条时期要减低税率、增加政府开支实行赤字预算、增发公债、增加货币供应量、降低利率等以刺激投资和消费；在经济高涨时期则提高税率、控制政府开支、控制货币供应量增长、提高利率等，以遏制投资和消费。

二战期间，参战双方普遍推行"统制"经济；战后，这一政策为人们所厌恶。在凯恩斯主义思想的影响下，欧洲各国认为依靠传统的自由放任经济思想，无法指导战后欧洲经济和社会的重建与发展，"凯恩斯主义"成为指导战后欧洲国家经济重建与复苏的理论支柱。

在凯恩斯主义开始盛行之际，社会民主主义思想在欧洲重建中也获得了广泛的民众基础。欧洲社会民主主义由来已久。民主主义思想是近、现代工人运动中流行的一种非马克思主义的、改良主义的政治思潮，各国社会民主党、社会党和工党的思想体系。"社会民主主义"一词产生于19世纪40年代欧洲大陆的工人运动中。19世纪60年代，社会民主主义成为工人政党的纲领。主要代表人物有伯恩施坦、K. 考茨基、E. F. M. 德宾、H. 德曼、H. 拉斯基等。社会民主主义继承了近代西方自由民主主义和社会主义的传统，并力图把两者结合起来。它强调不仅要争取和扩大传统自由民主主义在政治上的成果，而且要解决资本主义发展带来的一系列社会问题，如剥削、贫困、失业等。他们对自由放任的资本主义和垄断的资本主义持否定态度，要求按社会主义原则改造资本主义社会，但反对把暴力和革命作为社会变革的工具。

二战后，社会民主主义得到了进一步的发展。1951年社会党国际的纲领性文件《民主社会主义的目标和任务》，第一次正式把"民主社会主义"作为政治纲领。民主社会主义是社会民主主义的继续和发展，它被社会党国际社会所遵循。主要代表人物有：奥地利的 B. 克赖斯基、德国的 W. 勃兰特、瑞典的 O. 帕尔梅、法国的 F. M. M. 密特朗、英国的 C. A. R. 克罗斯兰。新的社会民主主义放弃马克思主义的阶级斗争和无产阶级专政理论，主张通过议会道路，平稳地进行社会变革；坚持政治民主必须与经济民主和社会民主结合起来。要求建立一种在社会监督之下的经济制度，通过将关系国计民生的部分企业收归国有、国家调节宏观经济和私人垄断资本、实行福利国家政策、工人参加企业管理等措施，使经济为全社会服务。战后德国社会市场经济制度的建立与发展深受社会民主主义思想的影响。

二　国家部分干预主义——欧洲国家的经济调整方式

战后西欧各国政府加强了对经济的宏观调控与干预。政府部分干预主义主要体现在制定经济政策和发展目标、发布指示性计划、开展国有化运动等多个方面。

各国政府均采用货币政策工具和财政政策工具来调控经济，但调控经济的手段因国而异：德国、比利时和意大利通常采用货币政策作为主要的调控手段，而英国则偏向于信贷和贴现率等财政调控工具。瑞典采用凯恩斯主义的需求管理政策，挪威与瑞典的政策基本相同。也有些国家主张采用计划经济，如法国最典型。法国强调政府投资计划和补贴、许可证等投资措施，并适时地采用进口控制和货币贬值手段。荷兰也采用了经济计划的方法，但更多地采用数量经济预测模型来预测经济和规划经济。

这一时期，西欧各国开始明确提出所谓的"魔力四角"目标：即经济增长、充分就业、价格稳定和贸易平衡。但并非所有的国家将经济增长和充分就业作为优先的政策目标，各国提出的经济政策目标各有侧重：德国推行价格稳定和国际收支平衡政策，以达到国际收支平衡为主要目标。法国则以经济计划为手段，追求经济增长目标，以牺牲货币稳定为代价。法国经济的总体发展形势不如德国，出现严重的通货膨胀和国际收支失衡状况。英国主要依靠财政政策工具，不仅试图达到上述四大目标，还提出了第五大目标：即社会进步和公民平等。由于当时英国的经济形势比其他国家更加脆弱，这些目标是很难实现的，出现经济增长缓慢、通胀压力上升、国际收支失衡等问题。基本实现了充分就业的目标成为当时经济发展中的唯一亮点。

（一）"国有化"运动的发展和德国的货币改革

欧洲各国政府采取的多种干预手段中，英国的国有化运动和德国的强制性货币改革最为典型。英国长期实行私有制，但在私有经济中也存在国有经济的成分。英国最早的国有化企业为1906年自由党政府建立的英国港务局。二战之前，工党政府并未展开大规模的企业国有化运动，只是为了某些目的建立了为数不多的国有企业，如1926年建立英国广播公司（BBC）；同年为在全国地方电网之间分配电力，创立了中央电力委员会；1930～1940年期间，对帝国航空公司实行了国有化，建立了英国海外航空公司（BOAC）。

二战后英国工党政府上台执政，先后开展了两次大规模的国有化运动，成为英国战后初期欧洲国有化运动的积极推动者。1945年艾德礼工党政府颁布的一份政策性文件《让我们面向未来》，提出对一系列核心工业部门实行国有化计划，加强了国家对经济的干预程度。为此，在1945年7月至1951年10月期间，艾德礼工党政府掀起了英国战后的第一次国有化高潮。1946年英国议会一致通过了3个国有化法令：英格兰银行国有化法令、电缆和无线电有限公司部分转变为邮政总局，部分转变为英联邦电信局，建立英国海外航空公司[1]；1947到1948年先后颁布了煤矿电力、交通和天然气国有化法规。当时实行国有化的企业和部门有："约1500个煤炭矿井，煤气厂和供应系统，约1500家发电厂和输电系统，铁路、内海航运、港口、公路运输、民航、机场以及70多家钢铁厂等。"[2] 1951年10月工党大选失利，致使第一阶段的国有化运动宣告终结。

德国的币制改革是在战后特殊的政治经济环境下进行的。二战结束后，德国经济遭受战争的严重破坏，原料不足，食品奇缺。同时，通货膨胀十分严重，物价飞涨，马克形同废纸，导致政治经济形势的严重不稳定。创造新货币和建立新币制迫在眉睫，必须采取强制措施。币制改革的第一项法律《通货法》于1948年6月通过，同时通过相关的西柏林《货币条例》。这些法律规定，从1948年6月20日起发行新货币，即"德意志马克"即德马克（DM），原帝国马克等旧币从6月21日起不再流通，并规定每年居民的旧马克按10∶1的比率兑换60个德马克，居民在金融机构的存款，也按10∶1的比率兑换，但只能将其中的半数转入自由账户自由支取，另一半转入国家账户冻结。后来冻结存款中有70%作废，20%转入自由账户，10%被强制购买公债。币制改革后，联邦银行一直推行紧缩或偏紧的货币政策，有效地控制了社会总需求，排除了通货膨胀的压力，稳定了货币，为国民经济的发展提供了基础条件。同时，放开市场，尽快取消价格管制，结果是供给迅速增加，生产骤然上升……西德经济迅速走上复兴之路。

---

① J. Dunkerley and P. G. Hare, "Nationalized Industries," in N. F. R. Coafts and N. W. C. Woodward, *The British Economy Since 1945*, Clarendon Press (Oxford), 1991, pp. 385–388.

② 周叔莲、刘述意编《国有企业的管理和改革》，经济管理出版社，1989，第42页。

（二）国家指导计划的酝酿和尝试

战后西欧各国政府恢复和重建经济的工作重心不同，因此各国政府干预经济的偏好也不同。法国政府偏向采取国家指导计划。战后重建法国不仅仅是要尽快恢复经济，更要实现法国经济的现代化（modernisation ou decadence）。为实现这一目标，法国政府将一些大企业和大银行收归国有、大规模实行国有化后，政府还创新了干预经济的手段，选择了以经济计划化作为调控经济的主要手段，这些五年期的"指导性计划"与法国传统的统制（dirigiste）政治文化十分吻合。相比英国和美国，法国政府在调控经济和干预经济上，更多体现了中央集权的特性。

1946年1月3日，法国政府颁布了关于《规定在六个月内制定法国本土和海外领土的第一个全面经济现代化与投资计划》的法令，创立了由法国国家中长期计划工作的创始人让·莫内领导的计划总署，负责制定法国经济发展史上第一个国家计划，即莫内计划。第一个计划具有很强的政治色彩和目的：旨在削弱德国的经济实力。这一计划支持外国对鲁尔地区的能源实行控制，着重发展和加强法国的重工业基础。计划重点放在能够带动所有经济活动的基础产业部门，包括煤炭、电力、钢铁、水泥、农业机械和运输等六个行业。第一个计划为实施马歇尔计划提供了条件，引导马歇尔援助投入法国政府关注的重点行业和重点项目。这些重点发展的行业多数直接受政府控制，1946年法国的煤炭、电力和铁路已经实行国有化了，同时政府还控制了银行资金，四大主要商业银行也均被国有化了，并建立了专门机构：现代化设备部（le fond de modernisation et d'équipement）负责计划实施中的资金管理工作。

（三）社会市场经济和社会福利国家原则的基本确立

早在战时，弗莱堡大学的一些教授就拟订了战后实行社会市场经济的理论框架和政策实践方向。社会市场经济制度是在战后大背景下逐渐发展并完善的。1945年德国政府宣布无条件投降，作为战败国的德国不得不面对战争结束后任人宰割的局面。在行政管理上，德国不允许成立中央政府。行政管理权分别由占领国控制；在经济上，德国要最大限度地赔偿和弥补战争给同盟国造成的损失。这个时期战胜国奉行的是肢解和削弱德国的政策。战争破坏使德国经济处于瘫痪状态，短短两年，由于商品严重匮乏、通货膨胀、黑市泛滥，德国经济秩序一片混乱。

　　为调整经济秩序，德国理论界围绕着德国未来经济社会体制展开了大讨论，最终形成了两种基本主张：民主社会主义者主张未来德国实行一种计划经济模式，经济自由主义者主张改变自国家社会主义统治时期以来的管制经济，选择一种市场经济模式。在战后席卷全欧洲的"社会主义思想"的影响下，最初更多的人主张推行市场经济模式。此后冷战格局初见端倪，西方国家企图将西占领区变成抗衡社会主义的前沿阵地，对德政策由肢解、削弱变成为扶持和支持，西方占领国在德国依靠的社会力量也随之发生了变化，在这种情况下，经济自由主义者渐渐占了主导地位。由英美占领当局任命的双占领区经济部部长，也就是德国的"经济奇迹之父"路德维希·艾哈德主张推行社会市场经济体制。至此，德国社会市场经济制度开始运行。

　　按照欧肯（W. Eucken）、艾哈德（L. Erhard）、米勒－阿马克（A. Muller-Armark）等创始人的设想，联邦德国的社会市场经济"有其自己一套理论和方法，既不同于凯恩斯主义，又有别于古典经济学，也不简单地等同于新自由主义"。①……"至于艾哈德本人，则把社会市场经济归结为'自由＋秩序'。他写道：'社会市场经济建立在自由和秩序原则的基础上，它们结成为一个不可分割的整体；因为，自由不可能存在于那些没有稳定秩序的地方，在那里，自由有堕入混乱的危险；而秩序也不可能存在于那些没有自由的地方，在那里，秩序很容易导致残暴的强制。'尽管对联邦德国社会市场市场经济的说法有如此这般的差异，但是，在根本问题上他们都还是一致的。这些根本之点，在艾哈德的社会市场理论中得到了明确的反映，构成了他的理论与核心内容，这主要包括：经济自由、社会公正和社会安全，经济政策的具体目标以及达标工具，社会市场经济是一种含意广泛的经济和社会制度，等等。"②

　　20世纪30年代的经济大危机推动西欧各国重视发挥国家的社会功能。在社会民主主义思想的影响下，欧洲各国政府意识到应该重视和发挥国家的社会职能，在英国等国家的福利制度建设的影响下，战后社会福利制度原则被西欧国家普遍接受和广泛推崇。联邦德国的社会保障制度是德国社会市场经济制度的有机组成部分。

---

① 裴元伦：《中国社会科学院学术委员文库·裴元伦文集》，上海辞书出版社，2005，第2页。
② 裴元伦：《中国社会科学院学术委员文库·裴元伦文集》，上海辞书出版社，2005，第3页。

"福利国家"最早在英国创建并得到发展。英国的社会保障制度起源于教会组织的慈善济贫活动。20世纪初期，英国失业及贫困人口数量激增，社会福利事业最早由民间发起。随后英国政府也出台了一系列的社会保险法案。英国剑桥学派的庇古在《福利经济学》中提出：通过"收入的均等化"达到增大社会福利的目的。1936年凯恩斯发表的主张国家干预经济的《就业、利息和货币通论》成为二战后英国发展和完善社会福利制度的重要理论依据。1941年，坦普尔大主教在《公民与教徒》一书中首次提出了"福利国家"的概念。1942年，伦敦经济学院院长威廉·亨利·贝弗里奇发表《社会保障及相关服务》报告，为1945年工党上台执政颁布的一系列以国民保险制度为核心的法案提供了重要依据[1]。贝弗里奇明确提出："保护国民免于大规模地失业——这必须确定无疑的是国家的职能，就像国家现在保护国民免于来自国外的威胁和来自内部的强盗和暴力的威胁一样。"[2] 这种共识构成了欧洲社会福利制度的基本原则：第一，由政府出面提供与个人及家庭收入相应的最低收入保障；第二，政府有责任帮助个人和家庭抵御社会风险（如疾病、老龄和失业）可能带来的危机；第三，政府保证所有的国民个人（无论其社会地位的高低）享受尽可能最好的、不确定上限的社会服务。[3]

（四）欧洲经济一体化的开端

战后欧洲各国陷入了经济凋敝、政治动荡和社会动乱的困难中，单靠一个国家的力量无法达到重建和复兴欧洲的目标，欧洲各国只有联合起来。1946年9月，温斯顿·丘吉尔在苏黎世大学发表了题为"欧洲的悲剧"的著名演说，拉开了战后欧洲一体化的序幕。为了通过恢复贸易来促进经济复苏，美国与西欧国家在战后的最初几年中，创立了三个重要的经济组织：关税贸易总协定、欧洲经济合作组织、欧洲支付同盟，构成了实现欧洲经济一体化目标的基本框架。为了推动欧洲经济一体化发展进入实质性阶段，法国外长罗伯特·舒曼根据让·莫内的建议，于1950年5月9日提交了建立欧洲煤钢共同体的"舒曼计划"。这一计划得到了德、意、

[1] 顾俊礼主编《福利国家论析——以欧洲为背景的比较研究》，经济管理出版社，2002，第14~15页。
[2] Sir Willian Beveridge, "Full Employment in a Free Society," 1945, p. 25, 转引自周弘《福利国家向何处去》，社会科学文献出版社，2006，第16页。
[3] 周弘：《福利国家向何处去》，社会科学文献出版社，2006，第17页。

荷、比、卢国家的支持与赞成。1951 年 4 月 18 日，法国、荷兰、比利时、卢森堡、意大利和德国签署成立欧洲煤钢共同体的巴黎条约，欧洲煤钢共同体成为第一个具有超国家性质的欧洲经济一体化组织，正式开启欧洲经济一体化进程。

三　各国恢复经济的措施及其成效

这一时期，政府推动了高投资（公共投资）和低消费（私人消费）、鼓励出口和控制进口，以及积极发挥马歇尔援助计划的作用，这些政策有利于企业利润的积累。雇员在分配中所占比重受损的政策，对该时期欧洲经济增长的作用最大。

首先，所有国家均以扩大投资、抑制私人消费来刺激经济增长。扩大投资的具体措施：包括放宽贷款手续、实行税收优惠政策和吸引储蓄。政府成为最大的公共投资者，例如，战后英国和法国均推行了国有化运动，或者政府通过各种中介渠道进行公共投资。在 1947 ~ 1951 年期间，法国政府的公共投资占了总投资的 30%。还有一些国家，政府投资比重占到了总投资的50% 左右。

其次，通过改善对外贸易状况来拉动经济。战后的最初三年，西欧国家的贸易赤字超过了 50 亿美元，而战前这一赤字额为 20 亿美元。在 1946 ~ 1950 年期间，欧洲与美国之间的贸易赤字占了贸易总赤字的 3/4。为了扭转美欧贸易之间的不平衡局面，欧洲各国政府均采取了刺激出口、限制进口的政策。1949 ~ 1951 年对美国的出口高于战前水平，但仍低于 1925 ~ 1929 年的水平[①]。

第三，马歇尔援助计划成为推动战后欧洲经济重建的重要资金投入。马歇尔计划于 1948 年 4 月正式启动，1951 年并入共同防御援助计划（Mutual Defense Assistance）。援助资金的重点也从军事转向经济，为欧洲国家进口商品和服务提供急需的外汇支持，尽快帮助欧洲国家复兴经济。马歇尔计划下的欧洲复兴计划总额为 133.65 亿美元，其中 55.39 亿美元用于采购食品和农产品，61.67 亿美元投入采购工业品和其他服务。这些资金对欧洲经济联合体（OEEC）成员国解决对外贸易逆差以及尽快恢复基础设施和工业生

---

① Derek H. Aldcroft, *The European Economy 1914 - 2000*, 4th Edition, Routledge, 2000, p. 120.

产能力、解决商品等供应短缺问题起到了积极作用。例如，1947～1949年期间，联邦德国57%的进口依靠外国援助，尤其是在1948～1949年，外部提供的援助约占联邦德国国内总收入的5%左右。[①]

在上述一系列经济政策措施下，战后欧洲经济重建工作颇有成效。从战后到1950～1951年期间，欧洲经济几乎保持恢复和增长态势。整个西欧在1945年之后的最初两年时间内，经济呈现快速恢复态势，到1947年，除了奥地利、意大利、法国和荷兰，其他国家的工业生产水平已经超过了战前水平。受不利气候的影响，当时农业的发展相对滞后。1947年和1948年，食品和原材料的短缺问题依然十分严重。到了1950～1951年，所有国家的工业生产能力高于战前的1/3，瑞典和丹麦工业生产能力恢复更快。（见表1-1）

表1-1　战后初期西欧国家工业（1937～1938＝100）和
农业生产增长指数（1934～1938＝100）

国　别	工业生产 1947年	农业生产 1946～1947年	工业生产 1949年	农业生产 1948～1949年	工业生产 1951年	农业生产 1950～1951年
奥地利	56	70	123	74	166	98
比利时	106	84	122	93	143	111
丹　麦	123	97	142	97	162	126
芬　兰	117	75	142	106	177	115
法　国	92	82	118	95	134	108
爱尔兰	122	100	151	96	176	106
意大利	86	85	101	97	138	109
卢森堡	109	—	138	—	175	—
荷　兰	95	87	126	104	145	123
挪　威	115	98	140	101	158	118
葡萄牙	112	99	112	95	125	102
西班牙	127	88	130	80	147	86
瑞　典	141	104	157	109	171	113
瑞　士	—	107	—	112	—	120
英　国	115	117	137	122	155	130

资料来源：United Nations, "Economic Survey of Europe in 1950," p. 43; "Economic Survey of Europe in 1951," in Derek H. Aldcroft, *The European Economy 1914-2000*, 4th Edition, Routledge, 2000, p.118。

① Derek H. Aldcroft, *The European Economy 1914-2000*, 4th Edition, Routledge, 2000, p. 114.

相比西欧各国，战后东欧国家的经济恢复要缓慢得多，因为二战对东欧国家的破坏更大。战后多数国家的工业生产能力只有战前水平的一半左右，农业生产停滞。几乎全部食品需要依靠外部救济。东欧国家的政治和社会制度的变革改变了产权所有制，国家成了经济的主导力量。在 1946～1949 年重建时期，东欧国家开始没收私人财产，例如进行土地改革，制订 2～3 年的重建计划等等，在 1949 年，除了农业以外，各国的大企业、大银行、保险、贸易等全部收归国有。

第二节 经济繁荣时期(1951～1973 年)

一 政府经济学的主流——凯恩斯主义下的不同政策调整路径

进入 20 世纪 50 年代，凯恩斯主义成为各国政府制定政策的主要理论依据。凯恩斯主义和社会民主主义思潮对欧洲各国经济政策的影响程度并不相同，欧洲国家逐渐形成了多种经济发展模式。按照资本主义多样性理论，欧洲发展模式可归纳为三类：市场资本主义模式（market capitalism）、管制资本主义模式（managed capitalism）和国家资本主义（state capitalism）。英国、德国和法国分别各自代表了上述三种资本主义经济发展模式。

战后初期至 20 世纪 70 年代中期，英国的经济政策和经济制度受凯恩斯主义需求管理政策的影响最大。政府优先考虑的是宏观经济政策目标，而不是供应管理政策目标。经济重建中英国面临着许多棘手的问题，最为严重的是，战争造成的国际收支急剧恶化影响了国内价格稳定。1949 年通过英镑大幅贬值，在 20 世纪 50 年代使得英国进口和消费水平迅速得到恢复，扩大出口成为优先目标。到了 20 世纪 50～60 年代，战争的不利影响基本得到消除，英国的政策制定处于相对较好的国际经济环境，但英国却采用了"时紧时松"的经济政策，这种适应经济形势发展的各种政策试验促进了投资和增长。由于工会力量趋于强大和罢工抗议活动日趋活跃，政府无法同时实现低失业率和价格均衡稳定的双重目标，难以继续履行布雷顿森林体系下的国定汇率制。1967 年英镑开始贬值，1972 年实行汇率浮动制。在劳资关系日趋紧张的情况下，政府更担心集体工资谈判制度将会不断引发通胀压力，为此，在 20 世纪 70 年代中期，政府与工会就工资适度增长达成了"社会协议"。1950 ~ 1973 年英国人均实际 GDP 的增长率为 2.5%，低于丹麦、瑞典和瑞士约 0.6 个百分点①。（见表 1 - 2）

表 1 - 2　战后经济繁荣时期英国宏观经济政策工具和目标

制度	政策工具	政策目标
1950 年布雷顿森林体系	财政政策 限制工资增长 1949 年货币贬值	充分就业 国际收支盈余 价格稳定
1973 年相机抉择的需求管理政策	财政 货币 收入	充分就业 增长 价格稳定

资料来源：Bernard J. Foley, *European Economies Since the Second World War*, Macmillan Press Ltd., 1998, p. 11。

　　战后初期德国的政策制定更多受社会民主主义思潮的影响。无论在战后重建时期（1945 ~ 1961 年）、还是"黄金时期"（1961 ~ 1973 年），相对稳定发展是德国经济中的一个显著特点。与英国不同，德国在经济增长率、通货膨胀率、失业率和收入分配诸方面均保持稳定变化。而且，德国推行的宏观经济政策具有连贯性，经济结构性调整比其他国家更具有循序渐进的特性，制度性变革较少，包括工会组织、培训制度和金融体系等方面均基本保持不变。

　　德国战后经济繁荣时期分为两个阶段：一是战后重建时期，二是经济高速增长时期。1947 年是联邦德国（西德）的重要历史转折关头。冷战导致欧洲分而治之，西德被划入西方势力影响范围，成为马歇尔计划的受援国之一。盟军的狂轰滥炸严重破坏了德国的城市和主要交通设施，但战争时期德国提高的工业生产能力足以弥补战争中遭受的破坏。因此，战后德国的资本存量仍然高于战前水平的 1/10，形势明显好于英国、意大利和法国，遭到战争破坏的交通枢纽很快得到重建，到了 1948 年，战争对经济发展带来的各种不利因素和障碍基本得以消除。但是，当时德国经济发展面临的最大挑战是缺乏一系列协调的经济刺激措施。价格和工资几乎保持战前的水平，与

---

① Bernard J. Foley, *European Economies Since the Second World War*, Macmillan Press Ltd., 1998, pp. 7 - 10.

较低的生产量和持续扩大的货币供应量并不挂钩。1948 年的货币改革成为德国战后经济起飞的重要推动力。货币改革成效显著，商店货架上很快摆放了多年未见的商品，工厂怠工现象也迅速消失。与此同时，在路德维希·艾哈德（Ludwig Erhard）的领导下，德国实行了广泛的自由化计划，取消了价格控制和资源配给制。为抑制通胀上升压力，1949 年德国又推行了宏观经济稳定计划，政府迫使企业重建和扩大海外商品市场。这一时期劳动力供应相对充足，也是促使德国经济起飞的有利条件。1950 ~ 1962 年进入西德的东德难民约为 360 万，[①] 其中有工程师和技术工人，东德难民不仅增加了西德的劳动力供应，也使得东德的人力资本转移到了西德。

西德战后的经济高速增长态势在 20 世纪 60 年代初期趋于结束。1961 年成为西德战后经济高速增长的分水岭，柏林墙的修建改变了西德劳动力供需状况，阻止了东德技术工人向西德地区的持续迁移。随着劳动力供应的日益减少，德国经济增长开始回归欧洲经济增长模式。1950 ~ 1973 年的增长动力主要来自资本存量和继续赶超美国因素的刺激。与其他欧洲国家一样，20 世纪 60 年代德国的经济增长仍然是相当高的，外需主要靠欧洲各国市场拉动，法国和意大利经济现代化建设需要大量新的资本设备由德国供应。在 20 世纪 60 年代末期之前，德国并不需要采用凯恩斯主义的需求政策来刺激总需求，1961 ~ 1973 年平均失业率低于 1% 。[②]在经济快速增长的同时，保持了较低的失业率和通货膨胀率。事实上，劳动力供应的减少使德国工会在工资集体谈判中掌握更大的主动权。但是，工会并没有借机提出更高的工资要求，而是同意企业雇佣外籍工人，在劳动力需求扩大时，雇主协会实行了更加有序和严格的工资制定政策。其间，德国经济发展也出现过反复，1966 ~ 1967 年，德国生产下降，陷入了战后以来的首次经济衰退，基督教民主党被迫下台。

社会民主党组阁上台后，经济政策中引入了凯恩斯主义经济思想[③]。1967 年 6 月 8 日制定的《促进经济稳定与增长法》（简称《增长法》），该法的颁布标志着德国社会市场经济发展到新阶段，即进入带有凯恩斯主义色

---

① Bernard J. Foley, *European Economies Since the Second World War*, Macmillan Press Ltd. , 1998, p. 28.

② Ibid, p. 26.

③ Ibid, p. 30.

彩的总体调节的社会市场经济。政府经济政策中的四项目标——物价稳定、充分就业、外贸平衡、适度经济增长——通常被称为"魔幻四角"。为实现四大目标，联邦政府成立了经济发展理事会、财政理事会等机构，负责宏观经济管理。前者由联邦经济部长、联邦银行行长、各州一名代表和一些地方代表组成，由经济部长牵头，负责协调联邦、州和地方政府的开发与投资计划。此外还设有"五贤人委员会"负责对经济情况的评估、咨询，每年向联邦政府提交鉴定报告。

政府宏观经济调控的主要政策手段：一是货币政策，其两大突出特点是"中央银行"——德意志联邦银行独立于联邦政府，拥有独立制定货币政策的法定权力，对经济的控制是通过控制货币量来实现的；二是财政政策，20世纪 60 年代中期以前实行所谓中性财政政策，基本方针是收支平衡，但会随势而动。60 年中期以后实行反周期波动政策；三是社会政策，体现"公平"与"安全"的思想；四是完整的法律和自律体系。

战后法国经济发展轨迹与英国和德国均不同。战争对法国经济基础破坏极大，包括港口、道路、铁路和能源生产和配送设施均遭到严重毁坏。据估算，50% 的资本存量受到损失，制造业生产仅为 1938 年水平的 1/3[①]，1945年法国政府意识到战后重建、恢复经济必须要摒弃战前的经济政策和工具。战后直到 20 世纪 50 年代末期，法国是一个政治上极不稳定、经济十分脆弱的国家，直到 60 年代初期第五共和国建立后，法国政局才趋于稳定，经济出现快速增长。

战后重建不仅仅是要尽快恢复经济，更要实现法国经济的现代化，因此法国提出了现代化（modernisation ou decadence）的口号。为实现这一口号，当时法国政府在把一些大企业和大银行收归国有、大规模实行国有化，政府创新了干预经济的手段，选择了以经济计划化作为调控经济的主要工具之一，这些五年期的"指导性计划"与法国传统的统制（Dirigiste）政治文化十分吻合。相比英国和美国，法国政府在调控经济和干预经济上更多体现了中央集权的特性。

1946 年 1 月 3 日，法国政府颁布了关于《规定在六个月内制定法国本

---

① Bernard J. Foley, *European Economies Since the Second World War*, Macmillan Press Ltd., 1998, p. 49.

土和海外领土的第一个全面经济现代化与投资计划》的法令，并建立了由法国国家中长期计划工作的创始人让·莫内领导的计划总署，负责制定法国经济发展史上第一个国家计划，即莫内计划。在 1947～1973 年期间，按照政局演变时间划分，国家计划可分为两个阶段：第四共和国时期（1947～1958 年）包括第一、第二个计划，第五共和国时期（1958～1973 年）包括第三、第四、第五个计划和第六个计划的前两年。第一个计划具有很强的政治色彩和目的：旨在削弱德国的经济实力，这一计划支持外国对鲁尔地区的能源实行控制，着重发展和加强法国的重工业基础。计划重点放在能够带动所有经济活动的基础产业部门，包括煤炭、电力、钢铁、水泥、农业机械和运输等六个行业，第一个计划为实施马歇尔计划提供了依据，引导马歇尔援助投入法国政府关注的重点行业和重点项目。这些重点发展的行业多数直接受政府控制，1946 年法国的煤炭、电力和铁路已经实行国有化了，同时政府还控制了银行资金，四大主要商业银行也均被国有化了，并建立了专门机构：现代化设备基金（le fond de modernisation et d'équipement）负责计划实施中的资金管理工作。

法国经济计划管理实施初期成效显著。第四共和国时期法国政局持续动荡，1946～1958 年期间，法国政府先后 26 次改组。1946～1962 年期间法国先后卷入多次殖民战争中，在如此动荡的国内外局势下，当时法国经济实现了年均 4% 的增长，在很大程度上归功于法国计划经济管理的作用。在法国制定第四个指示性计划时（1962～1965 年），法国计划受到称赞，包括英国、意大利等国家也尝试着制定本国的中长期计划。

最为重要的是，战后各国政府在经济调控中的作用和地位均趋于上升。各国推行的国有化运动使政府掌控了更多的国家资源，政府还承担了实现充分就业、实现经济快速和更稳增长的责任。在战争期间，这些政策目标并非属于各国政府的管辖权范畴，当时各国政府的政策目标就是保持币值稳定、维持金本位制和实现预算平衡。在 20 世纪 30 年代初期，货币政策是各国经济管理和调控的主要工具，战后各国将财政政策作为新的调控工具。在一定程度上，可以说，在 20 世纪 50～60 年代欧洲各国政府干预经济程度的强弱对各国经济发展的成功与否具有一定的影响。

从 20 世纪 60 年代开始，欧洲国家调控经济的手段呈现趋同特征。欧洲大陆国家偏向采用货币工具，各国的预算制度并不是集中管理的，因此通过财政调控的效率相对较低。复杂的政治和管理程序常常不利于税收和支出体系的快速调整。例如，德国的公共财政制度高度下放，1959 年联邦政府只拥有公共支出总额的 20%，而英国和法国则要高达 59%，德国地方政府和社会保障机构分别控制了公共开支的 41% 和 39%，德国联邦政府在推行积极的财政政策方面没有更大的主动权和支配空间。由于预算体系的不完善，意大利迟迟不愿采用财政政策，到了 20 世纪 60 年代末期，这两个国家不再过度依赖货币政策了。从 1965 年开始，意大利采用预算政策，1967 年德国采用了扩张性的财政政策来抑制当时的经济衰退，这也是战后德国首次依靠财政政策来刺激经济增长。

其他国家也出现类似的政策转变和调整。从 20 世纪 60 年代末开始，英国比过去更关注货币政策，政策调整体现在两个方面：一是从财政政策转向货币调控；二是货币政策工具偏好的变化，从原来注重利率和信贷调控手段转向货币总量控制，国内首次出现了信贷扩张和货币存量的增加。以往英国在关注财政政策的同时，也并不是完全放弃货币调控手段，由于货币政策调控的作用和影响力存在着不确定性，1959 年拉德克利夫（Radcliffe）委员会报告对货币政策态度十分含糊，这个报告强调总的货币流动性，导致政府采用利率和信贷调控手段，放弃货币总量控制手段。

20 世纪 60 年代的政策趋同还表现在其他领域。从 20 世纪 60 年代中期起，法国开始削弱对投资项目的规划性，同时注重财政和货币调控手段，英国的经济计划意识却有所上升，60 年代末德国和意大利也出现类似英国的情况。荷兰对建立经济预测模型的兴趣有所下降，而对瑞典采用的经济周期预测调查更感兴趣。与此同时，瑞典却对计量经济学分析方法兴趣大增。60 年代中期荷兰工资集体谈判机制被瓦解，而其他国家却开始认真考虑工资与收入政策之间的合理性。在 70 年代初期，政策趋同更为明显，固定汇率机制部分崩溃，汇率波动促使许多国家采取相似的应对措施。

二 国家部分干预主义和保护主义相结合——欧洲国家的结构变革

（一）国有化浪潮

欧洲国家的国有化浪潮推动了各国经济结构的变革。在历经五六十年代经济高速增长之后，20 世纪 70 年代，同其他发达国家一样，英国经济进入"滞胀"时期。1974年3月，再次上台的威尔逊工党政府把国有化作为摆脱经济危机的重要手段，在英国掀起第二次国有化高潮。与第一次国有化高潮相比，这次国有化所涉及的领域进一步扩大到汽车、船舶、机床、火箭等生产部门，甚至包括电子、宇航等尖端技术产业。如1977年7月，建立了由英国国内最大的19家造船公司组成的英国造船公司，控制全国商船制造业98%的份额。这次国有化高潮着重挽救陷入经营困境的私人企业，并且借助国家力量来促进先进科学技术的发展以实现企业的现代化。战后以来两次国有化浪潮后，到1979年，国有企业在英国国民经济中已占有相当重要的地位。英国大小国有企业共有16283家；国有企业产值占国民生产总值的10.5%；就业人数占总劳动力的8.1%；固定资本约占全国固定资本总额的15.3%，大致与私营制造业固定资本总额相等。由于国有企业多是基础设施和基础工业，又由于它们在本行业中往往占据主导地位，从而对整个国民经济具有举足轻重的影响。到1979年，在煤炭、造船、电力、煤气、铁路、邮政和电信等部门，国有企业的比重达到100%，钢铁和航空部门达到75%，汽车制造和石油工业部门也分别达到50%和25%。

战后初期，奥地利比其他国家更为广泛地采取国有化措施，并且长期发展国有经济，1978年，国有企业在采煤、石油、钢铁、汽车工业，以及电力、煤气、铁路、航空、邮政、电信等部门所占比重均达100。

在法国，经过1944~1948年、1981~1982年两次"国有化"运动，法兰西银行、大型商业银行和保险公司都已收归国有。1982年，政府控制了全部银行存款的90%，全部信贷的85%。在非金融领域方面，政府控制了100%的公用事业、84%的航空工业、75%的军火工业、63%的有色金属工业、54%的基础化学工业、44%的家用和办公用的电子工业。国有企业占全国企业销售额的30%，出口总值的1/3，生产投资的30%以上。这样，法国国有化企业在工业、金融业中已居举足轻重的地位。国有企业占全国就业人数和国民生产总值的比重，比日本和加拿大高4~5倍，比瑞典高3倍，比联邦德国高2倍，比英国和意大利高1.5倍。

（二）欧洲经济一体化的巨大发展为欧洲共同市场建立奠定了基础

这一时期欧洲经济联合的步伐在加快。1957年3月25日，德国、法国、意大利、比利时、卢森堡、荷兰签订了《罗马条约》,宣布成立欧洲经济共同体和欧洲原子能共同体。1967 年,三个共同体合并,简称为欧共体。欧洲经济共同体建立后的最初十几年,是战后欧洲经济持续增长的"黄金时期",欧洲一体化进程发展相当顺利。到 60 年代末,关税同盟建立和共同农业政策实施,极大地促进了成员国之间的贸易和投资增长,对共同体经济的发展产生了巨大的推动作用,为最终建立共同市场建立奠定基础。

欧洲经济一体化推动了欧洲国家经济现代化和国际化进程。例如,1959 年后法国经济的国际化进程受欧共体发展的推动。1958 年法国对外出口占 GDP 的比重仅为 9%,到 1968 年这一比例上升到了 13.7%,1974 ~ 1979 年期间对外出口占 GDP 的比重平均上升到了 21%。在 1958 年和 1964 年期间,法国与欧共体其他国家的进出口额增加了三倍,法国与欧洲贸易伙伴之间的贸易年均增幅为 18%。在 20 世纪 50 年代末,法国向其他欧共体的出口占了法国对外出口比重的 27%,到 20 世纪 60 年代末期,这一比例上升到了 47%。[①]

(三) 部分国家的指导性计划

随着国家对经济干预程度的加深,欧洲一些国家尝试着推行国家指导性计划。国家控制了生产、消费、贸易等所有经济领域。国家指导性计划由最高层的计划管理机构提出 (如中央计划局)。计划草案包括提出未来时期经济发展所要达到的目标,计划包括年度计划、中期计划 (5 年期) 和长期计划 (15 ~ 20 年期)。

法国指导性计划是 5 年期的。每一个计划的侧重点不同,第一个计划 (1947 ~ 1953 年) 以重建经济为重点,第二个和第三个计划 (1954 ~ 1957 年,1958 ~ 1961 年) 重点在于通过推动世界经济开放和建立欧洲经济共同体,提高法国经济的竞争力。从第四个计划开始,重点在于区域开放和社会问题。第六个计划 (1970 ~ 1975 年) 通过供应政策推动工业发展[②]。

1959 年西班牙推行的稳定计划中承诺要仿效法国的指导性计划。在世界银行专家的指导下,从 1964 ~ 1975 年期间西班牙先后推行了三个 4 年期的指导性计划 (分别为 1964 ~ 1967 年,1968 ~ 1971 年,1972 ~ 1975 年),

---

① Bernard J. Foley, *European Economies Since the Second World War*, Macmillan Press Ltd., 1998, p. 57.

② Paul Hare, *Planning the British Economy*, Macmillan Publishers Ltd., 1985, p. 88.

旨在实现几个目标：促进经济发展，推动市场经济建立和发展、推动西班牙经济融入欧共体和世界，不断提高生产率，提高西班牙经济竞争力。所有这三大计划以促进生产、鼓励投资、抑制消费为主要目的。在第一和第三个计划中，以发展工业为重点，农业为辅，追求短期增长和快速的工业化。在第二个计划中，除了第一和第三计划中的目标外，还提出了稳定增长目标。在指导性计划实行期间，1964～1975 年，西班牙 GDP 年均增长率达到了 6%，资本总形成年均扩大 7.7%[①]。

与此同时，随着社会福利政策的不断完善，欧洲社会福利国家基本建成。

三 经济奇迹——欧洲国家经济调整效果及原因

（一）经济奇迹基本特征

20 世纪 50 年代以来，欧洲国家经济发展呈现持续和高速的经济增长势头。1950～1970 年期间，欧洲国家国内生产总值年均增长率为 5.5%，高于世界平均增长率（5.0%），工业生产呈现飞速发展势头，其增长率高达 7.1%，期间世界各国的平均增长率为 5.9%。经济快速发展提升了欧洲国家在世界经济中的地位，1950～1970 年，欧洲国家占世界货物和服务贸易的比重从 37% 增加到了 41%，工业产品的比重上升更快，从 39% 上升到了 48%。由于战争造成了大量的人员伤亡，战后欧洲人口增长率仅为 1.1%，约为世界平均水平的一半[②]。欧洲经济繁荣时期的主要特征是：

1. 欧洲各国经济普遍呈现快速增长势头，各国 GDP 的增长超过了过去 50 年的增长总量

20 世纪 50 年代和 60 年代，西欧各国的经济增长呈现同步性，从 50 年代末开始，经济增长出现加速增长特征。经济快速增长的国家包括奥地利、联邦德国、法国、意大利和荷兰。法国在 60 年代经济增长快于 50 年代，奥地利和德国的情况不同，在 60 年代这两个国家的经济迅速增长势头有所减缓。与过去相比，英国和爱尔兰的经济发展状况有所改善，但与其他西欧国

---

① David A Dyker, *The National Economies of Europe*, London and New York, 1992, p. 201.

② Derek H. Aldcroft, *The European Economy 1914 - 2000*, 4th Edition, Routledge, 2001, pp. 128 - 129.

家相比，两个国家的经济形势明显趋于落后，经济增长率不及上述经济快速增长国家的50%。战后英国经济处于衰退之中，与快速增长的西欧其他国家相比，英国的收入水平和生产率水平均较低。1950~1973年，英国经济增长率为2.5%，是OECD国家经济增长最为缓慢的国家之一[①]，其余欧洲国家经济发展水平基本接近平均水平，总体而言，战后期间欧洲国家经济平均增长率约为4.5%[②]。（见表1-3）

表1-3　西欧工业化国家生产、就业、劳动生产率和人口发展状况（1950~1969年）

单位：%

指标	产量			就业			人均产量			人口
国别＼年份	1950~1969	1950~1960	1960~1969	1950~1969	1950~1960	1960~1969	1950~1969	1950~1960	1960~1969	1950~1970
奥 地 利	5	2.7	4.5	0.1	0.4	-0.2	5	5.3	4.7	0.3
比 利 时	3.5	2.5	4.5	0.4	0.2	0.6	3.1	2.4	3.8	0.6
丹 麦	4	3.2	4.7	1.1	1	1.2	2.8	2.2	3.4	0.7
联邦德国	6.2	7.5	5.1	1.2	2.2	0.3	5	5.2	4.8	0.9
芬 兰	4.4	4.3	4.6	0.9	1	0.9	3.5	3.3	3.7	0.7
法 国	5	4.3	5.5	0.4	0	0.7	4.6	4.4	4.8	0.9
爱 尔 兰	2.5	0.8	4	-0.7	-1.6	0.1	3.2	2.5	3.9	0
意 大 利	5.4	5.3	5.5	0.4	0.7	0.2	5	4.6	5.3	0.7
荷 兰	5	4.5	5.5	1.1	1.1	1.2	3.9	3.4	4.3	1.3
挪 威	4.1	3	4.9	0.3	0	0.6	3.7	3.1	4.3	0.9
瑞 典	4.1	3.6	4.5	0.3	0.2	0.4	3.8	3.4	4.1	0.7
瑞 士	4.2	4	4.4	1.6	1.4	1.8	2.5	2.6	2.5	1.5
英 国	2.7	2.4	2.9	0.5	0.5	0.4	2.2	1.8	2.5	0.5
各国均值	4.6	4.5	4.7	0.6	0.8	0.5	3.9	3.6	4.2	0.8

资料来源：United Nations（Economic Commission for Europe），Economic Survey of Europe in 1971，Part 1，*The European Economy from the 1950s to the 1979s*，New York，1972，p. 6，Table 1.2。

---

① Bernard J. Foley，*European Economies Since the Second World War*，Macmillan Press Ltd.，1998，p. 2.

② United Nations（Economic Commission for Europe），Economic Survey of Europe in 1971，Part 1，*The European Economy from the 1950s to the 1979s*，New York，1972，p. 6，Table 1.2.

2. 经济快速发展推动了欧洲国家经济结构的调整

从农业产量和就业比重看，农业在国民经济中的份额均在下降，对经济增长的贡献率大约占了 1/3 或 50%，在西欧工业化国家，农业生产年均增长率约为 2%。农业人口占总就业比重的下降速度快于农业产值占 GDP 的份额，但也有个别国家，例如，英国和比利时 20 世纪 50 年代初期两国的农业生产和就业比重就相对较低，而对于那些农业比重相对较高的国家，芬兰、爱尔兰、意大利和法国而言，农业比重也在逐渐下降。从生产角度看，工业是经济发展中增长最为强劲的部门，到了 60 年代末期，工业就业人数占了总就业人口的 40% 以上。服务业就业人数也在增多，但服务业在国民经济总量中的比重基本保持稳定，在西欧工业化国家中服务业比重占了 45% ~ 54%，农业部门的就业人口转向了服务业。

3. 实现了充分就业，各国的失业率大大低于战后初期

在 20 世纪 50 年代初期，奥地利、丹麦、德国、意大利这四个国家失业率较高，但其他许多国家在 50 年代的失业率低于总劳动力的 2%，并呈持续下降态势。50 年代西欧国家平均失业率为 2.9%，60 年代下降到了 1.5%，只有意大利和比利时失业率高达 2% 左右。

4. 战后时期对外商品贸易增长迅速

从 1948 年起，西欧国家进出口贸易总额增幅是国内生产总值的 2 倍之多。50 年代和 60 年代期间，出口额年均增幅为 8% ~ 9%。

5. 实现了均衡的公平与效率关系

这一时期，各国政府在经济上奉行凯恩斯主义发展战略，努力通过对社会经济生活的全面干预，对劳资关系的运行构建了一套规范与制衡机制，从而保证了劳资关系的基本稳定和相对均衡的格局。在这一机制的建立过程中，工会是强大的推动力，政府则发挥了主导作用。资方接受劳资合作的"社会伙伴"关系原则，对劳工运动作出部分妥协：承认劳工的基本权利，接受以劳资谈判方式确定劳动条件和劳动标准的集体谈判制度，实行工业民主化运动，并在劳工工资、工时及其他权益方面作出一定的让步。由于战后初期，收入分配明显有利于资方，表现为利润比工资增长快得多，因此，劳资关系中依然资方占主导地位。

（二）创造经济繁荣的因素

在分析战后欧洲经济繁荣的原因时，不可忽视以下多个因素：刺激经济

需求政策、生产要素的投入、资本与技术进步和政府调控手段的广泛运用
等。人们普遍认为建立在凯恩斯主义经济思想基础上的需求财政管理政策是
推动经济增长的主要理论基础。在诠释战后欧洲的"经济奇迹"时，学者
们的关注角度不尽相同，查尔斯·P.金德尔伯格[1]认为充足的劳动力供应是
推动战后欧洲各国经济增长的主要原因；安格斯·麦迪森（Angus
Maddison）[2] 强调公共投资对经济增长的拉动作用；丹尼逊（Denison）[3] 论
证了技术进步对经济增长的贡献。

　　扩大公共投资是刺激经济增长的重要因素之一。欧洲经济发展史表
明，较高的投资率有助于推动战后欧洲国家经济的发展。投资可以扩大
就业机会，增加生产设备以提高劳动生产率。最为重要的是，提高研发
投入，在生产过程中可以采用新技术和新工艺，提升出口产品中的技术
含量，进而提升竞争力。战后几乎所有欧洲国家的公共投资率水平明显
要高于战争时期。20 世纪 50 ~ 60 年代期间，欧洲国家的投资率年均增幅
为15% ~ 20%，高于 1920 ~ 1938 年期间年均 10% 的投资率水平。但是欧
洲不同国家之间的投资率相差较大，如挪威的投资率为 32%，而英国只
有 17.5%[4]。一些研究结果表明，投资率与经济增长之间具有一定的正相
关关系。一般而言，高投资率的国家经济增长较快，如德国和荷兰；投资
率较低的国家，如英国经济增长相对比较缓慢，但并非所有的国家完全符
合这一正相关关系，挪威具有较高的投资率，但其经济增长率却相对
较低。

　　丹尼逊分析了劳动力、资本投入对西欧国家经济增长率的影响。其研究
表明：要素生产率（factor productivity）的提高是推动欧洲经济增长的最为
重要的因素，各国收入提高的 2/3 或 3/4 来自要素生产率的改善。英国是唯
一的例外情况，要素生产率对英国经济增长的贡献率只有 50% 左右。生产
率的提高主要依靠知识进步、劳动力资源和经济规模优化配置。德国、意大
利、法国和荷兰经济快速发展的国家生产要素投入对经济增长的贡献要高于

① C. P. Kindleberger, *Europe's Postwar Growth: The Role of Labour Supply*, Cambridge, MA: Harvard University Press, 1967.

② A. Maddison, *Economic Growth in the West*, London: Allen & Unwin, 1964.

③ E. F. Denison, *Why Growth Rates Differ*, Washington, DC: Brookings Institution, 1967.

④ Derek H. Aldcroft, *The European Economy 1914 – 2000*, 4th Edition, Routledge, 2001, p. 137.

那些经济增长相对缓慢的国家。

劳动力供应充裕也是推动经济增长的重要因素之一。20世纪50～60年代，德国、荷兰和瑞士等工业发达国家以及相对贫困的小国，例如，西班牙、葡萄牙和希腊，这些国家均保持了较高的就业率。外来移民成为各国劳动力供应的重要力量，法国、德国和瑞士总人均增幅至少高出本国人口增长率50%以上，瑞典等北欧国家的移民多数来自南部欧洲，东德的大量移民前往西德地区，法国、德国和瑞士是移民的主要目的地国家，60年代末期，受欧洲移民潮的影响，上述三个国家吸引外来工人占了其劳动力总量的5%～7%[1]。截至1961年，西德吸纳的外来移民和难民为1200万人，其中700万是适龄劳动人口。

战后初期推行的以投资拉动出口带动内需，强劲内需刺激出口，进而吸引投资的这一经济模式对创造经济奇迹具有一定的作用。在这一模式下，取消贸易壁垒和数量限制刺激了商品出口，对经济具有强劲的拉动作用。20世纪50～60年代西欧各国的对外贸易十分活跃，贸易年均增幅达到8%～9%，特别是欧洲国家之间的制造业产品的出口更趋活跃。除了英国，所有欧洲国家的出口增长率年均超过了5%，德国和意大利出口增长率则高达10%以上。[2] 欧洲经济共同体的成立推动了欧洲经济一体化进程。20世纪50年代末是西欧国家之间加强经济合作的重要开端。1957年《罗马条约》正式签署，欧洲经济共同体正式创建，法国、德国、意大利、荷兰、比利时和卢森堡成为欧共体的6大创始国，欧洲经济共同体确定了长期的宏伟目标，在初期建立的关税同盟对内实现减免关税和取消贸易限制，推动商品自由流动，对外实行统一的关税和对外贸易政策。在20世纪50～60年代取消对外贸易壁垒方面取得了较大的进展，欧洲经济共同体和欧洲自由贸易区（EFTA）的建立带来了贸易创造效应和贸易转移效应。直到20世纪70年代初期，欧共体成员国之间的贸易增长快于世界平均水平，1955～1969年欧洲经济共同体国家之间的贸易增幅年均超过了13%。1969年欧共体的区内贸易占了欧洲区内贸易总额的1/3[3]。

---

[1] Derek H. Aldcroft, *The European Economy 1914–2000*, 4th Edition, Routledge, 2001, p. 142.

[2] Ibid, p. 144.

[3] Ibid, p. 146.

第三节 经济滞胀时期(1974~1982年)

一 凯恩斯主义的失灵及对新的经济思想的探索

20世纪70年代，特别是1974~1975年的经济危机，是资本主义经济发展史上的一个重大转折——经济的高速增长为"停滞—膨胀"所取代。在宏观层面，经济增长速度大幅下降，经济危机频繁，失业和通货膨胀同时严重存在，财政赤字直线上升，国际贸易和金融领域陷入混乱。在微观层面，生产率增长幅度大大降低，公司平均利润率显著下降。在这种形势下，那些信奉传统自由主义的经济学家，一方面针对凯恩斯主义的理论缺陷，从各个方面对凯恩斯主义提出严厉批评，另一方面纷纷提出自己的经济学说和政策主张。

20世纪70年代的两次石油危机严重冲击了欧洲各国经济，从而结束了战后欧洲经济的繁荣时期，标志着战后推崇的凯恩斯主义开始失灵。欧洲经济陷入滞胀阶段，欧洲僵化症的主要表现：

第一，经济增长持续低迷。20世纪70年代的经济增长率远比20世纪50、60年代的水平。欧洲各国（欧盟15国）的国内生产总值年均增长率从4.8%下降到了3.0%，工业生产降幅更大，从5.4%下滑到2.6%。所有的国家均遭遇了经济活动的急剧下滑。

第二，各国之间经济增长率差距拉大，尤其是工业生产领域的差距更大，70年代卢森堡的工业增长率为0，葡萄牙为6.5%，而希腊则为7%，但在20世纪60年代，多数国家的工业增长均保持在5%~7%。不仅经济增长比前20年已缓慢得多，经济发展也很不稳定，各国经济增长率年度变化较大，在1974~1975年，许多国家经济出现负增长[①]。

第三，各国普遍面临通货膨胀压力。各国消费物价指数高出20世纪60年代的2~3倍，通胀压力在20世纪60年代末70年代初就已经出现，70年代中期通胀压力急剧上升，多数欧洲国家的通胀率攀升至两位数。

---

① European Commission, *European Economy*, No. 68, Table 10, 1999, pp. 118 – 119.

表 1 – 4　欧盟 15 国、美国与日本的 GDP 增长率（1961～1980 年）

单位：%

国别＼年份	1961~1970	1971~1980	1970	1971	1972	1973	1974	1975	1976	1977	1978	1979	1980
奥 地 利	4.7	3.6	7.1	5.1	6.2	4.9	3.9	-0.4	4.6	4.7	-0.4	5.5	2.3
比 利 时	4.9	3.4	6.2	3.8	5.3	6.1	4.2	-1.3	5.7	0.6	2.8	2.3	4.4
丹 麦	4.5	2.2	2	2.7	5.3	3.6	-0.9	-0.7	6.5	1.6	1.5	3.5	-0.4
西 德	4.4	2.7	5	3.1	4.3	4.8	0.2	-1.3	5.3	2.8	3	4.2	1
希 腊	8.5	4.6	8.9	7.8	10.2	8.1	-6.4	6.4	6.9	2.9	7.2	3.3	0.7
西 班 牙	7.3	3.5	4.2	4.6	8.1	7.8	5.6	0.5	3.3	2.8	1.5	0	1.3
法 国	5.6	3.3	5.7	4.8	4.4	5.4	3.1	-0.3	4.2	3.2	3.4	3.2	1.6
爱 尔 兰	4.2	4.7	2.7	3.5	6.5	4.7	4.3	5.7	1.3	8.1	7.1	3.1	3.1
意 大 利	5.7	3.6	5.3	1.9	2.9	6.5	4.7	-2.1	6.5	2.9	3.7	5.7	3.5
卢 森 堡	3.5	2.6	1.7	2.7	6.6	8.3	4.2	-6.6	2.5	1.6	4.1	2.4	0.8
荷 兰	5.1	3	5.8	4.5	3.1	5	4.1	0.2	4.8	2.3	2.4	2.2	1.2
葡 萄 牙	6.4	4.7	7.6	6.6	8	11.2	1.1	-4.3	6.9	5.5	2.8	5.6	4.6
芬 兰	4.8	3.4	7.5	2.1	7.6	6.7	3	1.2	-0.4	0.2	2.1	7	5.3
瑞 典	4.6	2	6.5	0.9	2.3	4	3.2	2.6	1.1	-1.6	1.8	3.8	1.7
英 国	2.9	1.9	2.4	2	3.6	7.3	-1.7	-0.7	2.8	2.4	3.4	2.8	-2.2
欧盟15国	4.8	3	4.9	3.3	4.4	6	1.9	-0.6	4.5	2.7	3	3.6	1.3
美 国	4.2	3.2	0.1	3.4	5.6	5.9	-0.6	-0.4	5.5	4.7	5.5	2.9	-0.3
日 本	10.1	4.4	10.3	4.4	8.4	8	-1.2	3.1	4	4.4	5.3	5.5	2.8

资料来源：European Commission, *European Economy*, No. 68, 1999, Table 10, pp. 118 – 119.

在 1973 年之后以及 80 年代，欧洲遭遇了低增长、高通胀和高失业。1974～1984 年期间，欧共体的 GDP 平均增长率仅为 1.5%，而 1961～1973 年为 4.6%。通货膨胀率也从 1961～1973 年的 4.8% 上升到了 1974～1984 年的 9.3%，当然，通胀率的国别差异十分明显，德国的通胀率较低，为 4.2%，而意大利和英国分别高达 17.3% 和 13.8%。欧洲僵化症与美国、日本经济发展中的显著不同之处是：在经济持续低迷、传统工业衰落的同时，欧洲国家的失业率持续攀升且居高不下，长期失业率也在持续上升，1973～1980 年，西欧国家就业增长趋于停滞，同期美国就业增长了 15%。在 1980～1984 年期间，美国新增的就业岗位 570 万个，而西欧国家的就业岗位却在减少。①西欧国家的失业率从 1974 年的 3.1%，逐年攀升，1979 年达到了 5.6%，1984 年为 10.5%。

二 欧洲经济滞胀与僵化的原因分析

两次石油危机凸显了欧洲各国经济结构性问题。而欧洲社会经济政策的制度性僵化是引发和加剧结构性问题的主要原因。

（一）制度性僵化

欧洲僵化症部分源于欧洲在 20 世纪 50 年代和 60 年代经济持续快速发展下长期推行的宽松的财政、货币和社会福利政策。战后欧洲重建推动了经济快速发展，缩小了与美国技术上的差距。持续扩大的生产性投资以及紧缺的劳动力供应保持了较低的失业率，工会力量不断壮大，并对各国经济政策和社会政策产生影响，各种保护性法规相继制定，以确保工会成员工作的稳定和福利待遇。扩张性的财政和货币政策确保了充分就业、加强了政府调控和干预经济的能力。与此同时，产业结构趋于转型，西欧国家农业就业人口持续下降，制造业工人比重上升。

社会民主主义思想日趋活跃，并对社会福利制度的建立产生了影响。在 20 世纪 50 年代和 60 年代经济持续繁荣时期，社会民主主义思想获得了更为广泛的民众基础。戴高乐领导下的法国、基督教民主党长期执政的德国以及"中 - 右"党派或联合政府下的意大利，这些政府及广大民众均有强烈意愿，希望能够调整社会协议，更多考虑"劳方"的经济和社会利益。重视社会协议意味着国家对社会事务的更多干预。无论是德国还是法国，更加强调计划性，以及在国家社会事务上承担更大的职责。与此同时，来自代表着工会利益的社会党或者共产党的政治压力，对政府决策产生较大影响，敦促政府提高社会保障、提高经济计划性和社会经济目标，还有让 - 保罗·萨特（Jean-Paul Sartre）、赫伯特·马尔库塞（Herbert Marcuse）等马克思主义者，对 20 世纪 50、60 年代的西欧和北美的社会思想产生极大的影响，要求人权、平等和社会公正的"新左翼"运动在 20 世纪 70 年代也蓬勃发展，民众普遍认为持续的繁荣应该实现收入再分配和社会平等。"二战后形成的

---

① Marie-Josée Drouin, Maurice Ernst, Jimmy W. Wheeler, *Western European Adjustment to Structural Economic Problems*, University Press of America, 1987, pp. 1 - 3.

民意、工会不断增强政治力量，社会党和共产党实力的上升以及经济繁荣本身，这些因素综合下，导致政府政策出现了制度性僵化特征。同时对私人部门的稳定性和市场力量对收入再分配的影响力缺乏信心，政府干预获得了社会各界的广泛政治支持。"①

（二）石油危机造成的能源短缺

两次石油危机造成的能源短缺和价格飙升，减缓了欧洲各国经济增长的步伐。20 世纪 50 年代和 60 年代欧洲各国生产增加和实际收入提高与各国处于有利的贸易环境有关。朝鲜战争期间，商品价格快速上涨，直到 20 世纪 70 年代初期，能源成本、食品和原材料趋于下降或者与工业制成品相比，其价格相对较低。在 60 年代末期，商品价格呈上涨趋势，食品价格、原材料和能源价格平均水平仍低于 50 年代初期。

丰富的原材料供应和较低的能源价格推动了能源集约型产业的发展，企业、耐用消费品、化学产品以及石油燃料和工业和家庭能源得到广泛使用。1973 年末石油输出国组织（OPEC）新的原油价格颁布后，石油价格上涨了300%。因此，在 1973～1974 年期间，石油价格飙升导致欧洲经济合作组织（OECD）国家外贸盈余转为赤字。各国的影响程度并不相同，英国、意大利和法国的影响相对小些，欠发达的欧洲国家受到的冲击更大，它们不得不采取紧缩政策，减少巨额贸易赤字，同时稳定汇率的波动。德国、美国和日本受到的冲击很快被强劲的出口所抵消，曾经一段时间内，这些国家的经常项目账户还出现过盈余，但这些盈余很快因石油价格持续攀升和美元疲软而转为逆差。

（三）居高不下的通货膨胀

石油价格飙升是导致欧洲国家通胀的部分原因。在 20 世纪 60 年代末期，欧洲国家出现通胀问题，在 1973 年末第一次石油危机时，一些国家的通胀水平上升到了 2 位数。此外，引发通胀的原因还包括：名义货币供应量的过量增加。在 1970～1972 年间，欧共体国家年均增幅从 9.9% 上升到了18.3%，意大利增幅最大，1970～1973 年货币供应量年均增幅为 23%，德国从 1970 年的 7.1% 增加到了 1972 年的 14.5%。从 1972 年之后，多数国

---

① Marie-Josée Drouin, Maurice Ernst, Jimmy W. Wheeler, *Western European Adjustment to Structural Economic Problems*, University Press of America, 1987, p. 11.

家降低了名义货币供应量，但仍然高于 20 世纪 60 年代的水平。

上述欧洲内外经济社会环境和条件的变化，改变了战后初期欧洲各国经济复苏的条件，石油危机的冲击，加剧了欧洲经济结构性问题。

三　欧洲国家应对滞胀困境的措施及对策

在重视需求管理的同时，人们开始强调也要重视供应管理。在两次世界石油危机的巨大冲击下，欧洲国家加强了政府干预和调控经济的力度。1973年第一次石油危机后，欧洲国家采取了"时紧时松"的宏观经济政策。西德（联邦德国）最先采取紧缩财政政策，1974 年末和 1975 年采取宽松政策，刺激经济发展。意大利和英国最初采用宽松刺激政策，在高通胀下，调整为货币紧缩政策。法国最初采取折中政策，随后在 Barre 计划中迅速采取货币紧缩政策。从 1979 年起，财政预算赤字扩大、失业率攀升、第二次石油危机导致需求疲软，货币政策难以调和。欧洲国家在宏观经济政策、经济结构、法规和机制方面面临更大的调整和变革压力。

逐渐调整产业政策成为应对滞胀的主要措施之一。为应对结构性问题和制度僵化，欧洲国家采取逐渐调整产业政策，修订现有法律和法规，并不是实行根本性的改革，尽可能地实现经济增长与效率、社会保障与社会稳定之间的均衡变化。在欧共体层面上，欧共体采取了多个产业政策工具，例如，共同对外关税、对外贸易政策、共同竞争政策和特定的补贴贷款和援助等。关于政府补贴，欧共体条约限制任何扭曲或损害特定企业或产品生产的各种补贴。但也存在许多例外，欧共体还提供一些补贴，帮助那些生活水平或就业率较低地区发展经济，鼓励有利于西欧各国整体利益的项目，缩小成员国之间经济发展不平衡。[①] 主要成员国也进行了产业调整。德国没有明确的产业政策，在 20 世纪 70 年代政府对工业的直接干预程度加深，联邦各州和联邦政府均增加了对特定产业的援助、提供低息贷款和税收优惠，创建科技部，加大研发资金的投入。由于企业、政府和雇主三方关系紧张，英国在推动产业政策调整方面缺乏稳定的社会和政治基础。过去 20 年间英国产业政策缺乏连续性，历届政府均改变工业政策，

---

① 欧共体国家扶持工业发展的政策工具主要有：进口配额、最低进口价格、反倾销税、地区发展基金等等。

1979 年英国去工业化趋势加剧，解决结构僵化问题的主要途径是发展服务业。

在调整过程中，欧洲各国努力寻求增长与稳定的艰难平衡，保持国际收支平衡，并对社会福利制度和社会市场经济的再思考——回归"真正"的社会市场经济。

第四节 转型时期(1982~2000 年)

一 新自由主义对欧洲的复杂影响

20 世纪 70 年代末 80 年代初，新自由主义在西方登上了官方经济学的宝座，并从此兴盛起来。在西方经济文献中，这一变化过程叫"向新保守主义转变"。经济全球化使得各国均将新自由主义作为制定公共政策的理论依据。与凯恩斯主义相抗衡的各种新自由主义流派中，第一，是以弗里德曼为主要代表的货币学派，他自称是"凯恩斯革命的反革命"，这个流派于 50 年代中期以后在美国开始出现，到 70 年代获得了迅速发展，成为当代自由主义各流派中影响最大的一个；第二，是以美国青年经济学家卢卡斯、萨金特和华莱士为代表的理性预期学派，从货币学派中分离出来的一个新自由主义流派；第三，是和理性预期学派同时出现的供给学派，其主要代表是美国经济学家拉弗、费尔德斯坦和万尼斯基等人，该派由于得到了当时美国总统里根的推崇而受到人们的重视；第四，是哈耶克的新自由主义经济理论体系，主张经济自由主义，反对任何形式的政府干预。他是当代最彻底的自由主义经济学家；第五，是以德国经济学家欧根、罗勃凯、艾哈德等人为代表的弗莱堡学派，该派所倡导的社会市场经济理论，成为德国的国家经济学，因此，该派又被称为德国新自由主义，等等。

新自由主义对欧洲各国均有不同程度的影响。20 世纪 70 年代的两次石油危机导致固定汇率体制下的布雷顿森林体系崩溃，使得欧洲各国经济制度面临多种调整压力。为应对来自全球或欧盟资本和产品市场日趋激烈的竞争，英国、德国和法国等欧洲国家努力进行体制与政策上的适应与调整。首先，"英国从 1979 年起实行激进改革法，推动本国准市场资本主义制度向典型的市场资本主义靠拢，企业与政府之间变得更为松散、劳工更依赖市场；

其次，德国在 20 世纪 90 年代之前，竞争性的挑战未能引发该国典型的管制资本主义出现根深蒂固的变革，始于 20 世纪 90 年代的渐进式改革旨在提高这一制度的竞争性，企业之间的相互关系变得更加松散、劳资关系仍可协调但权力更分散、政府在着力推动调整和改革；最后，法国政府为应对挑战，从 20 世纪 80 年代中期起，推动该国典型的国家资本主义发生了重大的变革，国家主导型（state-led capitalism）的资本主义开始转向国家强化型（state-enhanced）的资本主义，企业的自治权得以扩大、劳工更加依赖市场，而国家依然在发挥作用"。①

1989 年苏联解体、东欧剧变、柏林墙倒坍之后，美国著名学者福山在《历史的终结》一书中指出："经济和政治自由主义获得了绝对的胜利，自由民主主义可能成为人类意识形态演变的终极形态，人类发展的最后阶段。"新自由主义对欧洲的影响具有了现实性。中东欧国家开启了政治经济社会制度的重大转型历程。20 世纪 90 年代初维谢格拉德国家集团（The Visegrad Countries，包括波兰、匈牙利、捷克和斯洛伐克四国）面临经济迅速下滑、高通货膨胀率、高失业率等困境。经济转型和改革的首要任务是稳定经济、实现均衡发展，其次是建立私有产权制度，推行私有化。按照经济改革的特性，中东欧国家可分为"休克疗法"国家和"渐进改革"国家。

在新自由主义风靡全球之际，欧洲主要国家调整经济政策的主要方式有：推行私有化、放松市场管制、推行金融自由化和实行贸易保护主义等手段。

（一）掀起私有化新浪潮

1979 年英国保守党上台后，大张旗鼓地推行私有化政策，掀起了欧洲国家新一轮私有化运动。战后欧洲也兴起过私有化运动，但规模较小。德国在 1959 年之后、英国在 50 年代初期和 70 年代初期、爱尔兰在 60～70 年代和意大利在 50～60 年代均推行过国有企业的私有化。英国在 70 年代末率先开展了新一轮的私有化运动很快被欧洲其他国家纷纷效仿，到 90 年代初期欧洲国家掀起了大规模的私有化浪潮。

新上台的保守党政府为了削弱政府在经济上的调控作用，大规模地推行

---

① 〔美〕薇安·A. 施密特：《欧洲资本主义的未来》，张敏、薛彦平译，社会科学文献出版社，2009，第 167～168 页。

国有企业私有化运动，力图改变经济持续低迷状态。政府先后对电信（1984 年）、煤气（1986 年）、供水（1989 年）、电力（1990 ~ 1991 年）和铁路（1995 ~ 1997 年）等公有企业实行了私有化，到 1997 年，英国私有化总收入达到了 650 亿英镑，国有企业在 GDP 中的比重从 1979 年的 9% 下降到了低于 2%。[①] 相比英国，除了法国之外，欧洲其他国家的私有化规模相对较小。在 1986 年 11 月和 1988 年 1 月法国中 - 右政府上台执政之际，法国的 14 家大型企业、银行和金融机构实行了私有化[②]。进入 90 年代，面临欧盟市场自由化及各国政府财政预算困难，私有化浪潮开始席卷欧洲各国。1993 年 3 月法国中 - 右政府重新上台，对 1988 年社会党政府上台后搁置下的国有企业进行私有化。1993 年的私有化法确定对 21 家企业进行私有化，包括雷诺汽车在内的法国多家国有企业被私有化。意大利从 1993 年开始新一轮私有化，当时 IRI 国有控股公司麾下的许多国有企业严重亏损，截至 1994 年 IRI 亏损额相当于意大利 GDP 的 5%。1993 年意大利信贷银行 67% 的股份被出售，紧接着对意大利商业银行和国有保险公司 INI 进行私有化，到 1996 年，私有化涉及的国有企业大约有 300 家，私有化总收入超过了 25 万亿意大利里拉。1990 年，在中右社民党执政下，葡萄牙宪法允许国有企业进行私有化，其私有化的规模和范围在欧洲大陆国家中是首屈一指的，私有化范围扩大到了葡萄牙公用事业部门，1995 ~ 1996 年葡萄牙电信公司的国有股份下降到了 51%，葡萄牙电力公司经过了重大重组，电力生产、运输和配送业务分开。

从 20 世纪 50 年代末和 60 年代初期，德国对部分国有企业进行了私有化，但由于联邦政府就推行混合经济上达成了共识，此后公有企业的私有化是受到限制的。1985 年德国财政部提出了包括对 13 家公有企业的私有化计划，但这些企业仍由政府控股。同时政府还提出出售亏损严重的国有企业，包括钢铁、煤炭、造船业和国有银行、铁路、邮局和电信、研究机构等。但是这些规模不大的私有化计划遭到了工会的强烈抗议，1985 年 3 月，德国政府将计划私有化的国有企业数目从原来的 13 家削减为 5 家。在两德统一

---

① David Parker, *Privatisation in the European Union*: *Theory and Policy Perspectives*, Routledge, 1988, p. 12.

② Ibid, p. 12.

之前，德国的私有化规模均较小，德国统一后，德国东部地区展开了大规模的国有企业私有化运动。1990～1994年期间，前西德9家企业全部实行私有化，3家企业部分实行私有化。1996年底德国电信公司私有化创下当时欧盟私有化之最纪录，单笔私有化收入超过了西德全部的私有化收入[1]。

欧洲国家推行私有化政策各有动因。一是"效率论"。欧盟国家普遍认为英国推行私有化是为了改善和提高企业的生产和经营效率，扭转亏损国有企业。欧洲其他国家的私有化更加务实。1979～1997年英国保守党政府执政期间，追求私有企业生产的高效率和高盈利率是私有化政策的主要推动力，其他国家情况则不同，芬兰创建国有企业的初衷是为了填补私营企业在工业投资上的不足，国有企业盈利率与私营企业是不相上下的。同样在荷兰，国有企业是按照私营企业经营模式在管理，在德国公有企业是以实现公司的商业利益为经营目标的。

除了提高企业盈利率之外，推行私有化的另一个动因是创建和培育本国资本市场和改善政府融资能力，即"资本市场论"。发展本国资本市场对西班牙和奥地利尤为重要，私有化收入增加了股市资本化率，鼓励了本国银行的投资和国际发展。为达到建设欧洲经济货币联盟市场的各项指标，推行单一货币——欧元，一些国家加快了私有化的步伐。欧盟法律规定私有化收入不能用于降低财政预算赤字，但可以由于减少公共债务，而降低了公共债务可以减少支付的利息，间接地降低了财政预算赤字。西班牙、葡萄牙、法国和意大利通过私有化收入减少公共债务要比通过减少政府开支、增加税收，所承担的政治风险更小。总之，欧盟国家推行私有化目的并不相同。

（二）放松管制政策和金融自由化

伴随着国有企业的私有化进程，放松管制成为欧洲国家经济调整和改革的重要手段之一。放松管制波及许多领域，而金融领域的自由化和放松管制对欧洲国家的宏观经济产生了相当大的影响。金融自由化和放松管制源于英国，并逐渐影响到欧洲其他国家。

英国放松管制的显著特点是实行民营化。英国在20世纪40～50年代进行了大规模的国有化运动。在20世纪80年代前，国有企业在自然垄断行业

---

① David Parker, *Privatisation in the European Union: Theory and Policy Perspectives*, Routledge, 1988, pp. 10 - 20.

发挥了重要作用，国企经常被政府作为干预经济的重要工具。但是，由于自然垄断行业投资巨大，政府能力的有限性导致对这些行业投资不足，供求缺口较大。20世纪80年代初期，以电信行业改革为契机，英国先后对煤气、自来水、电力、铁路等自然垄断行业实行了民营化改革。为使这一改革有法可依，先后制定了较为完善的法律法规，如1984年颁布了《电信法》，1986年颁布了《煤气法》，1989年颁布了《自来水法》和《电力法》，旨在打破国有企业独家垄断的局面，允许上述行业实行民营化。在管制体制改革方面，成立了综合管制机构——垄断与兼并委员会和公平交易办公室以及行业性的管制机构，如电信管制办公室、煤气管制办公室等多家新的独立管制机构。迄今为止，英国已进行了两次大的管制体制改革，逐步将中央政府各部门的权力转移到新的管制机构。在民营化和管制体制改革的同时，英国在引入竞争机制方面也进行了一些尝试，如在电力行业实行分业经营，在输变电实行全国电网公司独家经营的前提下，在发电、供电市场引入竞争，从而形成多家发电公司、配电公司与一家输电公司同时并存的局面，从而促进了英国电力行业效率的提高。但从全国来看，引入竞争机制改革的效果并不十分明显。

法国的大规模的金融市场自由化则出现在20世纪80年代。1983年后社会党政府推崇市场经济和欧洲一体化发展，催生了法国式的"金融大爆炸"。在金融创新政策下，公共部门踊跃购买债券和股票。证券市场的改革始于1982年，建立了一个二级市场。诸如MATIF（1986年）和MONEP（1987年）等新市场也建立起来了，一级市场进行了重新调整。佣金和利率全部自由定价，对资本流动的放松管制和开放使得法国经济趋向于一个市场型的制度，可以从所有企业，特别是中小企业获得利益。在20世纪80年代初期，芬兰和瑞典的金融制度并不发达。芬兰的金融部门规模小于欧洲大陆国家，与盎格鲁－撒克逊国家更无法相比，金融机构受政府严格管制。技术进步和国际化使得许多金融机构不再依赖国内的金融体系，因此，金融管制的合理性不断受到人们的质疑，80年代以来，这两个国家逐渐开始了金融自由化进程。1985年末在金融自由化方面迈出了关键的步伐：瑞典取消了对银行的贷款上限，1986年初芬兰取消了对银行的贷款利率的限制。1989年7月瑞典取消了货币管制，货币和证券市场才完全与国际市场接轨。在芬兰，90年代末取消了对短期资本流动最后限制。例如芬兰金融市场放松管制是逐渐进行的，其具体做法是：就国内而言，首先是对贷款利率放松管制（1980 年），允许外国银行进入本国通知存款市场（1983 年）、通知存款储蓄率与信贷率分开（1985 年）、取消对贷款利率的管制（1986 年）、一些贷款允许采用浮动利率（1986 年）、大额存单免去储备金（1986 年）、公开市场操作（1987 年）、采用 Helibor 率（1987 年）、所有贷款允许浮动利率（1988 年）①。对外国而言，自由化扩大了国内投资者的资产和负债规模，不再强迫投资者认购国债和房产债券，瑞典银行可以自由地对可能赢利的项目提供贷款，芬兰银行也不再受传统贷款条款的限制了。更为重要的是，融资渠道逐渐放开，获得外国资金渠道的逐渐畅通降低了银行业和其他金融中介机构对中央银行资金的过分依赖，国内货币市场的发展为银行融资提供了更大的便利和自由。在金融管制政策下，银行能够获得贷款就是一种特权，取消了贷款控制迫使银行可以在借贷者之间展开竞争。

在欧盟层面上，放松管制是逐渐进行的。多年来，欧洲很多工业部门，例如电信、邮政、能源、交通等，均是由国家垄断的，一方面是为了实现规模经济效应，另一方面是为了保障公共服务目标的实现。进入 20 世纪 80 年代后，这种传统的理论受到了新自由主义思想的挑战，英国推行了放松管制改革的试验，电信业成功进行私有化，引入市场竞争机制，电信业产品价格下降，不断创新。这些影响很快显现在了欧盟层面上。欧盟委员会逐渐认识到放松管制带来的变化对推动欧洲一体化、建立真正的统一内部大市场是有益的。因此，欧盟委员会从 20 世纪 80 年代中期提出了一系列的自由化计划，在这些计划中采取了各种放松管制的政策措施，例如，在第 86 条款和第 95 指令（Ex - 第 90 条款和 100A）和第 86 条款（Ex - 第 90 条款）决议，竞争原则，以及在第 82 条款（Ex - 第 86 条款），对推行自由化法规具有重要作用。

近 10 年来，欧盟的放松管制政策进展顺利。一些部门完全实行了自由化，有些部门取得了重大进展。自由化政策对消费者是有利的。例如在航空运输领域，航空领域自由化带来了供应增加，价格下降。同时自由化促进了这些部门的发展和公司重组。2000 年之前，欧共体层面上航空和电信业完

---

① Stefano Battilossi and Jaime Reis, *State and Financial Systems in Europe and the USA: Historical Perspectives on Regulation and Supervision in the Nineteenth and Twentieth Centuries*, Aldershot, UK: Ashgate, 2010, p. 180.

成了自由化过程，引入了真正竞争机制，电力、天然气、邮政业、铁路等正在自由化。欧盟层面上放松管制的主要推动力：首先是内部大市场发展的推动。内部大市场是建立在竞争和四大自由流通之上的，因此放松管制和自由化政策是建立内部市场的手段之一。其次，欧盟委员会推行自由化政策主要实现两大目标：给消费者带来更多的实惠，提供价廉物美的产品和优质的服务，推动内部市场中的经济一体化进程，提高竞争力和创造更多就业。

例如航空业的放松管制。欧盟先后于 1987 年、1990 年和 1992 年提出了三个自由化指令。在 1997 年 4 月，随着"Cabotage"（国内载运权）自由化，欧盟航空业实现了全部自由化。1987 年欧盟发表《电信业绿皮书》，开创了电信业自由化进程。电信业的完全放松管制是通过一系列的自由化指令和决议来实现的，例如，条约第 86 条和第 95 条款。欧盟电信业于 1998 年 1 月 1 日基本实现了自由化[①]。

（三）贸易保护与自由化

20 世纪 70～80 年代，受欧洲经济滞胀和高失业率的影响，欧洲各国的贸易保护主义开始抬头。在 1980 年欧洲的失业率高达 6%，意大利和英国为 7%，德国为 3%。多数欧洲国家认为持续攀升的失业率是由进口扩大，特别欧洲对日本和新兴工业化国家扩大进口所造成的。这就意味着欧盟国家向非欧盟国家进一步开放贸易，会加剧欧洲各国的失业问题，并对战后社会福利国家的稳定造成不利影响。因此，在这种情况下，各国普遍认为应增加贸易保护，英国、法国、德国均提出设立更多的贸易壁垒。70 年代中期至 20 世纪 80 年代初期，各国的非关税壁垒迅速增多。1970～1980 年，已知的自愿限制协议数量增加了 5 倍。受影响最严重的部门是：电子、汽车、钢铁和农业行业。1971～1985 年，各种进口监管和监督措施从原来的 7 项上升到了 97 项。1973～1984 年，欧盟实施的反倾销措施从 5 项增加到了 187 项。在纺织和制衣业，在 1973 年多种纤维协定下，严格控制配额，即使在那些相对以自由贸易为导向的国家，在汽车、消费电子、服装和制衣业，也提出了各种新的贸易限制措施。在欧盟层面上，欧共体加强了贸易保护主义，更多地限制性贸易政策表现在欧盟不愿意对新的洛美协定作出更多的新的让

---

① Damien Geradin, *The Liberalization of state Monopolies in the European Union and Beyond*, Kluwer Law International, 2000, p. 7.

步，并在普惠制下严格实行保障措施。

进入 20 世纪 90 年代初期，欧洲经济面临着更大的困境。90 年代许多欧洲国家进入了自战后以来最为严重的经济衰退，失业率创下历史新高，在 1991～1994 年期间，欧盟国家新增失业人口约为 600 万，欧共体国家的平均失业率为 11%。意大利就业人数减少了 170 万，英国为 90 万，西班牙为 80 万，联邦德国为 60 万，东德为 60 万。失业人口激增与不断加剧的进口竞争力，更多人担心欧盟会采取更加严格的贸易保护主义。但是，在 20 世纪 90 年代，欧洲贸易保护主义倾向并没有加强。相反，由于推动贸易自由化政策，从 1990 年以来，欧盟成员国对来自第三国的进口取消了 6300 项数量限制，各种贸易监管措施也大幅减少。

二 经济发展的基本特征

（一）经济低稳增长

20 世纪 80 年代初期的经济形势明显不如整个 70 年代，1979～1989 年欧盟 15 国 GDP 的增长率为 2.2%，OECD 欧洲国家的 GDP 增长率为 2.3%，不及 1960～1973 年年均增长率的一半①。缓慢的经济增长伴随着各国经济增长差距的缩小，表明欧洲一体化进程使得各国之间的经济差距缩小。到了 80 年代末期，欧洲国家的经济发展形势有些改善，包括生产水平、通货膨胀率、投资和公共债务、国际收支状况等多数经济指标开始好转。只有失业率依然高居不下。据统计，欧洲 12 个国家的实际 GDP 增长率从 1980～1985 年的年均 0.5% 提高到了 1985～1990 年的 3.1%，就业率从 -0.4% 增加到 1.2%，投资从 -0.6% 提高到了 5.7%，经常项目账户占 GDP 的比重从 -0.2% 提高到了 0.6%。②

进入 20 世纪 90 年代，东欧剧变、东西方冷战结束后，世界政治经济格局发生了巨大的变化。欧洲经济面临着不利的外部发展环境。1991～1996 年欧洲经济持续减速之后，1996～1999 年期间，欧洲经济呈加速发展态势。亚洲金融危机之后，欧洲经济出现短暂下滑，在 1999 年下半年，欧洲经济恢复增长，2000 年上半年经济增长率高达 3.5%，就业扩大，失业率大幅下

---

① OECD Historical Statistics 1960 - 1995, Tables 3.1 and 3.2, pp. 50 - 51.

② Commission of the European Communities, *European Economy* 42, 1989, p. 111.

降。核心通胀率保持较低水平。良好的经济形势得益于宏观经济政策和有利的外部经济环境，多年结构调整政策稍显成效。

（二）单一货币政策

1993 年欧洲统一大市场的如期建成后，货币一体化向纵深发展成为推动欧洲一体化发展的新目标。实践证明，没有统一货币和协调的经济政策，统一市场就不能实现真正的统一。1988 年 6 月，欧共体理事会任命了以执委会主席德洛尔为首的建立经济货币联盟委员会。该委员会提交的德洛尔报告中的分三个阶段完成经济货币联盟的建设的设想在 1986 年 6 月欧共体马德里首脑会议上得到通过。1992 年马斯特里赫特条约正式签署，为推行单一货币提供了法律保障。马约规定了经济货币联盟的建设分三个阶段完成。1999 年 1 月 1 日，欧洲经济货币联盟按期进入第三阶段，欧元正式启动，欧洲中央银行作为整个欧元区的中央银行开始运作。欧元区创始国的 11 个成员国的中央银行继续保留，但与欧洲中央银行组成欧洲中央银行体系，在这一体系中，欧洲中央银行负责政策决策，而成员国中央银行起着执行货币政策的作用。

迄今为止，创建单一货币是欧盟经济一体化进程中的最为大胆的创举和实践。欧元诞生有利于欧洲一体化的发展和欧洲各国整体经济实力的提升：首先降低了各国银行业的交易成本，便于欧洲公民旅行，加强了欧元在国际货币体系中的地位。"欧元的出现不仅仅作为一种可以交易工具用于国际贸易结算，并且直接作用于国际外汇市场、资本市场、国际储备乃至国际货币体系，在国际金融市场扮演重要角色。"[1]

（三）在"劳动"与"资本"关系中，更倾向于"资本"

20 世纪八九十年代以来，经济全球化加速发展。在以资本为主导的全球化进程中，劳资力量的相对平衡被打破，多年来形成的劳资关系格局受到了前所未有的冲击。传统的、民族国家范围内的劳资关系调整机制失去了作用。在资本全球化、自由化的发展趋势下，劳资关系已超出了民族国家的范畴。

多年来形成的政府对劳资关系的调控手段的影响力不断下降。工会的权利和地位被削弱，工会会员大幅减少，直接影响到工会在集体谈判中的

---

① 王鹤：《欧洲经济货币联盟》，社会科学文献出版社，2002，第 251 页。

地位与作用。资本不愿再受劳资谈判制度的约束，承担"过高的"劳动成本。于是，许多国家政府都对集体谈判的立法进行了修改，将比较集中的中央级、产业行业级谈判改为雇主更易控制的企业级协议。随着集体谈判制度的分散化，工会的传统斗争手段遭到打击，工会的集体力量也遭到了分化。

在劳资关系领域，由立法和谈判所确立的许多强制性规范，逐渐被所谓"自愿协议"所取代。劳工的职业越来越没有保障，取而代之的是更时髦的"灵活性"协议；资方动辄就以把企业迁往劳动力成本低的发展中国家相威胁，迫使谈判中的工会放弃改善劳动条件，提高劳动标准的要求。为留住企业以保住职工的工作岗位，工会在谈判中不得不做出种种让步，包括工资、工时、保险福利等诸多方面，因而出现了大量的低工资就业、非全日制就业和无保障的就业。

（四）新经济与新技术

20 世纪 90 年代中期以信息通信技术为代表的新经济推动了美国经济增长，在 20 世纪 90 年代下半期，美国生产率每提高 1%，其中 75% 来自信息通信产业。在此影响下，欧洲紧随美国新经济的发展步伐，欧洲经济复苏，表现为增长强劲、失业率下降、低通胀。新经济的主要推动力是技术进步、全球化、金融市场自由化和欧洲一体化，灵活的劳动力市场和不断改善的宏观管理。

在 20 世纪 90 年代下半期，信息技术产业（ICT）对欧盟国家经济增长的贡献率为 0.5% ~ 0.7%。带动劳动力增长了 0.2 ~ 0.3 个百分点。1999 年欧盟 ICT 产业支出占了 GDP 的 7%，美国为 8%，人均 ICT 支出为美国的 60%。ICT 生产快速增长，1999 年超过了 GDP 的 4%。信息通信产业成为拉动经济增长的主要因素，特别在爱尔兰、芬兰、瑞典等国家。

第五节　里斯本新战略及欧盟国家经济发展模式的新思考（2000 年以来）

一　一体化的深化与扩大：统一大市场建成和统一货币问世

进入 21 世纪以来，欧洲一体化进展顺利，深化和扩大并举。随着 1993

年欧洲统一大市场的建立，欧盟成员国力争将创建欧洲单一货币的梦想变为现实。1991年12月10日，欧共体马斯特里赫特首脑会议通过了《马斯特里赫特条约》（简称《马约》），同时决定将欧共体改称为欧洲联盟。《马约》确定了加入经济货币联盟的5大"趋同标准"。《马约》规定，最迟在1999年1月1日，经欧洲理事会确认，如达到"趋同标准"的成员国超过7个，即可开始实施单一货币。1995年11月，欧盟扩大到15个成员国。12月15日，在马德里举行的欧盟首脑会议决定将欧洲单一货币定名为欧元，取代欧洲货币单位埃居，并一致同意单一货币于1999年1月1日正式启动，2002年1月1日开始进入流通领域。

欧元区创建和统一货币的使用，是欧盟货币领域中的重大发展与改革。"单一货币创造了宏观经济稳定，改善了欧元区成员国的财政状况，实现了价格稳定和较低的利率，消费者和经营者均从单一货币获益。单一货币推动了贸易和投资，加深了欧洲金融一体化进程。欧元区经济趋向更深的一体化。""价格稳定、一体化深化和结构改革的综合对欧盟劳动力市场产生了积极的影响，自1999年以来，创造了600万就业人口，失业率在2007年降低到了7%，创下了近15年以来的最低点。"①

二 里斯本议程与里斯本新战略——促进增长与扩大就业

在欧洲一体化不断推进的同时，欧盟委员会适时提出了欧盟层面上的经济发展和改革战略。2000年欧盟里斯本首脑会议上正式提出了里斯本战略（也称里斯本议程）。其主要战略目标是：争取在2010年前使欧盟成为"以知识为基础的、世界上最具竞争力的经济体"，实现3%的经济增长率，70%的欧洲平均就业率，创造3000万个就业机会，将科研投入从2000年的1.9%增加到3%。这是自欧盟实行单一货币、建立欧元区以来，欧洲一体化进程中的又一重大里程碑。这一战略的出台很大程度上是因为当时欧盟领导人对欧洲的宏观经济发展前景普遍持乐观态度：因为欧洲一体化进程已经取得了重大进展，建立了稳定的宏观经济体系，保持了低通胀、低利率，创造了一个人口高达3.8亿的内部大市场，一些欧洲国家的人均收入位居世界

---

① "Special Report：EMU@10 – Assessing the First Ten Years and Challenges Ahead," *Quarterly Report of The Euro Area*, Volume 7, No. 2（2008）.

前列，欧盟和成员国层面上的各种健全的公共部门为欧盟今后的改革进程提供了可靠的机构保障，欧洲似乎具有赶超美国的实力和潜力。

按照欧盟领导人的设想，里斯本战略将从以下 8 个方面全面开启欧盟的改革进程：（1）创造欧洲信息社会；（2）建立一个欧洲的创新、研究和发展区；（3）采取自由化措施，完成单一市场，推行国家援助和竞争政策；（4）在电信、公用设施和交通方面建立网络工业；（5）建立有效和一体化的金融市场；（6）从创业和法规方面改进企业经营环境；（7）提高社会凝聚力，创造更多的工作岗位，提高劳动技能和社会保障制度的现代化；（8）加强可持续性发展。里斯本议程中推出的一揽子改革计划包括主要目标 28 个，次要目标 120 个，还有 117 个不同的指标，其中最重要的两项指标是科研投入和就业率，同时还规定所有成员国必须提交至少 300 页的年度进展报告。

里斯本议程推行 5 年以来，由于各成员国政府缺乏足够的政治意愿来推动改革，使得欧盟在实施"里斯本议程"方面进展缓慢。为此，在 2005 年欧盟春季首脑会议上，欧盟 25 个成员国的领导人正式批准了欧盟委员会主席巴罗佐在 2005 年 2 月 2 日提出的"增长与就业计划"，决定重新启动"里斯本新战略"，旨在刺激欧洲经济增长和增强欧洲国家竞争力，争取到 2010 年欧盟经济增长率提高到 3%，新增就业机会 600 万个。

与里斯本议程不同，里斯本新战略的三大显著特征是：第一，确定了就业和增长新型伙伴关系，聚焦和更加突出优先重点目标和优先重点领域，提出了更加符合欧盟当今和未来发展趋势的新的战略目标。以就业和增长为中心，通过建立在推动经济增长、维护欧洲社会模式和保护环境三大支柱基础上，在三大优先重点领域有所突破：使欧洲在投资和就业方面成为最具吸引力的地区，以知识和创新推动经济增长，创造更多和更好的就业岗位；第二，制定了共同体的行动计划并呼吁成员国也制定各自的国家行动计划；第三，推行了里斯本战略的新的治理模式，提高在欧盟和成员国层面上政策的推行效果，明确了里斯本战略目标实现过程中的不同参与者的责权范围和作用。

重启里斯本战略不是完全放弃里斯本议程，也不是意味着欧洲不需要制定宏大的计划，而是通过修订里斯本议程，制定更加适合欧洲的发展新战略。科克报告中提出的三个"NO"，对欧洲并不想完全放弃里斯本战略做了很好的诠释：第一，是否欧洲的目标过于宏大了？回答是否定的。随着东扩和人口老龄化，全球竞争加剧，欧洲需要制定更加宏大的目标。第二，是否里斯本目标过大了？回答也是否定的。因为即使里斯本战略中的所有目标均按期达到了，其他国家的迅速赶超和快速发展，也会威胁欧盟在全球经济中的地位。里斯本战略就是试图在更加竞争的环境中保持欧盟的社会发展模式。第三，是否 2010 年时间定得过早了？回答还是否定的。因为确定具体的行动时间表是实现战略目标所必不可少的。按照科克的建议，随着欧盟与美国和亚洲经济差距的扩大，今天实现里斯本战略比以往任何时候更为紧迫，只有更好地推行战略才可挽回逝去的时光，依靠提高生产率和扩大就业，欧盟才能应对新的挑战。同样，在重启里斯本战略公报中，欧盟也对一些人因为里斯本议程进展缓慢，而提出要放弃欧盟在 5 年前制定宏大目标持反对态度，应对老龄化和全球竞争形势，欧盟应该通过调整重点目标和政策来实现这一战略，否则欧洲的社会模式、养老金制度、公民的生活水平等均会遭遇到前所未有的冲击。

重启里斯本战略意味着欧洲放弃了近期超越美国的目标，因为欧洲并不具备赶超美国的实力，欧盟的梦想就是立足欧洲模式，保持经济增长、社会公平和环境可持续性的均衡发展。世界经济论坛发表的 2004 年里斯本评论佐证了欧美经济存在差异这一现实。这份评估报告，从信息社会、创新和研发、网络工业、金融服务业、社会凝聚力、可持续性发展、自由化和企业这八大方面将美国和欧盟进行了综合比较。采用的评分标准为 1~7 分，分数越高，表示改革成效越大。欧盟成员国的情况相差较大，北欧国家，几乎在所有领域取得了较高的分数，而南欧国家，在所有各大领域的得分数均是相当低的。得分最高的国家是芬兰（5.8），其次是丹麦（5.63）和瑞典（5.62）。芬兰在所有 8 项指标评估中，有 5 项指标是排名第一的，其他三项指标，排名也是靠前的，可以说这三个国家是最有竞争力的，尤其是在网络和可持续性方面的竞争优势更大。排名中间的国家，如英国，在金融服务业方面排在第二位。相比之下，美国总体情况较好，总分为 5.55，虽然不如三个北欧国家，但要好于其他 12 个欧盟国家。创新和企业环境方面，衡量经济增长和竞争力的创新和企业环境两项指标，美国要优于欧盟所有的国家，在创新领域，美国的得分为 6.08，芬兰为 5.87，希腊和葡萄牙仅为 3.44。尽管，欧盟的整体实力明显不如美国，但欧盟在社会保障制度的现代化、环境的可持续性发展和电信这三大领域的发展趋势，领先美国①。这一分析结果对欧盟领导人重新审视欧洲发展道路具有深刻的启迪意义。为此，在重启里斯本战略中，巴罗佐重申"面临着激烈的全球竞争，欧洲必须改革经济和社会模式，促进可持续性发展，实现稳定和聚合目标，我们的目标是将经济增长与可持续性发展结合起来，创造一个人人拥有更多机会的社会"②。这就表明，即使在一个充满激烈竞争的时代，欧洲不会改变追求公平和效率均衡的社会理念，在实现经济增长的同时，不断改革社会保障制度，确保社会稳定。这是一条与美国完全不同的道路。科克的报告也明确提出：推行里斯本战略不是仿效美国道路的一种尝试，而是为了实现欧盟自身所需的远景目标，以应对全球化竞争、老龄化和东扩，确保欧洲的长期稳定，为此，欧洲需要更快的增长和更多、更好的就业。欧盟宪法条约所描绘的欧洲未来远景明示了欧洲遵循一条不同于美国发展的道路："确保在经济发展和价格稳定基础上的可持续性发展，具有竞争实力的社会市场经济，以实现充分就业和社会进步，加强环保意识。"③

从中长期而言，里斯本新战略将会推动增长和就业。单一市场计划就是里斯本型改革计划取得成功的一个例证。据欧盟委员会的估计，在中期内，实现服务业统一市场可以使欧盟的 GDP 增加 0.6 个百分点，就业水平提高 0.3 个百分点。完成金融市场一体化可以为欧盟公司降低资本成本 0.5 个百分点，在长期内，可实现 GDP 增长 1.1 个百分点，就业水平增加 0.5 个百分点。在以知识和创新推动增长领域，在知识上的投资可以提高欧盟创新、生产和采用新技术的能力，将研发投入从占 GDP 的 1.9% 增加到 3%，在 2010 年 GDP 可以提高 1.7 个百分点。对人力资本投资可以使高技能人才适应最大化的生产性资本的工作，推行新技术发展所需的企业机构变革。如果将劳动力的受教育水平平均增加一年，相当于欧盟年均 GDP 的增长率提高 0.3 和 0.5 个百分点。在创造更多和更好的工作领域，近些年来，那些在推行增加参与率、制定更好的积极劳动力市场政策、税收和补贴制度的国家，其劳动力市场形势明显改观。研究表明，这些积极的改革政策可以使参与率增加 1.5 个百分点，失业率下降 1 个百分点。综上所述，里斯本行动计划将

---

① "An Accessment Policies and Reforms in Europe," *Lisbon Review* 2004, World Economic Forum.

② "Commission Sets out 8 Key EU Measures to Create More Growth and Jobs," Brussels, 20 July 2005, IP/05/973.

③ European Commission, "Communication to the Spring European Council," COM (2005) 24.

对欧洲的经济产生积极影响，2010 年欧盟的潜在增长率有望提高到 3%，至少增加就业岗位 600 万个。①

三 欧洲 2020 战略——倡导低碳经济与科技创新

过去十年的实践证明：由于"里斯本议程"及"里斯本新战略"中提出的目标过于宏大、成员国之间经济发展水平相差悬殊、加之欧盟东扩后东西欧之间经济融合成本加大等原因，导致欧洲经济改革进程缓慢；更由于欧盟层面上缺乏对成员国执行里斯本议程的监督和监管，致使里斯本议程中的很多目标难以实现。从目前的进展看，里斯本议程中的占 GDP 的 3% 的研发投入目标，达标的国家只有瑞典和芬兰，这两个国家 2007 年的研发投入就分别占了 GDP 的 3.6% 和 3.4%②。受国际金融危机和欧洲主权债务危机的影响，欧洲经济出现衰退和下滑，预计 2010 年欧盟国家的经济增长率为 1.8%，欧元区为 1.3%③，这与里斯本议程中的 2010 年欧盟实现 3% 的经济增长目标，仍有不小差距。

正因如此，多数专家认为里斯本战略失败的根本原因在于：说得太多，做得太少。安东尼·吉登斯的最新评价是："欧盟能够实现它为自己设定的高期望值吗？……里斯本战略是针对竞争力的，它旨在搭建一个全欧盟的劳动力市场改革、福利制度改革和信息技术投资的共同框架。然而，欧盟缺乏直接干预这些事务的能力，因为各成员国保留了大多数相关重要领域的权力，如税收、劳动力市场和福利政策。它最多能用上的就是'开放式协调法'……'里斯本议程'只取得了有限的成功，而欧盟已远远落后于预定的计划。"④

"欧洲 2020 战略"：实现智能、可持续性和包容性增长（Europe 2020：A strategy for smart, sustainable and inclusive growth）（以下简称"欧洲 2020 战略"），于 2010 年 6 月 17 日在欧盟夏季首脑会议上获得正式通过。这是欧盟委

---

① European Commission, "Communication to the Spring European Council," COM (2005) 24.
② Eurostat, *Science, Technology and Innovation in Europe*, 2010 edition, p. 23.
③ European Commission, "Interim Forecast," September 2010, http://ec.europa.eu/economy_finance/articles/pdf/2010-09-13-interim_forecast_en.pdf.
④ 〔英〕安东尼·吉登斯：《气候变化的政治》，曹荣湘译，社会科学文献出版社，2009，第 219~220 页。

员会为欧洲未来十年发展（2010～2020年）描绘的一幅宏伟蓝图，是继2005年推出里斯本新战略后，欧盟委员会对2000年里斯本议程的又一次修订和重大调整，力争改变2000～2010年期间欧盟经济发展战略中未能实现、或不切实际的目标。该战略提出了欧洲未来经济发展的三大核心任务、五大目标和七大创议，以推进欧盟结构改革、加快向低碳经济转型，实现经济的绿色和可持续增长。具体而言，"欧洲2020战略"提出的三大核心任务是：

第一，智能增长（Smart Growth）——基于知识和创新的经济增长。"聪慧增长"以知识和创新作为未来经济发展的主要推动力，欧盟将大力提高教育质量、加快调整重点研发投入领域，并为私人研发创造良好的经营环境，加强研发成果的市场化过程、确保创新理念成功地转化为新产品和新服务，实现刺激经济增长和扩大就业的目标。

第二，可持续性增长——实现资源效率型、发展绿色和更具竞争力的经济。欧盟是发展绿色经济的倡导者和领先者。然而，这些优势正在或很可能被中国和北美等主要竞争者赶超，欧盟只有通过提高资源使用效率以保障在绿色技术的市场领先地位，从而有助于欧盟向低碳经济转型、创建资源节约型社会、遏制环境退化、生物多样性消失、资源不可持续性等问题，进一步加强经济、社会和地区聚合。

第三，包容性增长——实现经济、社会和地区聚合的高就业增长。包容性增长旨在提高就业水平、加大技能培训投入、开展反贫困斗争、实现劳动力市场、培训和社会保障体系的现代化建设，帮助人们预测和应对社会经济快速变化，创建一个更具凝聚力的社会。包容性，在一定程度上意味着经济增长应该惠及到欧盟所有成员国和地区，人人应享有终身学习的机会。

上述三大目标体现了欧盟一贯遵循的欧洲社会经济模式：实现经济与社会均衡发展，建立节能型、环保型、绿色型、创新型的更具竞争性的经济。三大目标是相辅相成的，综合展现了21世纪欧洲社会市场经济的发展远景。

"欧洲2020战略"作为里斯本议程的后续战略，其意义不仅在于适时调整和修正里斯本议程中的各种缺陷。更具长远战略性的是：作为欧盟向低碳经济转型的标志性战略之一，欧盟委员会将"欧洲2020战略"视作为能够制止希腊主权债务继续蔓延、保持欧盟在当前国际经济秩序中的地位、全面提升欧盟国家经济竞争力的具体行动指南。在欧盟看来，实施"欧洲2020战略"将有助于欧洲正视现实，积极应对当前及未来面临的各种严峻挑战。挑战来自多个方面：

第一，国际金融危机和欧洲债务危机，削弱了欧洲在国际事务中的主导地位和影响力，暴露出欧盟经济结构性与社会保障制度性缺陷并存现象。国际金融危机严重侵蚀了欧洲自 2000 年以来在里斯本战略下取得的经济成就，欧盟各国普遍面临着高失业率、严重的经济结构性问题和公共债务危机，2009 年欧盟 27 国实际 GDP 为负增长 4%，工业生产下降到了 90 年代初期的水平，失业人数上升高达 2300 万。

2009 年 12 月全球三大评级公司纷纷下调希腊主权评级，希腊主权债务危机加剧并开始蔓延至爱尔兰、意大利、西班牙和葡萄牙等欧盟成员国。为防止希腊债务危机持续升级，欧元区内打响了一场"努力保卫欧元的战争"。欧盟财长于 2010 年 5 月 10 日达成了一项总额高达 7500 亿欧元的稳定机制。与此同时，西班牙、葡萄牙政府均提出了更加严格的财政紧缩计划，对减缓和制止希腊债务危机全面升级发挥了一定的作用。由于希腊经济只占欧盟经济总量的 2%，截至 2009 年底，"欧猪五国"经济总量为 43600 多亿美元，仅占欧元区经济总量的 26.1%，占欧盟的 23.6%，从这个角度看，主权债务危机对欧元区和欧盟的影响应该是有限的。然而，主权债务危机加剧并能够蔓延至多国，实际上暴露出了欧洲资本主义发展模式中的固有缺陷，"危机病源还表现在欧洲普遍实行的'高工资、高税收、高福利'的欧洲社会发展模式……从本质上讲，这场危机与其说是主权债务危机，不如说是欧盟发展方式的危机"。

第二，欧洲未来可持续发展面临科技创新能力不足、能源短缺、人口老龄化日趋严重等多项瓶颈制约：近 10 年来美欧生产率差距不断拉大，欧洲国家的年均增长率低于美国、日本等世界主要发达国家。与美国相比，欧洲各国普遍存在研发投入和创新能力相对较低、信息通信技术应用不足、创新成果的商业化运作较为缓慢等等问题；人口老龄化问题日趋严重。从 2013 年起，欧洲的劳动人口开始锐减，60 周岁以上的老年人人数将翻番，每年新增老年人口为 200 万，对现行的福利制度构成更为严重的挑战。

全球气候变暖和资源能源短缺严重影响了欧盟成员国经济的可持续性发展。欧盟是个耗能大户，能源进口高度依赖进口，未来能源安全供应日趋严峻。例如，2007 年欧盟 27 国的能源需求 53.1% 依赖进口，原油和天然气的对外依存度甚至高达 82.7% 和 60.3%。能源进口过度依赖一两个国家或地区，欧盟 27 国 30.3% 的原油进口来自俄罗斯，63.6% 的天然气进口额来自俄罗斯、挪威或阿尔及利亚。据初步估算，欧盟的能源生产总量至 2020 年可能降到世界的第五位。能源产量大幅度减少，将使欧盟的能源进口从现在的占其总耗能量的 53% 增加到 2020 年的 75%，尤其是石油和天然气进口将更为突出。

第三，欧洲正在遭遇全球化迅速发展带来的多种风险。其一，新兴经济体快速发展正在重塑国际经济秩序，包括中国和印度在内的新兴经济体加大在研究和技术上的资金投入，推动了其产业链升级，逐渐提升了其在全球经济中的地位，欧洲具有竞争力的优势部门开始面临压力和挑战，在金砖四国中，中国的表现最为突出。世界经济论坛（WEF）2010 年 9 月 9 日发布的《2010～2011 年全球竞争力报告》称：中国竞争力排名继续上升，由 2009 年的 29 位上升至 27 位；其二，全球金融体系亟待改革和完善。金融市场上的过度信贷和高风险运作造成了金融投机行为，近年来欧洲国家虚拟经济过度膨胀，经济发展出现严重失衡。为尽快摆脱危机的不利影响，欧盟委员会下决心从改革金融监管体系入手，尽快消除引发危机和危机蔓延的根源。2010 年开始实施的"欧盟金融监管体系"改革从立法上保障了欧盟超国家机构的权力，开启了成员国部分让渡金融监管权限的进程，为解决欧盟成员国在金融监管上长期各自为政、欧盟超国家机构缺乏必要权威性等问题提供了制度性保障，并在此基础上推动了欧盟资本市场一体化的深化，促使欧盟国家尽快摆脱国际金融危机造成的影响，使金融领域各项业务重新步入正轨。

四　国际金融危机对欧盟经济的严重冲击

（一）国际金融危机对欧洲经济的影响

2007 年下半年美国次贷危机引发华尔街危机，进而引爆国际金融危机。从演进路径看，这场危机已从虚拟经济到实体经济、从经济领域到社会领域向全球扩散蔓延，阻断了世界经济持续发展的进程，致使当今世界面临自 1929 年美国"大萧条"以来最为严重的经济危机。危机向全球蔓延的过程中，首当其冲的是欧洲金融业。随后巨大的金融冲击波对欧洲实体经济带来的影响，在广度上和深度上也是空前的。国际金融危机对欧洲经济的影响主要体现在以下几个方面：

1. 欧洲银行业遭受重创，资产大幅缩水

美国次贷危机升级后，法国巴黎银行和兴业银行、德国 IKB 工业银行、瑞联银行和冰岛三大银行等主要欧洲银行都蒙受了巨大损失。冰岛三大银行的负债总额超过冰岛国内生产总值的 12 倍之多，从而使冰岛面临"国家破产"的困境。英国北岩银行遭到储户挤兑，比利时、荷兰合资的富通集团因濒临破产而被拆分。

国际金融危机使欧洲银行业资产大幅度缩水。2009 年 6 月欧央行公布的数据显示，2008 年欧元区综合性银行大集团的资产减少了 1050 亿美元。据估计，2010 年底，这些银行的亏损及资产缩水将达 6490 亿美元。[1] 2008 年 8 月 28 日欧央行发表的《欧盟银行稳定》报告称，截至 2009 年 7 月底，欧洲银行的资产减值累计已超过 3594 亿美元[2]。

2. 银行利润率下降，不良贷款比率上升

从 2007 年下半年起，受严重的结构性信贷证券损失、交易收入持续下降以及资产不断缩水等不利因素的影响，几乎所有欧洲银行的利润率均大幅度下降，股本回报率（ROE）从 2007 年的 15% 变为 2008 年的 −3%。[3]

信用危机不仅使"有毒"证券缩水，而且还使优质的抵押贷款支持证券、商业抵押贷款支持证券和汽车贷款贬值。此外，可疑贷款和不良贷款比率从 2007 年的 2.1% 上升到了 2008 年底的 2.4%[4]。

3. 美元资本短缺压力趋于上升

最近一二十年，由于欧洲银行在全球过度扩张，其债务负担越来越沉重。随着债务期限的陆续临近，各大银行在债务市场上不同程度面临转仓困难。银行对美元的需求激增导致美元缺口高达 2 万亿美元。英国、德国和瑞士的银行业各存在 3000 亿美元缺口，荷兰银行业存在 1500 亿美元的缺口。银行美元缺口大开进一步推升美元币值，从而加剧了欧洲银行资本金短缺的压力。[5]

---

[1] ECB, *Financial Stability Review*, June 2009, p. 103.

[2] ECB, *EU Banking Sector Stability*, August 2009, p. 15.

[3] ECB, *EU Banking Sector Stability*, August 2009, pp. 8 – 30.

[4] ECB, *EU Banking Sector Stability*, August 2009, p. 10.

[5] BIS, "International Banking and Financial Market Developments," *Quarterly Review*, September 2009.

4. 银行业出现重组和国有化新浪潮

为了减少危机给各国银行带来的损失，提高银行竞争力，欧洲银行业出现了重组、兼并和国有化的新浪潮。被兼并或国有化的英国银行数量居欧洲之首。自次贷危机爆发至 2008 年底，英国有 4 家银行（北岩银行、布拉福德－宾利银行、苏格兰皇家银行和劳埃德银行）被国有化。德国银行受损面较大，因此政府开始重视金融业过度分散的问题，并设法对境内数千家金融机构进行整合。西班牙国际银行在 2007 年收购荷兰银行在巴西的业务之后，在 2008 年收购了英国联合莱斯特银行。①

5. 消费、投资和出口全线下滑，最终使欧洲经济陷入全面衰退

2008 年下半年，国际金融危机对欧洲实体经济的冲击开始显现，并呈现出愈演愈烈的态势，从而使欧洲经济出现负增长。欧盟的 GDP 在 2008 年第二季度和第三季度出现了环比负增长（分别为 -0.1% 和 -0.4%）。这标志着欧洲经济已经陷入衰退，持续多年的经济复苏就此终结。2008 年第四季度和 2009 年第一季度陷入深度衰退，各项指标趋于恶化。②

拉动经济的三大要素（消费、投资和出口）全线下滑。如在 2008 年 12 月，欧元区的私人消费和零售业信心指数分别下跌了 30% 和 20%。爱沙尼亚、立陶宛、拉脱维亚、罗马尼亚和爱尔兰的国内消费萎缩情况最为严重。从 2008 年第一季度起，几乎所有欧盟国家固定资本形成总额环比增幅都出现负值。与 2008 年第一季度相比，2009 年第二季度的固定资本形成总额累计降幅高达 14%。此外，自 2008 年春季以来，由于企业融资困难以及对未来消费市场的预期持续悲观，非建筑业投资（尤其是制造业中的设备投资）的降幅已高达 20%。

对外贸易受影响的程度和范围更大。自 2008 年第一季度以来，欧盟货物和服务的进出口额降幅分别达到了 17% 和 16%。

（二）国际金融危机对欧盟经济必然冲击的多种因素

国际金融危机之所以对欧洲经济造成重创，在很大程度上是因为以下几个因素在发挥作用：

---

① 西班牙银行资产结构中的次贷比重较低，受影响程度相对较小，因而在危机中能寻求新的发展机遇。

② 直到 2009 年第二季度，环比降幅才收缩为 -0.2%。欧洲经济似乎有回升迹象。

1. 资本主义经济难以摆脱周期性经济危机的规律

自 1825 年英国第一次爆发经济危机以来，资本主义经济从未摆脱过经济危机的冲击。从本质上看，这一次国际金融危机也是生产过剩的危机，尽管其表现方式不同于 1929 年的世界经济大萧条。这一次危机的特点是：过度的信贷资本形成了虚拟的有效需求旺盛，房地产、汽车市场上出现过度透支消费。房价持续攀升及贷款条件的放宽，激起了欧洲居民的房地产投资热。据统计，2006 年，欧盟国家居民的房贷总额高达 57136 万亿欧元，人均房贷按揭债务为 1.16 万欧元，住宅贷款占 GDP 的比重为 46%，其中丹麦高达 100.8%，荷兰为 98.4%，英国为 83.1%，爱尔兰为 70.1%[1]。2000 年以来，欧盟家庭借款额的增幅超过了 GDP 的增幅。2007 年，家庭负债总额占当年 GDP 总额的比重为 64.44%。与此同时，流通领域出现了各种金融衍生产品，受高回报利益的驱使，出现虚假的购买力。

由此可见，马克思在《资本论》中提出的经济危机理论仍能解释当前的国际金融危机。马克思认为，资本主义经济危机的根源在于资本主义生产方式的内在矛盾，即生产的社会化与生产资料的私人占有之间的矛盾。它表现为各个企业内部的有组织性与整个社会生产的无政府状态之间的矛盾。生产无限制的扩大趋势与劳动人民有支付能力的需求相对不足之间的矛盾，是周期性生产过剩的危机的根源。

马克思预见到了经济周期的存在。他说："一切真正的危机的最根本的原因，总不外乎群众的贫困和他们的有限消费，资本主义生产却不顾这种情况而力图发展生产力，好像只有社会的绝对消费力才是生产力发展的界限。"[2] 此外，马克思还预见了危机产生的方式。马克思曾经作过如下精辟的论述："危机最初不是在和直接消费有关的零售商业中暴露和爆发的，而是在批发商业和向它提供社会货币的银行中暴露和爆发的"[3]。列宁也说过："危机是什么？是生产过剩，生产的商品不能实现，找不到需求。"[4]

---

① Eurostat, *Consumer in Europe*, 2009.

② 《马克思恩格斯全集》第 46 卷，人民出版社，2003，第 548 页。

③ 《资本论》第 3 卷，人民出版社，1975，第 340 页。

④ 列宁：《评经济浪漫主义》，《列宁全集》第 2 卷，人民出版社，1959，第 133 页。

2. 虚拟经济过度膨胀

此次金融危机不仅反映了资本主义的制度性痼疾，而且还暴露了虚拟经济过度膨胀的弊端。据国际清算银行的统计，全球场外衍生品名义额从 2001 年的 111 万亿美元扩大到 2008 年 6 月的 683 万亿美元，相当于当前全球 60 万亿美元 GDP 总量的 11 倍之多。① 快速膨胀的虚拟经济，使全社会的"虚拟财富"极度膨胀，引发并助长了过度消费和借贷消费行为。

马克思的剩余价值理论深刻揭示了资本家的这种贪婪本性："生产剩余价值或赚钱，是这个生产方式的绝对规律"②，"一旦有适当的利润，资本就大胆起来。如果有 10% 的利润，它就保证被到处使用。有 20% 的利润，它就活跃起来；有 50% 的利润，它就铤而走险；有了 100% 的利润，它就敢践踏一切人类法律；有 300% 的利润它就敢犯任何罪行，甚至冒着绞首的危险"③。他还说："一切资本主义生产方式的国家，都周期性地患一种狂想病，企业不用生产过程作中介而赚到钱。"④ 随着资本积累的不断加剧，赚取工人的剩余价值已不能满足资本家的欲望。虚拟资本的出现满足了资本家的贪婪本性。

欧洲金融衍生品市场的发展晚于美国，但有"后来者居上"之势。2002 年泛欧交易所（EURONEXT）完成了对伦敦国际金融期货市场（LIFFE）的战略收购。按交易额计算，目前泛欧交易所衍生产品平台（Euronext. liffe）已经成为世界第二大衍生产品市场交易平台，为全球 29 个国家的客户提供 450 多种金融衍生产品的实时电子交易。依托这一平台，欧洲的虚拟资本规模不断扩大，虚拟经济呈指数式扩张。2005 年欧洲交易所（EUREX）的期货总成交量约为 7.85 亿手，在全球交易所排名中名列第二；泛欧交易所的期货期权总成交量约为 3.44 亿张，在全球交易所排名中名列第四。2008 年，欧洲金融衍生产品期货营业额高达 590 万亿美元（包括利率、外汇和债券），占全球该类营业额总量的 38%⑤。

---

① 罗熹：《从金融危机看衍生产品》，《红旗文稿》2009 年第 1 期，第 12 页。
② 《马克思恩格斯全集》第 44 卷，人民出版社，2001，第 714 页。
③ 《马克思恩格斯全集》第 44 卷，人民出版社，2001，第 871 页。
④ 《马克思恩格斯全集》第 45 卷，人民出版社，2001，第 67~68 页。
⑤ http：//www.bis.org/publ/qtrpdf/r_ qa0909.pdf#page=108.

3. 与美国保持着紧密的经贸关系

金融危机的传染效应是通过贸易和资金等渠道传递的。不断发展的全球化进程，促使当今整个世界变成了一个整体，通过金融全球化、经济全球化推动世界经济走向全球经济。不同民族国家的生产、投资、贸易被整合到了一个单一的全球体系中。全球生产链、资本跨国化和贸易国际化进程加深了美欧之间的经济相互依赖性。

欧盟和美国互为最大的贸易伙伴和投资伙伴。2007 年，欧盟在美国的直接投资额（FDI）为 1723 亿美元，占美国吸引的 FDI 总额的 64%[①]，美国在欧盟的 FDI 为 1800 亿欧元，占欧盟吸引的 FDI 总额的 50%[②]。此外，目前欧美之间的日均贸易额高达 17 亿欧元。如此密切的经贸关系必然会使美国次贷危机的影响迅速地传递到欧洲。一方面，美国次贷危机使日益国际化的欧洲金融业陷入了困境；另一方面，美国消费需求的疲软以及美元对欧元大幅度贬值，直接影响了欧盟的出口贸易。因此，这场国际金融危机对世界各地区和国家的货物进出口贸易均造成一定的冲击。

美国进出口贸易下滑对欧洲贸易冲击的联动效应最为明显。2009 年度的世界贸易报告显示，2007 ~ 2008 年期间，次贷危机导致美国的进口额下降 1.5 个百分点（从 7.0% 下降到 5.5%），出口额下降 5 个百分点（从 1.0% 下降为 - 4.0%）。受此牵连，欧盟国家商品进口额下降 4.5 个百分点（从 3.5% 降为 - 1.0%），出口额下降 3.5 个百分点（从 3.5% 降为零增长）。[③] 2009 年 1 ~ 6 月，与 2008 年同期相比，欧盟 27 国对美国出口额从 1268 亿下降到 1009 亿欧元，降幅达 20%。与此同时，从美国进口额从 2008 年上半年的 941 亿欧元，下降为 851 亿欧元，降幅达 10%。因此，2009 年 1 ~ 6 月，欧盟 27 国与美国贸易顺差从去年同期的 3270 亿欧元下降到了 1590 亿欧元。[④]

4. 金融监管不力加剧了危机蔓延的势头

在许多欧洲国家，金融监管滞后于金融业的发展。造成这一状况的主要原因是：

---

① 这些数据由美国经济分析局提供的统计数据整理而成，http：//www. bea. gov。

② http：//epp. eurostat. ec. europa. eu/cache/ITY_ OFFPUB/KS-SF – 09 – 019/EN/KS-SF – 09 – 019 – EN. PDF.

③ WTO, *World Trade Report 2009*, p. 6.

④ Eurostat, Newsrelease, 17, September 2009.

（1）欧洲各国实行独立的监管政策。欧元问世以来，欧洲货币市场一体化程度加深，欧洲中央银行的作用日益凸显。但是这一作用主要局限在货币政策领域，对欧盟资本市场的影响相对有限。此外，欧洲资本市场的一体化程度较低，金融市场监管政策历来属于各国国内政策范畴。2001年以来，虽然欧盟委员会出台了20多项关于金融市场和金融监管的政策建议，但只有50%左右被成员国国内政策采纳。

（2）金融市场监管模式复杂多样。欧盟成员国至少采用三种金融监管模式。①法国、希腊、西班牙和葡萄牙采用分立监管模式，即根据金融部门的业务划分界限，分别负责不同领域的监管机构；②奥地利、德国、丹麦、爱尔兰、瑞典和英国等国采用单一监管模式，将不同金融部门的监管责任重交给一个单一的机构；③荷兰和意大利则采用混合监管模式，通常根据各部门的目标确定监管职责，将监管任务分配给两个不同的机构，一个以维护金融机构的稳健性为目标，另一个则专注于金融业务监管。

无论是分业监管还是混合监管，均存在不容忽视的缺陷。例如，分业监管能够保证监管效率，但信息共享不够，容易造成监管盲区，监管的权威性也较差。混业监管虽然克服了分业监管的弊端，但对监管人员要求更高，需要具有复合知识的高级人才。

五 欧洲发展模式面临新的挑战——欧洲主权债务危机蔓延

（一）欧债危机的持续蔓延与扩散

一场由希腊主权债务危机加剧蔓延而引发的欧债危机影响着欧洲各国经济，包括爱尔兰、葡萄牙和西班牙等陷入公共财政困境的国家，似乎相继将要在欧债危机中扮演主角。为应对国际金融危机和欧洲经济危机，2008～2009年欧盟国家采取了各种财政刺激措施，对各国摆脱经济衰退具有积极的作用，但却加剧了公共财政状况的困难。欧元区国家的平均财政预算赤字从2008年占GDP的1.9%上升到2009年的6.2%，2010年达到了7.1%。希腊2009年底财政预算赤字超过GDP的12%，公共债务高达2800亿欧元。2009年12月全球三大评级公司纷纷下调希腊主权信用债务评级，致使希腊的债务危机加剧并呈现向其他国家蔓延之势。2010年4月27日和28日标准普尔分别下调葡萄牙和西班牙的主权信用债务评级，至此，希腊主权债务危机全面引爆欧洲债务危机。

这些受高债务、高赤字的双重困扰的国家，由于各国经济脆弱性的不同，在是否接受欧盟及其他机构的救助上作出了并不相同的政策选择。希腊主权债务遭降级后，希腊在国际资本市场上的融资成本上升，难度加大，最终希腊不得不求助于欧盟及国际货币基金组织，从而成为自欧元诞生以来首个向欧盟委员会及区外机构提出救助申请的欧元区国家，导致欧元区内国家在是否救助希腊问题上分歧严重，也为疑欧派们鼓噪"欧元区前景黯淡论"和"欧元崩溃论"起到了推波助澜的作用。

爱尔兰在不得已下也步了"希腊后尘"。2010 年 10 月爱尔兰财政部的统计资料显示：该国目前的财政预算赤字相当于国内生产总值的 12%，如果加上银行系统的坏账费用，这一比例可能高达 32%，超出《欧盟稳定与增长公约》中规定标准的 10 倍。标准普尔 11 月 23 日宣布将爱尔兰长期主权债务信用评级降级后，爱尔兰政府的态度也从危机初期的主权意识，被迫妥协，最终同意接受欧盟和国际货币基金提供的 850 亿欧元的紧急援助。

目前葡萄牙、西班牙的公共财政形势也很不乐观，但这两个国家均持"自救态度"。在 2010 年这两个国家均提出了多项严厉的紧缩财政开支计划，并紧锣密鼓地发行中短期国债，积极在国际市场上筹资，希望依靠自身力量来偿还债务。

无论是希腊、爱尔兰的主权债务危机，还是葡萄牙、西班牙、意大利等国的公共债务问题，实际上暴露出了欧元区现存的结构性缺陷：一是统一货币权与分离的财政决策权之间的矛盾；二是稳定增长公约规定与陷入困境的公共财政现状之间的差异；三是货币一体化与分离的资本市场之间的缺陷。

（二）后欧债危机时代面临的新挑战和欧盟未来改革方向

引发和加剧欧债危机的主要原因既有欧元区的结构性缺陷，也与陷入衰退的全球经济形势紧密相关。为此，欧元区未来发展与扩大将面临多个方面的挑战：一是如何解决公共债务与经济增长之间的均衡关系，保持公共财政政策的稳健发展；二是如何加快欧洲资本市场一体化建设与巩固欧元在国际货币体系中的地位问题；三是如何推行再工业化政策，尽快纠正实体经济与虚拟经济严重失衡问题。

首先，从总体上看，公共债务与经济增长之间呈现负相关关系。保持较高速度的经济增长将有助于降低公共债务和财政赤字，实行稳健的公共财政政策。然而，源于美国的这场国际金融危机对欧洲各国经济造成重创，导致欧洲经济步入衰退之中，欧盟 27 国和欧元区的经济增长率从正增长下滑为负增长，消费信心指数大跌，出口严重下滑，银行资产大幅缩水。欧元区国家陷入严重的公共财政困境。2009 年欧元区国家公共债务总额高达 7.06 万亿欧元，占 GDP 的 78.7%，财政预算赤字总额为 5651 亿欧元，占 GDP 的 6.3%。由于未能彻底摆脱经济衰退的阴霾，经济增长依旧乏力，为扭转财政困境，欧元区国家只得采取了严厉的紧缩开支、扩大税收等方法，从而实现降低财政赤字和公共债务的目标，这必然会降低社会福利开支，引发新一轮的劳资冲突与社会动荡。

其次，欧债危机直接导致欧元持续疲弱，其国际货币地位受到挑战，"欧元崩溃论"一度甚嚣尘上。爱尔兰债务危机浮出水面之际，爱尔兰国债利率随即飙升，欧元汇率应声下跌，从高位大幅回落。受此影响，葡萄牙、西班牙和希腊的国债利率随之不断攀升。欧元汇率大幅震荡严重损害了欧元信誉，在对欧元前景的看法上出现了乐观派与悲观派。以美联储前主席保罗·沃尔克为代表的悲观派，2010 年 5 月 14 日沃尔克在伦敦发表讲话称："我们正面临着一个重大的问题，那就是欧元区可能解体。"以欧元集团主席、卢森堡首相容克为首的乐观派却力挺欧元，在 2010 年 5 月 17 日他宣读了一份特别声明："我们相信，欧元是可靠的货币，在欧元诞生的 11 年里，欧元区一直维持着物价稳定……"当天，法国经济部长克里斯蒂娜·拉加德在《法兰西晚报》刊发的专访中同样抨击了"欧元崩溃论"。

第三，推行"再工业化"政策，调整经济结构，再平衡实体经济与虚拟经济规模。从表面上看，欧债危机源于经济全球化和金融自由化引爆的国际金融危机，缺乏金融监管是危机不断升级的主要导火索。如果深入分析欧盟经济中实体经济与虚拟经济的比重，显而易见，"经济虚拟化"和"产业空心化"下的经济结构失衡才是酿成后金融危机时代欧洲主权债务危机的真正推手。2008 年，欧洲金融衍生产品期货营业额高达 590 万亿美元（包括利率、外汇和债券），占全球该类营业额总量的 38%。相比实体经济，欧盟国家的虚拟经济规模十分庞大。2008 年欧盟国家 GDP 总额为 12.5 万亿欧元，包括工业、建筑业和服务业在内的商业经济占了 GDP 总额的 75.7%。事实证明，由虚拟资本运动所引发的经济危机比历史上任何一次危机都要严重得多，因此欧洲的再工业化已是迫在眉睫。

（三）未来欧洲经济改革和治理新走向

显而易见，包括公共财政不断恶化、虚拟经济与实体经济相背离、统一货币政策与分离财政政策相矛盾等等问题，已经严重阻碍了欧洲经济复苏的步伐与欧洲经济一体化进程。倡导低碳技术、科技创新和可持续性发展理念既是欧洲 2020 战略的核心内容，也是欧洲经济调整与改革的总趋势，实现欧洲经济发展模式的可持续性。

1. 欧盟应根本性地调整欧洲经济改革思路，加快向低碳、绿色经济转型

经济转型能否成功取决于欧洲是否能够充分利用自身的现有优势和强项：欧洲具有极富创新、创造意识的人力资源优势，依托雄厚的工业基础、充满活力的现代服务业，单一市场和统一货币，欧洲还是世界上最大的贸易集团和外国直接投资的主要目的地。一些成员国还跻身世界最具创新性和最为发达国家的行列。然而，这些传统优势正在被新兴发展中国家所赶超。欧洲经济变革不仅是调整传统经济结构，而应该建立一种低碳经济体系，变革成功更取决于欧洲能否引领和保持在全球低碳经济发展中的主导地位。在欧洲 2020 战略出台之前，欧洲已经在倡导并实践低碳发展理念。自从英国在 2003 年的"能源白皮书"中首次提出"低碳经济"的概念后，欧盟在发展低碳经济领域的各项政策和舆论宣传，逐渐提高了欧洲政府与公民对低碳经济的认知度。2007 年初，欧盟委员会提出的一揽子能源计划，把低碳经济确立为未来发展方向，视其为一场"新的工业革命"。2008 年 12 月，欧盟又通过了能源气候一揽子计划，包括欧盟排放权交易机制修正案、欧盟成员国配套措施任务分配的决定、碳捕获和储存的法律框架、可再生能源指令、汽车二氧化碳排放法规和燃料质量指令等 6 项内容。这些政策和措施，旨在实现欧洲 2020 战略中的绿色、可持续的增长目标，建立低碳经济发展模式。

2. 加快推进欧洲研发投入和低碳技术变革进程，尽快提升其在全球的经济竞争力

近年来的国家竞争力排名表明欧洲经济竞争力相对下降。从 2009 年度欧洲创新报告看，欧盟 27 国创新指数与美国的差距为 22，与日本的差距在 30 左右。2010 年 5 月 19 日瑞士洛桑国际管理学院发布 2010 年《世界竞争力年度报告》称，美国和欧洲经济相对衰落，亚洲经济则在强势崛起。欧

盟国家受主权债务危机影响，各国排名均偏后。在传统经济强国中，德国、英国、法国和意大利分别排在第 16 位、22 位、24 位和 40 位[①]，主权债务危机严重削弱了高负债的南欧国家竞争力。为应对危机和尽快摆脱危机阴影，欧盟通过创新和加大研发投入来提升国家竞争力，欧盟委员会在 2010 年 7 月连续公布《第七个科研框架计划（2007～2013 年）》下两项规模庞大的科研投资。7 月 19 日，欧盟委员会提出将在 2011 年投资约 64 亿欧元用于科研和创新领域，这是迄今为止欧盟在科研和创新领域推出的最大年度投资计划[②]。

3. 深化欧洲经济一体化进程，加强欧盟经济多层治理能力

在希腊主权债务危机爆发及应对过程中，欧盟各成员国充分意识到成员国经济政策协调和加强多层治理的重要性。多层治理是在欧洲一体化进程中形成的一种新型区域合作协调机制。在多层治理模式中，超国家、国家和次国家、非政府组织等行为体共同参与政策的制定和执行，其目的在于实现参与各方的利益。

"欧洲 2020 战略"特别强调指出：只有加强欧盟经济多层治理，2020 战略才能获得成功。相比里斯本战略提出的开放式协调法，2020 战略中的经济治理框架有所创新：依托开放式协调法，重点关注核心主题和国别进展报告。核心主题就是借助欧洲 2020 计划内容及其创议工具，在欧盟和成员国的协调行动下，实现核心目标，体现了欧盟成员国之间的相互依赖性和欧盟及其成员国之间的协调和配合，同时允许成员国提出适合本国情况的具体目标，在欧盟层面和成员国层面上共同推动核心目标的实现，体现欧盟一体化整体利益和成员国本国利益。国别进展报告将帮助成员国制定和推行经济退出战略，恢复宏观经济稳定，明确各国发展瓶颈，推动各国经济可持续性和财政稳健。具体而言，各成员国应定期上呈"欧洲 2020 战略、稳定和增长公约（SGP）进度报告"，同时提交年度稳定和聚合计划以及各国结构改革计划。为从制度上保障"欧洲 2020 战略"的实现，欧盟委员会还将制定欧洲 2020 综合指导原则和政策建议。

---

① "Global Competitive Report 2010 - 2011," http：//gcr. weforum. org/gcr2010.

② European Commission, "6. 4 billion for Smart Growth and Jobs-Europe's Biggest ever Investment in Research and Innovation," http：//ec. europa. eu/research/energy/eu/news/index_ en. cfm.

4. 加快欧洲金融监管改革，建立泛欧金融监管体系

为改变欧盟国家金融体系监管乏力等诸多问题，欧盟委员会下决心从改革金融监管体系入手，尽快消除引发危机和危机蔓延的根源。2010 年开始实施的"欧盟金融监管体系"提出两项重大改革措施：一是设立欧洲系统风险委员会；二是建立欧洲金融监管体系。此次欧盟金融监管体系改革的积极意义在于：从立法上保障了欧盟超国家机构的权力，开启了成员国让渡金融监管权限的进程，为解决欧盟成员国在金融监管上长期各自为政、欧盟超国家机构缺乏必要权威性等问题提供了制度性保障，并在此基础上推动了欧盟资本市场一体化的深化。

第二章

欧盟国家社会保障制度的改革

　　欧洲国家，以拥有"从摇篮到坟墓"的社会保障体系而闻名——英国、德国均为社会保障制度的滥觞之地，瑞典更是被奉为社会保障的"理想国"。

　　现代社会保障制度始于160多年前英国《济贫法》所规定的社会救助条款。从国家承诺社会责任到福利国家的形成，则经历了一个工业化的大变革。自19世纪中期工业化席卷欧洲国家以来，社会保障制度历经社会救助、社会保险，直至形成完善的制度体系，并在进入全球化时代之后对社会保障制度的反思与改革。100多年来，随着社会保障制度的不断完善，这项社会政策为相关国家社会经济的有序运行创造了良好的环境，使国民经济和社会得以持续、稳定、均衡、协调地发展。

　　第二次世界大战后的30年间，欧洲国家社会保障制度发展迅速，西欧国家先后宣布建成"福利国家"，20世纪六七十年代被称为"福利国家的黄金时代"。然而，1973年爆发的世界石油危机严重制约了欧洲国家的经济增长，高失业率和高失业救济支出与经济发展速度下降、社会公共财政负担日益沉重之间的矛盾越来越突出，社会保障受到全面挑战，欧洲国家普遍开始进行制度调整与改革。不过，经过20余年的改革，欧洲国家社会保障制度依然面临着不少挑战，福利国家面临的困境仍较为严峻。在经济全球化和欧洲区域一体化都向纵深发展的今天，社会保障制度改革日益显示出其紧迫性，欧洲福利国家的走向十分引人关注。

第一节　社会保障制度的理论基础及其多种福利模式比较

社会保障制度发源于西欧工业社会，与该制度一起发展的是工业化、大众民主化和民族国家政权的成熟。在整个 20 世纪，特别是二战结束后的半个世纪中，欧洲发达国家普遍建立现代社会保障制度，并且形成了不同类型的社会政策组合和多种福利模式。社会保障制度是高度社会化的分配制度，具有积极意义，是人类文明的进步。欧洲人把他们在社会政策上的这种共同特征称为"福利国家"，这种福利国家模式在 20 世纪下半叶成了欧洲国家的基本制度，进而也一度成为美国等其他西方工业国家效仿的制度楷模。

一　西欧福利国家建立的理论背景

作为一种现代国家制度模式，福利国家强调国际应该承担满足国民基本的教育、健康、经济和社会安全需求。福利国家往往视福利为其最主要特性，强调国家要为国民的福利负责，国家必须具备最基本的福利功能并作为目的发挥作用。二战以后，福利国家普遍建立是西欧社会最引人注目的一个变化，这与西欧国家长期以来在社会保障方面的理论探索与实践经验以及战后特殊的政治经济环境有密切关系。

（一）西欧有推行社会福利政策的实践经验

西欧国家在 20 世纪之前就已经开始以社会立法的方式建立社会保障制度，其中尤以英国、德国最引人注目。福利国家诞生地的英国，历史上一直有救济贫民的传统，从 17 世纪开始的《济贫法》就是英国官方救济贫民的主要手段。到 20 世纪初，传统的以《济贫法》为中心的社会保障制度开始向现代福利制度转变，这以自由党政府实施的社会福利改革为标志。自由党政府颁布的《养老金法》《国民保险法》《劳工介绍所法》等法案初步确立了英国现代社会保障体系的大致框架，二战期间英国失业问题的严重化又促使政府继续完善社会保障制度、扩大社会保障的覆盖面，这时已隐约可见战后英国福利国家的雏形。

德国是最早实行社会立法的国家，俾斯麦任首相期间，为了缓和国内阶级矛盾而大力推行社会改革，1883～1889 年帝国国会相继颁布了《疾病社会保险法》、《工伤事故保险法》和《老年和残疾社会保险法》，从而完成了当时世界上最完备的工人社会保障计划。一战后，魏玛共和国决意"创造一个全面广泛的福利保险制度"，于是颁布实施了《帝国供给法》《健康严重受损法》《劳动介绍与失业保险法》，意图扩展帝国时期确立的社会保险体制。不久以后的经济危机和法西斯上台使德国社会福利发展遭受重创，但是，数十年推行社会保险制度的实践经验，使得德国在二战后很快就转入了建立社会保险型福利国家的正轨。

(二)《贝弗里奇报告》奠定了福利国家的理论基础

在人类历史上，《贝弗里奇报告》第一次明确提出了以社会福利制度的建设来完善国家的社会功能，把福利国家的发展看作是解决困扰社会稳定与进步的各种社会问题的主要手段。

在二战进行期间，西欧国家就已经开始筹划如何进行战后重建。英国政府1941年组建了"社会保险及相关事务委员会"，由伦敦经济学院院长贝弗里奇勋爵出任主席，1942年该委员会提出名为《社会保险及相关服务》的报告，简称《贝弗里奇报告》[1]，报告为英国规划了一套"惠及所有国民的全面而普遍的社会保障体系"，由政府向每个社会成员提供基本生活保障。

报告认为，社会保障制度是二战后英国全面改革的一部分，这一体系的建立以保证居民拥有维持生存所必需的生产资料为最低限度，同时应当体现"普遍和全面"的原则，惠及全体居民及各种不同的社会阶层。据此，报告提出，社会保障计划在三个前提条件——儿童津贴、医疗保健和康复服务及避免大量失业——的基础上，必须包括三种社会保障政策：社会保险，用以满足居民的基本需求；社会救助，用以满足特殊情况的需要；自愿保险，用以满足收入较多的居民较高的需要。此外，《贝弗里奇报告》针对贫困和失业，同时提出了六项改革原则：基本生活资料补贴均一的原则；保险费支出均一的原则；补助金充分的原则；全面和普遍性原则；管理责任统一的原则；以及区别对待的原则。

报告中所展现的战后美好图景最大程度上迎合了西欧民众对能尽快过上平稳安康的富足生活的强烈渴望，这本长300页的报告仅在二战期间就被翻译成十几国文字广为流传。民众惊喜地发现，原来国家可以保证每个国民都

---

① Beveridge H. W., *Social Insurance and Allied Services*, HMSO, London, Reprinted, 1995.

过上基本富足的生活，《贝弗里奇报告》最大的历史功能就是增加了民众对战后建设福利国家的祈盼，奠定了战后西欧建立福利国家的舆论和理论基础：报告提出了建立全国统一的社会福利体制的构想，以取代那些零散的、分立的社会保障项目；也提出了一套比较完善的社会福利体系，在制度设计上尽可能将各类人群囊括到社会保险中；还提出了建立全国范围内的最低保障线的设想，保证所有社会成员生活在这个水平之上。

当然，从更广的视阈范围来看，《贝弗里奇报告》也契合了凯恩斯主义的经济社会政策主张。在30年代大危机的背景下，凯恩斯主义成为各国反危机的重要手段并取得了显著成效，也在战后相当长一段时间成为西欧经济政策的主导。凯恩斯从挽救资本主义制度的实用主义出发，论证政府对经济进行大规模干预和通过累进税制把富人的一部分财富转移给穷人的必要性；贝弗里奇也是从实用角度出发，把福利国家看成是政府通过实行一些社会政策，去消除"贫困、疾病、无知、肮脏和懒惰"这五大罪恶的途径。

（三）马歇尔的公民权理论为福利国家的发展提供了直接的政治道德依据

英国著名社会学家托马斯·汉弗莱·马歇尔[①]从公民权拓展的高度进一步发展了福利国家理论。马歇尔认为公民权经历了民权、政治权和社会权的发展过程，而社会权是实现民权和政治权的前提。从本质上讲，社会权就是把实现公民的福利和社会保障看作是一种公共责任。作为保障性的权利，社会权关系到人民生活是否真正幸福，实现社会福祉的障碍能否清除，以及由民权和政治权所规定的个人权利能否实现的问题。社会权利的实施，最终为公民权利的实现扫清障碍，并使公民权的其他元素真正能够发挥作用。在这个意义上，社会权作为社会福利权，它将社会福利的元素作为具有社会战略意义的要素确定下来。没有社会权或社会福利权的公民权，将是不完整的公民权。

[①] 托马斯·汉弗莱·马歇尔（Thomas Humphrey Marshall, 1893—1981），英国社会学家。公民权利是指赋予具有一民族国家公民身份的人的、载入法律而生效的普遍权利。马歇尔将公民权利在近代以来几个世纪的发展过程归为三个阶段：较狭义的公民基本权利阶段（18世纪）、政治权利阶段（19世纪）和社会权利阶段（20世纪）。他认为福利国家的演进是一个公民权利扩张的历史过程。其代表作是1949年问世的《公民权利与社会阶级》（*Citizenship and Social Class*），这一著作开启了社会学家对权利进行研究的正式议程，并开创了一种公民权利社会学的研究传统。

　　马歇尔从历史的角度对公民权利的论述，揭示了公民权利的社会福利观追求普遍平等和人的自由的实质和价值，从社会福利思想的发展看，公民权利的社会福利观的形成是社会福利思想的重要历史发展标志，它把早期的以人道主义为基础的社会福利思想，提高到以权利和人的需要为基础的福利思想，并且使社会福利的性质，由安抚性的救济和策略性的社会控制与统治手段，变成了人们值得为之奋斗的幸福事业和社会政治追求的基本目标。公民权利的社会福利观为现代社会福利理论提供了理论基础，进而成为福利国家的重要理论支柱；还在一定意义上推动了全民福利制度的建立，为福利国家的发展提供了直接的政治道德根据。

（四）福利国家的建立得益于战后特殊的经济政治环境

　　二战以后西欧国家经济均遭到严重破坏，但在西欧国家自身实施积极的宏观经济政策和美国"马歇尔计划"巨额经济援助的共同作用下，西欧国家经济迅速恢复并进入了长达 20 年的经济大发展时期。经济的繁荣创造了巨大的生产力和社会财富，提供了大量的就业岗位，也扩大了社会福利基金的资金来源，从经济上为战后福利国家的建立和发展提供了物质可能性。

　　从政治环境来讲，战后西欧各国的执政党在福利国家问题上达成了不同程度的共识，这种共识保证了福利国家发展的延续性。以英国为例，二战后上台的工党政府把战时保守党政府主导通过的《贝弗里奇报告》作为施政纲领的最重要内容，先后通过了《家庭补助法》（Family Allowances Act，1945年）、《社会保险法》（Social Insurance Act，1946 年）、《国民保险法》（National Insurance Act，1946 年）、《国民卫生保健服务法》（National Health Service Act，1946 年）、《国民救济法》（National Assistance Act，1948 年）及其他相关措施和法令，构成了英国新的社会保障法律体系。工党在建设福利国家方面的积极态度赢得了公众的广泛支持，吸取选举失利教训的保守党开始向左转。20 世纪 50 年代重新执政的保守党将政府干预作为其政策观念的核心。麦克米伦战前提出的一些主张，如重新分配财富，以通货膨胀为手段克服经济萧条，对公共事业进行国家控制，英格兰银行以及煤炭工业的国有化，立法保障工人的最低工资，工会参与国家经济计划等，逐渐为党内所接受。

　　德国也在 1949 年颁布了《社会保障法》，此后还修订和颁布了《失业保险法》、《农民老年救济法》、《联邦住房补贴法》、《事故保险新条例》和《联邦儿童补贴法》，联邦总理阿登纳更是不遗余力地建立健全社会保障制度，1957 年推动议会通过新的《伤残和养老保险法》，让为德国经济发展做出贡献的老一代人在退休之后分享到经济增长的福利。1969 年上台的社民党则在教育、劳动促进与职业培训方面推动立法，实现确定的社会保险与社会福利发展目标。通过一揽子改革政策和相关法律的实施和颁布，德国顺利实现向现代福利国家的转型。

二 欧盟多样化的福利模式特征比较

虽然在欧盟层面实行了统一的社会政策，但是并不能说形成了统一的欧洲社会福利制度，它更像是一个"福利国家联盟"。"福利国家"这种社会模式只是欧洲各国社会政策的一种高度概括，实际上，欧盟各成员国在社会模式上的差异很大，只有充分认识到这种差异性，才能更好地理解欧盟在社会保障制度改革中采取的政策措施。

20 世纪 80 年代以来，西方学术界对于福利国家社会模式的研究日益充分，其中影响最大的是艾斯平·安德森[1]提出的"福利资本主义的三个世界"理论。艾斯平·安德森从历史与文化的角度对"福利资本主义"社会政策体系进行了全面的考察，将福利模式划分为三种类型："自由主义"福利模式、"保守主义"福利模式和"社会民主主义"福利模式。但由于当时福利国家研究尚未将西班牙、葡萄牙、希腊及东欧原社会主义国家纳入视野，所以后来的一些学者在艾斯平·安德森"三分法"的基础上，将南欧国家单独列为"地中海"模式[2]，而东欧转型国家则处于重建社会保障制度的阶段，被认为是"赶超型"模式。

（一）以英国为代表的"自由主义"福利模式

英国的社会保障制度发端于 17 世纪的工业革命初期，具体可追溯到 1601 年《旧济贫法》的颁布。而现代意义上的社会保障体系则是在 20 世纪 30 年代世界经济危机之后开始加快建设步伐的。二战后，在凯恩斯国家干预理论和《贝弗里奇报告》的指导下，新上台的英国工党政府推动了一系

---

[1] Esping-andersen, G., *Three Words of Welfare Capitalism*, Princeton, NJ: Princeton University Press, 1990. 国内该书的最新译本为：〔丹〕埃斯平 - 安德森：《福利资本主义的三个世界》，苗正民、滕玉英译，商务印书馆，2010。

[2] Greve, Bent (2001), *Labour Market Issues in the European Community*, Jean Monnet Center of Excellence, Research Paper No. 7/01, Roskilde University, Denmark, pp. 17 - 19.

列社会保障法案的出台，标志着英国已经建成了现代社会保障体系，保险覆盖面已经遍及全体公民，保险项目已经达到了"从摇篮到坟墓"的水平。1948年7月，英国宣布"建成福利国家"。

在英国社会保障制度中，居支配地位的是不同程度地运用经济调查和家计调查式的社会救助，辅以少量的普救式转移支付或作用有限的社会保险计划。这种源于"济贫法"传统的制度所给付的对象主要是那些收入较低、依靠国家救助的工人阶层，因此，这种福利模式的总体特点是低福利、低市场，社会保障水平比较低，但政府在再分配过程中起主导作用。这一模式的典型代表除了英国，还有美国、加拿大和澳大利亚等，即主要是盎格鲁－撒克逊国家的历史中确立的制度。

英国的社会保障制度经过400余年的演变发展，形成很多特色，其主要特征有以下几点。

首先，从体制设计上看，普遍性原则是战后英国社会保障制度建设的基本原则，制度覆盖面较宽。1946年的《国民保险法》规定：凡受完中等教育（16岁）、已经就业但又没有达到退休年龄（男65岁、女60岁）的公民，必须缴费参加国民保险，这样就可以享受到养老、伤残、失业、疾病及其他各项津贴。英国医疗保障最初也是全面免费的，1957年后开始少量收费，但基本上还是属于免费。对于极少数没有参加强制性社会保险的人，英国使用各种无须捐税的"无捐"收益及社会救济制度加以补救。这样，英国基本上实现了全体社会成员享受社会保障的目标。

其次，英国社会保障制度使用"低入低出"的方法来贯彻"最低原则"及社会保障收益只用于维持基本生活，不能成为人们收入的主要组成部分。从历史上看，英国社会保障收入占人均总收入的比重一直低于15%，远远低于法国（45%）、德国（40%）和瑞典（20%）。目前，英国的基本养老金每月平均不到300英镑，不到体力劳动者平均工资的一半；而疾病补贴最高为每周55.7英镑，低于最低纳税工资（2000年为66英镑）的80%，且最长期限为52周。在近年各国社会保障收益比较低的同时，社会保障税也比较低：2008年，英国社会保障税占国民生产总值的比重仅为6.8%，远低于同年法国的16.1%和德国的13.9%。[①] 因此，相对而言，我们可以说英国

---

① OECD Tax Revenue Statistics，http：//www.oecd.org/dataoecd/13/40/43098760.xls.

的社会保障制度是一种"低入低出"的制度。

最后，英国的社会保障制度更强调"个人责任"。这条原则与英国社会保障制度实行"最低原则"有直接关系，因为社会保障收益不足以保证生活所需，人们自然要更多地依靠自己的力量。据统计，英国的私人消费开支在总消费开支中所占的比例，在欧洲国家中一直居于中等偏上的水平，高于德国和瑞典；而在"可支配收入"的储蓄率方面，英国一直是最低的，只有德国和法国的一半左右，为瑞典的 2/3。也就是说，英国人在日常生活中已经承担了更多的"个人责任"。

（二）以德国为典型代表的"保守主义"福利国家

德国的社会保障最初是由民间的慈善演变起来的，首先是教会救济机构，特别是修道院的救济机构，此外还有骑士团及矿山和手工业中兴起的资助机构。而德国现代社会保障制度则可以追溯到 1881 年德皇威廉一世颁布的《黄金诏书》，这份文件宣布在德国建立"社会保险法"，从而在国家法律和制度上确立了德国的社会保障制度，实行社会保险立法是德国社保制度的主要特点。100 多年来，随着历史的发展，德国社会保障制度逐步完善、细化并不断适应社会经济的发展变迁，形成了一套完整的、内容广泛的社会保障体系。

德国社会保障制度的鲜明特点之一，是享受社会保障以参与劳动市场和社保缴费记录为前提条件，实际享有的社会福利水平以工作业绩为计算基础。这种制度最初起源于德国并得到长足发展，而后扩展到整个欧洲大陆，目前包括奥地利、法国、比利时等欧盟国家都属于这类福利模式。从历史上看，这些国家中，中央统制的"合作主义"（corporation）遗产根深叶茂并发扬光大，合作主义与教会有着传统的渊源关系，所以，传统的家庭关系在社会保障制度中占有重要的位置。

德国模式的社会保障制度相比英国模式更强调机制性，其主要特征是普遍性、政府性、专业账户管理，这个模式通常被称为"机制模式"，并且强调平等和权利，社会保障具有积极防御和平等参与的社会功能。

从体制上讲，德国的社会保障制度注重采用立法手段强制向前推进，而且政府立法的层次还比较高。德国的社会保障立法分部门进行，各部门之间分工明确，效力同等。

从效率的角度来说，德国社会保障制度兼顾了效率和公平。德国政府实行社会保障，注重社会保障与市场经济的相互作用，注重社会保障各种实施机制的效率和它所能产生的社会效果，这一点和英国模式有所区别。

从资金的来源来看，德国社会保障制度是以雄厚的资金为后盾的，资金来源多元化，主要是税收和社会保险金。德国属于传统的投保资助型社会保障模式，这种模式以劳动者为核心建立社保制度，劳动者享有社会保险的权利与社会保险费的缴费义务相联系，社会保险费用的支出由国家、雇主和劳动者三方负担，社会保险基金的筹集和使用采用现收现付形式。

（三）以瑞典为代表的"社会民主主义"福利模式

从历史上看，北欧国家有很大的相似性，其人种和语言都具有同源性，因而其在社会保障制度上也非常接近。19世纪中叶以前，贫困落后的瑞典只是由教会负责济贫工作。从19世纪70年代开始，随着工业化进程的开始，瑞典社会福利也相应发生重大变革，济贫的财政重负转移到政府身上，同时简单的济贫也不能满足社会化大生产的要求。1891年，瑞典通过立法为自愿性医疗保险项目提供政府拨款，标志着瑞典现代福利制度的开端。但直到20世纪30年代大危机之前，瑞典的社会保障制度并没有完整建立起来，主要还只是针对劳动力市场。大危机过后，在社会民主党"新政"的推动下，瑞典的社会保障制度得到了全面发展，由此开始了福利国家建设的进程。二战后到50年代是瑞典福利综合演进的重要时期，政府正式成为社会福利的主要提供者，实行全民福利，真正建立了"从摇篮到坟墓"的全方位社会保障制度。

瑞典的现代社会保障制度源于贝弗里奇的普遍公民权原则①，资格的确认几乎与个人需求程度或工作表现无关，而主要取决于公民资格或长期居住资格。与其他两种社会保障制度模式相比，这种模式寻求相当水平的甚至能够满足新中产阶级品味的平等标准的服务和给付，而不是像有些国家那样只满足于最低需求上的平等，所以，这种制度的非商品化程度最强，给付最慷慨。这种福利模式只存在于北欧五国，所以也称之为"斯堪的纳维亚模式"。

---

① 〔英〕贝弗里奇：《贝弗里奇报告：社会保险和相关服务》，劳动和社会保障部社会保险研究所译，中国劳动社会保障出版社，2004。

瑞典的社会保障制度经过百余年的发展，体现出如下特点。从管理模式上看，瑞典的社会保障制度基本上是由中央政府统一管理。劳动部通过"国家劳动市场委员会"主管失业保险基金，健康和社会事务部通过"国民社会保险委员会"和"国民健康与福利委员会"主管疾病保险、年金保险和社会救济。瑞典社会保障制度建立在法制化轨道上，当公民应该享有的社会保障待遇受到侵犯时，可以向"地方公共保险法院"或"高级公共保险法院"申诉。

从瑞典社会保障制度的资金来源上看，雇主负担的份额最多，几乎达到开支总额的一半；其次是中央财政、地方财政，投保人自己负担的部分很少，这是瑞典社会保障制度与其他西方国家社会保障制度相比最为突出的特点。

从开支结构来看，瑞典社会保障制度中开支最高的项目是年金计划，达到总额的60%以上；其次是医疗保险，占30%左右；再次是住房补贴、工伤保险等项目。目前，瑞典社会保障收益在总收入中的份额在各个年龄段的分布差别很大，但总体来看，在欧洲国家中还是比较高的。

此外，瑞典社会保障制度还十分强调国家的作用。一方面，国家实行高度的计划和调节，以便使基于开放市场经济的生产发展与基于强有力的公共部门的成长相协调；另一方面，强调公共部门在提供社会保障、社会福利、社会服务方面的作用。

（四）以西班牙为代表的"地中海"福利模式

西班牙的社会保障制度，最早可以追溯到1883年成立的社会改革委员会，该机构着手社会保障性立法的规划，1900年通过了《工伤法》。20世纪30年代开始，西班牙逐步扩大了社会保障的覆盖领域，通过了一系列比较零散的立法，直到60年代《社会保障基本法》和《社会保障总法》的通过，西班牙社会保障体系才基本成型。70年代中期西班牙实现民主转型后，1978年通过的新宪法，对全体西班牙人享有的社会保障权利给予充分的法律保证，并以国家大法的形式确立了西班牙的现代社会保障制度。到80年代中期，西班牙的现代社会保障制度基本建成。

在20世纪80年代艾斯平－安德森对福利国家进行类型划分时，西班牙、葡萄牙、希腊等南欧地中海国家尚未纳入他的研究视野。这些国家由于历史的原因，20世纪经济发展相对缓慢，在欧洲属于较为落后的国家，而且西班牙和葡萄牙直到 70 年代中期才摆脱独裁统治，现代福利国家制度才拥有了生存的土壤。按照德国不来梅大学教授斯蒂芬·雷博弗雷德（Stephen Leibfried）① 的研究，南欧地中海国家的社会保障制度介于自由主义模式和保守主义模式之间，是一种自由式的"残缺模式"，但又与天主教会主导的欧洲传统福利息息相关。此外，南欧有些社会政策目标设定为维持基本所得，同时，南欧地中海国家的劳动产业以农业部门为主，但又不如其他欧洲国家具有充分就业的传统理念。

在南欧国家的这种"地中海"福利模式下，国家对社会保障做出许多承诺，但是由于政府建立的社会保障体系还不够发达，所以国民的福利保障很大程度上依赖旧有的社会救助系统，而构成这个系统的主体是教会和家庭。宗教在南欧的社会保障体系中扮演者重要角色，如对于老人和儿童的照顾服务，教会一直担当重任。无论是从具体政策层面还是政治制度层面，天主教教义都是南欧社会保障体系构建中不可忽视的历史文化要素。在西班牙、葡萄牙等南欧国家，比较重视小团体和志愿组织的活动，而这些国家的家庭关系相当紧密，因而，家庭成为社会保障支持的主要提供者，公共部门反而在某些领域落在了家庭、社区和私营部门之后。

意大利社会学家莫瑞吉欧·费雷拉（Maurizio Ferreral）在探讨南欧国家社会保障制时，提出"南欧路线"②，即从历史上看，这些国家属于福利国家的后进国，从政治制度层面观察，南欧国家福利制度较弱，同时，集合社会利益和意识形态对立的政党反而较强。总体上看，南欧国家所谓的"地中海"福利模式大致具有两方面的特色。首先是高转移支付体系，特别是年金制度。南欧国家的基本所得维持政策一方面为稳定就业者提供高覆盖率的保障，另一方面则为非稳定就业者提供相当低覆盖率的保障。其次，在国民健康服务体系方面，南欧国家以公民权为基础，而非按职业阶层为基础。因而国家健康服务体系上展现出特殊的公、私部门混合的特色。这种混合形态使得福利国家在南欧影响力不高，甚至社会福利成为政客和利益团体交易的筹码。

---

① Stephen Leibfried, Pierson Paul, *European Social Policy：Between Fragmentation and Integration*, NJ：Brookings Institution Press, 1995.

② Maurizio Ferrera, "The Southern Model of Welfare in Social Europe," *Journal of European Social Policy*, 1996, 6 (1), pp. 17 - 37.

（五）东欧转型国家重建中的"赶超型"福利模式

在 1989 年以前，东欧国家普遍实行国家保障型的社会保障制度，保障公民权益所需资金全由公共资金无偿提供。然而，随着东欧剧变的发生和这些国家向市场经济体制的转轨，原来的制度与新建立的社会体制已不适应。更重要的是，经济转轨时期连续几年的经济滑坡使社会保障支出难以为继。在巨大的财政压力下，东欧国家开始重建社会保障制度，以独立于国家预算外的社会保障基金取代由国家统包的社会保障。

新社会保障体系与原体系最根本的区别是建立在以市场经济为基础的社会保险制度基础上，由养老保险、医疗保险、失业保险、工伤保险基金、疾病与生育保险、家庭津贴等组成。其中养老保险、医疗保险、失业保险参照西欧国家的模式，以社会保险基金的形式运作，基金来源于企业和职工缴纳的保险费；生育保险、家庭津贴等由国家福利基金负担。转轨后的东欧国家希望借助这两种资金统筹形式来维持全面的福利制度，以追赶欧盟老成员国的步伐。因此，东欧国家重建中的社会保障制度被称为"赶超型"福利模式。

在养老保障制度的改革中，东欧国家大量选择了世界银行所推荐的"三支柱"养老保障模式。在转型初期，养老金的支出一度成为东欧国家政府预算支出中的最大项目，占各国 GDP 的 10% ~15%。1994 年，世界银行在《防止老龄危机》的研究报告中，提出了包含强制性公共养老金、强制性的个人账户基金及自愿性的个人职业年金等三个部分组成的"三支柱"养老金制度。1995~2000 年间，拉脱维亚、波兰、匈牙利、保加利亚等国都借鉴了这一制度模式。以捷克为例，国家发放的养老金即包括两个部分：一为固定部分，所有退休者数额相同，用它来保证基本生活水平，其水平取决于国家的具体经济情况、社会费用标准等因素；二为浮动部分，取决于退休者的工龄、工资情况等因素。为了解决现收现付制向积累制转型过程中的"隐性养老金债务"问题，波兰等国还尝试采用了"名义账户制"作为向最终实行积累制改革的过渡，不仅减轻债务压力，而且降低了不成熟的金融市场和资本市场为养老金改革带来的困难。

在医疗保障方面，东欧各国先后改变国家全额拨付医疗经费的做法，由投保人、所在单位、国家三方共同承担。国家负责扩建保健设施、培养医务人员和实施全国性的保健计划，为卫生保健主管部门的日常活动提供资金。

当因客观因素导致医疗保险金额不足时，国家可为保证医疗保险事业的正常运行提供必要的资金补助。凡是享受公费医疗的人员必须加入医疗保险，投保人按规定缴纳医疗保险金。在职职工，包括职业军人、警察、消防人员等的医疗保险金，由职工本人和所在单位平均分担；领取退休金者的医疗保险金视实际收入而定，有的由社会保险公司全包，有的则由本人和社会保险公司均摊；失业者的医疗保险金由劳动管理部门支付，在失业保障制度实施后，则由失业保障基金负担；领取固定社会救济者的医疗保险金由社会福利部门负责；农民个体经营者和私人业主的医疗保险金按规定定期由本人缴纳。

此外，为了解决失业问题，东欧各国政府一方面加紧构建失业保险制度，缓解失业造成的社会压力；另一方面采取各项措施扩大就业渠道，帮助失业者再就业，降低失业率。如匈牙利设立了国家和地方就业政策利益协调委员会即劳动市场委员会，以协调解决与就业有关的问题，平衡各地区间以及本地区内劳动力均衡分布。同时，设立专门的失业救济基金，如互助基金、就业基金和团结基金，为失业者提供各种物质帮助和职业培训。

三 "欧洲社会模式"面临的困境与挑战

20 世纪 80 年代以来，欧洲社会保障制度受到多方面的挑战。在外部，受到世界经济全球化和欧洲一体化的挑战；而在内部，欧洲福利国家在改革的过程中普遍遭遇困境。

冷战结束后，欧洲一体化进程加快，北欧和东欧国家加速融入欧盟。2000 年 3 月，欧盟里斯本首脑会议宣称将在欧洲建立"更多更好的就业以及更大的社会聚合"，首次明确提出了比较全面的社会政策目标。同年 6 月，欧盟委员会在《社会政策议程》中提出了实现"欧洲社会模式"现代化的目标与原则，自此，"欧洲社会模式"也成为欧盟层面上一个正式的官方语汇。同年的欧盟尼斯首脑会议批准了这个计划，标志着欧盟在社会政策领域中采取的行动进入了一个新的阶段。

"欧洲社会模式"没有明确的定义，而是根据约定俗成的观念对成员国在社会层面上的"共同特征"进行的概括。安东尼·吉登斯认为欧洲社会模式并不是一个单一的概念，它是一系列价值、成就和抱负的总和，包括控制可能危及社会团结的不平等因素，通过积极的社会干预来保护易受侵害的人群，在产业领域培育协商而非对抗的氛围，为全体人民在社会和经济方面的公民权利提供一个良好的架构。[①]

在经合组织国家范围内比较来看，欧洲社会模式的主要特点体现在如下四个方面：（1）经济表现方面，总体来说，与美国和日本相比，欧洲经济增长水平较低，但贸易依存度较高；（2）劳资关系方面，欧洲的显著特征是利益集团与协商谈判程度较高，而且工资结构更加平等；（3）劳动力市场方面，欧洲失业情况更加严重，其劳动力市场的灵活性更低；（4）社会政策层面，欧洲公共预算和赤字水平都更高，用以维持更高水平的社会保障。[②]

在《社会政策议程》中，欧盟对于"欧洲社会模式"在欧洲经济发展过程中的重要作用给予了高度评价，同时也认识到，为应对全球化带来的全面挑战，"欧洲社会模式"必须走向现代化才能继续发挥作用。首先在价值观念层面上，全球化的政治文化对欧洲强调团结和聚合的社会共识造成了伤害，在各竞争力因素的压力下，战后欧洲劳资平衡的社会关系受到很大冲击。其次，欧洲各阶层普遍认识到，"欧洲社会模式"下的高额劳动力成本使欧洲企业在全球经济竞争中处于不利地位，僵硬的劳动力市场使得欧洲在迎接"知识经济"时代的改革方面也举步维艰。此外，全球化时代的移民问题已经对欧洲国家以公民权为基础的社会保障制度提出了挑战，移民群体直接影响了欧洲经济与社会结构的均衡和稳定，而且使欧盟扩大后出现了更加复杂的局面。

同时，欧洲社会模式也面临着诸多内部的挑战，其中包括人口老龄化、出生率降低、由于妇女大规模进入劳动力市场而导致的家庭性别角色的变化、导致就业水平最优化的从工业经济向服务经济的转变，以及在劳动组织中出现的新技术、新的不平等和技术偏见等社会排外形式。艾斯平－安德森表示，现存的社会福利制度之所以会变得过度扩张，最重要的原因在于劳动力市场和家庭作为传统的福利提供者的地位的弱化。

---

① 〔英〕安东尼·吉登斯、帕德里克·戴蒙德、罗杰·里德主编《欧洲模式——全球欧洲，社会欧洲》，沈晓雷译，社会科学文献出版社，2010，第13页。
② 〔德〕伯恩哈德·埃宾豪斯：《欧洲福利国家的未来在哪里?》，《欧盟治理模式》，社会科学文献出版社，2008，第54页。

为此，欧盟在《社会政策议程》中将"欧洲社会模式"的现代化问题提到了重要的议事日程，冀望通过一系列的全方位行动，如充分就业、改善工业关系、提高社会政策的质量、在社会政策层面上因应联盟的扩大、加强国际合作等，改革社会保护制度，"使其向知识经济的转型、社会与家庭结构的变化做出回应，使社会保护成为一种生产性要素的作用"[①]。欧盟社会政策当局也认为，在里斯本首脑会议上所确立的发展目标（即"里斯本战略"）中，"社会模式是这些目标的中心，但同时必须对其进行现代化以适应全球化与知识经济的需求，在变化的经济与社会生活中满足我们公民的需求"[②]。

第二节　社会保障制度改革动因分析

20 世纪 70 年代石油危机以来，西欧福利国家的黄金时代开始终结，社会保障制度面临着国内外的挑战，其不得不走上改革之路。国民收入和财富分配不均的状况不断扩大，社会矛盾日益突出，税收和政府开支入不敷出；人口老龄化和失业问题严重，人们对社会保障的需要在急剧增加，因此而产生的庞大社会开支成为欧洲福利国家的沉重负担。同时，随着全球化时代的到来，欧洲福利国家也面临着诸多外部挑战。而在东欧，原社会主义国家在转轨过程中，先前由国家统包的社会福利制度也不得不走上与市场经济相适应的改革之路。

一　人口老龄化对欧洲社会保障制度产生了严重的负面影响

人口问题与社会保障制度之间有密切的联系，一个国家的人口状况，特别是人口总量和人口结构直接影响该国社会保障制度的正常运行。人口的老龄化是当今世界的一个突出倾向，其标志是老年人绝对数字的增长。老龄人口的增加不仅会影响对于老年人照顾的需求量，而且还会影响到老年人照顾的提供方式。

---

① European Commission, "Social Policy Agenda," Com（2000）379final, 2000, p. 20, http// europa. eu. int.

② European Commission, "Social Policy Agenda," Com（2000）379final, 2000, p. 7, http: // europa. eu. int.

表 2 - 1　欧洲主要国家 1990～2050 年 60 岁以上人口比例

单位：%

国家\年份	1990	2000	2010	2020	2030	2050
法　国	18. 9	20. 2	23. 1	26. 8	30. 1	31. 2
德　国	20. 3	23. 7	26. 5	30. 3	35. 3	32. 5
意大利	20. 6	24. 2	27. 4	30. 6	35. 9	36. 5
西班牙	18. 5	20. 6	22. 4	25. 6	30. 9	24. 2
瑞　典	22. 9	21. 9	25. 4	27. 8	30. 0	28. 7
英　国	20. 8	20. 7	23. 0	23. 5	29. 6	29. 5

资料来源：The World Bank, *Averting the Old Age Crisis Policies to Protect the Old and Promote Growth*, 1995。

在人口老龄化的过程中，由于老年人口绝对数量和相对比重的提高，给欧盟国家带来了一系列社会经济问题，这些问题对社会保障产生了严重的负面影响：

1. 劳动适龄人口的减少和老化

首先，据 2006 年 OECD 的统计，在整个欧洲，65 岁以上老人占 15～64 岁适龄劳动力人口的比重，已从 1990 年的 21.4% 上升到 2000 年的 40% 以上，预计到 2030 年将上升到 54.4%。老年人口比例的上升意味着劳动大军人数减少，纳税人数相应减少。其次，劳动人口的老化，造成劳动生产率的下降，而且由于经济产业结构的调整步伐加快，新兴产业不断涌现，逐步增加的老年劳动力难以较快掌握新技术，不能适应经济结构调整的步伐，进一步导致社会保障资金供给的降低。

2. 老年扶养率的提高直接使得退休金和养老金支付上升，大大超过社会的供给能力

据统计，1960～1985 年，瑞典 65 岁以上人口的比例由 12% 提高到 17%，老年扶养率由 18% 提高到 28%。根据国际劳工局研究决定，1980～2000 年，德国老年人口从 23.7% 提高到 24%，到 2050 年，将提高到 40%。[①] 享受保障金的人数越来越多，而交纳社会保险费的人越来越少，这

---

① 国际劳工局编《2000 年世界劳动报告》，国际劳工与信息研究所所译，中国劳动社会保障出版社，2001，第 165～168 页。

意味着工作岗位上的社会成员要负担更多的社会保险费来供给退休人员。

3. 国家和企业的负担越来越重，特别是国家财政支出日益沉重

由于社会保险资金的供给减少和需求的增加，其差额不得不由国家财政负担，所以国家用于老年人的财政支出日益沉重。政府为了减少财政赤字的进一步扩大，将这一部分支出转嫁给企业和个人，严重影响了企业和个人的劳动积极性，进而影响欧盟国家的国际竞争力。

二 财政危机是欧洲国家社会保障制度改革的主要动因

欧洲国家社会保障制度的危机，集中表现在财政支出方面。二战以后，欧洲福利国家在社会保障覆盖面和服务深度方面取得长足发展。但与此同时，国家的社会保障支出占 GDP 的比率也明显上升。早在 1990 年，欧共体12 国在养老金和医疗保健方面的亏空就达 7.5 万亿欧洲货币单位，相当于同年欧共体国内生产总值的 14.5%。据专家预测，社会保障开支超过国内生产总值的 40% 后便会出现危机，社会保障制度便会演化为官僚制度，并导致偷税、打黑工等现象大量增加。而眼下，欧洲，尤其是北欧国家都已经超过这一警戒值。

表 2-2　欧洲主要国家社会保障占 GDP 和政府财政支出的比例

国　家	GDP 总额（亿美元）	人均 GDP（美元）	社会保障支出占GDP 的比例(%)	社会保障支出占政府财政支出的比例(%)
德　国	29149	35422	20.8	46.71
法　国	22712	37019	21.2	42.16
英　国	24356	40237	18.2	35.82
瑞　典	3936	43190	23.9	42.45
挪　威	3374	72768	17.2	38.30
卢森堡	425	89923	15.7	62.41
波　兰	2857	7964	17.8	40.43
捷　克	1423	13863	12.9	29.50

注：①社会保障支出指由中央和地方政府、雇主和被保险人、附加年金计划净收益等提供的资金，包括支付给患病者、残疾人、老年人、遗属、生育者、儿童、失业者等群体的津贴和实物，其他社会救助开支和相关行政开支。该数据不包括卫生支出。

②数据来源及年份：根据欧盟统计局 2008 年出版资料中得出统计数据，所有数据为 2006 年数据。

资料来源：根据周弘主编《社会保障制度国际比较》附录一整理制作。

财政危机的原因首先是人口老龄化导致基金收支结构不良。战后 50 年来，欧洲人的平均寿命从 66 岁提高到了 76 岁，而生育率却逐步下降。研究表明：到 2025 年欧洲大陆 1/3 的人口年龄在 70 岁以上，比现在多近两倍。20 岁以下的青年人所占比例 30 年中从 30% 下降到 20%。欧洲目前在职职工和领取养老金者的比例为 1.5∶1，50 年后将为 1∶1.5。[①] 其结果是交纳福利费用的人越来越少，需要供养的人越来越多，医疗费用大大增加。此外，失业队伍骤增导致失业津贴增加，也是导致社会保障支出膨胀的重要原因。

以养老金为例，由于人口老龄化的发展，欧盟国家的人口结构发生很大变化，老年赡养率在多数成员国都呈上升态势并达到了前所未有的水平，欧盟曾于 1996 年做了一项研究，对当时 15 个成员国在 1995 ~ 2030 年间的养老金支出进行了预测，其结果表明，在此期间，欧盟养老金支出占 GDP 的平均比重可能会从 12% 增加到 15% 或 16%，到 2030 年，该比重尽管在英国、爱尔兰、冰岛等国较低（约在 5%），但大多数国家都在 10% 以上，意大利、芬兰、德国等则可能会是 15% ~20% 之间。[②]

自 20 世纪 80 年代初期以来，福利国家政府纷纷采取措施降低福利支出水平，但效果并不明显，福利支出比率仍然居高不下。为了使社会保障得以维持，法、德等福利国家不得不耗费巨额财政用于社会保障支出，由此而产生的财政赤字成为这些国家的通病。为弥补高福利所导致的巨额财政赤字，福利国家不得不大举借债，同时不断扩大货币发行量，造成了严重的通货膨胀以及劳动人民实际生活水平下降的恶性连锁反应。

三 民族国家面临的外部挑战

以完善的社会保障制度为内核的欧洲发展模式，一定程度上是在民族国家的公民认同和自由市场经济的基础建立起来的。欧洲大厦的建设者们不断地在共同体和联盟层面上协调，出台有利于经济社会平衡发展和自然环境保护的具体政策指令，从指定社会救助方面的共同标准，发展到在欧盟层面上协调发展目标和政策，继而为跨国劳动力流动及社会保障金的发放规定共同

---

① 张善余、彭际作、俞路：《总量开始减少的欧洲人口形势分析》，《欧洲研究》2005 年第 2 期。

② Richard Disney, *OECD Public Pension Programmes in Crisis: An Evaluation of the Reform Options*, Paper Presented at ACES at the ASSA Meetings in New York, 1999.

行为规范与准则。

然而，自 20 世纪 80 年代以来，欧洲国家这种以国家为整体的传统增长模式，首先受到了全球性竞争的挑战，后来又受到欧洲统一市场的考验，欧洲福利国家的政治和社会现实从观念到体制都受到了多重挑战。

（一）经济全球化对福利国家的挑战

随着冷战的结束，经济全球化不断深入发展，各国之间的相互依赖性与日俱增，经济问题成为国内和国际诸多关系的焦点，经济利益变得如此重要，以至全球化在某种程度上意味着经济的全球化。从 20 世纪 90 年代以来，欧洲国家在社会保障制度的问题上，已充分认识到经济全球化对于福利国家制度的挑战。"我们面临的挑战是内部的和技术性的，但同时也来源于经济的国家化和欧盟未来的扩大。"[1]

全球化时代最显著的特征之一就是包括资本在内的资源跨国流动性不断增强，这使得不同经济体之间的依存性和一体化程度达到了前所未有的高度，置身于其中的经济体能做的只是保持预算平衡，放松经济管制，开放贸易和投资，维持货币稳定，而其他的决策则由资本本身完成，国家难以控制。这也就是说，经济全球化使主权国家受到国家职能弱化的挑战，而这种挑战集中体现在社会功能方面。福利国家在继续履行其作为主权者的社会职能的同时，在其他一些功能领域已经开始改变其行为方式。例如，国家致力于降低关税，通过降低公共部门的开支来削减赤字，有选择地发放低收入家庭的补助，制约普及制福利的发展，增加教育开支或强化政策力度等。在德国著名哲学家、社会理论家尤尔根·哈贝马斯看来，由于"公民社会权"以主权国家为依托，所以全球化对主权国家的冲击必然影响其对本国公民的保护。[2]

经济全球化对福利国家的政治基础构成了实实在在的冲击，也暴露了欧洲国家经济的许多结构性问题，如产业调整相对缓慢，开设新企业和技术更新相对困难，劳动力数量和质量相对下降等。在社会层面上，福利国家制度下的公众已经习惯了由社会来分担风险的生活方式，在适应经济结构调整方

---

[1] European Commission, *EU Employment and Social Policy, 1999 - 2001*, 2001, p. 4.

[2] 〔德〕尤尔根·哈贝马斯：《公民权与民族性》，巴特·凡·斯廷贝尔根编《公民权的条件》，SAGE 出版社，1996，第 21 页。

面的能力也受到了影响。这些问题给全球化时代的福利国家带来了适应性方面的困难。因为在全球化时代，"接受风险是繁荣的前提条件。安全是由保险提供的。由于福利国家在很大程度上是由国家控制的管理风险的制度，因而对安全的考虑与重建福利有直接的关系"①。

一般来说，对于社会保障系统而言，全球化带来了一种降低覆盖率和津贴不足够的风险，因为政府将竭力创造企业友好型环境，而这主要是通过限制或降低社会保障费率来实现。与此同时，全球化又创造了一种保证将处于更不稳定就业的工人纳入社会保障覆盖的迫切需要。对于欧盟国家来说，这种复杂的挑战促进了以"灵活保障"概念为框架的发展——即促进灵活的劳动力市场和高水平社会保障相结合的需要——并且，同样重要的是，促进了大力利用就业和社会政策来积极推动劳动力市场创造不仅更多，而且更好的就业机会。对于所有国家来说，创造更好的就业机会应该还包含着创造更加优质的工作条件。重要的是，改善职业卫生和安全的指标也应当对总的卫生和福利措施、对经济竞争和生产率产生积极影响。②

（二）欧洲一体化与欧洲福利国家的困境

冷战结束以前，福利国家意味着国家对工业社会有保护与实施管理的责任，而福利国家的国民则拥有享受保护的权利。冷战结束后，国家的边界在全球化的进程中被多方面打破，福利国家内部曾经达成的和谐、默契与相互妥协的各种要素开始跨出国门，在更大的疆域内寻求发展的机会。在此过程中，欧洲统一大市场的建设加快了脚步，商品、服务、资本和人员"四大自由"的实现与福利国家内在的机制产生了冲突，民族福利国家的发展在一定程度上因欧洲一体化的深入而亮起了红灯。

一体化促进了商品、资本、服务、人员四个要素在欧盟范围内的自由流通，分别从不同的角度冲击成员国的社会保障制度。商品的自由流通引起的直接问题，表现为在各种机器作为产品自由流通后，会给使用这些外国机器的企业和个人带来新的职业安全和卫生问题，这就需要各国制定相应的职业安全和健康立法。资本和服务的自由流通会打破支撑福利国家的

---

① 〔英〕安东尼·吉登斯：《失控的世界》，周红云译，江西人民出版社，2001，第84～85页。
② 〔丹〕汉斯·豪斯特·康克乐伍斯基：《社会政策亮点》，国际社会保障协会官方网站（www. issa. int）。

各种政治和社会力量之间原有的平衡，在民族国家层面上引起雇主及其他社会伙伴的关系发生变化。劳动力在欧盟范围内自由流动对社会保障制度的影响是最受关注的问题：一方面，欧盟社会政策处于被动的制度一体化协调阶段，还没有实现制度的真正创新，劳动力的自由流动会影响欧盟和成员国国内社会保障制度改革的步伐；另一方面，欧盟成员国存在不同劳动力市场体制的竞争，这无疑会加剧国内劳动力市场的问题，使社会保障制度的调整难度加大。

承接 20 世纪 80 年代欧共体在内部市场建设方面所取得的突破性进展，1992 年的《马斯特里赫特条约》提出了经货联盟的宏伟计划，并为欧洲单一货币规定了时间表和基本条件，特别是关于年度财政赤字不超过国内生产总值 3%，公共债务不超过国内生产总值 60%，以及通货膨胀率不超过 3 个通胀率最低国家平均数的 1.5% 的严格趋同标准，使欲加入欧元区的国家在国内福利开支方面不得不有所顾忌，如果要维持高额的福利水平，势必不能随意举债或发行货币，那么就只能加税来实现福利的转移支付，而加税却是与激烈的国际竞争所悖逆的政策选择。

福利国家保护的只是主权国家界限内的国民，而这种分割的社会保护并不适应日趋一体化的欧洲社会现实。各福利国家对于一个统一大市场进行分片保护，不仅不利于劳动力的流动，也不利于市场的发展和欧盟所追求的充分就业。所以，欧洲一体化向纵深发展给福利国家提出了一个严峻的课题，不仅不能限制民族福利国家的发展，还要发展新的社会保护机制，以此适应统一大市场发展的需要。

（三）金融危机对欧洲国家社会保障制度的挑战

冷战结束以来，1998 年源于东南亚的国际金融危机和 2007 年始于美国的金融危机对欧洲福利国家都产生了明显的影响，尤其是始于 2007 年中期的全球金融和经济危机明显削弱了欧洲国家赖以自豪的社会保障制度。其中一个近期后果是大多数欧洲公共和私营养老金的价值流失了。这种发展此后引起了对其他问题的关注。特别是与私营养老金制度相联系的问题，具体来说，就是管理上的缺陷、过高的私营管理费用和津贴计算法规规范的缺失。

尽管金融市场到 2009 年中期出现了复苏的迹象，但要求政府采取行动以降低私营养老金风险的公众压力继续存在。政府做出的回应是向私营养老金计划的成员提供更为明确的风险信息，开发和改善选择方案，以及寻求改善治理和行政成本。再者，随着该地区养老金制度变得越来越收入关联化和私营化，最低年金的重要性及其对工作激励的可能影响正在引起更多的重视。

2009 年，欧元区经济预计将收缩 4.2%；在东欧收缩 3.7%；在独联体收缩 5.1%。虽然某些指标现在显示，最坏的时期已经过去，但失业依然攀升，并构成对该地区劳动力队伍的一种严重威胁。例如，2010 年欧盟的失业率预计将达到 10%。

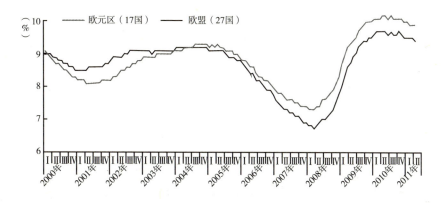

图 2-1 欧元区及欧盟近十年来的失业率变化

资料来源：http：//epp. eurostat. ec. europa. eu/cache/ITY ＿ PUBLIC/3 - 31052011 - BP/EN/3 - 31052011 - BP - EN. PDF。

在这种背景下，西欧的综合社会保障系统，在相当程度上使失业津贴计划，正作为自动经济稳定器发挥着作用，向那些失去工作或其收入下降的人们提供经济来源。正背负要求从国家收入中增加补助来填补的巨额赤字，而国家的债务也在迅速攀升。在东南欧的低收入国家和独联体，不管是就支付的数额还是就符合领取资格的人数而言，失业津贴在 90 年代被大幅度削减。这些差距使得独联体国家和东南欧低收入国家的劳动者失去了针对经济困苦的这种至关重要的第一道防线。

从这个角度来看，全球衰退的期限及其后果延续有着关键性的重要意义。它将决定失业津贴的目前流量是否可以持续，并决定养老金制度面临的长期赤字将在多大程度上被此次经济下滑进一步加大。在欧盟以外，一场延长的衰退可能产生远为糟糕的后果，带来贫困上升、社会凝聚力下降和政治不稳定的威胁。[①]

（四） 日趋庞杂的社会保障对管理部门提出了挑战

由于社会保障机构庞大，管理不够严谨，造成社会保险费用发挥效应低下的问题。如英国全国各地的福利事务机构就有 500 多个，工作人员达 8 万之多，仅管理费用一项就高达 16 亿英镑。

在最近一个时期内，许多国家为私营公司参与提供津贴（在很大程度上是针对养老金和医疗而言）敞开了大门。在养老金领域，是通过私人管理的个人储蓄账户来这样做的，而在医疗方面则是通过私营健康保险和医疗来实现的。这两种类型改革都允许多元化的提供者参与，并在某些决策方面给予受益个人一定选择权。再者，某些社会医疗保护计划还组织了类似市场的竞争，使公共提供机构也必须为取得资源而竞争。在家庭津贴方面，许多国家政府正在为了私人儿童照管机构而将（津贴）支付规则变得更加灵活。有几个国家正在走向以个人储蓄取代社会保险类型的家庭津贴，进而给予受保人员在如何使用积累的储蓄方面以更广泛的选择余地，比如用于再培训、年休假或照料儿童假。

对于受保人员来说，在有关部门津贴提供机构和个人津贴方面给予更大的选择权只是提出了一种对提供更好信息的要求。但对于社会保障政策制定者和管理机构来说，在社会保障提供方面，允许更多机构提供参与和给予个人更大选择权却提出了一系列困难的问题：

——如何向个人提供有意义的、得到恰当监管的选择权，同时保持社会保障系统正试图解决的针对风险的必要保护？

——如何维护单一型统一国家制度下所固有的规模经济？

——如何避免与走向体制分割化型社会保障供给相关的、因更高管理成本而导致的对津贴足够性的侵蚀？

——如何保证个人获得作出导致扩大福利成果的选择所必需的技能和信息？

在一种较过去更大的程度上，人们期待"顾客导向型"社会保障管理体制提供改进的公共服务，协调它们与其他公共机构内同行和非公共提供机构的努力。它们还必须把在实施改革中遇到的任何问题告知政策

---

① 〔丹〕汉斯·豪斯特·康克乐伍斯基：《社会政策亮点》，国际社会保障协会官方网站。

制定者。总体来看，这些因素正使社会保障管理部门的任务变得更加需求技术。

第三节　社会保障制度改革的措施与行动

从 20 世纪 70 年代以来，福利国家模式在一定意义上成了发达资本主义国家经济衰退的替罪羊。在各种责难中，绝大部分都是针对社会保障制度提出来的，而且基本上都将问题集中在福利负担过重的焦点上。由于社会保障制度涉及面太广，西欧各国对它的改革在整个 20 世纪 80 年代只是处于尝试阶段，真正进行实质性改革是在进入 20 世纪 90 年代以后。在欧盟成立以后，各成员国为了达到进入欧元区的趋同标准，采取了一系列变革措施。尽管各国国情不尽相同，其侧重点、方法与进展也有差异，但其出发点都是相同的，即减少福利国家的负面效应，消除因社会保障制度而产生的"英国病""德国病"等，尤其是减轻政府沉重的财务负担。

一　欧洲社会保障制度改革的基本特征

对于福利国家的改革问题，欧洲各国不同党派有不同的认识：右翼党派认为片面追求公正而不重视效率的传统社会保障制度，同市场经济的基本精神相违背，因此只有建立以效率为核心的公正机制，改变甚至完全放弃国家大包大揽的社会保障运行方式，才能彻底走出福利国家的困境。而寻求变革的社会党认为，福利国家的社会保障制度确实应该改变过去那种对个人一生的完全承包，需要提升效率以促进经济发展；社会保障制度对于一个"自由、平等、互助"的理想社会的建构来说又极其重要，福利国家的问题不是根本性的，不需要以完全废除它的方式来解决，只需对它进行改革，建立责、权、利明晰的多元化的新机制就可以更好地运转。为此，西欧社会党在 20 世纪 90 年代中期以后的改革就围绕建立这种积极福利模式而展开的。

随着以社会党为代表的左翼党派在 20 世纪 90 年代中后期上台执政，欧洲各国在福利国家改革的问题上逐渐达成共识，内容主要涉及重视就业问题、对新旧社会风险做出反应、优化积极的劳动市场政策、向低技能劳动提供补贴、税收和津贴等方面。在英国工党"第三条道路"和德国社民党的"新中间政策"理论的指引下，欧洲各国社会党政府推行的改革措施主要呈现以下特征。

第一，在观念上破除公民的福利依赖意识，积极倡导"没有责任就没有权利"的社会保障观。在长期的实践中，欧洲福利国家的公民享受到无微不至的福利照顾，同时不需要承担相应的社会责任，因而逐渐形成了一种福利依赖文化，并产生很多消极面。在全球化时代，这种社会保障观必须改变，建立权利和责任之间的平衡机制。欧洲各国的左派政府提出了他们的新责任观，认为责任是健全社会的基石，个人在享受完善的社会保障的同时，也要积极为社会和他人承担义务，真正实现"机会和权利共享、风险与义务共担"的基于现代意义的社会公正。①

第二，化"消极福利"为"积极福利"，将提供福利关照改为提供就业和创业机会，变"福利国家"为"社会投资国家"，实现功能上的革新。"积极福利"的意义有二：一是改变福利对象被动等待的观念，让他们积极寻求自立的机会；二是改事后救济为主动扶持。改革中的社会党认识到，国家的功能不应再是消极地发放救济金，而是要有效地利用人力资源和加大对人力资源的投资，加强对公民的终身教育和培训，并努力创造就业岗位，促使公民从坐享救济走向就业。

第三，优化社会保障制度的结构。优化社会保障制度的结构包括优化福利对象和优化社会保障投资主体两部分。在保障对象上，有区别地对待不同保障对象，按照工作潜能存在的不同程度来确定保障照顾的程度。在提供保障资金的渠道和来源上，要尽可能扩大保障投资主体。

二 欧洲社会保障制度改革的基本措施

欧盟各国所进行的改革，虽然也有部分政策措施针对人口老龄化等因素，但主要还是针对社会保障费用开支不断上涨的局面，毕竟资金的筹集和运用是根本性的问题，如果处理不好，将难以摆脱社会保障财政危机的困境。欧盟各国解决这一问题的基本途径是开源节流，即大力开发财源与尽力抑制支出双管齐下。所谓开源，就是拓宽社会保障收入渠道，比如增加保障收入所得税，提高社会保障应缴费率和缴费上限；而节流则是指调整社会保

---

① 罗云力：《建立社会投资型国家——欧洲社会民主党第三条道路对福利国家制度的变革》[J]，《国际论坛》2002 年第 3 期。

障支付方法，减少社会保障项目，削减福利性补贴以及将免费医疗服务改成适当收费的医疗服务，等等。具体而言，开源节流的措施主要包括以下几个方面。

（一）完善并修改规章制度，削减社会保障总支出

欧洲各国根据各自社会保障制度暴露出的不同问题，首先从制度层面进行了多方面的修改，重新制定福利标准，改变传统体制下过多、过滥、过宽地发放补助和津贴的做法，以使现行的各种保障制度能够具有良性给付能力。

1. 适当减少支付范围，缩小某些社会保障项目的覆盖面

改"普遍性原则"为"补救性原则"，即有选择地重点帮助低收入者。在整个欧盟，对于儿童的福利已经冻结，或者予以征税。自20世纪90年代初以来，这种福利实际已经减少1/3。英国政府从严掌握家庭津贴的范围，并减少家庭津贴的数额，用"家庭收入辅助"取代"家庭收入津贴"。西班牙削减了失业补贴，并规定只限学徒工享受这种补贴。比利时也已经提高了医疗服务中由患者缴纳的经费数额。在丹麦，领取养老金者和残疾人现在必须为某些类别的家庭护理服务交费。

提高退休年龄并缩小男女退休年龄的差距。欧盟大多数国家在90年代初就纷纷改变政策，不再热衷于鼓励提前退休，而趋向于推迟退休年龄，以减轻就业压力，同时逐步缩小男女在退休年龄上的差距。德国准备从2001~2012年，将退休年龄渐渐地增加到65岁，此前男63岁、女60岁；而英国也计划在2010~2020年将女性退休年龄由目前的60岁提高到65岁，从而与男子持平。

2. 降低社会保障金的发放标准，降低支付水平

改革养老金的给付基础，这是当前削减支付规模的一种普遍趋势。法国自1994年开始，决定将养老金支付额的基础，由劳动者在职期间收入最高的10年改为收入最高的25年，同时，以物价升降而非以工资涨跌为准对养老保险金进行重新重估和调整。德国1992年进行了养老保险改革，将原保险法规定的可以计入养老金投保期的受教育期限由13年缩短为7年；把养老保险金同毛工资增长挂钩改为同净工资挂钩，挂钩系数每年1月1日调整一次，以抑制提前退休和减少养老金支出。德国还于1994年引入限制性措施，并在1997年将其作为促进就业立法的一部分加以修订。这些措施限制

了享有的津贴和权利，对无子女失业者的津贴支付率由失业前净收入的 63% 降到 60%，而对有子女失业者的津贴支付率从 68% 降到 67%。

3. 将享有津贴的资格条件严格化

在欧洲大陆福利国家中，以前公民无论是否努力去找工作，都有资格得到某种最低收入。失业的不断增加，特别是长期性失业的增加，使人们不再支持无条件享受最低收入的做法。欧盟各成员国现在一直保持着 90 年代初经济衰退时期所采用的限制性措施，这使得享有津贴的资格条件相对严格。特别是瑞典，1993 年对失业者享有失业津贴的最低就业记录已增加两倍。在德国，资格条件的严格化使得自 1993 年以来失业者更少地享有失业保险津贴，而更多地求助于社会救济金。在西班牙，获得失业津贴资格的缴费期从 6 个月延长到 12 个月。

4. 加强对享受社会保障者的经济情况调查，以确保把福利发给那些需要的人

英国自 1978 年以来，经过经济情况调查后才发现社会保障的比例已增加了 1 倍；现在，经过调查后发放的社会保障已占全部社会保障开支的 34%。英国没有关于最低收入（由法律保证的使穷人能融入社会的最低收入）的规定，但最穷的家庭可望得到各种社会补助，在发放这些补助以前，有关方面要调查和核实补助申请者的收入情况，如果补助申请者拥有的遗产或储蓄超过 8 万英镑，补助申请即遭拒绝。比利时和德国也实行了对享受家庭津贴者的收入调查。在荷兰、挪威和丹麦，已对享受养老金者实行部分经济情况调查，意大利已根据家庭收入状况对儿童照料津贴进行递减。

（二）加强管理，完善制度，提高资源使用效率，减少不必要的浪费

1. 改革管理模式，加强政府监管

根据不同的国情和保障项目，不同国家的改革趋势也有所不同，有的国家强调管理的一元化，有的国家强调多元化。在欧盟国家中，社会保险因对象不同而被分成很多项。由于各项保险的发展背景不同，因此他们在给付和负担等方面有很大差异。这既不符合公平原则，也不利于统一管理。所以一些国家正努力实现社会保险的一元化，从而统一给付和负担，消除由于保险种类庞杂而带来的影响。而另一些国家则试图下放权力，将统一管理改为分散管理。

以医疗保险为例，中央政府集中控制医疗保险费用，固然可以享受到统

收统支、管理方便的好处，但各地的具体情况却容易被忽视，各地积极性也得不到发挥，产生了"一刀切"现象。欧盟各国已经注意到这一点，并逐渐使医疗保险披上地方色彩。意大利在 1992～1993 年进行的改革，其目的就是控制医疗成本开支，而其手段之一便是将医疗保险的组织和监管权由中央转移到地方。

除了上述手段外，欧盟成员国还采取了诸如加强立法监管等积极措施来努力降低医疗费用开支。德国制定了《疾病保险费用抑制法》《医院医疗费抑制法》，并严格了有关诊疗报酬和医院建设计划。1991 年，法国国民议会提出了《医院法》，其中心目标是严格公共和私营医院法规。

2. 社会保障组织管理社会化

所谓社会保障的社会化管理，就是相对于国家单一管理与传统家庭保障模式而言的，在全社会范围内，由社会保障专门机构负责筹集资金、支付保障津贴、实施对社会保障对象的管理。近年来，这一问题已经得到了欧盟各成员国的相当重视。部分欧盟国家社会保障单一管理降低了社会效率，削弱了决策的科学性，所以对其实行社会化管理能够降低社会保障成本，更好地为投保者服务。

3. 实行私营化，扩大社会保障提供领域的市场经济成分

政府采取优惠措施鼓励私人机构参与社会保障管理和运营，作为国家社会保障的一个补充。

在养老保险方面，政府提供各种优惠措施，鼓励社会及私人承担一部分老龄人口的赡养义务，从而缓解政府的财政负担。丹麦的私营养老金增长迅速，现已覆盖了整个劳动力队伍的 80%～90%。其他国家如英国、爱尔兰、德国等也鼓励发展私营养老金计划，英国和爱尔兰由于公共养老金的替代率较低，从而对私营计划更为感兴趣。

在医疗保险方面，各国积极发展私营医疗，私营医疗保险机构方兴未艾，上升势头还相当足。在欧盟成员国中，私营医疗保险在整个医疗保障方面的地位有以下两种情况：一种是公营医疗保险和私营医疗保险并存，其中私营医疗保险占据重要地位。这类国家以荷兰和德国为代表，其中荷兰的私营医疗保险市场占有率已达 30% 以上。另一种是仅把私营医疗保险作为供应医疗保险的补充，它占据从属地位。这类国家有英国、法国等，英国的私营医疗保险市场占有率为 11%，一般只负担医疗急诊和专家诊治。

在失业保险方面，失业保险基金的管理由政府逐步向民间或私营化转移，扩大失业保险基金的自营收入，允许投资的多方位化。

4. 调整社会保障项目的收支结构，注重个人缴费，减少政府负担

20 世纪 90 年代以来，社会保障的财政来源已发生了一些变化，欧盟部分成员国试图减轻雇主的资金负担，以便在具有较高失业率和面临日益激烈的外部竞争的情况下，抑制高额的劳动成本，增强企业的国际竞争力。筹资来源的另一个变化是受保人承担费用的增加，少数国家出现作为特种用途的税种，即特种税。在法国，有雇主和雇员共同缴纳的社会保障费占社会保障基金的 80%，其余 20% 则来自向受保人征收的特种社会保障税。

此外，还有向个人转移负担的趋势。在意大利和瑞典，为了抑制未来养老金支出的膨胀，已采取新动作使养老金的替代率降低，养老金水平的调整又不能与在职职工工资水平的提高和物价上涨水平同步，退休人员无法完全靠此为生，于是政府从 1998 年 4 月起强制企业推行职业养老金。可见英国试图将负担养老金的责任逐渐由国家向企业和个人倾斜。

三 欧盟层面的社会保障制度改革

（一）欧盟介入成员国社会保障体系改革的策略

随着欧洲经济一体化、尤其是单一市场的发展，欧盟各国之间的劳动力流动日趋频繁，这就为欧盟层面上的社会保障政策建设提出了根本性的需求。虽然处理社会保障事务属于各国的国内政策，但跨国流动劳动者的社会保障问题，则需要各国政府之间达成协议。首先，劳动力在欧盟内自由流动的加强要求欧盟建立统一的社会保障制度，以便使劳动者不会因为就业地区的改变而导致其社会保障权利的丧失，以及社会保障关系的混乱。其次，社会保障一体化是各国之间公平竞争和社会保护的需要。社会保障与劳动力成本关系密切，并进而对资本的流向产生影响。也就是说，社会保障水平，以及与其相关的税收水平等因素对一国的经济竞争力和投资环境有明显的影响（虽然不是唯一的影响因素）。

欧盟在社会保障领域的介入和干预策略经历了一个演变的过程：从最初共同体在社会领域中的行动方式仅限于"促进成员国合作"，就特定的社会政策问题"进行研究、发表意见和安排磋商"以及管理欧洲社会基金，到《单一欧洲法案》规定理事会可以在"改善工作环境方面以有效多数决议和指令

方式"执行相关政策，再到 2000 年里斯本首脑会议上提出的"开放性协作机制"。作为欧盟成员国间的一种合作协商机制，成员国在"开放性协作机制"中提出自己关心的议题和解决的计划，然后相互之间进行公开讨论，达成共识。之后再由成员国共同检验、比较和调整。欧盟利用开放性合作机制，对传统福利国家的社会保障模式及其改革有根本性的触及。开放性合作机制可以适用于社会保障各个领域的改革，它在一定程度上克服了传统的标准化形式不注重成员国具体情况的缺点，增加了自身的有效性和可行性。

比如，在养老保险制度改革方面，欧盟委员会在 1999 年 7 月的一份通讯中首次提出要求成员国之间在养老保险领域加强合作。为了协调社会政策制定者和经济政策制定者工作，2001 年哥本哈根欧盟首脑会议要求欧盟的经济政策委员会和社会保障委员会共同起草一份关于养老保险改革的报告。这标志着"开放式协作机制"正式用于养老保险政策领域。该报告 2001 年 11 月完成，提出一整套广泛的共同目标（11 项）和工作方法，以促进成员国在这一领域建立一体化的政策框架。它明确提出要加强现存的有关促进养老保险合作的各个进程之间的相互协作。报告中所形成的框架旨在帮助成员国独立使养老保险体制向着充足和可持续的方向发展，鼓励成员国之间相互学习优秀经验。欧盟定期的以已经确定并且达成共识的指数为基础来监测成员国的改革进程，然后将结果通报成员国。

同时，报告也为未来的改革步骤提供了一份详细的时间表。之后欧盟邀请各个成员国于 2002 年 8 月之前，根据该报告的内容提出自己的计划。成员国的报告应该包括成员国对自身改革中所面临的主要挑战和解决方式，以及可以用来预测改革中长期影响的数据。在各国报告的基础上，委员会和理事会共同为 2003 年的欧盟首脑会议提供一份共同报告。最终委员会和理事会于 2003 年 3 月正式推出一份共同报告，在报告中并没有对成员国的改革情况进行排名。然而，报告明确说明了各个成员国实现欧盟共同目标的程度，并且提出了可以采取进一步行动的领域。与此类似，2004 年、2005 年员国也都提供有关本国当年最新改革进展的国别报告，并有委员会和理事会形成共同报告。

（二）欧盟推动社会保障制度改革的主要内容

20 世纪 90 年代，整个欧洲对社会保障制度的关注比以往任何时候都要密切，其成果是《阿姆斯特丹条约》获得通过，从而将战略和目标的概念最终统一起来。

在这一领域有一个根本和毋庸置疑的要素，并且在近 20 年来都是如此，那就是社会保障制度的组织结构问题和每个成员国完全由自己决定其社会保障资金的筹措问题。欧盟之所以要在成员国之间对制定的方针进行分别实施，原因在于公民和他们的福利机构之间具有十分重要的关系，在于强制推行统一政策所面临的巨大阻力，同时还在于利益团体之间和社会文化传统之间存在差异。尽管"欧洲社会模式"框架已经明朗，但为了本国工人和公民的利益，各国都曾进行过长期的交涉。

在 20 世纪 90 年代中后期，欧洲委员会经常就社会保障问题进行辩论，争议的要点主要围绕三个方面的重要内容展开。

第一个内容是不同国家在实现其社会保障目标进程中所面临的问题在多大程度上具有共性。

第二个内容是不但在非成员国之间的竞争方面需要改革，欧洲融资制度本身存在的问题也需要改革，例如，需要控制公共债务和赤字问题以防止政府未来开支的增长，例如，需要增强代际团结以防止贫困的发生。在劳动力流动的情况下，欧盟的组织机构所必须扮演的角色应该是促进社会保障制度领域的有效合作及达成一致，通过提高国家间的交流来应对未来共同的挑战。社会保障政策中采取的任何措施都不应使之与经济发展存在对立因素，相反，社会保障与经济发展之间应是相互支持的关系，就是说社会政策应被视为一个生产要素，使之增强经济和社会的稳定性、功效性和灵活性。

第三个内容是突出了存在于目前的经济结构改革——部分改革动因是欧洲一体化——所引起的资源再分配和所需要的灵活性、适应性及其与社会风险之间的关系。因此，需要利用社会保障的功能来提高支持力度以促进上述关系的协调，同时，为了达到良好的改革效果，还需要支持新形式的培训工作，培训内容包括新的组织形式和新的工作时间。

四 "第三条道路" 与社会保障制度改革

世纪之交，"第三条道路"在欧美国家成为一种引人注目的现象。1997年上台的英国工党政府首相布莱尔，在次年 10 月份出版了题为《第三条道路：新世纪的新政治》的小册子，是"第三条道路"这种介于"自由主义"

和"社会主义"之间的意识形态基本成型的标志。工党在社会政策方面的方针是，要建立有效的社会机制，维护权利与义务、企业家精神与社会公正之间的平衡，防止社会分裂。

具体到社会保障制度改革方面，"第三条道路"秉持三个方面的理念：首先是强调要实现社会保障的供给与需求、市场经济的公平与效率、社会成员的权利与义务的平衡；其次是实现从"消极福利"向"积极福利"的转变。建立以提高就业能力取代就业保障为核心的社会保障体制，从救济性的社会保障政策转向开发性的社会保障政策，把生活福利改变为工作福利；最后就是变"社会保障国家"为"社会投资国家"，主张建立以企业家和工会为主体、有广泛社会力量参与的"劳动、革新和公正联盟"，形成一种积极的社会伙伴关系。

"第三条道路"的社会保障改革措施，主要有以下几个方面：第一，调整就业与福利的关系，帮助和鼓励工作年龄人口从事工作，这是"第三条道路"社会保障制度改革的首要政策。在工党执政的第一年中，就把大量财力投向教育和卫生保健，并在三年内达到了400亿英镑。英国政府制定并推行了大规模的"从福利到工作"计划，分别为青年人、失业者、单亲父母、残疾人制订了不同的行动计划，并且采取了一系列的政策措施，如将工作作为领取社会补贴的必要条件，规定最低工资以加强工作的吸引力；以补贴的手段促进失业者到私营机构、志愿者机构、社会工作机构等工作，或接受全日制或职业教育和职业培训等。法国政府也针对失业者和低收入者的不断增加，加大了反贫困政策的力度，包括实行"最低社会融入"补助、青年培训计划等。德国施罗德政府执政后，进一步强化反失业措施，耗资20亿马克启动了"紧急就业计划"，建立了由政府、企业、工会组成的"劳动联盟"，共同协调就业政策。

第二，加强对弱势群体的救助，努力减少贫困现象。以英国工党为例，英国工党政府从四个方面加强了对贫困群体的帮助。具体措施包括：以增加工资的形式直接向低收入家庭支付税收信用；改革国民保险捐税制度，对最贫困者实行10%的所得税率；改革有可能增加贫困和失业的收益制度，使那些在原有体制下没有得到充分保障者得到更多的照顾；提高那些没有加入职业保险计划或者保险金不能维持基本生活者的保障待遇，以便他们过上体面的生活。

第三，提高社会服务质量，减轻保障支出压力。1998年，英国工党政府公布了题为《我们国家的新动力：新的社会契约》的绿皮书，提出要提供高质量的教育、保健和住房公共服务，将政府的工作重心从发放福利转向提供良好的公共服务，使现代社会保障制度灵活、高效、便民。1999年2月，英国政府发布了新的国民照顾战略，在保障受照顾者的健康、摆脱照顾、社区服务和帮助他们从事力所能及的劳动等方面确定了政府变革的思路。

第四，推动社会合作，发挥志愿者组织与慈善组织的作用。推动社会合作计划，培育国家、企业和个人彼此协调负责、积极互信、充满创新和活力的公民社会。英国在社会保障制度改革中，十分注重发挥国民诚信、救世军等志愿者组织和慈善组织在提供就业机会、改善社区环境、提供照顾服务、培训失业者等方面的作用。非政府组织对社会保障体系的介入，是"第三条道路"福利政策的明显特色。

第五，打击和防止福利欺诈活动，减少社会保障资金损失。英国政府加大了对福利欺诈活动的调查和处罚力度。如赋予地方政府在调查户主欺诈问题上更大的自主权，并提供相应的经济激励；建立跨郡市的联合工作小组来调查有组织的欺诈活动；设立反企业欺诈热线来加强对雇主逃避社会保险缴费的打击。同时，还通过立法对福利欺诈行为进行有效的惩罚，改变了过去对于欺诈行为，除了要求退还多发的福利金并扣发一部分福利金外，只能靠提起诉讼这种成本较高且费时的手段来对付欺诈者的状况。

第四节　社会保障制度改革的困境和前景

一　欧盟国家社会保障制度改革的异同

由于欧洲各国在政治文化和社会模式上存在很强的差异性，它们在福利国家改革过程中遭遇的问题和做出的回应也千差万别。（见表2-3）

总的来看，欧盟国家在改革的过程中普遍面临财政困难、失业增加、劳动力市场僵硬、社会排斥加剧等问题。但是，在问题的性质和程度、改革的措施与思路方面，西欧福利国家之间的差异性仍然很强，更不必说福利国家制度尚不成熟的南欧国家和东欧国家了。

表 2 - 3　欧盟国家社会保障制度改革过程中的差异性

福利国家的五种类型	改革中出现的主要问题	解决问题的主要方法
北欧社会民主主义福利国家	财政困难;失业增加;公私部门就业收入差距加大	提高公共部门的就业
自由主义福利国家	贫困和低工资就业增加;劳动力市场分化;社会保障标准降低	重建经济与社会之间的平衡
保守主义福利国家	劳动力成本高昂;失业严重	在公私经济部门中扩大就业
南欧发展中福利国家	社会排斥;妇女就业面临困难	完善社会保障制度
东欧转轨国家社会保障制度	社会保障制度缺陷;失业严重;相对贫困;贫富差距加大	建立现代社会保障制度

资料来源：Gabreiel Amitsis, Joe Berghman, Anton Hemerijck, Theodoros Sakellaropoulos, Angelos Stergion, Yves Stevens, Connecting Welfare Diversity within the European Social Model: Policies and Instruments, http：//www. ep-katartisi. gr/conference/eng-lish/, p. 11。

　　以失业问题为例，虽然欧盟成员国普遍面临失业困境，但不仅原因和程度有很大不同，而且各国政府采取的回应措施也有很多差别。就北欧国家和欧洲大陆国家而言，前者在福利国家的框架下采取了"扩大就业战略"，主要通过公营部门的"社会服务业"来扩大就业；二欧洲大陆国家则通过促使劳动力供应减少来缓解就业的严峻形势，在基本保持现有社会保障标准的同时，允许"提前退休"、控制妇女就业的规模、职业培训等措施来缓解青年队劳动市场的压力。与此相对应，不同改革措施带来的负面效应也大相径庭。在北欧国家，近年来在就业市场上"性别分离"的状况有所加剧，妇女主要集中在低工资的公营部门工作，而男性则更多地集中在高收入的私营部门。在法国、德国等欧洲大陆国家，劳动市场中"内部人员"和"外部人员"的分化也在加剧：少数男性"内部人员"享有高薪、奢华的社会权利、稳定的工作保障，而与他们结合在一起的是膨胀的"外部人员"规模，她们要么依靠男人的薪酬，要么依靠国家的福利转移。[1]

　　但是，福利国家在改革过程中因为采取不同应对措施而产生的负面效应也并非毫无共同之处，在西欧，越来越多的人认为，福利国家由个人、企业和国家共同分担社会风险的模式削弱了人们对于工作、储蓄和投资的热情，

---

① 〔丹〕哥斯塔·艾斯平－安德森编《转变中的福利国家》，周晓亮译，重庆出版社，2003，第 25~26 页。

降低了人们的经济动力。20 世纪 90 年代以后，在改革的过程中，西欧福利国家出现了新层次的、"趋势"上的"共同性"：包括强化市场倾向的社会保障制度，强化以保险为基础的社会条框，增强社会责任的私有化，制定并加紧社会服务传输方面的规定，在不同的服务对象之间增强极化等等。同时，西欧国家普遍注意了在改革过程中运用福利国家的社会补贴手段为劳动市场的转型服务。在改革后的社会政策体系中，不仅老人、妇女和儿童需要社会政策的关照，大量的成年人再培训和终生学习，及推动地区流动性和工作流动性的计划说明，成年的工作群体也正在成为"积极的社会政策"的关注对象。

二 积极福利改革模式的困境

如前所述，欧洲福利国家自 20 世纪 80 年代发起福利制度改革以来，总体上奉行了一条积极的福利改革道路，尤其是中左翼党派政府主导的福利改革，在强调权利与义务均衡的基础上打上很深的积极帮扶的烙印。从效果上看，"虽然实行了一些规模较小的参数改革，试图在不同的保险体系之间转移社会保障成本，但这些改革并没有能够改变现状"[①]。社会保障改革的难点集中在新政策是否会产生"利益损害群体"的问题上，如果要削减福利，恐怕没有哪个阶层会爽快地应允，也就必然要产生"利益损害群体"，进而引起相关群体与政府的对立甚至社会冲突。

在德国，社民党与绿党 1998 年 10 月组成联合政府，在它们共同签署的名为《觉醒与革新——德国迈向 21 世纪之路》的执政大纲中，提出了对社会保障制度进行适应性改革和调整的主张，试图建立一个新的社会保障网，并使之成为如时任总理施罗德所描绘的"一个跳板"，让任何一个暂时需要支持的人，能够从这一跳板迅速地重返自己先前的生活。但是，具体的改革措施一直处于争议之中。2002 年获得连续执政资格之后，施罗德政府制定了"2010 年议程"的改革计划，下决心将全面改革福利制度的想法付诸实施。主要措施包括：通过降低税率增加个人和企业的收入，刺激消费和投资；改革失业保险和救济制度，逐年削减失业者的救济金，对拒绝再就业者

---

① 〔德〕伯恩哈德·埃宾豪斯：《欧洲福利国家的未来在哪里？》，《德国研究》2008 年第 2 期。

予以削减救济金惩罚；推迟甚至暂时冻结退休者养老金的增加；参加医疗保险的职工，除交纳保险金外，就诊、领取药物和住院还需额外付费等。可是，这些改革措施还在酝酿和出台时，就遭到民众的强烈反对。在第二年正式颁布后，更促使成千上万的德国人走上街头，抗议这项改革"对社会弱势群体过于强硬和无情"。施罗德以及他领导的社民党的支持率大幅下降，党员人数锐减，党内冲突加剧，最终导致 2005 年秋天提前大选并丢掉了执政权。

而在英国，工党政府的改革政策同样遇到大麻烦。布莱尔领导的工党政府于 1998 年 4 月公布了题为《我们国家的新动力：新的社会契约》的绿皮书，提出了积极福利改革模式的 8 项原则：围绕"工作观念"重塑福利国家；公私福利合作；提供高质量的教育、保健和住房公共服务；扶助残疾人；减少儿童贫困；帮助极度贫困者；消除社会保险中的欺诈行为；将政府的工作重心从发放福利津贴转向提供良好的公共服务，使现代社会保障制度灵活、高效、便民。此后，工党政府根据这些原则逐步推行社会保障制度改革。表面上看，工党政府的社会保障改革措施在医疗、就业等方面取得了良好效应。但当面对养老和失业领域特别是公共部门养老保障改革时，情况就不一样了。2006 年 3 月 28 日，英国十多个工会在全国各地组织了一次有 150 万市政员工参加的 24 小时大罢工，其规模和影响程度在英国已是 80 年未见。罢工起因于工党政府为了弥补养老金不足而试图提高公共部门就业人员的退休年龄，拟撤销被俗称为 85 条例（Rule 85）的退休规定，使地方公职人员的实际退休年龄提高到 65 岁，从而实际上普遍降低了他们的养老金待遇。

西欧社会党的积极福利改革模式得到了保守党的呼应。从 20 世纪 90 年代以来，与社会党交替执政的右翼政党，也完全改变了激进的改革做法而接受了实施积极福利的建议。但是，右翼政党执政时的改革同样遭到多方牵制，步履维艰。就在英国大罢工的同时，萨科齐领导的法国右翼政府也遇到了因社会保障改革而起的大罢工。对此，郑秉文曾指出，"也许人们会注意到这样一个奇怪的现象：欧洲几乎年年都发生类似的街头政治，每次规模庞大的运动都多少与社保制度改革有关，甚至直接由社保改革导致，这次英法大罢工就是由社保改革直接导致的；人们还发现，欧洲的社保改革几乎最终都以政府的妥协退让为代价而告终，尽管政府开始时信誓旦旦，声称决不妥协；于是，人们会逐渐总结出这样一个规律：政府发布社保改革的方案→群众示威游行表示抗议→政府表示不退让→社会举行大罢工→谈判升级→罢工升级→政府退让妥协或折中→告一段落。每隔几年就要出现这样一个循环，每个循环几乎都是遵循着这个规律，都是出现这个结局。人们会发问：为什么欧洲每次社保改革都会陷入这个循环并导致这样一个相同的结局？"[①]

在明眼人看来，这就是社保改革对利益调整导致的后果，积极福利改革模式不管吸收了多少有利于经济发展甚至是社会保障可持续发展的因素，但其以削减福利为核心的利益调整方式必然会引发社会冲突。不改不行，经济发展越来越受其掣肘；改也不行，阻力实在太过强大。从各福利国家的改革进程中看，目前的状况是：一方面，福利国家的衰退比较适度，并没有出现经济社会矛盾的极端尖锐化状况；另一方面，改革过程中障碍重重。这使得实质性的改革措施还是停留在边际性的调整上，比如降低收入补偿率，采用以捐款为基础而不是以收入为基础的养老金计算办法等。[②] 而且，这种边际性削减的措施在今天已经具有一种长期渐进的特征。虽然西欧社会党对于改革福利国家的努力和尝试，对于解决福利国家的根本问题起到了一定的作用，但要最终完成福利国家的转型，建立社会公平与资本效率之间的新平衡机制，还面临着巨大的阻力。

三　金融危机下欧洲国家的高福利危机

始于 2008 年的金融危机比 1973 年石油危机对世界经济的影响还要大，是仅次于 1929～1932 年大萧条的一次经济衰退。为应对这次由次贷危机引发的全球性金融危机，世界各国政府都制定了一揽子经济刺激方案，有些国家趁机调整了社保制度。

在欧洲，冰岛、希腊、葡萄牙、西班牙等国的债务危机对欧洲的高福利模式产生了严重冲击——即便是德国、法国、英国等大国也危机四伏。曾为法国政府研究欧洲在全球经济中角色的塔劳奇说，"轻松的日子一去不复还，这不但是希腊、葡萄牙和西班牙等国的情况，对我们来说亦然。我们正

---

① 郑秉文：《英法大罢工制度根源与启示是什么？——不同社保模式的角度之随笔》，http：//www.cnpen-sion.net/index_ lm/13526.html。

② 〔丹〕哥斯塔·艾斯平-安德森编《转变中的福利国家》，周晓亮译，重庆出版社，2003，第 17 页。

面临一场大风暴。我们不再负担得起旧的社会模式，结构改革尤其必要。"

欧洲一些国家发生的债务危机，有多方面的因素，其中一个非常重要的原因是政府花得太多。据欧盟统计局数据显示，2009年欧元区整体财政赤字对经济占GDP的比重达到6.3%，公共债务占比达78.7%，分别超过了《马斯特里赫特条约》规定的3%和60%上限。一些国家情况尤其严重，南欧四国赤字和债务占GDP比重都高于欧盟平均水平。目前，欧盟不少国家已在削减福利，就算财政较稳健的德国，亦将1963年后出生人士的退休年龄，由65岁提高至67岁。法国最近同样在讨论退休制度改革，提高退休年龄及增加高收入人群的税收来支付退休费，

在法国，总统萨科奇2010年初宣布了一系列旨在削减公共赤字的措施，其中一项是对宪法进行改革，以规定每任政府在5年执政期间削减赤字的数字目标，另外还包括削减公共保健及其他行政单位的开支。法国政府已承诺要在2011年把公共赤字降到GDP的6.0%，2012年降到4.6%，2013年降到3%，以达到欧盟稳定公约的标准。英国新政府财政大臣乔治·奥斯本日前公布了一项削减开支计划，预计在本财政年度削减政府开支62亿英镑，旨在减少飙升的政府财政赤字。德国政府计划每年削减至少100亿欧元预算开支，直至2016年，增税以及削减开支都可能被列入政策议程。德国财政部长沃尔夫冈·朔伊布勒称，德国的节省计划打算到2013年将预算赤字占GDP的比例由目前的超过5%降至3%。

四 欧洲国家社会保障制度改革的趋势和前景

福利国家改革所面临的困境源于福利国家模式的价值、制度与现实要求三者间的内在紧张，而积极福利改革模式只是一种理想型的政策设计，它对于消除传统福利国家模式中存在的内在紧张关系还是无能为力。传统福利国家是一种偏重维护公平的经济社会管理模式，西欧社会党的积极福利改革模式转而寻求公平与效率并重的新平衡机制，其出发点与要求在理论上都能成立，但这种理想模式在资本主义制度下是无法成为现实的，因而福利国家的社会保障机制改革只能在公平与效率之间摇摆。旧的平衡机制受到冲击，但新的平衡机制无法建立，这也就决定了西欧国家还将基本上沿用福利国家的模式来整合政治、经济、文化和社会生活，福利国家的运行方式和作用在一个短时期内不会发生大的变化。

全球化加速推进条件下的西欧社会虽然发生了多重分化与重构，但各民族国家的政治作用方式、经济发展方式、文化整合方式以及社会生活样式都还是无法离开社会保障制度这一稳定器，因此，福利国家的存在空间依然很大。首先，从政治中心的作用方式来看，不管左翼还是右翼政党执政，用社会保障制度安排来吸引选民都是最重要的手段之一。其次，从经济发展角度看，虽然说社会保障支出对经济发展形成的负担在短期内仍然无法消除，但西欧各国政府还是不能骤减福利开支，特别是不能大范围地削减福利支出，以避免出现大的社会冲突。再次，西欧国家在长期的福利国家模式之下已经形成了一种独特的福利文化，各政治力量的政治宣传、底层公民的优越感及其休闲娱乐等活动都与良好的社会保障密切相关，以消减福利为主要方向的社保改革将从根本上侵害这种福利文化的基础。最后，也是最重要的一点是，西欧国家的中下层民众的生活安排完全是建立在福利国家社会保障制度之上的，积极福利的设计有可能使他们失去对传统福利的依赖，生活中最稳定的支撑也会因此而失去，他们要开始思考如何自力更生地应对风险的问题，这必然会完全打乱原有的生活安排，由此会在心中产生严重的抵触情绪。总之，西欧民众已经适应了的福利国家模式，即使要改，也不能有大的变化，这就是福利国家生存空间的强大基础。

今天，福利国家各阶层的人们都承认欧洲的社会保障改革必须保持以欧洲的社会传统为基础，同时更好地加以调整以适应不断演变的国情。这种前景包括要求将管理者的经验、远见和睿智纳入政策思辨。反过来，这也赋予管理者一种责任，不应等待被问及，而是主动地与政策制定者分享自己的观点，特别是有关政策执行方面的观点。

展望未来，并考虑到欧洲政策制定者和社会保障管理者不断变化的作用及目标，也许可以提出四点重要信息。

第一，改革变得日益复杂，必须以一种相互协调和因地制宜的方式进行，以便追求日益变得雄心勃勃的多重目标（例如足够的覆盖、优质的服务、改进成本效益、多元化供应机制、恰当的监督和管理、根据人口变化进行调整等）。

第二，走向以实证为基础的政策制定，要求有系统的数据收集，必须对由社会保障管理部门做出的知识性投入给予更多的考量。这种要求可能根据国家的经济发展水平以及管理质量而有所不同。

　　第三，为在一种人口老龄化和劳动力市场变化的背景下确保所有（社会保障）计划的财政健康和津贴的足够程度，为改善服务质量同时又能在津贴和服务方面提供一种更大程度选择的可能性，所有利益相关方都有责任来调整它们的行为。

　　第四，"欧洲社会模式"业已证明在迎接由最近的经济衰退带来的挑战方面是一种强有力的、积极主动的工具。它在帮助刺激整个地区的经济复苏方面的作用举足轻重。然而，在一种财政紧缩的背景下，对于社会保障计划的较长期财政挑战将由这次危机的期限及其持续的后果加以决定，特别是危机对于就业水平和就业创造步伐的影响。

　　就目前的欧洲而言，债务危机的重压使得欧元区的人们面临莫大的惶恐，这种惶恐不是源于金融机构垮台，也不是政局动荡，而是整个福利体制面临难以维持的险境。从希腊到意大利，欧洲人正在为他们一直引以为豪的"从摇篮到坟墓"的社会福利制度能够继续而祈祷。不过，欧洲式的舒适生活使国库越来越空，举债度日难以为继，已经到了不得不改变的境地了。英国《经济学家》最新一期的报道说，保守党和自由民主党联合执政的英国新政府，眼下把福利改革放在首位。在被称为"200年来最重要的政改方案"中，英国政府想把国民保健服务计划的行政开支削减约1/3。在丹麦，政客们正在讨论提高退休年龄，并将退休年龄与预期寿命的增长挂钩。在法国，总统萨科齐誓言改革，要打破为所有人分配工作的"虚伪构想"，并推行养老金改革。在德国，政府将改革的矛头指向了被称作"财政无底洞"的医疗保险上，并增加了领失业救济金的难度，有的议员还提出削减教育经费等。

　　总之，为了在实现"充满活力的社会保障"目标方面取得更大进展，保持信息通畅的政策选择和高绩效的社会保障管理是必要的因素，但并非足够的因素。须重申的是，所有利益相关方调整其行为势在必行。

第三章

欧盟国家产业与部门结构的演变与改革

任何一个国家,当经济发展到一定的阶段时,必然要进行产业结构与部门结构的调整与变化。从一国工业化发展进程的角度来看,总体而言,在国民经济的产业比例中,工业化前期是以农业为主,然后发展到以工业为主的工业化成熟期,最终转向以服务业为主的后工业化时期,即产业结构不断地向现代化、高技术化发展。

由于战后盛行的凯恩斯主义经济政策的过度实施,以及石油危机的冲击,欧美国家在 20 世纪 70 年代陷入增长停滞和恶性通货膨胀的经济滞胀局面,尤其是高能耗的重化工业受到沉重打击。为了摆脱经济滞胀局面,欧美发达工业国家被迫开始产业结构的调整,促使"夕阳产业"关停并转,同时大力发展以微电子技术为主的较少消耗资源与能源的知识和技术密集型产业。科技创新带来的高生产率、高附加值和高资本的积累导致生产结构与组织的深刻变化,形成对传统产业的冲击和促成新兴产业的勃发,与之相应的是,产业结构和部门结构的不断演变与优化配置,产业结构调整将有利于科技创新的产业化和欧盟整体竞争力的提升。

第一节 欧盟国家产业结构调整的背景与原因

一 产业结构的变化趋势

(一) 基本概念

产业结构是指国民经济整体以及各个产业部门之间的相互作用和对比关系。

通常采用的是三次产业划分法：第一次产业包括农业、林业和渔业；第二次产业包括采掘业、制造业、建筑业、煤电水业；第三次产业包括运输通信业、批发和零售业、金融业、房地产业、服务业和国家机关等公共服务业（也可以简单的划分为农业、工业和服务业）。考察产业结构主要使用两类指标：一是各产业的增加值在全部国内生产总值中的比重，二是各产业的就业人数在全部就业人数中的比重。产业结构变化的一般规律是，随着人均国民收入的提高，劳动力首先从第一次产业向第二次产业转移，以后又进而向第三次产业转移。[①]

从一国工业化发展进程的角度来看，在国民经济的产业比例中，工业化前期是以农业为主，然后发展到以工业为主的工业化成熟期，最终转向以服务业为主的后工业化时期，即产业结构不断地向现代化、高技术化发展。就工业本身的发展来看，工业化进程表现为以劳动密集型工业为主导转向以资本密集型工业为主导并最终转向以技术知识密集型工业为主导的三个阶段。相应的先是从第一产业释放出大量劳动力向第二产业转移，工业结构中以纺织业等劳动密集型轻工业为主；然后是向钢铁、石油、化工等需要大量资金投入的重工业推进；随后是工业向高加工度化的发展，技术知识成为最重要的因素，计算机、光电、生化等以科学技术为基础的工业日益居主导地位，这一阶段也被称为"服务化经济"或"软化经济"。

（二）欧洲国家产业结构的变化趋势

在欧美国家的从产业革命开始的工业化进程中，农业在国民经济中的比重不断下降，而工业比重不断上升；到20世纪上半期，工业在国民经济中的比重已经大大超过农业，而且重化工业已经成为欧美国家工业生产的核心，与此同时，服务业也有了长足的发展。（见表3–1）

第二次世界大战以后的20世纪50～60年代是欧美国家经济发展的黄金时期，战后初期各国对基础工业的扶持和发展政策以及50年代以后对重化工业的支持措施极大地促进了基础工业和现代制造业的发展；而由于生活水平的提高和需求结构的变化，服务业的增长速度逐渐加快。产业结构发生进一步的变化，在农业比重继续下降的同时，工业所占比重也开始下降，而服务业的比重不断上升并且开始超过工业成为国民经济中的主导产业。（见表3–2）

[①] 这是英国经济学家克拉克（Clack，Colin Grant）在1940年出版的 *Conditions of Economic Progress*（London，Macmillan）中根据大量统计资料进行时间序列分析总结出的理论观点。

表 3-1　欧美主要国家产业结构的历史变化趋势
（各产业占国内生产总值的比重）

单位：%

国　别	年份	农业	工业	服务业
英　国	1907	6.4	48.9	44.7
	1955	4.7	56.8	38.5
法　国	1896	25.0	46.2	28.8
	1963	8.4	51.0	40.6
德　国	1859	44.8	22.8	32.4
	1950	10.4	56.6	33.0
意大利	1891	47.4	22.0	30.6
	1951	22.7	43.4	33.9
瑞　典	1861	38.3	22.6	39.1
	1951	12.7	54.6	32.7
美　国	1889	25.8	37.7	36.5
	1953	5.9	48.4	45.7

资料来源：〔美〕西蒙库兹涅茨：《各国的经济增长》，商务印书馆，1985，第151页。

表 3-2　战后欧美主要国家产业结构的变化
（各产业占国内生产总值的比重）

单位：%

国　别	年份	农业	工业	服务业
英　国	1960	3	43	54
	1989	2	37	62
法　国	1960	11	39	50
	1989	3	29	67
德　国	1960	6	53	41
	1989	2	37	62
意大利	1960	12	41	47
	1989	4	34	63
美　国	1960	4	38	58
	1989	2	29	69

资料来源：世界银行《世界发展报告》1984年、1991年，转引自《当代世界经济实用大全新编》，中国物价出版社，1994，第144页。

　　由于战后盛行的凯恩斯主义经济政策的过度实施，以及石油危机的冲击，欧美国家在20世纪70年代陷入增长停滞和恶性通货膨胀的经济滞胀局面，尤其是高能耗的重化工业受到沉重打击。为了摆脱经济滞胀局面，欧美发达工业国家被迫开始产业结构的调整，基本特征是将汽车、钢铁、造船等资本密集型产业向外转移，促使"夕阳产业"关停并转；同时大力发展以微电子技术为主的较少消耗资源与能源的知识和技术密集型产业，通过政府进行大量投资、补助和实行优惠待遇等，加快产业结构的升级换代。发端于20世纪60年代的以电子信息技术为先导的新科技革命为欧美国家的结构调整提供了有利的物质基础和绝好的时机，科技创新带来的高生产率、高附加值和高资本的积累导致生产结构与组织的深刻变化，形成对传统产业的冲击和促成新兴产业的勃发，与之相应的则是工业与服务业的进一步的此消彼长。

美国在这一产业结构调整过程中一马当先，20世纪70年代以来大力发展以微电子技术为中心的信息产业和以生物技术、新材料、新能源为主的高新技术产业，同时以高新技术对传统产业进行改造，从而率先走出滞胀困境，并在20世纪90年代实现了长达119个月（10年）持续增长的"新经济周期"。

与美国相比，欧洲国家自工业革命以来积累起来的传统工业部门在国民经济中一直占据重要地位，与这些传统部门相关的资本集团实力较强，在新科技革命带来的产业结构变革中趋向于保守；同时许多传统部门在战后的经济发展过程中或是实行了国有化或是接受国家的补贴，即使效率不高也能维持，因此改革的阻力较大。欧洲国家由于这种传统工业结构的负累，加之福利制度过度发展导致的劳动力市场僵硬等因素的影响，在面对新科技革命带来的产业结构调整过程中大大落后于美国和日本，从而在几乎整个80年代都未能走出经济滞胀的困境，甚至被国际舆论界讥讽为患了"欧洲僵硬症"。简言之，20世纪七八十年代欧洲的产业结构问题是：传统工业部门已经开始衰退，而新兴产业不仅自身没有相应发展起来，更没有能力提供足够的新技术和新设备来改造传统工业，产业结构间的这种不断扩大的裂痕导致部门比例失调，造成经济增长率的下降和失业率的上升。

二 20世纪90年代以来产业结构调整的压力

20世纪70年代开始的新科技革命和80年代以来形成的经济全球化构成了欧盟产业结构调整的外部压力，80年代中期欧共体发起的建立统一市场的经济一体化进程可以视为拉开了经济结构改革的序幕，但真正意义的产业结构调整应该说是始于 90 年代。

70 年代以来，以信息、生物、航天、新能源、新材料等高技术为前导的新科技革命引发了工业发达国家的产业结构调整。高技术从两方面推动了第三产业的发展，一方面通过提高劳动生产率从第一、第二产业释放出更多的劳动力向第三产业转移，另一方面高技术本身的发展不仅推动了信息产业等新兴产业的发展，而且创造出对诸如教育、科研、商业服务、公共服务等第三产业部门的更大需求。在第二产业中，由于高技术的发展，一些原材料工业、能源部门逐渐走向衰亡，像汽车、钢铁、机械制造等传统产业则面临通过高技术改造的重新工业化的转型；同时电子信息、航天、新能源、新材料、生物工程、海洋工程等新兴产业迅速崛起，工业部门发生了"服务化""软化"的质变。因此，随着高技术的发展对服务业的最终需求的上升，服务业的增长成为结构变化的主导。新科技革命对于第二、第三产业的不同影响必然使得第二产业的比重出现显著下降，而第三产业的比重则不断上升。90 年代以来，以信息技术为主体的新经济在美国蓬勃发展，而欧洲在新技术发展方面大大落后，新经济远没有发展为有影响力的产业部门，对经济增长的贡献非常有限。

80 年代以来形成的经济全球化不仅包括贸易，而是几乎所有的经济活动以及资源配置都不再受国家边界的限制。由于信息通信技术、组织创新和高新技能的不断增长，所有国家的企业都参与到产业价值链和外购的中间投入和生产之中。到 90 年代，随着知识经济逐步成为现实的经济形态，全球经济系统面临国际分工的变迁，新一轮世界产业结构调整切实展开，国际分工格局中出现"产品差别型分工"和"生产工序型分工"深化发展的新特点。总体上看，美国位于国际分工的顶尖，发挥在新技术、新产品领域的创新优势，主要从事高附加值产品的生产；而以中国、印度等新兴工业国家为首的大多数发展中国家利用劳动力或者资源优势，主要从事附加值较低的一般工业产品。欧盟国家则被夹在中间，处于"腹背受敌"的状态，只能发挥在应用技术开发领域中的优势，主要从事较高附加值产品的生产。

虽然全球化通常被认为是产业结构变化的主要驱动器，但实际上技术变化是更为重要的驱动器。由于技术变化和创新开创了新产品和新生产程序，随着企业和部门从低增加值、低质量产品向高增加值、高质量产品的转移，会通过研发和创新将更多资源用于产品和程序发展，从而带来与高技术有关的部门出现高度的变化，包括劳动生产率、产值和就业方面的变化。技术变化和创新作为生产率改善的载体可以强化部门的竞争地位，例如，与信息通信技术相关的迅速的技术变化是一条特定的产业结构调整渠道，迫使企业调整生产和组织结构、采纳新的管理方法。组织变化的类型虽然多种多样（影响组织结构、工作进程、人力资源、劳资关系、商业惯例、管理技巧等），但是广泛而言包含在电子商务的实践之中。利用信息通信技术发展电子商务，影响生产投入（如信息通信技术设备的投资，所需劳动力技能的变化）和生产结构（如外购和离岸外包）的变化，使得企业可以扩大生产能力和销售市场。

此外，欧洲国家还面临着日益严重的人口老龄化的挑战和气候环境变化的困扰，原有的产业结构已经无法适应国际经济条件的变化，只有通过向高技术、高生产率的产业部门的调整才有可能重新提高欧盟国家的竞争力。

第二节　20 世纪 90 年代以来欧盟产业结构的调整与改革

一　20 世纪 90 年代以来的产业政策和技术创新政策

面对 20 世纪 70 年代的经济滞胀困境，发达国家纷纷运用产业政策作为指导产业结构调整和加强竞争力以促进经济增长的重要手段。70 年代初期，欧共体部长理事会就产业政策的指导方针达成一些共识，但是产业政策的具体制定与实施仍然是成员国的事务。从实际情况看，各国政府的干预措施大致相同，主要是通过政府补贴、贷款担保、税收优惠、贸易壁垒等来解决钢铁、造船、煤矿、电气和纺织等传统产业部门面临的困境，这种保护性政策付出了巨大代价，但收效甚微。成员国政府的保护性干预措施和欧共体对于过剩生产能力的补贴以及针对第三国竞争的保护倾向事实上保护了竞争力相对较低的欧洲企业，减缓了欧洲企业适应世界经济形势变化的改革，是形成"欧洲僵硬症"的重要原因。

20 世纪 80 年代中期以后，随着新自由主义思潮的影响扩大和旨在促进生产要素自由流通的统一市场建设的一体化进程的启动，欧洲国家对政府功能的认识逐步发生了转变，产业政策的基本理念从对衰退部门的政府直接干预转向为产业发展创造良好的宏观经济环境，强调产业政策必须配合整体经济发展战略的需要，在市场开放和强化竞争的背景下推出积极的产业政策的重要性日益突出。从 20 世纪 90 年代开始，欧盟的产业结构调整摆脱了单纯的扶持传统工业的保守做法，从调整战略上讲，就是一方面大力发展高新技术产业，另一方面利用高新技术改造传统产业以提高竞争力。面对此前在信息技术产业发展上大大落后于美日的局面，欧盟国家决心努力发展高新技术产业，终于开始了向产业结构服务化和高技术化转变的进程。

欧共体委员会于 1990 年 10 月公布了一份政策通报，即《开放与竞争环境下的产业政策：共同体行动的指导方针》（简称班格曼报告）[1]，指出欧共体要想继续在国际市场上与主要对手竞争必须采取行动促进产业结构转型，提升工业竞争力。通报确定了三个指导性原则：开放性，即保证开放的市场竞争秩序；横向性，强调为工业部门的发展创造有利的环境，避免回到部门干预的老路上去；辅助性，共同体行动仅作为成员国政策的补充而存在。班格曼报告强调将统一市场的建设和对外开放视作结构调整的催化剂，通过特定的支持性措施，如研发计划、基础设施和服务网络的建设、人力资源的培训开发等加快结构调整的过程。班格曼报告标志着欧共体的产业政策一方面彻底摆脱了传统的保护主义的干预倾向，另一方面开始了从依靠价格和生产资源的物质比较优势向强化生产投入的知识比较优势的本质性转化。

1992 年签署的《欧洲联盟条约》正式确立了共同体产业政策的法律基础，并授权共同体委员会具体执行产业政策。在《欧洲联盟条约》第十七编（工业）的第 173 条款中确定了欧盟产业政策的 4 个主要目标：加速产业对结构性变化的调整；鼓励形成有利于整个欧盟的企业（特别是中小企业）创新与发展的环境；鼓励有利于企业之间合作的环境；促进更好地挖掘创新、研究与技术开发政策所具有的工业潜力。[2]

1994 年欧盟委员会又公布了第二个重要的产业政策通报《欧洲通往信息社会之路》，[3]指出"数字革命"正在触发结构变革并导向知识经济，强调

---

① European Commission, "Industrial Policy in an Open and Competitive Environment: Guidelines for a Community Approach," COM (90) 556, Oct. 16, 1990.

② 《欧洲联盟基础条约》，程卫东、李靖堃译，社会科学文献出版社，2010。

③ European Commission, "Europe's Way to the Information Society," COM (94) 347, 19 July 1994. 该通报是在"班格曼报告 II"（题为"欧洲与全球信息社会"，Europe and the Global Information Society）的基础上形成的。

欧盟及成员国应该通过法规和资助来促进信息基础设施的建设，提出了通往信息社会的具体措施。

在使用产业政策的同时，欧盟非常注重通过技术创新政策推动产业结构的调整。20 世纪 80 年代，为适应高科技的发展，欧盟先后推出了尤里卡计划、欧洲信息技术研究发展战略计划（ESPRIT）、欧洲先进电信技术研究发展计划（RACE）等，1984 年启动的第 1 个《研究与技术开发框架计划》（Research and Technological Development，FP1）则是指导欧洲国家科技发展的总体规划。90 年代以后，欧盟更是通过技术创新政策促进传统产业技术升级和新经济产业的建设，第 3 个（1990～1994 年）、第 4 个（1994～1998 年）、第 5 个（1998～2002 年）框架计划强调技术实用化、自然资源管理和知识资源管理，重点发展领域包括信息通信技术、生物技术、工业和材料技术、环境技术和能源技术等。1993 年欧盟委员会的《增长、竞争力和就业》白皮书（White Paper on 'Growth，Competitiveness and Employment'）强调将建设全欧洲信息基础设施作为推动欧洲经济增长的优先方向。1995 年 12 月，欧盟委员会提出了《创新绿皮书》（Green Paper on Innovation），并在此基础上于 1996 年制定了第一个欧洲技术创新行动计划（First Action Plan for Innovation in European），为欧盟成员国的创新活动提供指导，促进科研和创新的结合。

1994 年 11 月，为了加强欧洲的竞争力，欧盟理事会要求委员会定期提交欧洲产业竞争力报告。为此欧盟委员会成立了竞争力顾问小组（Competitiveness Advisory Group），为欧盟制定产业政策提供政策建议。该小组于 1996 年发表了第一份欧盟产业竞争力年度报告，将结构性因素确定为影响欧盟竞争力的核心。[1]报告指出竞争力包含着生产率、效率、利润率等因素，增强竞争力的目的是提高生活水平和增加社会福利。从 20 世纪 80 年代以来，欧洲在劳动生产率和劳动人口就业率两方面一直低于美国，人均 GDP 比美国低 1/3，欧盟就业率从 1960 年的 67% 降至 60%，而同期美国从 63% 升至 72%。从部门结构的角度考察，在 1985～1995 年间，欧盟工业增加值年均增长率为 2.4%，低于美国的 3% 和日本的 3.8%，造成欧盟出口占

---

[1] European Commission，"Benchmarking the Competitiveness of European Industry，" COM（96）463，09.10.1996.

OECD 国家出口的份额逐年下降。报告认为造成竞争力下降的重要原因之一是技术创新方面的落后，欧盟研发投资占 GDP 的比例仅为 1.9%，而美国是 2.5%，日本是 3.0%；在劳动力人口中科研人员所占比例，欧盟是 0.47%，美国是 0.74%，日本是 0.80%。对此，报告建议为提高竞争力必须努力改善企业的发展环境尤其是加大研发投资、促进创新、利用新技术以发展信息社会。

1999 年的欧盟产业竞争力报告①对 80 年代以来的产业结构变化作出了总结性的分析。报告指出，美国作为欧盟的主要竞争者仍然保持着强健的竞争优势，经历着没有通货膨胀和财政赤字的长期经济增长，而欧洲在劳动生产率和就业的增长方面都低于美国。在过去 10 年中，欧洲产业结构虽然一直在变化，但却是令人失望的缓慢。欧洲虽仍然享有较大的制造业出口顺差、制造业的质量优势、较强的技工技能等结构优势，但在迅速增长的新技术市场上，如信息通信产业或消费者偏好迅速变化的产业，欧洲存在严重缺陷，这种结构弱点导致其不能充分利用新市场提供的增长和就业的机会。90 年代欧洲的投资大为减速，年均投资增长率从 80 年代的 2.5% 降至 0.8%，而且主要发生在制造业；而美国的重组结构伴随着投资增长的加速（同期从 2.4% 增加到 5.4%）。低投资会减缓结构变化，导致欧洲的调整速度大大落后于美国。报告强调，结构变化本身不是目的，对于政策制定者来讲，它揭示了欧洲经济体系的适应性和竞争力的问题所在。报告的政策建议是必须促进市场效率的提高，包括推进积极的竞争政策、继续减少对衰退工业的补贴、不对"国家冠军企业"（指过去在政府优惠待遇和补贴扶持下形成的大型企业）提供特殊保护，对低工资、低增长工业集中的地区进行基础设施的升级换代、持续向教育和培训投资、为基础研究提供支持、增强劳动力市场的灵活性等。应该说，这份报告为后来的里斯本战略的出台提供了适宜的经济背景和政策建议。

二　21 世纪初的里斯本战略

为了应对经济全球化和人口老龄化的挑战，欧盟于 2000 年 3 月提出了

---

① European Commission, "The Competitiveness of European Industry 1999 Report: Commission Communication on Structural Change and Adjustment in European Manufacturing," COM (1999) 465.

旨在推进经济社会改革、加速经济复兴的里斯本议程，其战略目标是使欧盟到2010年"成为世界上最具竞争力和富有活力的知识经济体，保持经济的可持续增长，提供更多更好的就业和更高程度的社会凝聚"，①理事会确定的战略关键要素包括：通过制定有利于信息社会和研发的政策向以知识为基础的经济转变，同时逐步推进旨在提高竞争力和创新的结构改革、完善内部市场；使欧洲社会模式现代化、向人民投资和与社会排斥做斗争；通过适当的宏观经济政策组合保持健康的经济增长前景；关注环境政策的影响。主要目标是到2010年将欧盟的年均经济增长率提高到3%，平均就业率从2000年的61%提高到70%。在科研投入方面，到2010年欧盟各国投入的科研与开发资金占GDP的比例从2000年的1.8%提高到3%。具体措施包括普及网络知识，发展信息经济，通过对欧盟劳动人口进行有关电子化的教育和培训，提高就业机会；加强对网络经济的开发研究工作，实现高科技人才的完全自由流动，加速对研究成果的市场转化和利用；投资政策向高科技领域倾斜，组建"欧洲网络经济研发区"以促进欧盟网络经济的发展等。由于经济形势、东扩、制宪等诸多因素的影响，里斯本议程进展缓慢，2005年2月，欧盟委员会发表了重启里斯本战略的公告，3月的欧盟首脑会议批准了《就业和增长伙伴计划》，对里斯本战略目标进行调整，提出以就业为中心、以知识和创新推动经济增长，创造更多更好的工作。

在执行里斯本战略的过程中，欧盟产业政策的竞争力导向和技术知识导向越来越明确。2002～2005年，欧盟委员会每年公布一份关于产业政策的通报，分别为：2002年的《扩大后的欧盟的产业政策》、2003年的《欧洲竞争力的一些关键问题——通向综合性方法》、2004年的《培育结构变革：扩大后欧盟的产业政策》以及2005年的《执行里斯本议程：加强欧盟制造业竞争力的政策框架——通向更具综合性的产业政策》。② 2007年欧盟委员

---

① "Presidency Conclusions of the Lisbon European Council," *European Council Documents*, Nr: 100/1/00, 24/3/2000.

② European Commission, "Industrial Policy in an Enlarged Europe," COM (2002) 714, 2002; European Commission, "Some Key Issues in Europe's Competitiveness-Towards an Integrated Approach," COM (2003) 704, 2003; European Commission, "Fostering Structural Changes: An Industrial Policy for an Enlarged Europe," COM (2004) 274, 2004; European Commission, "Implementing the Community Lisbon Programme: A Policy Framework to Strengthen EU Manufacturing-Towards a More Integrated Approach for Industrial Policy," COM (2005) 474, 2005.

会又发表了《产业政策的中期评论：对欧盟增长与就业战略的贡献》，[①]对2005 年通报公布后的产业政策实施情况做了评估，并给出了下一步工作的重点和具体方案。

从这些产业政策通报中可以总结出三个突出特点：第一，虽然针对不同部门的政策侧重点各有不同，但共同的支撑点在于提高整个制造业的知识与技术含量。不论是与美、日相比处于劣势的高新技术行业（如制药、生物技术、信息通信技术、航空等）、当前具备强劲竞争力的资本技术密集型行业（如医疗设备、机械工程、电气工程、机动车辆、化学制品等），还是面对新兴国家激烈竞争的传统产业（如造船、纺织服装、皮革、制鞋、家具、印刷与出版、钢铁业等），欧盟的目标都是通过增加产品的知识与技术含量来提高国际竞争力，其具体努力方向包括三个方面：促进研发与创新活动、保护知识产权、提高劳动者技能。欧盟产业政策的这一支撑点与里斯本战略将欧洲建设成为最具竞争力的知识经济体的目标是一致的。第二，对于大多数优势产业和传统产业，欧盟的政策重点是为其高质量和高附加值产品争取到第三国市场的准入权，通过扩大出口来保证和提高这些行业的竞争力。第三，对于大多数传统产业而言，欧盟的首要任务是推动其结构转型和升级，一方面通过提高这些行业的知识技术含量和促进创新来避开与新兴经济体之间的低成本竞争，另一方面通过结构基金等财政方式尽量降低转型引起的社会成本。[②]

在技术创新政策方面，第 6 个研究与技术开发框架计划（2002～2006年）围绕着构建和加强欧洲研究区确定了七项优先研究领域：生命科学、关于健康的基因组学和生物技术；信息社会技术；纳米技术和纳米科学、以知识为基础的多功能材料以及新的生产工艺和设施；航空和航天；食品质量和安全；可持续发展、全球变化和生态系统；知识社会的公民和管理。第 7 个框架计划（2007～2013 年）强调促进欧洲的经济增长和加强竞争力，强调研究要与欧洲工业紧密结合，在一些领域争取世界领导地位，从综合的角度确立了四大类项目，分别为合作、研究能力、原始创新和人

---

① European Commission，"Mid-term Review of Industrial Policy：A Contribution to the EU's Growth and Jobs Strategy，" COM（2007）374，2007.

② 孙彦红：《欧盟产业政策研究》，中国社会科学院研究生院博士研究生毕业论文，2009.

力资源，同时将健康、食品、农业和生物技术、信息通信技术、纳米科学技术、材料和新产品技术、能源、环境（包括气候变化）等研究领域置于这些大项目之中，旨在追求研发活动的协同效应。从里斯本战略以来的研究与技术开发框架计划可以看出，欧盟对于技术创新政策促进竞争力提升的作用更加重视，不仅注重高科技产业自身的研发活动，也重视技术创新对整个工业和经济的溢出效应，重视利用技术创新推动产业结构升级以及整体经济的发展和竞争力。

虽然从 20 世纪 90 年代开始，欧盟就已经决心努力发展高新技术产业，但是整个 90 年代欧洲的信息技术发展仍然明显落后于美国。有鉴于此，欧盟委员会在 1999 年 12 月提出了"电子欧洲倡议"，旨在欧洲普及数字技术和确保所有欧洲人都能掌握必要的使用技能，从而通过信息社会的建立加快向知识经济转型的进程。就在里斯本战略提出的同时，欧盟委员会发表了题为《电子欧洲——为所有人的信息社会》的通报。① 通报确定了 10 个优先发展方向：使欧洲年轻人进入数字时代、降低互联网使用费用、加快电子商务建设、为研究者和学生提供高速互联网、安全便捷的电子智能卡、为高技术中小企业的风险投资、为残疾人服务的电子参与、医疗保健服务的联机服务、智能交通运输服务、建立电子政府。2000 年 6 月欧盟理事会决定执行电子欧洲 2002 行动计划，其目标是通过产、学、研的通力合作在 2002 年实现三大任务：提供低廉、高速、安全的互联网服务；投资帮助公民掌握相关技能；普及互联网的使用。应该说，与里斯本战略同时提出的这一电子欧洲计划将欧洲的产业政策和技术创新政策明确地聚焦于发展信息技术，并且将信息技术与经济社会的发展协调一致，真正迈入了向知识经济社会的转型。随着电子欧洲 2002 行动计划中规定的 64 个具体目标的基本实现，2002 年 6 月欧盟理事会启动了电子欧洲 2005 行动计划，主要是在公共和私人部门通过宽带技术发展在线服务，创造部署宽带基础设施的有利条件和在安全的数字环境中提供宽带服务，包括促进公共部门的低价高效的宽带服务（完善电子政府、电子医疗、电子教育等）和鼓励私人部门采纳信息技术和向人力资源投资以发展电子商务。

---

① *eEurope*: *An Information Society for All*, Communication on a Commission Initiative for the Special European Council of Lisbon, 23 and 24 March 2000（COM 1999/687）.

    作为重启里斯本战略的"就业和增长伙伴计划"的关键组成部分，在电子欧洲计划顺利进展的基础上，欧盟委员会于 2005 年 6 月推出了"信息 2010 战略—促进增长和就业的欧洲信息社会"（2005～2010 年发展规划），[①]旨在促进信息通信技术对于经济、社会和个人生活质量的积极贡献。"信息 2010 战略"确定了欧盟到 2010 年发展信息通信技术的三个重点领域：创建统一欧洲信息空间以促进为信息社会和媒体服务的开放、竞争的内部市场，加强信息通信技术研究领域的投资和创新以促进增长和创造更多更好的工作，通过欧洲信息社会的成功建立以保证可持续的发展和提高凝聚、公共服务与生活质量。规划强调建成信息社会是直指里斯本战略的核心目标，因为信息社会可以推动生产率增长、创造公开竞争的数字经济、促进创新以应对全球化和人口变化，信息通信技术的产品和使用是经济现代化的关键。

    2009 年 8 月欧盟委员会发布了《欧盟数字竞争力报告》，[②]回顾并评估了欧盟在发展信息社会 5 年来取得的巨大进展，确立了下一步依托数字经济提高欧盟长远综合竞争力的战略目标。报告指出，信息 2010 战略大大加快了欧盟信息经济社会的发展：一是信息技术快速普及。欧盟经常上网的人口从 2005 年的 43% 提升到 2008 年的 56%；半数欧盟家庭和超过 80% 的欧盟企业拥有固定的宽带联结，使欧盟宽带网用户达到 1.14 亿家，市场规模居全球之首，成为世界上宽带网络普及率最高的地区；欧洲也是一个移动网络密集的地区，手机用户数超过了人口数，手机普及率达 119%（2004 年为 84%），高于美、日的 80% 左右；政府利用网络提供公共服务，1/3 的家庭和 70% 的企业使用电子政府服务。二是信息技术对经济的贡献率不断提高。数字经济占欧盟 GDP 的 8%，接近 1 万亿欧元，行业从业人员占欧盟劳动力的 6%，对生产力增长的贡献超过 25%，大大高于其他行业。三是部分欧盟发明的技术成为全球通用标准，如环球网、移动通信 GSM 标准、数字内容的 MPEG 标准、ADSL 技术等。

    里斯本战略的实施大大加快了欧盟国家向知识经济社会的转型，随着新

---

① Communication from the Commission to the Council, the European Parliament, the European Economic and Social Committee and the Committee of the Regions, "i2010-A European Information Society for growth and employment" ｛SEC（2005）717｝COM/2005/0229.

② Europe's Digital Competitiveness Report, "Main achievements of the i2010 strategy," 04.08.2009 COM（2009）390.

兴产业的蓬勃发展和传统产业的升级改造，欧盟国家的产业结构实现了向"服务化""高技术化"的质变，服务业的产值占国内生产总值的比例已经接近 3/4，成为国民经济的主导产业。（见表 3-3）

表 3-3　20 世纪 90 年代以来欧盟 27 国的产业结构变化

单位：%

	各产业增加值占国内生产总值的比重		各产业就业占总就业的比重	
	1995 年	2007 年	1995 年	2007 年
农业（第一产业）	2.9	1.8	9.2	5.8
工业（第二产业）	29.7	26.6	29.4	25.0
服务业（第三产业）	67.3	71.6	61.4	69.2

资料来源："EU Industrial Structure 2009 – Performance and Competitiveness," European Commission, DG Enterprise and Industry, 作者加工计算。

第三节　20 世纪 90 年代以来的部门结构变化

一　欧盟的部门结构变化

（一）部门结构变化概况

上节对欧盟的产业结构变化作了综述，本节进一步探讨 1990 年代以来产业内部的部门变化，以考察产业结构变化的深层次的原因。例如在制造业内部有着不同的部门发展变化，在有强劲需求（医药业、汽车业）、面临低成本国家的国际竞争（纺织业）和近似的市场条件（食品业）的不同部门之间会对产值和就业产生不同影响，从而影响制造业内部部门的不同变化。虽然从生产和贸易来看，近年来明显地反映出高技术制造业的愈益重要性，但从就业看，高技术产业中只有医药业的就业在过去 10 年中有所增长，而其他高技术产业的就业都在下降，尤其是计算机、飞机、航天等行业下降较大。如果更进一步考察某一部门内部的市场份额或者劳动力类型的变化，部门内部向高价值产品或者新产品的转变可以更为突出地表现技术变化和创新所带来的结构变化。

本节分析欧盟 27 国的产业部门结构变化，采用的统计资料的时间段为 1995～2007 年（1995 年欧盟扩大为 15 国，2005 年扩大为 27 国）①。
（见表 3 - 4）

表 3 - 4 1995～2007 年欧盟（27 国）产业部门变化
（各产业部门占国内生产总值的比重）

单位：%

部　门	1995 年	2007 年	变化
农业和渔业	2.9	1.8	- 1.1
农业和林业	2.8	1.7	- 1.1
渔业	0.1	0.1	0.0
工业	23.7	20.1	- 3.6
采矿业	0.9	0.8	- 0.1
制造业	20.5	17.1	- 3.4
食品、饮料、烟草	2.5	2.0	- 0.5
纺织、服装	1.0	0.5	- 0.5
皮革制品、鞋类	0.2	0.1	- 0.1
木制品	0.5	0.4	- 0.1
纸浆、纸、出版	1.9	1.4	- 0.5
焦炭和精炼石油	0.3	0.3	0.0
化学制品	2.2	1.8	- 0.4
橡胶、塑料	0.9	0.8	- 0.1
非金属矿产品	1.0	0.8	- 0.2
基本金属和金属制品	2.7	2.5	- 0.2
机械设备	2.2	2.0	- 0.2
电子和视听设备	2.3	2.0	- 0.3
运输设备	2.0	1.8	- 0.2
其他制造业	0.8	0.7	- 0.1
电、汽、水供应	2.3	2.2	- 0.1
建筑业	6.0	6.5	0.5
市场服务业	45.1	49.2	4.1
批发和零售贸易	11.7	11.3	- 0.4
旅店、餐馆	2.6	2.9	0.3
交通和通信	6.8	7.0	0.2
金融中介	5.1	5.5	0.4
房地产和企业服务	18.9	22.5	3.6

---

① 之所以选用 2007 年，是为了考察国际金融危机爆发前的正常变化，金融危机的影响在后面
论述。

续表

部　　门	1995 年	2007 年	变化
非市场服务业	22.2	22.3	0.1
公共管理	6.8	6.1	- 0.7
教育	5.0	5.0	0.0
医疗和社会服务	6.3	6.9	0.6
其他服务	3.6	3.8	0.2
家庭服务	0.5	0.5	0.0
社会团体服务	—	—	0.0
总　　计	100.0	100.0	0.0

注：与上一节分析所采用的三个产业的划分法相比，第一产业包括农业和渔业，第二产业包括工业（采矿业＋制造业＋电、汽、水供应）和建筑业，第三产业包括市场服务业和非市场服务业。

资料来源："EU Industrial Structure 2009—Performance and Competitiveness," European Commission, DG Enterprise and Industry, p. 82。

从表 3 - 4 可以看出，在 1995 ~ 2007 年间，农业和工业中的各部门（除建筑业外）所占比重均在下降，而服务业中的各部门（除批发和零售贸易与公共管理外）所占比重几乎都在上升。产业部门变化最大的是市场服务业和制造业，市场服务业在欧盟国内生产总值的比重中增加了 4.1 个百分点达到 49.2%，而制造业下降 3.4 个百分点为 17.1%。正是市场服务业和制造业的这种逆向变化（两者的变化差距为 7.5 个百分点）导致欧盟国家的产业结构最终实现了向"服务化"的质变。需要注意的是，这一进程的主要决定因素是制造业对于外部服务投入、特别是信息和知识基础的服务业的需求增长，使得服务业成为经济的主导成分。向服务业的转移部分主要是由于外购现象，如交通服务和物流、信息技术、会计和工资服务、工业清洁等，而工业活动以外的服务包括电话中心、金融和计算机服务、研发等。这就是为什么金融、房地产和企业服务构成了市场服务业的比重上升的主要部门（这两个部门增加了 4 个百分点）的主要原因。

就部门变化而言，第一产业中的农业和林业部门下降幅度最大，为 - 1.1 个百分点，第二产业中下降幅度大的则主要是传统工业部门，如食品、饮料、烟草部门（- 0.5 个百分点）、纺织、服装部门（- 0.5 个百分点）、化学制品部门（- 0.4 个百分点）；第三产业中上升幅度大的是房地产和企业服务部门（3.6 个百分点）、医疗和社会服务部门（0.6 个百分点）、金融中

167

介部门（0.4个百分点）。不过，第三产业中的部门也并不是都增长，如技术含量较低的传统的批发和零售贸易部门和公共管理部门则分别下降了0.4个和0.7个百分点。也就是说，三个产业中的传统部门所占的比例都在下降，而上升的部门和下降较少的部门基本上都是与高新技术相关的部门，从而表明欧盟国家的产业结构正在向"高技术化"转变。

（二）增加值、劳动生产率和就业增长的变化

产业部门结构变化是长期经济发展的结果，其中不同部门的增加值、劳动生产率和就业的增长起着关键的影响作用。里斯本战略的目标是促进就业和增长，因此从部门的角度考察增加值、劳动生产率和就业的增长之间的联系非常重要。表3-5给出1995～2007年欧盟各个部门的增加值、劳动生产率和就业的变化情况。

表3-5 欧盟（27国）增加值、劳动生产率和就业增长的部门变化
（1995～2007年）

单位：%

部　　门	2007年所占比例		1995～2007年均增长率		
	增加值	就业	劳动生产率	增加值	就业
农业和林业	1.8	5.7	2.8	0.7	-2.0
渔业	0.1	0.1	-0.3	-1.7	-1.4
采矿业	0.8	0.4	-0.1	-3.9	-3.9
制造业	17.1	16.4	3.2	2.7	-0.5
食品、饮料、烟草	2.0	2.3	1.3	1.1	-0.2
纺织、服装	0.6	1.3	1.5	-1.2	-2.7
皮革制品、鞋类	0.1	0.2	0.0	-3.4	-3.4
木制品	0.4	0.6	2.2	1.4	-0.8
纸浆、纸、出版	1.4	1.2	2.5	1.5	-0.9
焦炭和精炼石油	0.4	0.1	2.5	0.4	-2.0
化学制品	1.8	0.8	5.2	4.2	-1.0
橡胶、塑料	0.8	0.8	2.3	2.9	0.6
非金属矿产品	0.8	0.7	2.9	1.9	-1.0
基本金属和金属制品	2.5	2.4	2.5	2.7	0.2
机械设备	2.0	1.8	2.9	2.5	-0.4
电子和视听设备	2.0	1.7	6.8	6.5	-0.3
运输设备	1.8	1.4	2.4	3.0	0.6
其他制造业	0.7	1.0	1.9	1.7	-0.2
电、汽、水供应	2.2	0.8	2.0	0.5	-1.5

续表

部 门	2007 年所占比例		1995～2007 年均增长率		
	增加值	就业	劳动生产率	增加值	就业
建筑业	6.5	7.4	-0.1	1.3	1.5
批发和零售贸易	11.3	15.0	1.3	2.6	1.3
旅店、餐馆	2.9	4.5	-0.2	2.3	2.5
交通和通信	7.0	5.8	3.3	4.0	0.7
金融中介	5.5	2.8	2.7	3.5	0.8
房地产和企业服务	22.5	12.3	-1.0	3.4	4.5
公共管理	6.1	6.6	0.3	0.9	0.6
教育	5.0	6.8	-0.2	0.9	1.2
医疗和社会服务	6.9	9.2	0.3	2.1	1.8
其他服务	3.9	6.2	0.1	2.3	2.2
总　　计	100.0	100.0	1.4	2.5	1.0

资料来源："EU Industrial Structure 2009—Performance and Competitiveness," European Commission, DG Enterprise and Industry, p. 173。

在 1995～2007 年，在国内生产总值中制造业所占份额下降了 3.4 个百分点。但这并不是制造业的实际产出下降，事实上这一期间制造业增加值的增长率达到 2.7%。增加值增长率高的部门包括制造业中的电子和视听设备（6.5%）、化学制品（4.2%），服务业中的交通和通信（4.0%）、金融中介（3.5%）、房地产和企业服务（3.4%）；而增长率低甚至下降的部门则全部发生在第一和第二产业的传统部门，如采矿业（-3.9%）、渔业（-1.7%）、皮革制品和鞋类（-3.4%）、纺织服装（-1.2%）。可以看出，增加值增长和下降的部门基本上与上面概述中的部门结构变化是一致的。

从长期角度看，劳动生产率的增长对于部门结构的演变最有意义。从表 3-5 中可以看出，在大多数欧盟部门中，劳动生产率的改善一直伴随着较高的增加值增长。就平均劳动生产率增长率而言，制造业达到 3.2%，几乎是所有部门中最高的，其中最高的部门是电子和视听设备（6.8%）、化学制品（5.2%），而且所有的制造业部门的劳动生产率增长率都高于平均劳动生产率增长率（1.4%）。比较而言，农业和林业增长 2.8%，而第三产业中只有两个服务业部门增长率较高：金融中介（2.7%）、交通和通信（3.3%）。虽然制造业的劳动生产率增长率很高，但是由于这些部门的就业增长率几乎全是负值；而服务业则相反，虽然劳动生产率增长率不高，但是就业增长率全是正值，两者的复合作用导致了在国内生产总值中制造业所占份额的下降和服务业所占份额的上升。

在部门就业与增加值增长之间存在着正相关的关系。有些市场部门就业增长一直快于增加值增长，从而导致生产率下降，如房地产、企业服务以及旅馆餐馆业、建筑业等。在增加值下降的几乎所有部门中就业下降都快于增加值下降，如纺织业。只有少数部门增加值增长而就业下降，如焦炭和精炼石油业、农业、电汽水业。

在劳动生产率增长和就业增长之间的关系并不直接。一般而言，当劳动生产率增长时，工作岗位数目会减少，因为同样的产出会需要较少的工人。但情况比较复杂，因为劳动生产率增长会导致较低的价格和增加需求，而需求的增长会弥补就业的下降。从表 3 - 5 中可以看出，一些部门的劳动生产率增长伴随着就业的增长：交通和通信业、基本金属和金属制品业、金融中介业、运输设备、批发和零售业等。但就制造业整体而言，劳动生产率增长而就业下降。在 1995 ~ 2007 年间，劳动生产率增长 3.2%，而就业下降 0.5%。其中差距最大的是电子视听设备业（6.8% 对 - 0.3%）和化学制品业（5.2% 对 - 1.0%）。

从生产要素投入（劳动力、资本、技术）的角度看，制造业更多是研发集约型而较少劳动集约型，制造业部门占欧盟研发支出的 80%，高度研发集约型的部门包括电视和通信设备、办公机械和计算机、交通设备、汽车等。而服务业比制造业要求更高教育程度和更投资集约型，更高教育程度的部门包括信息技术、金融和保险、化工、房地产和企业服务，低教育程度的部门包括服装、纺织、木制品等。由于经济全球化的影响，在低技能部门中低成本国家的竞争力比欧盟高，造成欧盟的低技能部门就业下降较大，使得就业向服务业转移。在大部门中，房地产和企业服务的就业增长最高，为 4.5%；高投资集约型的部门（农业和交通通信业）也是如此。

（三）制造业内部的部门调整

欧盟的制造业虽然增加值（占国内生产总值的 17.1%）和就业（占总就业的 16.4%）所占的份额较小，但在经济发展中仍然起着重要的作用，而且作为服务业的用户部门和投入的提供者，与服务业的相互影响也对经济结构的变化至关重要。与服务业相比，制造业部门都是最可贸易部门，可以很好地考察国际竞争力；而且可以比服务业得到详细的部门统计数据，因此这里对制造业内部的部门调整作一分析。

正如上节所述，经济全球化和技术变化是产业结构调整的主要压力，但是并非所有部门面对的压力都是一样的。那些受到巨大调整压力的部门通常是通过技术进步、对熟练劳动力的需求和提高生产率来进行调整。为了观察制造业内部的不同部门面临不同压力的情况，可以根据各个部门的"生产的出口份额"（用来考察经济全球化的压力程度）和"技术强度"（企业研发支出与增加值的比例，用来考察技术变化的压力程度）将制造业部门分为4组。①

第一组：低全球化（地区导向）低技术部门。这是传统部门的特点，如食品和饮料、烟草、木材及木产品、纸和纸制品、出版和印刷业、焦炭和精炼石油、金属产品、其他非金属矿产品。这些部门传统上主要是较小的企业，虽然平均规模较小，但是大的国际和全球企业正在越来越多地进入这些部门，因此企业规模差异增大，行业内贸易占据份额较高。由于这些部门的产品出口占产值的25%～30%和低技术强度（2%以下），结构调整压力相对温和（低到中等强度）。这些部门的特征是大多数高度依赖原材料和高比例的劳动力成本，而且单位劳动力成本一直在增长。某些部门如矿产品和纸产品也显示高度的能源密度（进口依赖），所有的部门都受到消费者偏好变化的高调整压力。

第二组：中等全球化（国际导向）低技术部门，包括橡胶和塑料、家具制造业，受到中等调整压力，一半左右的产品出口，而来自技术强度的压力较低（20%左右）。来自劳动力成本的压力为中到高度，并且随时间变化单位劳动力成本增长较大。受消费者偏好变化的调整压力较大。

第三组：高度全球化低技术部门，包括纺织、服装、皮革制品、基本金属，主要是来自国际贸易渗透的压力大（80%的产品出口），而技术变化压力有限（技术强度2%～3%）。企业规模中等，人员成本中等到高等，单位劳动力成本增长较大，表明来自劳动力成本的压力较大，这些部门大多数对

---

① "Measuring and Benchmarking the Structural Adjustment Performance of EU Industry, The Framework Contract of Sectoral Competitiveness Studies – ENTR/06/054," *Final Background Report*, ECORYS, Copenhagen, May 2009.

能源和信息通信技术的要求不是很高。

第四组：高度全球化高技术部门，包括化工制品、机械和设备、计算机和办公设备、电力机械、电子和视听设备、医疗和精工产品、汽车、交通设备。受到国际贸易渗透（80%以上的产品出口）和欧盟内部生产率差异的高度调整压力。由于与创新和技术变化联系密切，技术强度高达 20% ~ 30%，从而受到技术变化的很大调整压力。这组部门的特征是中到大规模企业，比其他三组更倾向于大企业。调整压力主要不是来自劳动力成本和能源，更重要的是这些部门的技术特征和研发状况。

一般而言，第四组部门对技能、研发和技术的高水平投资是应对调整压力的最重要方法，近 10 年来调整效果比较明显，不仅是技术进步，而且表现在技能、工作创造以及生产率等方面都有较大进展。不过与其他部门的调整是渐进和持续的不同，高技术部门的调整由于受技术迅速变化的市场影响而表现为冲击性和阶段性的发展，新企业的进入受阻碍也较其他部门多。相比而言，第一组部门较少受全球化和技术变化影响，部门调整的速度较慢，这些部门的结构变化不大。第二、第三组受全球化影响的低技术部门则表现为技能、利润率和研发投资的逐步升级，部门调整则是持续的渐进过程。

从经济全球化的角度考察，欧盟制造业占据世界制造业总额的 23.2%。但部门比例不同：从电视和通信设备的 4.7% 到金属制品的 41.3%。在 1995 ~ 2007 年期间，欧盟失去了许多部门在世界的重要地位，包括烟草制品、纺织、服装、皮制品、鞋、办公室设备和计算机、电视和通信设备。相比有些部门比例增长：木制品、纸制品、印刷和出版、金属制品、汽车、拖车。目前欧盟的比较优势部门包括：机械设备、化工、烟草、印刷出版（在主要贸易伙伴中，美国的优势是交通设备、印刷出版，日本是汽车、拖车、机械设备，中国是纺织、办公机械设备）。

二　欧盟国家的部门结构特征

以上的分析基本上是以欧盟为统一经济体作出的整体评介，而事实上欧盟在发展为 27 国以后，成员国之间的结构差异比原 15 国时有较大的增加。因此，在上面对欧盟整体产业结构的"大同"作出综述的基础上，本段落对成员国之间在产业结构方面的"小异"作一探讨。成员国产业结构的差异主要表现在新老成员国之间和大小成员国之间。

（一）新老成员国之间的产业结构差异

表 3 - 6 是欧盟 27 个成员国的产业结构在 1995～2007 年期间的变化，其中国家顺序是笔者按照服务业占国内生产总值的比重的高低排列，所以服务业的份额一列用黑体字标出。

表 3 - 6　欧盟成员国产业结构变化（1995～2007 年）

国　家	农业、采矿业		工业		其中:制造业		服务业		其中:市场服务业	
	变化	份额(%)	变化	份额(%)	变化	份额(%)	变化	份额(%)	变化	份额(%)
卢森堡	- 0.6	0.5	- 6.0	15.6	- 5.1	8.6	6.7	**83.9**	7.2	67.8
塞浦路斯	- 2.8	2.6	- 3.6	18.6	- 4.3	7.5	6.3	**78.8**	3.2	54.9
法国	- 0.8	2.3	- 2.5	20.5	- 3.9	12.2	3.3	**77.2**	3.2	51.9
希腊	- 2.9	4.2	- 0.4	19.7	- 0.8	10.3	3.4	**75.9**	1.3	52.0
马耳他	- 0.3	2.9	- 6.9	21.2	- 4.7	17.0	7.1	**75.9**	0.3	47.9
英国	- 1.2	2.3	- 7.7	22.0	- 8.1	13.6	9.6	**75.7**	8.2	53.8
比利时	- 0.8	0.9	- 4.3	23.8	- 3.8	16.4	5.1	**75.3**	4.5	52.0
拉脱维亚	- 5.6	3.6	- 8.5	21.7	- 9.8	10.8	14.1	**74.7**	16.1	56.5
荷兰	- 1.1	5.1	- 3.3	21.3	- 3.7	13.7	4.5	**73.6**	4.3	50.2
丹麦	1.0	5.3	- 2.6	21.6	- 2.9	14.2	1.7	**73.1**	1.6	46.1
葡萄牙	- 3.1	3.3	- 3.9	23.8	- 4.1	14.3	6.9	**72.9**	2.3	46.4
欧盟 27 国	**- 1.1**	**2.7**	**- 3.1**	**25.8**	**- 3.4**	**17.1**	**4.3**	**71.5**	**4.1**	**49.2**
意大利	- 1.4	2.4	- 3.1	26.7	- 3.9	18.4	4.5	**70.9**	3.6	50.1
瑞典	- 1.2	2.1	- 2.9	27.3	- 2.9	19.7	4.0	**70.6**	2.3	45.3
德国	- 0.7	1.1	- 1.3	30.1	1.3	23.9	2.2	**68.8**	2.5	46.9
奥地利	- 0.8	2.2	- 0.3	30.1	0.5	20.1	1.1	**67.7**	3.3	47.3
爱沙尼亚	- 3.6	4.1	- 2.3	28.8	- 4.3	16.7	8.1	**67.1**	9.8	52.2
西班牙	- 1.8	3.2	1.0	30.1	- 2.6	16.0	0.7	**66.7**	0.5	45.8
匈牙利	- 3.0	4.2	- 1.0	29.4	- 0.6	21.9	4.0	**66.4**	2.5	44.4
爱尔兰	- 5.7	2.1	- 4.1	33.1	- 8.2	21.9	9.8	**64.8**	11.4	46.1
波兰	- 5.1	6.7	- 2.6	28.8	- 2.2	18.9	7.8	**64.5**	7.5	45.7
芬兰	- 1.1	3.6	- 0.2	32.2	- 1.7	23.6	1.4	**64.2**	3.2	42.8
斯洛文尼亚	- 2.6	2.8	- 0.2	34.0	- 2.3	23.4	2.8	**63.2**	3.5	44.4
立陶宛	- 6.9	4.9	0.0	32.3	- 0.9	19.0	6.9	**62.8**	6.8	46.4
保加利亚	- 5.5	11.5	0.3	28.5	- 2.2	18.6	5.9	**60.0**	- 0.6	44.9
捷克	- 3.7	3.5	1.7	37.8	3.2	27.4	2.0	**58.7**	0.7	41.9
斯洛伐克	- 2.9	4.1	2.0	38.7	- 2.1	24.7	0.9	**57.2**	- 0.6	41.4
罗马尼亚	- 6.9	10.4	3.7	34.6	2.6	23.8	3.2	**55.0**	0.6	40.1

注：①原始表格中农业和采矿业未分列。工业包括制造业、电气水业、建筑业。服务业包括市场服务业和非市场服务业。

②各产业中的份额列是 2007 年该产业占国内生产总值的比重，变化列是 1995～2007 年该产业增加或者减少的百分点。

③国家顺序是按照服务业占国内生产总值的比重的高低排列，欧盟 27 国为欧盟的平均值，用黑体字标出。

资料来源："EU Industrial Structure 2009—Performance and Competitiveness," European Commission, DG Enterprise and Industry，作者根据相关表格加工计算。

从表 3-4 可以看出，新老成员国在这一期间的产业结构变化的大趋势是基本相同的，即第一、第二产业的比重普遍下降（只有极少数国家例外），第三产业的比重全部为上升，这是与前面对欧盟的整体分析相一致的。但如果仔细考察，会发现各成员国第一、第二产业的比重下降程度和第三产业的比重上升程度与欧盟的平均值（表中欧盟 27 国的黑体字一行）的差距则有很大不同，这是成员国产业结构变化差异的主要表现。

按照服务业占国内生产总值的比重高低可以将成员国大体分为三组：第一组国家为卢森堡到拉脱维亚，服务业占国内生产总值的比重在 74% 以上；第二组国家为荷兰到立陶宛，服务业所占比重为 74% ~ 60%；第三组国家为保加利亚到罗马尼亚，服务业所占比重在 60% 以下。

第一组国家的特征是低制造业比重和高市场服务业比重的结合。这些国家往往在市场服务业中有特别专业化的部门，如卢森堡、法国、英国在金融、房地产和企业服务方面所占比重在 30% 以上（卢森堡高达 47%），法国、比利时的公共管理和医疗教育业，希腊和新成员国中的塞浦路斯、马耳他、拉脱维亚的旅游业比较重要；而制造业所占比重仅在 10% 左右。这些国家在这一期间制造业的下降和市场服务业的上升幅度比较大，其中英国制造业下降了 8.1 个百分点，而市场服务业上升了 8.2 个百分点；拉脱维亚分别为 -9.8 和 16.1。

第二组国家是欧盟产业结构的主体特征，主要由老成员国组成。这些国家的工业在产业结构中仍然非常重要，如德国、奥地利、爱尔兰、芬兰、斯洛文尼亚等国家的制造业比重在 20% 以上（德国和奥地利的制造业比重甚至有轻微上升），西班牙、立陶宛、爱尔兰的建筑业在 9% 以上。服务业基本上与工业均衡发展，不像第一组国家那样有特别突出的服务业部门。这些国家在这一期间制造业的下降和市场服务业的上升幅度与欧盟的平均值基本上很接近，产业结构向服务化的转变仍然有相当空间。

第三组国家是仍然处于经济结构转型过程之中的新成员国。农业所占比重仍然很高，如保加利亚、罗马尼亚甚至在 10% 以上；工业所占比重较高，在 30% 左右；市场服务业发展尚不充分，所占比重在 45% 以下。这些国家在这一期间实际上仍然处于工业化的过程之中（不像以上两组国家已经进入后工业化阶段），农业比重虽然有较大下降，但是工业比重继续在增长，服务业比重的变化不明显，有的国家的市场服务业的比重甚至在下降。

（二）成员国的部门专业化特征

欧洲经济一体化进程对于欧洲产业结构也产生了相当重要的影响。统一市场的建设和欧元的诞生带来的规模经济和劳动力深度分工是欧洲竞争力提高的源泉。如果成员国之间的要素禀赋不同，加之国家规模大小的不同，就会导致不同部门的专业化。

一般而言，大国比较容易多样化，欧盟国家中部门结构最多样化的国家无疑是德国、法国、英国，其产业结构比较接近欧盟的平均状态。当然在小国之中也有部门结构相对比较均衡的国家，如比利时、奥地利、瑞典。不过这些国家也有相对专业化的部门，如法国是渔业、房地产和企业服务、公共管理、医疗和社会服务；德国是资本商品如机械设备、电子和视听设备、交通设备；英国是食品、金融、房地产和企业服务；奥地利是木制品、非金属矿产品、基本金属和金属制品、机械设备；比利时是焦炭和精炼石油、核燃料、化工产品、人造纤维；瑞典是公共管理、医疗、教育、家政和其他服务业。

对于小国而言，集中于某些部门的专业化可以充分利用规模经济和技术诀窍的外部性，但是在面对特定冲击时，如果机动性和适应性低的话会处于相对不利的地位。最部门专业化的小国是马耳他、保加利亚、罗马尼亚、希腊、拉脱维亚。马耳他是渔业；保加利亚、罗马尼亚是农业、纺织、精炼石油，保加利亚还有采矿业，罗马尼亚还有食品和皮革；希腊是渔业、精炼石油、旅店餐馆；拉脱维亚是木材和木制品。

第四节　产业结构调整的发展前景

一　国际金融危机对部门结构的影响

2007 年美国的次贷危机引发了国际金融危机，导致欧盟经济自 2008 年第四季度陷入战后以来最为严重的经济衰退之中。2009 年欧盟经济下降 4%，并对潜在增长率的增长产生不利的长期影响。经济危机更加突出了部门结构调整的重要性，尤其是制造业部门主动适应和促进结构变化对于欧盟经济增长和创造就业是至关重要的。

为了确定危机中出现问题的部门以及可能出现的市场失灵迹象，欧盟委员会采用一种"市场监测"分析工具，主要根据三种市场功能指标（竞争力、市场一体化、创新能力）对相关部门进行评判。①受这次经济危机打击最严重的是制造业中生产耐用消费品和设备品的部门，如办公设备和电脑、汽车、基本金属、机械设备、电子设备、食品饮料、家具、金属制品。这些部门基本上都是危机前最有活力的部门，在国内生产总值中占较高比例，危机中产量剧烈下降，对其他部门的影响也很大。在非金融服务业部门中，贸易（尤其是汽车贸易）、交通、建筑、零售、旅馆饭店、其他企业服务（包括法律、会计、税收、咨询、建筑设计、广告）受影响最大，主要原因在于这些部门之间的相互反馈影响。这些部门的主要问题基本上都是创新能力明显不足，尤其是企业服务、建筑业、旅馆业以及食品饮料和机械部门比较严重。在竞争力和市场一体化方面，服务业比制造业差，尤其是零售、企业服务、旅馆业。这些产能过剩的部门面临着大的变化，尤其是未来几年中仍然可能增长缓慢的部门，这些部门内部将出现调整和重组，主要是基本金属业和汽车业。

相比而言，非耐用和基本消费品的制造业部门，如食品、医药、服装、印刷出版、精炼石油、视听通信设备等受影响较小，尤其是医药制造业几乎未受影响，这些产能利用率并不太低于危机前的部门未来不会有大调整。

从表3-7可以看出，金融危机对部门的影响表现为以制造业为主的工业份额的下降，而其他服务业（包括公共服务、国防、教育、医疗）有较大的扩张，金融、企业服务继续增长而贸易、交通、通信服务略降。因此，服务业的比重较快的上升到74%，而农林渔业仍然在下降。

从成员国的角度看，金融危机爆发前，爱尔兰、冰岛、葡萄牙、英国的金融业急速扩张，西班牙和爱尔兰的建筑业快速增长，德国过度依赖汽车制造业等出口。在此次经济危机中，金融业、建筑业、汽车业等大幅萎缩，导致这些成员国经济衰退比较严重，同时部门结构调整的压力也比较大，特别是那些经历了住宅建筑业和金融业"泡沫"的国家会有较大的调整。

---

① European Commission, "Product Market Review 2009, Microeconomic Consequences of the Crisis and Implications for Recovery," *European Economy*, 11/2009.

表 3 – 7   2007 ~ 2009 年欧盟 27 国的产业结构变化

单位：%

	各产业增加值占国内生产总值的比重	
	2007 年	2009 年
第一产业　农林渔业	1.8	1.7
第二产业	26.6	24.4
工业	20.2	18.1
建筑业	6.4	6.3
第三产业	71.6	73.9
贸易、交通、通信服务	21.1	20.8
金融、企业服务	28.1	29.1
其他服务业	22.4	24.0

资料来源："European Economic Statistics 2010 Edition," Eurostat, 作者根据相关表格加工计算。

　　面对战后最为严重的经济危机，2008 年 11 月欧盟委员会提出了"欧洲经济复苏计划"，[①]旨在通过协调各成员国经济政策来拯救陷入衰退的实体经济，其中包含了大规模的部门支持措施。针对受危机打击严重的部门，欧盟对于政府援助规则进行了修改以允许成员国采取支持措施。如德国、法国、西班牙、英国（也包括卢森堡、荷兰、葡萄牙、斯洛伐克、罗马尼亚）支持汽车工业，而南欧的希腊、塞浦路斯、马耳他、葡萄牙支持旅游业等。

　　汽车制造业是个重要案例。汽车部门占德国和捷克的国内生产总值的 3.5%，在欧盟总体也占很大比例。汽车部门受到危机的重大打击，产能严重过剩。因此，欧洲经济复苏计划为该部门的支持措施提供了很大份额。在需求方面，2009 ~ 2010 年的汽车报废计划共提供 80 亿欧元以鼓励购买新车来替换旧车。在供给方面，为汽车制造业提供了大约 100 亿欧元的贷款和担保。同时，欧盟委员会、欧洲中央银行与成员国建立了 50 亿欧元的合作基金以资助研究开发新技术和明智能源基础结构，因为汽车部门比其他部门更依赖研发，为提高竞争优势必须促进创新和战略研发能力

① Commission of the European Communities, "A European Economic Recovery Plan," COM (2008) 800 final, Brussels, 26.11.2008.

的提升。

这种危机中的应急措施改变了过去20多年来欧盟内部基本上不对特定部门提供特殊保护政策的原则。不过为了确保这些支持措施不会扭曲正常的市场竞争，并有助于达到欧盟长期目标（如强化研发和创新、扩展信息通信技术、改善交通联系、有效使用能源等），欧盟强调这些措施必须促进相关部门的内部调整和重组。虽然欧盟通过支持措施成功抵御了危机对这些部门的恶劣影响，但是这些政策的持续存在会带来中期有害的结果，因为会影响内部市场的有效功能，伤害潜在增长率的增长，所以欧盟要求成员国在经济恢复增长之后就应该及时撤除部门支持措施，以避免长期扭曲市场功能。

从目前的情况来看，危机中的结构调整更多的是"部门内部"的巩固和重组，对欧盟经济的产业部门结构不会产生重大影响。从长期看，产业部门的结构调整仍然继续沿袭长期趋势，即在总体水平上服务业的增长超过制造业的增长。

二 欧盟2020战略对部门结构的影响

随着里斯本战略的到期，欧盟委员会于2010年3月发表了作为新的10年经济发展规划的"欧盟2020战略"，[①]指出欧洲到了变革的时刻，金融危机使得多年来的经济和社会进步毁于一旦，暴露了欧洲经济的结构缺陷。欧盟2020战略提出了三大战略重点，即明智的、可持续的和有凝聚力的增长。明智的增长是指以知识和创新为基础发展经济；可持续的增长是指形成更具资源使用效率、更加绿色和更有竞争力的经济体；有凝聚力的增长是指培育增强社会和地区凝聚力的高就业水平的经济体。

"欧盟2020战略"确定了到2020年欧盟需要达到的5项核心目标。第一，将20岁到64岁人群的就业率从目前的69%提高到75%；第二，将欧盟国内生产总值的3%用于研发；第三，将温室气体排放量在1990年的基础上削减20%（如果其他国家积极减排，则为30%），将可再生能源在最终能源消费中的比例提高到20%；将能源效率提高20%（即20/

---

① European Commission, "Communication From The Commission, Europe 2020 A Strategy for Smart, Sustainable and Inclusive Growth," COM (2010) 2020, Brussels, 3. 3. 2010.

20/20 目标）；第四，将未完成基本教育的人数比例从现在的 15% 控制在 10% 以下，使年青一代中至少 40% 接受过高等教育；第五，将面临贫困威胁的人数至少减少 2000 万。为实现这些目标，欧盟提出了七个"旗舰"动议（即具体行动计划），包括"创新联盟"、"青年流动"、"欧洲数字化议程"、"资源效率欧洲"、"全球化时代的产业政策"、"新技能和就业议程"以及"欧洲消除贫困平台"。这些行动计划的实施将对欧盟的高新技术产业、能源电力、交通运输、金融等产业部门的发展产生重要的影响。

2020 战略强调加大科研投入，加速科技成果转化、建设数字社会以及提高人口素质以促进高新技术产业的发展。对高新技术产业的支持主要是促进信息通信技术产业和环境友好型产业的发展。

"创新联盟"指出要把研发和创新政策的重点放在应对气候变化、能源和资源效率等挑战上，重视气候能源目标的实现，大力发展低碳技术，以促进环境友好型产业的发展。努力完善企业创新条件，比如创建单一欧盟专利市场、专业专利法庭，使版权和商标结构现代化，促进中小企业的知识产权保护，加速共同标准的建立，提高资金进入等。

对于信息通信技术产业的发展，"欧洲数字化议程"的目标是到 2013 年全面普及宽带网，到 2020 年所有互联网接口的速度将达到每秒 30 兆字节以上，其中 50% 的家庭用户的网速要在每秒 100 兆字节以上。促进对高速互联网基础设施和相关服务的投资，创建真正的单一在线内容和服务市场（无国界和安全的欧盟网络服务，数字信息市场）。改革研究开发基金，加大对信息通信技术领域的支持，例如通过信息通信技术提高能源密集型行业的能源使用效率。

"资源效率欧洲"的目标是支持向提高资源效率和低碳经济的转向，尤其是要降低交通部门的碳排放量，使交通部门更加现代化，包括电网基础设施建设，智能交通管理，降低陆路交通、航空、航海部门二氧化碳排放量，投产欧盟"绿色"汽车，促进电力和混合能源汽车的发展。

"全球化时代的产业政策"指出制造业特别是中小企业受到金融危机打击很大，所有部门都面临着全球化的挑战，要调整向低碳经济转型的生产流程和产品。支持制造业部门的生产和服务提高资源使用效率，包括循环经济，降低自然资源的使用量。欧盟将制定现代产业政策框架，支持、引导和帮助企业抓住全球化和绿色经济的机遇。

2020 战略还涉及对金融部门的监管改革，欧盟将采取措施稳定银行系统；提高欧盟旅游业的竞争力；对于传统部门进行新技术的改造等。总的来看，2020 战略中所包含的这些部门发展措施如果能够得到认真实施，无疑将会进一步推动欧盟的产业部门结构向更为高技术化和服务化的方向发展。

第四章

欧盟国家劳动力市场政策调整与改革

欧洲劳动力市场形势与欧洲宏观经济形势发展紧密相关。两者关系的基本特征是：劳动力市场形势发展略微滞后于欧洲经济增长形势的变化，欧洲经济稳定发展和持续增长时，随之推动就业的增长，劳动力市场形势也趋于好转。倘若经济形势趋于不利，首先表现出经济增长下滑或停滞，然后才会出现劳动力市场供需失衡局面，造成失业攀升并会相对持续一段时期。

从 20 世纪 70 年代以来，欧洲在经历了战后经济奇迹发展阶段之后，经济陷入了滞胀期，开始受高失业问题的困扰。20 世纪 70 年代的二次世界性石油危机严重冲击欧洲各国经济，导致欧洲各国的就业形势普遍变得十分糟糕，劳动力市场的供需矛盾不断激化，直接影响了欧洲各国社会的稳定和公平与效率均衡目标的实现。为缓解长期和僵化的高失业问题，欧洲国家尝试着从制度、政策层面上，通过采取各种行动和政策措施，力求扭转劳动力市场供需的长期失衡状态。

迄今为止，欧洲劳动力市场发展与改革经历了几个阶段：战后至 20 世纪 70 年代初期，受凯恩斯主义需求管理政策的影响，各国政府加强了对劳动力市场法规、机制、政策等多个层面的调控和干预，通过更多地采取积极的劳动力市场政策，在经济持续增长的同时，力争实现充分就业的目标。20世纪 70 年代的二次石油危机之后，欧洲经济出现滞胀局面，失业率长期居高不下，劳动力市场僵化成为欧洲僵化症的显著特征之一。在 20 世纪 80 ~ 90 年代，受新自由主义思潮的影响，欧洲各国为解决长期居高不下的高失业率问题，尝试着采取放松劳动力市场管制、提高劳动力市场弹性等一系列改革措施，劳动力市场形势一度有所好转。

经济全球化和欧洲一体化客观上要求欧洲各国之间实行劳动力的自由流动。为此，在欧盟层面上，为建立统一的劳动力市场，欧盟委员会制定了相应的法规和政策，尤其重要的是，1998年推行的欧洲就业战略为协调各国劳动力市场措施和目标起到了积极的作用。与此同时，欧洲各国在如何实现劳动力市场的灵活与保障的均衡，尝试着新一轮的改革浪潮，"灵活与保障模式"在丹麦等国家取得的成功经验，正在向欧洲其他国家推广。

始于2008年下半年的国际金融危机对欧洲经济造成重创，经济严重衰退造成就业率持续下降，失业率不断攀升，劳动力供需矛盾日渐凸显。如何通过各种经济救助计划，实现劳动力市场供需平衡，成为当前和今后时期欧洲国家劳动力市场改革的重点和难点。

第一节　欧盟及其成员国劳动力市场改革的背景及原因

一　劳动力市场供需严重失衡及失业率居高不下

战后欧洲重建取得积极成效，各国经济逐渐恢复或超过了战前水平。20世纪50年代至70年代期间，欧洲经济持续保持增长态势，在经济繁荣时期各国实现了充分就业的目标。然而，20世纪70年代的二次石油危机，使得"战后欧洲经济将长期增长"的神话迅速破灭。更为严重的是，经济滞胀严重影响就业，欧洲国家的失业率持续攀升并居高不下。即使到了20世纪80年代，欧洲各国经济形势开始有所好转，欧洲高失业率问题却已成痼疾，经济形势的好转和逐渐恢复，无法扭转和改变欧洲各国面临的就业困境。

战后的二次世界性石油危机严重冲击了欧洲的劳动力市场，就业形势出现了如下新特征：（1）就业参与率指劳动适龄人口占劳动总人口的比例，由于欧洲劳动适龄人口增长缓慢，各国就业参与率呈下降态势，20世纪70年代至1993年，欧盟国家劳动适龄人口（15~64周岁）比例从63%下降到了58%，其中西班牙和意大利就业参与率较低，分别为59%和58%，英国和丹麦相对较高，分别为73%和80%；（2）工作时间趋于缩短。战后欧洲国家全日制工人的工作时间年均下降1%左右，在20世纪90年代初期，欧盟 12 国全日制工人每周工作时间约为 40 小时，其中比利时最低，为 38 个小时，最高的英国为 43.7 个小时；（3）传统经济结构发生重大改变，农业、工业的就业人数普遍下降，服务业就业人数明显增多。1980 至 1993 年期间，欧盟各国服务业就业人数从占就业总人数的 53% 提高到了 63%。[①]

在 1992 年欧洲完成统一大市场之际，欧洲面临着新一轮的经济衰退时期，欧洲的劳动力市场形势面临新的困境，1994 年西班牙的失业率高达 24%，创下历史新高。20 世纪 90 年代中后期美国新经济和信息产业拉动了全球经济复苏与增长。进入 21 世纪，欧洲就业形势表现较好，2000 年欧盟 27 国的失业总人数不到 2000 万，失业率低于 9%。2001 年初，失业人数下降为 1900 万（失业率为 8.5%），到 2002 年中期失业率重新上升到 2100 万左右，这一态势延续到 2005 年中期。从 2005 年中期开始，欧盟 27 国失业率持续下降，2008 年第一季度，欧盟 27 国失业率创下新低，失业总人数为 1600 万，失业率仅为 6.7%。当前的国际金融危机和主权债务危机重创欧洲经济，导致失业率持续上升并延续至今。

二 金融危机冲击下的欧洲劳动力市场新形势

始于 2008 年中期的国际金融危机对欧洲经济造成重创，结束了欧洲各国的上一个扩张性经济周期。2008 年欧洲各国经济陷入衰退，2009 年中期欧洲经济陷入深度衰退。2010 年中期希腊债务危机引发欧洲债务危机，使得各国就业形势变得异常复杂，西班牙的失业率再次攀升至历史新高，2011 年 10 月失业率持续攀升至历史新高，2011 年 10 月 11 日登记在册的失业人数高达 436.1 万[②]。2010 年和 2011 年欧盟国家平均失业率攀升到了 9.7%。2012 年 12 月，欧盟 27 国失业人口高达 2592.6 万人，欧元区 17 国失业人口为 1871.5 万。失业形势相当严峻，失业人数分别高于上年同期水平 176.3 万人和 179.6 万人。[③]

全球金融危机之际，欧洲各国经济增长严重下滑直接影响就业形势，就

---

① Manuela Samek Lodovici，"The Dynamics of Labour Market Reform in European Countries," from Gøsta Esping-Andersen and Marino Regini, *Why Deregulate Labour Markets*? Oxford University Press，1999，pp. 31 – 65.

② 西班牙中央银行统计资料。

③ http：//epp. eurostat. ec. europa. eu/statistics_ explained/index. php/Unemployment_ statistics.

业增长缓慢，失业者人数上升。由于 GDP 的变化对劳动力市场的影响具有时滞性，2008 年的就业增幅超过了 GDP 的增幅。2008 年作为欧盟国家就业率变化的临界点，危机对就业的冲击还未开始显现，欧盟 27 国和欧元区 16 国的就业率仍然分别上升了 0.9% 和 0.7%。到了 2009 年，GDP 和就业率均出现负增长，欧盟 27 国和欧元区 16 国的就业率分别同比下降了 1.8% 和 1.9%。2010 年欧盟 27 国就业率为 64.2%，同比降幅为 0.5%。

（一） 就业率的变化

2009 年几乎所有欧洲国家的就业率均出现负增长，卢森堡除外，其就业增长率为 0.9%。劳动力市场受危机冲击最为严重的国家有：拉脱维亚（就业率下滑， -13.6%）、爱尔兰（ -8.2%）、立陶宛（ -6.9%）和西班牙（ -6.7%）。欧盟 27 国和欧元区 16 国的总就业分别为 2.222 亿和 1.45 亿，比上年同期分别减少了 410 万和 280 万[①]。

在欧盟大国中，西班牙就业人数实际减少了 140 万，其次为英国 50 万，法国 50 万，意大利 40 万。不仅就业绝对人数下降，不同工作年龄组的人口比例也呈同步下降趋势。欧盟 27 国中，年龄在 15 ~ 64 周岁的就业人数比例从 2008 年的 65.9% 下降到 64.6%，这也是欧盟统计局自对这项指标进行统计以来，首次出现的下降记录。

欧盟成员国中，2009 年就业率下跌幅度最大的国家分别是：拉脱维亚（下降了 7.7 个百分点，2009 年为 60.9%），其次爱沙尼亚（下降了 6.3 个百分点，为 63.5%）、爱尔兰（下降了 5.8 个百分点，为 61.8%）、西班牙（下降了 4.5 个百分点，为 59.8%）、立陶宛（下降了 4.2 个百分点，为 60.1%）、冰岛（下降了 5.3 个百分点，为 78.9%）。同期，就业率出现增长的国家只有两个：卢森堡增加了 1.8 个百分点，波兰增加了 0.1 个百分点。

这场经济危机对各国劳动力市场影响的时间和程度均不相同。从 2007 年第二季度起，爱沙尼亚和匈牙利两国的就业市场开始受到影响，就业人数出现下降，而到了 2008 年第四季度，德国、荷兰、捷克、波兰和比利时的就业市场才受到危机冲击，欧洲就业危机从发生到蔓延至所有国家历时 1 年半左右时间。危机对西班牙就业的影响最为严重，其次是匈牙利、爱尔兰和

---

① European Commission, *European Economic Statistics*, 2010 Edition.

波罗的海国家。

如果采用时空偏移法（S-time distance method）来衡量危机的影响程度，即 2008 年和 2009 年各国就业率受冲击后的倒退年份。按照这一衡量方法，英国受影响最大，就业率倒退到了 12 年前的水平，其次为葡萄牙、爱尔兰和匈牙利，均倒退了 10 年时间；下一组是立陶宛、拉脱维亚和西班牙，倒退了 6～7 年。各个国家的具体情况并不相同，英国、爱尔兰、拉脱维亚和西班牙近 10 年来的就业率增幅较大，危机导致就业岗位大幅减少，葡萄牙、匈牙利最近几年就业有所增加，在危机影响下，就业率也倒退了很多年，德国、波兰和卢森堡受影响程度最小，就业率仍在上升。欧盟 27 个就业率平均倒退了 2.8 年。（见表 4－1）

表 4－1　欧盟、美国和日本 2002～2009 年 15～64 周岁就业率

单位：%

国家和地区	2002 年	2003 年	2004 年	2005 年	2006 年	2007 年	2008 年	2009 年
欧盟 27 国	62.4	62.6	63	63.5	64.5	65.4	65.9	64.6
欧元区 16 国	62.3	62.6	63.1	63.7	64.6	65.6	66	64.7
比利时	59.9	59.6	60.3	61.1	61	62	62.4	61.6
保加利亚	50.6	52.5	54.2	55.8	58.6	61.7	64	62.6
捷克	65.4	64.7	64.2	64.8	65.3	66.1	66.6	65.4
丹麦	75.9	75.1	75.7	75.9	77.4	77.1	78.1	75.7
德国	65.4	65	65	66.0b	67.5	69.4	70.7	70.9
爱沙尼亚	62	62.9	63	64.4	68.1	69.4	69.8	63.5
爱尔兰	65.5	65.5	66.3	67.6	68.6	69.1	67.6	61.8
希腊	57.5	58.7	59.4	60.1	61	61.4	61.9	61.2
西班牙	58.5	59.8	61.1	63.3b	64.8	65.6	64.3	59.8
法国	63	64	63.8	63.7	63.7	64.3	64.9	64.2
意大利	55.5	56.1	57.6b	57.6	58.4	58.7	58.7	57.5
塞浦路斯	68.6	69.2	68.9	68.5	69.6	71	70.9	69.9
拉脱维亚	60.4	61.8	62.3	63.3	66.3	68.3	68.6	60.9
立陶宛	59.9	61.1	61.2	62.6	63.6	64.9	64.3	60.1
卢森堡	63.4	62.2	62.5	63.6	63.6	64.2	63.4	65.2
匈牙利	56.2	57	56.8	56.9	57.3	57.3	56.7	55.4
马耳他	54.4	54.2	54	53.9	53.6	54.6	55.3	54.9
荷兰	74.4	73.6	73.1	73.2	74.3	76	77.2	77
奥地利	68.7	68.9	67.8b	68.6	70.2	71.4	72.1	71.6

国家和地区	2002 年	2003 年	2004 年	2005 年	2006 年	2007 年	2008 年	2009 年
波兰	51.5	51.2	51.7	52.8	54.5	57	59.2	59.3
葡萄牙	68.8	68.1	67.8	67.5	67.9	67.8	68.2	66.3
罗马尼亚	57.6b	57.6	57.7	57.6	58.8	58.8	59	58.6
斯洛文尼亚	63.4	62.6	65.3	66	66.6	67.8	68.6	67.5
斯洛伐克	56.8	57.7	57	57.7	59.4	60.7	62.3	60.2
芬兰	68.1	67.7	67.6	68.4	69.3	70.3	71.1	68.7
瑞典	73.6	72.9	72.1	72.5b	73.1	74.2	74.3	72.2
英国	71.4	71.5	71.7	71.7	71.6	71.5	71.5	69.9
冰岛	—	83.3	82.3	83.8	84.6	85.1	83.6	78.3
挪威	76.8	75.5	75.1	74.8	75.4	76.8	78	76.4
瑞士	78.9	77.9	77.4	77.2	77.9	78.6	79.5	79.2
克罗地亚	53.4	53.4	54.7	55	55.6	57.1	57.8	56.6
马其顿	—	—	—	—	—	39.6	40.7	41.9
土耳其	—	—	—	—	44.6	44.6	44.9	44.3
日本	68.2	68.4	68.7	69.3	70	70.7	70.7	—
美国	71.9	71.2	71.2	71.5	72	71.8	70.9	—

资料来源：欧盟统计局。

（二）失业率的变化

失业率可以更好地表明危机的影响程度。2009 年欧盟 27 国 15～74 周岁的失业人口为 2140 万，比 2008 年新增失业 470 万，这是欧盟迄今为止失业人数增加最多的一年。欧元区 16 国的失业人数为 1490 万，比上年增加了300 万。失业最严重的国家是西班牙（失业者 160 万）、英国（60 万）和法国（50 万），土耳其、卢森堡、马耳他和塞浦路斯新增的失业人数最少。

失业率攀升最为明显的国家有拉脱维亚（上升 9.6%），爱沙尼亚（8.3%），立陶宛（7.9%），西班牙（6.7%）和爱尔兰（5.6%）。失业率增幅最小的国家有德国（0.2%），卢森堡（0.5%），荷兰（0.6%）和比利时（+0.9%）。2009 年西班牙失业率最高为 18.0%、拉脱维亚（17.1%）；最低的为荷兰（3.4%）和奥地利（4.8%）。欧盟平均失业率从 2007 年的7.1%，上升到 2009 年的 8.9%。

2009 年男性失业率高于女性。在欧盟 27 国中，男性平均失业率上升了2.4%，女性为 1.3%。在拉脱维亚，男性失业率上升了 12.3%，女性上升了 7.0%，在爱沙尼亚，男性和女性失业人数分别下降了 11.1% 和 5.3%。年轻人失业率最高，在欧盟 27 国中年龄在 15~24 周岁青年人失业率从 2008 年的 15.5% 上升到了 19.8%。2009 年 27 国长期失业人数比例从 2.6% 上升到了 3.0%，从 2008 年第三季度开始，长期失业人数出现上升趋势。①

随着欧洲主权债务危机的持续蔓延，欧盟成员国的劳动力形势日益严峻，失业率持续攀升，2011 年 11 月欧盟 27 国失业人数上升到了 2355.4 万，相比上年同期失业人数上升了 13 万。2011 年 10 月欧元区的失业率为 10.3%。在欧盟成员国中，失业率最低的几个国家是奥地利（4.1%）、卢森堡（4.7%）和荷兰（4.8%），失业率最高的国家是西班牙（22.8%）、希腊（18.3%）和拉脱维亚（16.2%）。

（三）就业结构

2009 年所有产业就业均出现下降，除了公共行政管理和其他服务业外。建筑业就业下降幅度最大为 6.4%，其次制造业 5.0%，金融服务和贸易分别下降 1.9%。农业就业比上一年还略有增加。在欧盟 27 国中，服务业就业占了 70.3%，制造业为 16.9%，建筑业为 7.2%，农业、林业和渔业为 5.7%。

（四）危机对劳动力市场供需关系的变化特征

第一，经济危机对男性就业造成的冲击明显大于女性。2009 年男性就业率下跌幅度大于女性。在欧盟 27 国中，女性就业率下降为 58.6%，同比下跌 0.5 个百分点，男性就业率为 70.7%，同比下跌 2.1%，这与男性主要从事的建筑业、制造业受危机影响较大相吻合。女性主要从事公共管理、医疗卫生和教育等行业的工作，2009 年这些行业的就业还有所增加。

第二，青年就业者受影响程度明显高于年龄在 55~64 周岁的中老年者。2009 年，多数成员国的中老年就业率还有所上升，尤其是在卢森堡，这一比例还增加了 4.1%，上升到了 38.2%，其次是斯洛文尼亚（2.8%，35.6%）、德国（2.4%，56.2%）和荷兰（2.1%，55.1%），欧盟 27 国平均增幅为 0.4%，达到了 46.0%。青年人受危机冲击最大，除了卢森堡之外，年龄在 15~24 周岁的青年就业者的比例均出现下降，欧盟 27 国平均下

---

① http：//epp. eurostat. ec. europa. eu/statistics_ explained/index. php/Unemployment_ statistics.

降了 2.4%，为 35.2%。其中爱尔兰青年人就业率下降幅度最大（10.5%，35.4%），包括拉脱维亚（9.5%，27.7%）和西班牙（8.0%，28.0%），降幅较小的国家包括罗马尼亚（0.3%，24.5%）、波兰（0.5%，26.8%）和希腊（0.6%，22.9%）

第三，非全日制的就业人数趋于上升，多数国家的固定期限合同制就业趋于下降。从就业类型看，欧盟国家主要就业类型是全日制的，但非全日制比例呈上升趋势。欧盟 27 国中，2002 年非全日制就业比例占到了 16.2%，2008 年上升到了 18.2%。金融危机促使雇主对劳动力市场需求锐减迅速作出调整，全日制转变为非全日制，雇员继续享受工资待遇。2009 年非全日制就业比例同比增加了 0.6 个百分点，达到了 18.8%，比危机前的 2002 ~ 2007 年提高了 0.3 个百分点。

多数国家将全日制就业转为非全日制就业作为应对危机的一种调整方式。非全日制就业人数增加最为明显的国家是爱沙尼亚、爱尔兰、拉脱维亚和斯洛文尼亚。在一些国家男性非全日制就业人数迅速增加，例如，爱尔兰、立陶宛、荷兰、斯洛文尼亚和西班牙。而在匈牙利、塞浦路斯和土耳其、英国，妇女非全日制就业比重上升。

经济危机之前，固定期限就业合同人数比重持续上升，2008 年这一趋势发生了变化，2009 年这一比例持续下降。2009 年欧盟 27 国这一类型的就业人数比例为 13.5%，2007 和 2008 年分别为 14.0% 和 14.5%，欧元区 16 国下降更快，从 16.2% 下降到了 15.2%。欧盟成员国的表现并不相同：其中 16 个成员国这一比例人数下降，下降最明显的是西班牙，固定期限合同制就业比例下降了 3.9%，为 25.4%，其次是斯洛文尼亚（1.0%，16.4%）、瑞典（0.8%，15.3%）、葡萄牙（0.8%，22.0%）和意大利（0.8%，12.5%），固定期限合同制人数增加的国家有 11 个，卢森堡（1.0%，7.2%）、拉脱维亚（1.0%，4.1%）。

工时有所缩短，在 2009 年人均工时为 1664 个小时，2008 年为 1680 小时，2007 年为 1682 小时。2009 年欧盟 27 国全日制雇员每周工作时间从 2008 年的 41 小时，减少为 40.6 小时，其中自雇者每周工作时间从 2008 年的 46.7 小时下降到了 46.2 小时，全日制雇主从 39.8 小时下降到 39.5 小时。非全日制雇员从 2008 年的 20.0 小时下降到了 2009 年的 19.9 小时、非全日制自雇者从 19.6 小时下降到 19.5 小时，差异不大。

三　劳动力市场调整与改革的动因

推动欧洲国家劳动力改革的主要动因是：首先，经济全球化背景下的劳动成本因素：持续而居高不下的失业率。其次，劳动力市场刚性：供需失衡。"资本"与"劳动"力量对比的新趋向。第三，欧洲一体化进程推动劳动力自由流动，进行相应劳动力法规、制度与政策措施的改革。

（一）欧洲失业原因多种多样，且刚性因素较多

通常情况下，导致失业的原因有三种：摩擦性失业、结构性失业和周期性失业。摩擦性失业是指在流动的劳动力市场中，由于劳动力市场信息不充分或不对称，造成失业者未能很快找到劳动力市场中剩余的工作岗位。即使在劳动力市场的供需状况达到均衡状态时，摩擦失业也依然存在，因为一些失业是因为一些就业者和企业总在寻找最适合自己的工作岗位和雇员所引起的。

结构性失业是由于现有工作岗位与寻找工作者之间的不匹配造成的。不匹配性体现在技能、教育、地理区域、年龄等多个方面。例如，当现有大量的技术含量较高的工作岗位存在，例如，计算机编程员、宇航工程师或者办公室高级管理员，而寻找职业者均是些既缺乏相应教育背景、又缺乏工作经验的年轻人，或者是缺乏技能的成年人，在这种情况下也会遭遇失业。例如，法国的南部有大量的工作机会，而意大利南部的失业者因劳动力流动方面的障碍而无法得到在法国工作的机会，因为地域问题也会导致结构性失业的出现。

周期性失业也称为需求不足失业，经济总需求的不足导致无法对所有求职者提供足够的工作机会。周期性失业与经济周期的变化密切相关。处于经济周期上升时期，失业率会下降，扩大投资和生产带动了企业扩大就业，重新雇佣失业人员和招聘新的人员，随着危机的到来，则会出现相反的情况，企业销售额的下降必然迫使企业裁员和减少新雇员比例，现有工作岗位的减少，失业率随之增加。公共政策干预周期性失业的最为直接的方式就是采取财政和货币政策，确保稳定和健康的经济增长率，一旦出现萧条，可以采取减税或者放松货币政策的措施以制止严重的经济衰退。

对欧盟而言，上述三种失业均是存在的。欧盟国家自 20 世纪 70 年代中期以来出现的高失业率的主要原因是供应短缺和紧缩的宏观经济政策造成

的，不同于美国的是，欧洲国家的失业率居高不下，刚性失业问题十分严重。这一现象已经引起欧美学者的广泛关注。在现有的研究文献中，多数欧洲学者认为：与其他国家相比，欧盟国家普遍实行严格的就业保护法和工会力量的强大，是导致劳动力市场僵化的主要原因。此外，严格的就业保护法规和刚性工资也推高了企业的调整成本，降低了企业对劳动力的需求。过于慷慨的社会保障使得失业者失去了寻找工作的意愿和动力，从而人为地拉长了失业时间，加剧了长期失业问题。

斯蒂芬·尼克尔（Stephen Nickell）[1] 等学者的研究从多个指标角度，分析了造成欧洲劳动力市场的刚性的多种因素。他认为，劳动力市场的直接刚性可以从就业保护指标、劳动标准指标、就业替代率等多个就业指标体系的变化来加以衡量，这些指标数值的不同直接反映了欧洲各国劳动力市场刚性程度的差异性。

就业保护指数指一个国家的雇佣与解雇法规体系的强弱程度，尼克尔教授以 1～20 数值来表示，假定该指数值为 20，表示这个国家具有十分严格的就业保护法规体系，分析数据显示，南欧国家的这一指数普遍较高，表示其就业保护法规十分严格。研究还表明：越往欧洲北部，其就业保护指数就越低，这就意味着这些国家的就业保护法规相对较弱，在欧洲国家中，瑞士、丹麦和英国的就业保护程度最弱。

劳动标准指数表示劳动力市场法规的强弱程度，以数值 0～10 来表示，0 表示这个国家缺乏劳动力市场法规，2 表示该国具有严格的劳动力市场法规体系（其中包括 5 项子类：工作时间、固定合同、就业保护、最低工资和雇主代表权益），将这些指标加以累计，得出的结果与就业保护指数的结果相近。英国与美国的劳动力市场法规保护相对较弱，而西班牙和意大利的劳动力市场具有十分严格的法规和法律体系，由此判断严格的劳动力法规体系是造成劳动力市场僵化的因素之一。南欧和欧洲大陆国家的劳动力市场是比较僵化的。

就业替代率表示失业金占工资收入的比重，与补贴期限共同来表示失业保障的慷慨程度。与美国相比，欧洲国家具有较高的就业替代率，因此失业

---

① Stephen Nickell, "Unemployment and Labour Market Rigidities: Europe versus North America," *The Journal of Economic Perspectives*, Volume 11, Summer, 1997, pp. 55 - 74.

保障体系是非常慷慨的。斯堪的纳维亚国家提供的失业补贴较高，同时具有严格的补贴期限，例如，瑞典的替代率为80%，但只限在14个月内。

积极的劳动力市场政策，包括劳动力市场培训、寻职补贴、就业补贴和伤残就业补贴等一系列的政府保护措施，通常以政府对人均失业者的就业补贴占人均GDP的百分比来表示，瑞典的这一数据为60，表示政府对每个失业者就业补贴占每个潜在就业者GDP总值的60%，这个比例是相当高的，意味着政府试图采取积极的劳动力市场政策引导，激励失业者重新回到职场。南欧国家的情况却相反，西班牙具有十分慷慨的失业补贴及较长的补贴期限，但政府用于积极劳动力市场上的就业支持补贴措施较弱，费用也较低。

工资制定体系，在欧洲多数国家，除了英国和瑞士外，工会在工资制定中发挥了至关重要的作用。

综合上述指标体系的分析，尼克尔等学者对失业率长期居高不下得出了如下结论：导致欧洲高失业率居高不下的劳动力市场特征包括：慷慨的就业补贴及无限制的补贴期限，积极的劳动力市场政策较弱，使得失业者缺乏重新回到职场的能力和动力，工会力量相对强大，雇主与工会在工资谈判中缺乏协调，对雇员征税较高工资税，年轻人较低工资偏高，以及处于劳动力市场底层者的受教育程度普遍较低。

1992年欧洲统一大市场建成后，客观上推动了欧洲大市场中商品、货物、资本、劳动的四大流通。由于欧洲各国规范劳动力市场的制度、政策与法规及其成效的不同，推动劳动力在区内的流动，必须要整合各国劳动力市场。

（二）欧洲国家劳动力市场法规的差异性

欧盟劳动力市场的法规体系涉及劳工法和社会保障法，主要包括就业和工作时间法、最低工资法、集体协议法、解雇和雇佣法、失业保障法、养老金法规等。

1. 工作条件法规

各国的情况很不相同，英国在工作时间上和非正常就业类型方面几乎没有相应的法规，而其他国家通过欧盟法规或者集体谈判协议，或者通过这两大法规体系赋予工人最高工作时间和假期权利。各国劳工法在工作时间、非全日制就业方面的规定是很不相同的。英国和丹麦对每周正常或最高的工作时间没有法定要求，多数国家每周法定的正常工作时间为 40 小时，例如，奥地利、比利时、芬兰、卢森堡、西班牙、瑞典、挪威、法国为 39 个小时，实行每周 48 个小时工作制的国家有德国、希腊、爱尔兰、意大利、荷兰、葡萄牙。关于年度法定假期，意大利和英国对每年的请假时间没有法定要求，实行 3 周年假的国家有德国、爱尔兰、葡萄牙为 3～4.4 周，希腊、荷兰、比利时规定每年休假 4 周，挪威为 4.2 周。实行 5 周年假的国家有奥地利、丹麦、芬兰、法国、卢森堡、西班牙。

2. 就业保障法规

欧洲各国制定了相应的就业保障法，规定了解雇通知要求、提前通知期限、解雇费、不公平解雇条款，包括对孕妇、残疾人等特定人群的特殊保障。南欧国家和爱尔兰具有十分严格的就业保护法，而丹麦、挪威和英国就业保护程度相对较低。所有国家对不公平解雇提供法定保护，通常要求陈述解雇的理由或者提前与雇员代表进行协商，1975 年欧共体指令规定集体裁员必须提前通知和进行协商。丹麦、法国、希腊、意大利和西班牙规定对集体裁员必须支付解雇费，但不能部分裁员，爱尔兰和英国对裁减冗员必须支付解雇费。就业保护程度与年龄和工作年限有关。奥地利、比利时、丹麦、德国、希腊、卢森堡和意大利，白领工人享受的就业保障明显高于蓝领工人，在 20 世纪 90 年代初期，欧共体白领工人的解雇费要高出蓝领工人约 50%。

3. 最低工资法

欧洲国家的最低工资存在三种形式：法定、集体协议和可选择的协议。法国、希腊、荷兰、葡萄牙和西班牙的最低工资是法定的，较高的最低工资可以通过集体协商确定，不需要政府的批准。比利时、德国、爱尔兰，最低工资由集体协议决定，并可再续签。丹麦集体协议可以确定最低工资，但不能续签，英国过去工资委员会选择性的最低工资制度，包括零售业等特定部门，已经解散了。比利时、丹麦、德国、希腊、荷兰、葡萄牙的最低工资相当于平均收入的 70%，法国、卢森堡、西班牙为 60%。许多国家的最低工资趋于灵活化。青年人的工资低于最低工作（例如，比利时、荷兰、葡萄牙和西班牙），法国就业培训项目年轻人的工资低于最低工资，葡萄牙的最低工资是由各个行业自定的，卢森堡最低工资依照技能来确定。

4. 集体协议与劳资关系

奥地利劳工法包括《基本国民权利法》（1867 年）和《保护公民隐私法》（1999 年）。比利时劳工法有：《劳工参与新法》（2002 年）和《隐私保护加强法》。丹麦集体协议确定了雇员的就业期限、待遇和条件。就业法确保集体协议的签署和落实。主要法规有《雇主和领取工资的雇员法》、《加强男女平等待遇法》、《丹麦疾病或生育补贴法》（2001 年）、《丹麦社会养老金法》（2004 年）、《丹麦工伤保护法》。丹麦是高度工会会员制的国家，历次就业法和两年滚动的收入政策协议规定了雇员的工作期限和待遇。所有新法规出台之前必须与社会伙伴进行广泛协商，集体协议适用所有的部门。法国的劳工法典是劳工法的法律基础。集体协议和工作协议确定工作待遇与条件。多数就业合同对就业期限没有明确规定。主要有法国劳动法典、公民法典等。

德国的劳动法规包括：德国健康和安全法规、职业健康保险、工作宪法法规、平等机会法、工作时间法、欧洲工人委员会。爱尔兰的劳工法规与英国基本相似。政府执行欧盟的社会指令，是最早在国内采用欧盟的非歧视性法的国家之一。三方集体协议确保增长和抑制价格通胀。孕妇保护法、爱尔兰社会保障法规等。意大利对就业待遇、权益和工作机会均有严格的法律保障。卢森堡集体协议下放到公司层面进行谈判。工人法是西班牙就业法的基础，劳动力法规十分严格。主要包括临时工作机构法、西班牙工人法。瑞典就业待遇主要相应法律规定，而不同通过集体协议。产假法、平等机会法、工作环境法、少数民族歧视法、瑞典社会保障指南等。按照欧洲大陆模式标准，英国在劳动力市场法规的干预比较小，主要法规有《残疾歧视法》（1995 年）、《就业权利法》（1996 年）、《国家最低工作法》（1998 年）等。

欧洲统一大市场建成后，客观上推动了上述的这些差异性在欧盟层面上进一步加强协调。从 1998 年起欧盟层面上推出的就业战略就是各国协调劳动力市场和进行劳动力市场改革的行动指南，推动欧洲劳动力市场改革的外因还包括全球化造成的劳动力成本的变化以及劳资关系的变化。

第二节　欧盟成员国层面上的劳动力市场
改革政策及措施

纵观历次改革，无论欧盟层面上或欧盟各成员国，欧洲劳动力市场政策选择呈现三大变化：宏观经济政策不仅重视"稳定""平衡"，而且重视"增长"和"就业"，力争实现就业与增长的均衡；在中观经济政策上，加速调整产业结构；在微观经济政策上，大力加强企业产品、工业研发等创新。

基于埃斯平－安德松（Esping-Anderson）[1] 的政治社会学研究成果，安德烈·萨皮里（André Sapir）提出从各国福利制度的差异性和地域特征可以将欧洲模式（European Model）或社会欧洲（Social Europe）细分北欧国家模式、盎格鲁－撒克逊国家、欧洲大陆国家模式和地中海国家这四种模式[2]：

（1）北欧国家模式（丹麦、芬兰、瑞典和荷兰四国）具有最高的社会保障支出和享受全民福利待遇；采取各种积极政策，从财政上对劳动力市场进行干预；工会力量十分强大，实行严格的工资结构制度。

（2）盎格鲁—撒克逊国家（包括爱尔兰和英国）推行相对较高的社会救助，对适合工作年龄段的救助采用现金转移支付方式。积极措施与各种常规性的就业津贴项目具有同等重要性。工会力量相对较弱，工资结构宽泛，工资差异不断扩大，低工资就业现象比较普遍。

（3）欧洲大陆国家模式（奥地利、比利时、法国、德国和卢森堡）主要实行保险、非就业补贴和养老金政策。尽管工会人数在下降，工会的势力依然强大，劳动法规覆盖到非工会成员的集体工资谈判进程中。

（4）地中海国家模式中（希腊、意大利、葡萄牙和西班牙）的社会支出主要用于养老金，公民享受的各种权利和福利待遇差异很大。这些国家的社会福利制度以就业保障和提前退休为主，工资水平主要由集体谈判来决定。

上述国家之间劳动力市场运行模式及特征的差异性导致了欧共体成员国劳动力市场改革的复杂性和多元化。

---

① Esping-Anderson 将福利制度分为三种类型：自由制度（包括盎格鲁—撒克逊国家），保守主义制度（包括欧洲大陆和地中海国家）以及社会民主制度（包括北欧国家），详细介绍可参见 G. Esping-Andersen, *The three World of Welfare Capitalism*, Princeton, NJ, Princeton University Press。

② André Sapir, "Globalization and the Reform of European Social Models," *Journal of Common Market Studies* (*JCMS*), 2006, Volume 44, Number 2, pp. 369 - 390。此文提交 2005 年 9 月 9 日欧盟曼彻斯特财长会议，曾作为工作论文发表在 http://www.buregel.org 网站上。

一 从被动政策转向积极的市场政策：从授人以"鱼"转向授人以"渔"

在欧洲劳动力市场的调整与改革过程中，积极劳动力市场政策是推行较早的改革措施之一，成为从战后初期至 20 世纪 70 年代末欧洲各国政府干预和调控劳动力市场的主要手段之一。

尽管现在人们无从考证最早采用积极劳动力市场政策的确切时间，其实在 20 世纪 30 年代世界经济大危机时，各国政府就采取过各种积极政策措施，以缓解不断恶化的失业问题，当时美国罗斯福政府推行的"新政"（New Deal）可以说是一项颇为成功的劳动力经济领域的救市政策。欧洲也同样采取了相应的政策行动。在内战期间，德国魏玛共和国时期的保守党政府尝试过一些积极劳动力市场政策。到了 20 世纪 50 年代末，欧洲国家，特别是在瑞典，积极劳动力市场政策被看成是应对经济结构变革的一项重要社会和经济政策，借此推动就业岗位从劳动生产率较低的部门向劳动生产率较高部门之间的有效流动和合理配置。

在欧洲国家采取的劳动力市场政策中，积极劳动力市场政策（Active Labour Markets，ALMs）是相对于被动劳动力市场政策（Passive Labour Markets，PLMs）而言的一整套政策措施，具体包括六大政策：即劳动力市场培训、私营企业激励项目、公有部门的直接就业计划、服务和惩罚、年轻人项目和残疾者措施。这些政策旨在激活失业者的求职积极性、缩减求职者的职位搜寻时间，实现劳动力市场中供需关系的良性匹配，达到充分就业的长远目标。

按照国际劳工组织和经济合作组织的定义，所谓的积极劳动力市场政策就是对求职者，通常指失业者，也包括潜在失业者和希望寻找更好就业岗位者，提供替代收入和加快劳动力市场整合的一系列政策行动，动态性地调整劳动力市场的供需关系，推动劳动力市场的一体化进程。通常情况下，相对于被动的劳动力市场政策而言，积极的劳动力市场政策也被称为主动的劳动力市场政策。传统的积极劳动力市场政策包括劳动力市场培训、以公共部门和社区工作项目的形式创造新的就业岗位、新企业创业项目和私营企业雇员补贴项目。典型的被动政策则包括失业保险、失业救济和提前退休等。[1]简

---

[1] Peter Auer, Ümit Efendioölu and Janine Leschke, "Active Labour Market Policies around the World: Coping with the Consequences of Globalization," *International Labour Organization*, 2005, pp. 5 – 9.

而言之，主动与被动政策措施二者之间的存在的本质区别是：前者以一种积极支持和鼓励的方式，例如，提供各种培训项目和帮助失业者提高技能，推动劳动力市场整合；后者则为失业者提供社会补贴和救济金，却对失业者或潜在失业者不附加必须参加培训或工作等前提条件。在欧洲，积极劳动力市场政策受到几乎所有成员国的推崇，这是因为这项政策涵盖了欧洲社会的效率与公平均衡原则：公平性体现在积极劳动力市场政策锁定的目标群体主要是长期失业者；从社会收入再分配角度看，长期失业者是社会上处于最为弱势和贫困的群体。而效率性则体现在依靠积极的劳动力市场政策可以有效地影响劳动力市场功能的正常运转，在高失业率时，采用一定的积极政策可以有助于保持有效劳动力市场规模。[1]

欧盟各成员国现行的积极劳动力市场政策项目名目繁多，但不外乎归属于以下六大范畴：[2]

1. 劳动力市场培训（labour market training）

这是积极劳动力市场政策的核心项目。此类培训项目包括在校培训、在岗培训和学习工作经验。培训的方式可以是提供正规的普通教育（例如，开设语言课程、基础计算机课程或者其他课程），或者是组织专门技能培训（例如，开设高级计算机课程或者技术和制造技能培训）。通过培训旨在提高培训者的就业能力和生产能力，提高技能以提升人力资本能力。

2. 私营企业激励计划（private sector incentive programs）

此类计划包含了提高私营企业雇主和雇员工作积极性的所有激励措施。工资补贴是最为典型的措施之一，通过补贴激励雇主雇佣新员工或者在企业濒临破产时保持现有员工规模，不实行裁员。这类补贴可以以工资补贴的形式直接提供给雇主，也可以在有限的一段时期内作为工人的工资奖励，激励的目标人群主要是长期失业者和最为弱势的劳动群体。补贴私营企业的另外一种方式是提供自雇资金。失业者在创业初期可以获得补贴，有时候在一个固定的时段内，还可以获得政府提供的各种就业咨询帮助。

---

① J. Kluve and C. M Schmidt, " Can training and employment subsidies combat European unemployment?" *Economy Policy*, No. 35, pp. 409 – 448.

② 这是 OECD 和 Eurostat 通用的分类方法。

3. 公共部门直接就业计划（direct employment programs in the public sector）

此类计划完全不同于上述私营企业激励计划，通过增加公共工程或者公共产品或者服务的其他活动来创造就业，主要针对最为弱势的社会群体，鼓励他们在失业期间参与劳动，防止人力资本能力的丧失。新增的这些就业岗位通常不同于常规意义上的职位。

4. 服务与惩罚措施（services and sanctions）

此类项目旨在提高工作搜寻效率，主要措施有工作搜寻课程、工作俱乐部、职业指导、提供咨询和监管以及一旦不履行工作搜寻规定时予以的惩罚。在欧洲国家，提供此类项目的既有公共部门，也有私营部门，但以公共部门占主流。公共就业服务（Public Employment Services，PES）以弱势群体为主要服务对象，而私营服务则关注具有特权的雇员和白领工人。尽管就业服务所需的成本较低，在一些欧盟国家，如果对某个失业者的搜寻工作行为缺乏应有的监管或者该失业者拒接接受就业服务机构提供的工作岗位时，就要以降低失业补贴等方式对失业者给予一定的资金惩罚。

5. 青年人项目（youth programs）

这是专门针对青年人中的生活条件较差、社会地位低下和失业者提供的特殊项目，包括培训、工资补贴和工作搜寻津贴等。

6. 伤残者措施（measures for the disabled）

对患有精神、心理、生理疾病或缺陷者提供的职业安置、保留性工作项目或者工资补助。

除了上述分类外，格拉布（Grubb）将积极劳动力市场政策简化为三大类：即公共就业服务、培训、创造就业岗位项目和就业补贴项目[①]，在他看来这些政策是减少与失业补贴相关联的道德危害问题的有效途径之一。

显然上述分类反映出积极劳动力市场政策中的"胡萝卜加大棒"特性："胡萝卜"指培训项目、工资补贴和直接创造就业，而"大棒"则对不遵守工作搜寻规定者给予的惩罚和警告。按照传统分类，欧盟国家的积极劳动力

---

① D. Grubb, "Direct and Indirect Effects of Active Labour Market Policies in OECD Countries," in R. Barrell（ed.）*The UK Labour Market*：*Comparative Aspects and Institutional Development*, Cambridge University Press, 1994, pp. 183 – 213.

市场政策限定在上述六大分类中，而在政策执行过程中，由于不同国家对这些项目的偏好和效果认同上存在一定的差异性，通常推行的是包括一类或者多类项目的政策组合，例如，瑞典的培训者就业安置计划就含有培训和创造就业这两大类别的项目。

二 放松管制、更趋灵活的劳动力市场改革

从 20 世纪 70 年代末至 90 年代初期，为适应一体化、全球化和现代化发展需求，欧洲各国采取的积极劳动力市场政策体现了劳动力市场趋于放松管制、更趋灵活性、更富弹性的总体发展方向。

1. 改革劳动力法规体系

欧盟国家根据各自经济发展特征和法规体系，对劳动力市场进行了改革。一些国家，如西班牙、法国、德国和意大利通过修改劳动力法规或者集体谈判制度，放开了临时和固定合同制。欧洲所有国家支持自雇就业和私人就业机构的合法化。在 20 世纪 90 年代欧盟国家新增的就业岗位的大部分来自于非全日制就业（其中新增就业中，71% 为男性，85% 为女性）。新增男性就业全部是临时工，而新增妇女就业中 50% 是临时工。[①]

2. 工资协商机制呈分散化趋势

多数国家在中央层面上的工资协商机制有所加强，主要表现在南欧国家，而且工资差异性明显加大，英国和瑞典对工资协商制度进行了重大改革。

3. 工时更趋灵活

由于工作条件谈判倾向更加的分散化，工作时间和企业内部规章制度均呈现更大的弹性，工作时间更加灵活，增加了夜晚和周末工作时间。

4. 放宽劳动力市场法规的限定条件

从 20 世纪 90 年代末，为克服社会冲击造成的消极和不利的影响，许多国家采取了更为灵活的劳动力市场措施。这些措施主要包括：[②]针对目标人群进行替代率的改革，例如，丹麦和荷兰降低了青年人补贴额；严格限定失

---

① European Commission, *Employment in Europe*, Brussels, 1996.
② *The OECD Jobs Study*, 1994；*The OECD Jobs Strategy：Making Work Pay*, 1997b, Paris：OECD.

业金和其他补贴的发放条件。瑞典、荷兰和西班牙规定在领取失业金之前，必须缴纳较长时间的社会保险费。为了紧缩公共支出，削减提前退休项目和残疾金。自 20 世纪 90 年代初起，瑞典和德国等国家取消了提前退休规定，荷兰、英国和意大利等国家则试图通过严格限定发放条件，降低残疾金的增幅。瑞典在提前退休项目上的支出从 1992～1993 年期间占 GDP 的 0.06%，下降到了 1994～1995 年期间占 GDP 的 0.02%，德国从 0.59% 下降为 0.06%，法国从 0.4% 下降为 0.36%。[①] 限制被动措施中的补贴额，增加积极劳动力政策项目，英国、西班牙、丹麦和荷兰要求失业者全日制参加积极劳动力政策项目。许多国家，包括奥地利、荷兰、瑞典和英国均对工作进行了严格定义，并对拒绝接受工作岗位的失业者实行相当严厉的罚款。

除了上述改革的共性之外，由于欧洲国家经济发展水平、福利保障程度和社会文化价值观上的差异性，各国在具体实施劳动力市场改革、提倡积极劳动力市场政策时，所采取的策略和改革路径存在明显的差异性，主要的表现特征是：

英国从撒切尔时代起，采取了加快放松管制和自由放任（dregulation & laissez-faire）改革模式。国家通过广泛的法律干预，逐步削弱工会的集体谈判权力和就业保护法规，取消工资委员会和最低工资规定。为降低公共支出和提高工作积极性，对福利制度进行大幅度地调整。企业和个人层面上的工资谈判制度实现分散化。在多个雇主协议覆盖的雇员的比例迅速下降，从 1980 年的 70% 下降到了 1990 年的 57%[②]。

在斯堪的纳维亚国家，受紧缩预算开支的影响，政府的干预行动集中体现在严格限定和降低社会保障补贴，增加雇主对病假补贴的社会缴纳支出。在丹麦，激励或激活（activation）项目（1996 年）将失业金的领取年限从原来的 7 年缩短为 5 年，同时严格限定并降低青年失业者的失业补贴额，并强制性规定领取失业金者，必须接受政府提供的就业岗位和参加培训或教育项目。瑞典降低了失业金的替代率、领取期限并缩小了覆盖范围，与此同时，瑞典还作了修订，放松了就业保护法规。20 世纪 90 年代期间，瑞典和其他北欧国家，工资谈判制度变得越来越分散化，行业层面上的谈判作用有

---

① *The OECD Jobs Strategy*：*Making Work Pay*，1997b，Paris：OECD.

② OECD，*The OECD Jobs Study*，Paris，1994.

所提高，直接拉大了工资差异性。

在欧洲大陆和南欧国家的总的趋势是：对非典型合同，特别是非全日制和临时合同制的部分放松管制和严格方法和降低社会保障补贴。法国、意大利和西班牙全日制工依然受劳动法的严格保护，而那些放松管制的非典型合同制工主要是那些不受就业法规保护的工人。在 20 世纪 90 年代中期，一些国家开始改革解雇法，例如，在 1996 年，德国调整了解雇所需的通知期限，增加了雇主开除和雇佣的权利。1994 年西班牙颁布了一种新的长期就业合同，按照合同规定，雇员一旦被解雇，雇主仅支付较低的解雇费，同时解雇程序也大大简化了。

工资制定方面也有重大的变革，除了法国和西班牙，许多欧洲国家在保持中央层面上较高的工资协调性的同时，工资制定中的分散化趋势加强。在 20 世纪 80 年代初期由荷兰率先推行分散化工资制定政策，进入 90 年代后，逐渐被包括意大利、希腊和葡萄牙在内的欧洲其他国家相继仿效。1993 年意大利政府、雇主和工会签署的三方伙伴协议对工资制定政策进行了改革。在中央层面上，行业联合会根据政府的通货膨胀目标确定合同工资，在企业或者工厂层面上，工资应随生产率和经济形势进行调整。为了提高工资弹性，工资协议期限从三年下降为两年。西班牙减低了包括年轻人和长期失业者在内的特定目标人群的最低工资。这些国家还实行了比较弹性的工作时间。法国金属加工部门就缩短工作周和实行更加灵活的轮班制度达成了协议。德国金属加工业和电子工程部门采取了更加灵活的工作时间，以确保经济下滑期间的就业。荷兰在提高就业弹性和灵活性方面是最为成功的。通过工资的适度增长扩大就业，改革社会保障制度，限制残疾金发放范围，创造工作积极性，并大量推行非全日制工作，1996 年非全日制就业占了总就业的 38%。

这一期间，欧洲国家在劳动力市场改革中的灵活性、弹性化、放松管制的特性体现在了劳动力市场政策的各项措施中。

第一，公共就业服务。欧盟国家的公共就业服务措施履行三大基本职能：工作匹配性包括职业指导和寻找工作技能、管理失业补贴和向求职者推介融入劳动力市场项目。近年来，欧洲公共就业服务机构的职能发生了较大的变化：建立了用人招聘单位和求职者的信息档案银行，建立了一站式的服务中心，就业安置与失业补贴进行统筹管理，采取更加积极的劳动力政策措施，诸如"福利为工作"（welfare-to-work）和"工作第一"（work-first）等口号，将重点从被动措施转向了积极措施。例如，英国的新政（New Deal）和丹麦的广泛积极政策（extensive activation policies）均包括了这些新的政策趋势。

提供就业服务是英国的积极劳动力市场政策中的主要内容，新政项目（the New Deal Programs）主要为长期失业者提供各种就业服务，包括为特定群体量身订制的一系列方案。当某个求职者提出申请寻找工作津贴后的一段时间内，该求职者应强制性地参加政府新政中的任何一个项目，而那些具有残疾或严重缺陷的失业者有资格提前或优先参加新政项目。在参与项目期间，政府将为每个人指定一个专人顾问或咨询师，负责整个项目期间的各种就业指导。通常情况下，每个项目分多个阶段进行：第一阶段：根据每个求职者的具体情况安排系列的定制的咨询访谈会，如果必要的话，访谈会之后还可以开设一项重拾和建立信心的课程，帮助求职者进行求职申请，并为其提供为准备工作所需的各项花费；第二阶段：在经过了项目第一阶段后，针对一些仍未能找到工作的长期失业者实行强制性的积极劳动力政策措施。这些新政项目包括18~24周岁、25周岁及以上者和50周岁及以上者、孤单父母新政、残疾者新政和失业者父母新政。其中，年龄在18~24周岁的新政项目是规模最大的项目。按照项目规定，年龄在18~24周岁者在失业6个月之后，领取失业金时必须参加的项目。具体做法是：第一，项目参与者应在一段时间内集中精力寻找工作，这个过程称之为路径（gateway），一般持续4个月左右；第二，如果参与者还没有找到工作，必须参加临时安排的以下任何一项有关的工作经验和培训课程：（1）全日制教育和培训法：目标对象是缺乏基础的资格或学历证明者；（2）就业法：给雇主提供补贴；（3）自愿部门；（4）环保性工作组。参加（2）至（4）者每周还应参加一天的教育和培训课程。就业法通常适用于私人企业，可以被看做是一项就业激励项目。这些措施一般持续6个月时间，全日制教育和培训应在1年左右。第三，经过上述两个环节后，工作仍未落实者，可以进入下一阶段的集中就业帮助和指导，类似第一时期的路径阶段。项目参与者一旦找到工作就可以离开项目或者停止申请长达13周的寻找工作补贴。

第二，在培训方面，提倡终身学习和培训成为欧洲国家应对持续的高失业率、适应变化了的劳动力市场形势的一项重要组成部分。欧洲国家开设了各种培训项目并逐渐建立了培训制度。

瑞典从 20 世纪 60 年代起，就为失业者开设了专门的培训课程。劳动力市场培训（labour market training）的目标人群是失业者和面临失业风险者。通过培训旨在提升受训者技能，帮助他们尽快找到就业岗位。现行的AMU 项目分职业培训和非职业劳动力市场培训两种形式。前者由教育公司、大学和市政咨询公司负责，后者则通过正规的教育渠道进行。在 20世纪 80 年代，当时每个月参与培训者高达 4 万人左右，到了 20 世纪 90 年代初期，培训者规模一度扩大到每月 8.5 万人左右。1992 年之后，培训者的人数下降到了每月 3 万 ~4 万人（大约占劳动力总数的 1%）。AMU 是瑞典积极劳动力市场措施中政府投入最大的项目，迄今为止，持续推行了数十年之久。

从 20 世纪 90 年代末起，许多欧洲国家通过签署合同和颁布法规来提供培训补贴，一些国家还建立了轮岗工作制（job rotation），给就业者提供接受教育的时间，培训期间其工作岗位由失业者来顶替。因此，这种轮岗工作制满足了就业者的培训需求和失业者的工作要求。瑞典在 1991 年设立了培训者顶替项目（trainee replacement schemes），就业者在请假接受教育期间，其工作岗位可由一个失业者来顶替。这项措施的受益者包括失业者和企业，因为企业的原雇员通过培训提升了其工作技能，可以为企业作更大的贡献。这种顶替项目的最终目的是提高雇员的职业资格，为就业办公室提供临时的工作岗位，推行顶替培训制的部门多半是公共部门，特别是医疗机构和相关的社区服务部门。

瑞典的"带薪公休年"（subsidized sabbatical year）项目在 2002 年试行，2005 年正式推行。该项目旨在使雇员在公休年期间可以参与娱乐活动或创办自己的公司或接受教育，雇员公休期间的职位可以由失业者临时替代。

在德国，职业培训项目是积极劳动力市场政策中最为重要的组成部分。按照国际标准，这些项目具有短期集训、长期培训和相当慷慨的特性。德国统一后，培训项目被广泛地用于对德国东部地区的劳动力进行培训，帮助他们获得市场经济制度所需的技能。2003 年，哈兹（Harze）改革通过削减财政经费、严格受训资格和在培训规则中引入半市场机制，设立了各种培训项目。在 1998 ~2005 年期间，德国主要的培训项目包括职业培训、继续职业培训和再培训、改善一体化前景的措施、轮岗培训等。

联邦就业机构（Federal Employment Agency，FEA）为获得第一个专业证书的参与培训者提供财政上的支持，财政困难的受训者可以获得生活补助，补助额按照家计调查的结果支付，即了解受训者生活和培训费用、父母和配偶的收入情况后再支付。其他职业培训项目包括缺乏基本职业技能，难以找到工作的年轻人培训项目，一般情况下，FEA 支付参与培训措施的直接成本，还有专门针对学习障碍者或社会弱势群体等提供的各种培训项目。

继续职业培训和再培训项目通过评价、保留知识或提升职业知识和技能、使得培训者逐渐适应技术发展需求。继续职业培训可以让参与者从事其他就业（或再培训），甚至还可以获得职业培训资格证书。从 1998 年起，继续培训包括继续职业培训和再培训两种形式，参加培训的一个前提条件是，参与者应该意识到这些培训措施是十分必要的，有助于培训者进入劳动力市场，或者避免现有雇员在未来遭到失业。在哈兹改革之前，继续培训的补贴水平相当于失业金（相当于以前净收入的 63% 或 60% 左右），此外，参与培训者还可以报销交通费和托儿费用（每月最高限额为 130 欧元）。哈兹改革大幅削减了政府对继续培训的补贴额，提高了培训市场的竞争性。各地方就业机构向有资格接受培训的雇员发放培训优惠券，雇主可以自由选择培训课程。而且，领取继续职业培训补贴要相应削减失业补贴。从 2005 年起政府对那些参与继续职业培训的雇员不再提供培训补贴，而参与培训的失业者则可继续领取失业金。

自 1974 年以来法国推行了大约 50 多项积极劳动力市场政策措施，然而现行的大约只有 10 项左右，多数是针对青年失业者的培训项目的，粗略估计，每年大约有 80 万年龄在 15～25 周岁的青年人参与了一项或多项劳动力市场培训项目。法国的学徒制与德国的颇为相似。通常的做法是：在一家私营企业从事半日制工作，同时在一个公共培训中心接受半日制的培训。年龄在 15～25 周岁、未有任何文凭或接受过正规教育的年轻人，在履行了培训合同并通过考试后，可以获得一项国家文凭，至于个人获得何种文凭与受训者的教育背景相关。相比德国而言，法国参与此类培训者相对较少。此类学徒制合同（Apprenticeship Contract）期限为 1～3 年，普遍情况为 2 年。学徒期间的工资低于最低工资，与学徒们的年龄和资历相挂钩。在临时合同期满之后，这些学徒受雇时可以签订一份固定劳动合同。

资格合同（Contrat de Qualification，CQ）与学徒制合同极为类似，这是一份为期 6 ~ 24 个月的固定合同,其中约 1/4 的时间必须参加文凭培训。此项措施必须经集体谈判协议的批准,其目标人群是缺乏技能或者长期失业的青年成人,培训费用由雇主承担,培训者的工资按照法定最低工资的百分比来领取,每个人工资的多少与其年龄和工作年限相关,培训者在私营企业工作,其雇主可免交社会保障费和学徒税。

适应合同(Contrat d'Adaption)可以是一份 6 ~ 12 个月的固定合同(从 1987 年起,延长到至少 200 个小时),或者是一份长期合同。目标人群是那些具有工作技能、却面临就业困境的青年人。手工业、贸易、工业等行业可以雇佣他们,并提供针对工作的技能培训。培训费用与合同、职业和技能水平相挂钩,工资应不低于法定的最低工资,并由雇主支付,期间雇主可以免交学徒税,但要缴纳雇员的社会保障费。

此外,法国国家培训中心还为年龄在 16 ~ 25 周岁的年轻人开设专门的培训课程。通过培训,目的在于使得那些脱离了教育系统,没有获得任何文凭或者资格证书的年轻人能够逐渐融入社会和特定的职业,接受培训者可向国家一次性领取培训补贴。

1990 年法国推出了嵌入式培训项目(Action d'Insertion et de Formation)。参与者应参加 40 ~ 200 个小时的培训课程,可一次性获得国家给予的培训补贴,目前该项目可以说是法国解决长期失业问题的一项主要应对举措。

在西班牙,培训对象主要是年轻人、低技能者、长期失业者、妇女、残疾者和移民。培训项目包括为失业者提供的职业培训、年轻人和成年人的实习学校。由于国家层面或自治区层面上许多不同机构提供针对不同目标人群的培训项目,1998 ~ 2002 年的国家职业培训计划建立了一个国家资格和职业培训体系,提供统一和协调的培训计划和证书。

从公共支出和项目参与者规模看,劳动力市场培训是爱沙尼亚最为重要的积极劳动力市场措施。就业培训方式包括:职业培训和普通培训两种方式,旨在提供劳动力市场形势信息和为参与劳动力市场竞争而进行的各种心理准备。相比之下,参与职业培训人数更多,通常由地方劳动管理部门负责安排。培训课程最长不超过 6 个月。参与培训者可以获取相当于 1.5 倍失业金的再培训补贴。从 2001 年起,培训者需经公共就业服务部门的资格认定后方可参与培训。

第三,公共部门直接创造就业岗位项目。直接创造就业岗位旨在增加就业需求，补充私营企业在创造就业能力上的不足。直接创造的就业岗位通常是在公共部门或非盈利性机构，新增岗位来自政府公共开支，一般为 6 个月，提供对象是长期失业者，目的在于通过创造工作机会来增加就业率。在 20 世纪 70 年代和 80 年代，公共部门工作措施在欧盟国家得到广泛推行。当时大量无法找到工作的人员参与了公有部门的工作。瑞典的救济工作项目是最早的公共部门直接创造就业项目，从 20 世纪 30 年代一直沿用到了 1998 年。此后，被工作岗位介绍（Workplace Introduction，API）等新的措施所取代。API 项目替代了较老的工作经验项目，为失业者提供一段时期的工作培训，项目参与者必须到公有部门去从事工作。

从 OECD（1993 年）进行的项目评估成效看，这个措施自相矛盾之处是：在给长期失业者安排就业后，影响了其他工人的就业安置，同时似乎对项目参与者的就业前景的改善没有太大的作用，总之，这些项目对促进就业没有发挥应有的作用。因此，从 20 世纪 80 年代初期起，这一类型的措施或者被削减或者将长期失业者作为唯一瞄准目标群体。现存公共部门就业项目主要是针对长期失业者和其他的残疾人群的。德国统一后失业问题加剧，政府推行了公共就业计划，以补充劳动力需求的严重不足①。

法国最早的公共部门直接创造就业岗位计划始于 1984 年，该计划称为社区工作项目（Travaux d'Utilité Collective，TUC），按照计划规定，公共机构、地方行政管理部门和非营利性联合会均可招收年龄在 16～21 周岁的低技能者和年龄在 22～25 周岁的失业者，他们每人有一次机会可以以临时或非全日制的就业形式为公共事业机构工作，可领取国家支付的法定最低工资，相关雇主可免交社会保障税，但要缴纳失业保险税。1990 年 TUC 计划被稳定就业合同（Contrat Emploi Solidarité，CES）所代替。CES 是非全日制（每周 20 个小时）和固定（时间为 3～12 个月）就业合同。在遭遇不景气的就业状况时，参与项目者可以有二至三次重复参与项目的机会。目标人群扩大到就业前景不佳的成年人。项目参与者可以领取国家发放的每小时最低法定工资，雇主可以免交社会保障税，但要缴纳失业保险税。1997 年起，

---

① Peter Auer, Ümit Efendioğlu and Janine Leschke, "Active Labour Market Policies Around the World: Coping with the Consequences of Globalization," International Labour Office, Geneva, 2005, pp. 27 - 51.

法国社会党政府推出了青年就业措施（Emplois Jenues），该政策目的在于从公共部门或私人部门为年龄低于 26 周岁的青年人创造 70 万个新的就业岗位，在具体执行过程中，该项目花费相当大的政府开支，因此在 2002 年新政府上台后，就不再沿用了。

第四，私人企业就业补贴项目。就业补贴种类较多，就业补贴在 ALMP 总额中所占比重较大，就业补贴的期限有短期、长期之分，目的在于扩大劳动力市场需求，降低创造就业的成本或者从劳动力供应方面，提高失业者寻求工作的积极性，简而言之，就是实现"劳有所得""Making Work Pay"。多数欧盟国家实行短期就业补贴项目。一些国家，实行长期就业补贴项目，如英国、比利时和法国。在法国政府对实行学徒制的企业给予一定的就业补贴，对不实行学徒制的企业，应向政府缴纳学徒税。雇佣长期失业者，企业可以减免社会保险费。在瑞典，工作经验项目（Work Experience Schemes）通常归属非营利性私人部门，服务对象为长期失业者，工作期限最长不超过 6 个月。其他私人企业补贴项目还有就业补贴项目，针对目标人群也是长期失业者，政府给予的补贴为 6 个月工作总和的 50%。

第五，服务和惩罚。这是欧洲国家普遍采用的措施。但在各国积极劳动力市场中发挥的作用大小有所区别。在瑞典，从 20 世纪 70 年代起，各市政就有责任为成年人提供教育服务，这个项目就是 KOMVUX 项目，为成年人提供一些必修课程或更高级的课程，通常情况下，对移民进行职业培训教育。20 世纪 90 年代政府建立了计算机活动中心和信息技术项目。1997 年 7 月启动了为期 5 年的成年人教育倡议（Adult Education Initiative，AEI）。瑞典所有的市政均参加，这也是迄今为止瑞典政府启动的最大的提高技能项目，该项目目的在于，到 2000 年将瑞典的失业率下降 50%。这是 KOMVUX 的延续项目，称为知识提高项目。参与项目者包括教育程度较低的雇员和失业者。他们均没有获得相当于高中文凭的水平测试证书。该项目重点在于提高他们的瑞典语、英语和数学水平。

相比之下，西班牙的公共就业服务在工作安置上所能发挥的作用就非常小。为此，政府 2002 年对其进行了改革，其主要目的是按照责任和权力原则严格监管就业安置工作，与此同时提出了一些惩罚条款，除了大幅削减福利补贴额外，所有领取失业金者必须书面同意接受就业服务机构提供的工作机会。但这项举措却遭到了西班牙公民的反对，他们举行示威游行，指责政府的这项规定严厉，最终迫使政府放弃了大部分的劳动力市场改革方案。

荷兰第一项积极劳动力政策就是为长期失业者提供就业咨询服务。这些政策始于 20 世纪 80 年代末期。到了 20 世纪 90 年代咨询和监管成为全国范围内针对失业者必须提供的服务。荷兰对失业者违反失业保险机构或福利机构条款者要受到相应的惩罚。对那些懒于寻找工作、放弃工作岗位、欺骗或者不愿参加培训的失业者均会给予一定的惩罚，具体的惩罚措施就是临时性地削减失业补贴和社会保险金。

通过上述一系列措施，欧洲各国均对劳动力市场进行了积极调整。在 20 世纪 90 年代，英国、荷兰、丹麦和爱尔兰成为欧洲国家中就业增长最快的国家。荷兰和丹麦推行了与欧洲传统和偏好基本一致的规制模式：即融合了较低的就业保障、较高的社会福利待遇、在工资谈判中较高的协调性和较少的法规干预等措施。这一模式似乎更有利于促进就业增长，与建立在较低的就业保护、较低的福利保障条款和分散化的工资制定上的英美模式具有异曲同工之效。①

三　推行灵活与保障模式——寻求放松管制与实行管制之间的均衡点

"灵活与保障模式"（简称灵保模式，Flexicurity Model）是 20 世纪 90 年代中后期以来，欧洲国家劳动力市场改革的创新政策，它试图解决 20 世纪 80 年代初欧洲国家推行劳动力市场放松管制政策后造成的就业缺乏保障等诸多问题。"灵活与保障"（flexicurity）一词灵感来源于荷兰紫色联盟政府创立的荷兰浮地模式（the Dutch Polder Model），由荷兰社会学家汉斯·艾德里安森斯（Hans Adriaansens）在 20 世纪 90 年代初起草《灵活就业与保障法》和《工人收入分配法》时首创。上述二项法规旨在通过放宽企业的解雇和雇佣限制以提高劳动力市场弹性，企业对接受弹性工作制的雇员提供较高的就业保障，从而为荷兰劳动力市场改革推行灵活和保障模式奠定了法制基础。

艾德里安森斯教授的"灵活与保障"观点很快引起荷兰、德国、丹麦、

---

① Manulela Samek Lodovici, "The Dynamics of Labour Market Reform in European Countries," edited by Gøsta Esping-Andersen & Marino Regini, *Why Deregulate Labour Markets?* Oxford University Press, 1999, pp. 30 – 65.

比利时等欧洲国家劳动力市场研究领域学者的极大关注，随后他们纷纷撰写了与"灵活与保障"相关的论文和专著，吸引了更多的欧美学者参与欧盟"灵活与保障模式"研究，以至于在 2006 年欧洲学界掀起了一股"欧盟国家灵活与保障模式"研究热。这与两个因素密不可分：其一，当时荷兰的灵活与保障模式在丹麦"移植"成功并有所发展，丹麦模式被誉为"金三角"，即具有灵活的劳动法和契约协议、慷慨的社会保障与福利制度、广泛的积极劳动力市场政策。自 20 世纪 90 年代中期起，荷兰和丹麦的劳动力市场形势明显好转，失业率降至欧洲国家最低水平，就业率提升至欧洲最高行列。其二，灵活与保障模式似乎可以替代风行于整个 20 世纪 80 年代和 90 年代上半叶主导欧洲劳动力市场发展中的新自由主义思潮。荷兰和丹麦的成功经验表明：灵活与保障模式可以提供更具有人性化的就业形式，比起主导美国资本主义的放松管制政策，似乎更适合多样化的欧洲资本主义制度。

荷兰的托恩·维尔特哈根（Ton Wilthagen）教授堪称该研究领域的鼻祖，他在 1998 年发表了第一篇关于灵活保障模式方面的论文：《"灵活保障"：劳动力政策改革的新范式?》（Ton Wilthagen，Flexicurity：A New Paradigm for Labour Market Policy Reform?）。文章探讨了灵活和保障的概念，阐述了这一新概念在荷兰立法和劳动力市场政策改革中的重大意义，并推断灵活保障模式可以被看做实现劳动力市场转型的一项实施战略。此后，追随他从事灵活和保障概念内涵与外延研究的学者包括荷兰学者弗兰克·特罗斯（Frank Tros）、穆费尔斯·鲁德（Muffels Ruud）、尼克·范登霍伊维尔（Nick van den Heuvel）；德国学者伯恩·凯勒（Bernd Keller）、哈默特·塞弗特（Harmut Seifert）、厄特·克莱姆（Ute Klammer）等；比利时学者卢克·塞尔斯（Luc Sels）、格里尔特·范霍特根姆（Geert van Hootegem）、汉斯·德维特（Hans De Witte）、安妮利恩·福里尔（Anneleen Forrier）等就比利时实行劳动力市场创新改革进行了深入和系统研究。

丹麦学者帕孔格舍伊·马德森（Per Kongshøj Madsen）著述颇丰，他从理论和实践等多个角度研究了丹麦灵活和保障模式创立、发展和成功的制度因素，在这个专题上，比较著名的学者还有约翰·坎贝尔（John Campbell）、约翰·霍尔（John Hall）和奥维·佩德森（Ove Pedersen）等。

（一）丹麦的灵活保障模式

欧盟国家在 20 世纪 90 年代末期在劳动力市场上扫除限制竞争的障碍，

引入自由化和灵活性等方面的改革已经取得了一定的成效。其中丹麦创新的灵活保障模式的基本原则通过开放协调法在欧洲其他国家试行和仿效。为应对高失业，丹麦于 1993 年开始进行旨在建立"灵活保障"制度的劳动力市场改革，以寻求在活跃就业市场与维系社会和谐稳定之间实现平衡。丹麦在波尔·拉斯穆森任首相期间将企业的灵活性（雇主容易解雇和雇佣雇员）与对雇员的保障（对失业者高救济和培训再就业）的成功结合，创造了灵活保障模式（flexicurity = flexibility + security）。这种模式被誉为"金三角"，即灵活的劳动法和契约协议、慷慨的社会保障与福利制度、广泛的积极劳动力市场政策。其中关键的是改变以救济贫穷与失业为主的消极社会政策为以促进就业和个人动力为主的积极社会政策，将保障的核心从工作保障（保证雇员在工作岗位上不易被解雇——job security）转向就业保障（保障雇员在被解雇后能够重新就业——employment security），在赋予雇主灵活招募和解雇权力的同时，通过慷慨的失业救济和约束性的培训再就业项目帮助雇员提高技能和适应新工作。失业者在就业办公室登记后享受原工资 80% 的失业救济金，但同时必须接受再就业培训和就业办公室推荐的工作，如果失业者无理拒绝接受工作，失业救济仅将被取消。[①] 在这种灵保模式机制下，丹麦的就业形势明显好于欧盟其他国家，在 2008 年第二季度丹麦的失业率仅为 2.7%[②]，创下欧盟经济合作组织成员中的最低值。

（二）灵活与保障的共同原则

丹麦的灵活保障模式逐渐受到了欧洲学界、政界的关注和推崇。2006年 1 月 6 日，欧盟委员会发表"2006 年欧洲就业报告"，指出"灵活保障"方式已经产生积极效益，建议各成员国根据本国特点制定相应措施推进劳动力市场的改革。2007 年 6 月 27 日，欧盟委员会发表了提交欧盟理事会、议会和经济社会委员会和地区委员会的通讯：《关于灵活保障的共同原则：通过灵活和保障创造更多和更好的工作》。通讯将灵活保障定义为一种综合战略，同时加强劳动力市场的灵活和保障。灵活保障作为劳动力市场现代化综

---

① 周弘主编《欧洲联盟 50 年：2007～2008 年欧洲发展报告》，中国社会科学出版社，2008，第 70 页。

② 周弘主编《欧洲发展报告（2008～2009）：欧盟"中国观"的变化》，社会科学文献出版社，2009，第 249 页。

合方法必须包括 4 个组成部分：灵活和可靠的契约协议，通过现代劳动法、集体协议和工作组织的合作；全面的终身学习战略，保证工人的持续适应和就业能力，有效积极的劳动力市场政策，帮助工人应对迅速的变化、减少失业和平稳转换的工作；现代化的社会保障体系，提供适当的收入支持、鼓励就业和促进劳动力市场流动性。

在此基础上，为了促进就业战略的共同目标，欧盟委员会认为应该达成一套关于欧盟"灵活保障的共同原则"的共识。为此，欧盟委员会提出的灵活保障模式的 8 项共同原则是：（1）建立保障应该包括灵活和可靠的契约协议、全面的终生学习战略、有效的积极劳动力市场政策、在失业期间提供适当的收入支持的现代化社会保障体系，共同原则的目的在于强化实施欧盟增长就业战略和巩固欧洲社会模式。（2）在雇主、工人、寻找工作者和公共机构之间达成权利和责任的平衡；适应成员国的特定环境、劳动力市场和劳资关系。（3）缩小劳动力市场上的职场内人（长期、全日制工作者）和职场外人（不标准或者不确定的契约协议者）之间的差距。（4）通过帮助雇员在职业升迁和跨越职业市场发展内部和外部的灵活保障，招募和解雇的充分灵活必须辅之以转换工作的保障，社会保障必须支持而不是阻止流动。（5）促进性别平等和为所有人提供平等的机会。（6）创造均衡的政策组合以便在社会伙伴、公共机构和其他利益攸关者之间促进信任关系。（7）确保灵活保障政策的成本和效益的公平分配，对强健、可持续的财政政策作出贡献。（8）灵活保障及其组成部分所包含的各个政策都不是新的政策，但是灵活保障战略提供了一种综合的新方法，使得不同的要素可以相互支持。上述八项共同原则已于 2007 年 12 月 5～6 日召开的欧盟理事会上正式得到审批通过。

（三）欧盟成员国之间的仿效实践

一些欧盟国家开始根据本国的社会经济发展现状，尝试性地将丹麦灵活保障模式用于本国劳动力市场改革的实践中。在西班牙推行一种无期限合同又保持灵活性的工作合同。西班牙劳动力市场分割十分严重，长期、永久合同工与临时工、固定工之间在雇佣和解雇上存在很大的差异，前者工作终身基本稳定，而后者则随时会遭解雇，工作无保障可言。为了解决这个问题，2006 年西班牙政府与社会伙伴签署了改进增长和就业协议。这一协议包括了通过新的补贴项目促进无期限合同，逐渐将固定合同转换成长期合同、永久合同，相比常规永久合同，新的长期合同工的解雇费相对较低。这一协议的目的在于减少临时工比例，特别是激励妇女、年轻人通过这种方式逐渐转为长期合同工，任何工人，如果与同一家公司签署了二期或者更多期的临时合同，并在同一岗位在 30 个月内工作满 24 个月可以自动转为长期工，这种类型的长期工其解雇费从原来每年支付 45 天工资标准，下调到每年支付 33 天工资标准。①

荷兰将非标准工作正常化和法制化。在社会伙伴的积极推动下，荷兰于 1999 年 1 月正式实行"灵活与保障法"。该法旨在雇主灵活管理公司和为工人提供工作和收入保障之间创造一种有效的平衡。这一法规主要针对签署弹性工作合同的工人，法规最为重要的部分保证雇主可以在 36 个月内连续雇佣固定合同工。所谓的连续性，补充条款中规定当前一固定合同期满之后的 3 个月内，被同一雇主再次雇佣，这一合同属于连续固定合同。这些工人的工资待遇、培训机会和不同养老金等待遇按照集体谈判协议中的规定执行。工作期限越长，就业保护程度随之提高，在合同第一阶段，可以允许至少 3 个固定合同，在 3 年连续固定合同之后，可以转变为无限期合同。②

荷兰设立行业培训基金，提高工人技能。在荷兰雇员培训通常是由行业和企业集体谈判协定所决定的。一般来说，一个企业和雇员缴纳的培训费用，可以在企业培训基金账户中报销。企业的培训基金主要是雇主按照工资一定比例为缴纳的社会保险费，并由企业工会和企业雇主管理层代表共同负责管理。由于不断攀升的青年人失业率对许多行业推行的学徒制项目产生冲击，在 20 世纪 80 年代初期企业层面上推行了这种基于培训基金上的行业培训政策。当一些行业雇主联合会与工会关系日益紧密时，集体谈判中有关培训的条款和规定逐渐增多，并建立了双方共同管理的各种培训基金。集体谈判协议中的培训条款适用于工会成员和非工会成员。因此，培训被看成是"好事"之一，应该让全行业所有工人从中受益。在荷兰大约 1000 个集体协议正在执行，覆盖面达到 600 万，荷兰 40% 的工人在一个培训基金管辖下。这些基金中的绝大部分既可以提供指定行业的培训，也可以用于行业外

---

① Ton Wilthagen, "Flexicurity Practices," Brussels, 24 May, 2007, http://ec. europa. eu/social/ BlobServlet? docId = 1520&langId = en.

② Ton Wilthagen, "Flexicurity Practices," Brussels, 24 May, 2007, http://ec. europa. eu/social/ BlobServlet? docId = 1520&langId = en.

的职业培训。培训基金主要用于继续培训（2.5亿欧元，占了基金总支出的43%）、年轻人学徒培训（8000万欧元，占了总支出的13%）。雇员小于50的小企业的培训基金低于大企业。①

奥地利确保劳动力市场的灵活性和弹性。按照以往的做法，解雇金是根据雇主与企业之间就业时间的长短来决定的，工作年满3年以上者，解雇费按每年可领取1个月工资来计算，工作时间超过25年者，解雇费最高限定为1年工资。为提高劳动力市场的灵活性，新颁布的解雇费法规定雇主将雇员的劳动合同延长1个月，就可以自行终止劳动合同，不再支付解雇费。在签订劳动合同法时，雇主应该按月工资1.53%支付雇员的社会保障费，以后逐月增加。因此，传统意义上的解雇费逐渐转入了雇员的预备基金账户中（employee provision funds），当雇主连续3年将经费存入此账户中时，雇员才可以领取。不同雇主缴纳的保费可以累计。达到支付条件时，雇员可自行决定领取现金或将预备基金在同一账户中继续投资，或者转入下一个雇主的预备账户中，或者将预备账户中所有的资金一次性地转入养老保险基金账户中。按照这一新的解雇费法规，解雇费汇款变得更为透明和公开。而且，新法规消除了由于解雇费导致的劳动力流动性差的问题，从而增加了雇员的劳动流动性。为了避免自行终止合同造成的解雇费的损失，雇员在签署新的劳动合同时，会更理性地衡量利弊得失，在一定程度上缓和了劳资关系。

法国推出保障再就业计划：即对那些因为经济原因而被裁的雇员，法国国家成人专业教育协会与裁员们签署专业转换合同（Contrat de Transition Professionnelle，CTP），此合同最长期限为1年。此类合同旨在为求职者提供所需的援助措施，例如，安排在公共和私营企业的培训和实习，由于这些雇员并不从事薪水工作，但培训和实习期间还可以领取总工资的80%。在很多情况下，临时的就业机构也参与执行CTP项目。

瑞典支持劳动力市场转型。瑞典集体谈判协议包括的一项职业转型协议（Career Transition Agreements）主要是为了帮助那些临时被裁的工人。作为公共就业服务的一项内容，在寻求新岗位期间，这些求职者可以在一定的期限内领取高于失业金的部分工资，职业转型期间求职者还可以得到就业指

---

① Ton Wilthagen, "Flexicurity Practices," Brussels, 24 May, 2007, http://ec.europa.eu/social/BlobServlet? docId = 1520&langId = en.

导、咨询和职业转换方面的各种信息，在自行创办企业时也会得到政府就业服务机构相应的帮助。迄今为止，这种职业转型协议逐渐被更多的参与集体谈判的行业和部门所认可。一项调查显示：此类协议让求职者从中受益：在参与者中，89%找到了长期工作，72%的工资水平高于过去，85%找到了与过去相同甚至更好的工作职位，等等。

最近芬兰倡导的"变革保障"（change security）概念，明确提出给那些遭解雇者在工作转换期间提供更为稳定的财政保障，有利于加强了雇主、雇员和地方劳动机构之间的有效合作和配合。变革保障适用于因经济原因而被迫下岗的工人，这些下岗者曾经受雇于同一个或不同雇主的时间至少应在3年。雇员可以自由选择变革保障措施：例如，包括提高补贴。雇员想要获得补贴，必须制订一项就业计划并付诸实施。变革保障包括在解雇通知期间发放工资，一份就业计划，雇主在通报、协商和更为有效的就业服务上承担更多的责任。变革保障作为一项新的积极劳动力市场运作机制，其目的在于促进企业和劳动机构之间更有效率地合作，使得被解雇者可以尽快实现再就业。

2007年1月1日，卢森堡的一项支持工作和就业安全的法规正式实施。该法规提出雇主必须向经济委员会解释裁员和解雇员工的主要原因。然后，该委员会邀请社会伙伴就工作保留计划进行协商。如果即将被裁的员工能够参加培训，那么工作保留计划可以替代裁员计划，以半失业、非全日制工作的方式临时性地重新安排工作时间和减少工作时间。工作保留计划还包括临时性地将本企业人力资源借用给其他公司和对个人职业转变提供支持。一旦劳动和就业部批准了工作保留计划，政府将会对保留计划提供财政支持，特别是将为那些即将失业的工人提供各种培训费用。

第三节　欧盟层面上劳动力市场政策协调与改革

一　欧盟就业战略

1997年欧盟首脑会议提出的《阿姆斯特丹条约》（简称《阿约》）成为欧盟层面上建立协调欧盟各国劳动力市场统一协调机制和欧盟就业战略的新的里程碑。《阿约》第二部分第三章将高度就业作为重大目标增补进了《马约》与《罗马条约》中，这是欧共体发展历史上，首次将就业问题作为独立的章节纳入欧洲共同体条约之中。《阿约》提出就业是欧共体共同关注的问题，要求成员国建立并实施欧盟层面上的就业协调战略。继《阿约》就业篇章问世后，1997年11月欧盟卢森堡就业特别首脑会议批准的卢森堡议程中提出了欧洲就业战略（European Employment Strategy，EES），颁布了欧盟第一份就业指导原则，并于1998年正式实施。卢森堡议程之后，欧盟2000年里斯本首脑会议批准了里斯本战略（也称里斯本议程），该议程旨在推动欧盟经济增长与创造就业之间的均衡增长，提出的一项宏大战略目标：争取在2010年前使欧盟成为"以知识为基础的、世界上最具竞争力的经济体"，实现3%的经济增长率，70%的欧洲平均就业率，创造3000万个就业机会，将科研投入从2000年的1.9%增加到3%。

这一系列的欧盟层面上的欧盟就业政策协调行动，特别是卢森堡议程，在欧盟一体化进程中占有特殊的地位：首先，卢森堡议程制定了在欧盟层面上协调劳动力市场政策的总体战略，通过一系列非束缚性的就业指导原则，通过四大就业支柱，从宏观上调控各国劳动力市场法律、政策和机制方面的改革，创造更好的就业环境；其次，卢森堡议程开启了欧盟层面上的一种创新的经济社会政策协调机制，采用开放协调模式，改变了传统的指令式、法规式的治理方式，推行"软法规"机制。

欧洲就业战略由就业能力（employability）、企业家精神（entrepreneurship）、适应能力（adaptability）和机会平等（equal opportunity）这四大就业支柱组成。在1998年的就业战略中，包括19项具体的就业指导原则，每个就业支柱大约涵盖了3~6个就业指导原则。每个支柱的具体特征是：

1. 就业能力强调采取更加灵活的失业保障制度，以提高工人的劳动技能。其主要举措有：（1）通过工作、培训、再培训、工作实习或其他就业能力措施解决长期及青年失业问题；（2）通过降低辍学率和改进学徒体制，使从学校到工作的转变更加容易；（3）从消极的劳动力市场向积极的劳动力政策转变。救济金制度和培训系统应当积极保障支持提高就业能力，对失业者和在职人员的培训系统提供明确的激励机制。

2. 企业家精神鼓励建立新型的、小型的、更具创新能力的企业，并通过各种优惠税收措施，创造更多的就业岗位。主要行动包括：（1）简化公司创建手续，制定一系列明确、稳定和有前瞻性的法规；（2）发展资本投资市场，对企业家和发明家采取资金扶持和倾斜政策；（3）改革税收和失业救济金制度。

3. 适应能力重视工人与工人组织之间各种协议的弹性机制，为企业和劳动者双方提供知识和设备，包括新技术和新的市场条件，提高二者的协调适应能力。主要措施包括：（1）加快企业组织的现代化进程，社会合作伙伴以及各成员国应当重新考虑现存的工作模式；（2）保持企业的适应能力。

4. 机会平等强调就业方面的性别平等。主要措施包括：（1）减少性别差异，各成员国有义务为男女提供平等就业机会，消除性别歧视，通过提高妇女的就业率以降低男女失业率的差距；（2）解决妇女在工作与家庭生活方面的矛盾，使之协调一致；（3）鼓励妇女重返劳动就业岗位。

从上述四大支柱的主要内容来看，欧盟的就业战略并不是包罗了影响就业政策的所有政策领域，对经济增长和创造就业具有较大影响的货币、财政和工资政策则在欧盟就业战略之外。欧盟就业战略强调改变和消除影响就业增长的结构性障碍，总体目标是改革欧洲的劳动力市场体制，通过具体的就业指导原则实现包括提高就业率、加强失业保障制度弹性能力、提高工人的就业技能、推动欧洲经济增长等多重目标。

二　制度创新：开放协调法

从 20 世纪 90 年代起，随着欧洲共同体市场的加快建设和欧洲联盟的深化和扩大，欧洲国家开始了就业政策目标与宏观经济政策之间的系列协调和整合行动，将创造就业岗位和解决就业问题逐渐提升为欧盟首要的社会经济政策目标之一。1993 年欧共体委员会公布的"增长、竞争和就业"白皮书（也称为德洛尔白皮书）成为推动欧洲就业战略计划出台的重要推动力。在这份报告中，"委员会提出了解决欧洲经济下滑和结构性问题的多种方案和政策指导原则，并强调制定和推行积极和更为灵活的就业措施的重要性"[1]。受德洛尔白皮书的影响，1994 年的欧盟埃森首脑会议正式酝酿制定"欧盟就业战略"，委员会重申"遏制失业是欧盟国家一项长期而综合的政策"，提出的五项主要政策目标之一是：通过改革公共就业服务，进一步调整和创

---

① Jochen Kluve, David Card, etc., *Active Labour Market Policies in Europe*: *Performance and Perspectives*, Springer, 2007, p. 14.

新积极劳动力市场政策。① 继埃森首脑会议之后，1995 年的欧盟马德里首脑会议明确提出创造就业是欧盟各国主要的社会、经济和政治目标，1996 年都柏林首脑会议再次重申了解决失业问题是欧盟及其成员国的首要目标之一，"都柏林就业宣言——就业挑战"强调有利于增长和就业的宏观经济政策的重要意义。②

1997 年欧盟首脑会议提出的《阿姆斯特丹条约》（简称《阿约》）为在欧盟层面上制定欧盟就业战略奠定了法制基础。《阿约》第二部分第三章将高就业作为重大目标增补进了《马约》与《罗马条约》中，这在欧共体发展历史上，是首次将就业问题提升到法制高度。《阿约》第二条款中提到："成员国应该将促进就业作为共同关心的问题，并协调其行动"，③ 继《阿约》就业章问世后，1997 年 11 月欧盟卢森堡就业特别首脑会议批准的卢森堡议程中提出了欧洲就业战略（European Employment Strategy，EES），颁布了欧盟第一份就业指导原则（Guideline），同时还提出了一种被称之为"开放协调法"（Open Method of Coordination，OMC）的新的欧盟治理方法，以鼓励成员国在社会政策领域加强协调和发展，彼此交流在就业实践中的成功案例。2000 年的欧盟《里斯本战略》和 2005 年的《里斯本新战略》，对如何实现欧盟就业目标以及体现就业目标中的公平与效率的均衡关系做了很好的阐述。回溯自《阿约》诞生以来欧盟历届首脑会议，不难发现，其中心议程均围绕着如何推行欧洲就业战略而展开，这一战略的核心内容就是积极的劳动力市场政策。

卢森堡议程启动之后，欧盟各成员国加大了在积极劳动力市场政策上的公共财政投入。据统计，2003 年欧盟 15 国用于积极劳动力市场政策方面的公共开支总额高达 666 亿欧元，其中用于劳动力市场培训项目的投入占了总额的 40% 左右，包括就业激励、直接工作岗位创造和自雇职业者的援助等"补贴型"项目占了总额的 45%，用于残疾者项目的比例占总额的 16%。④ 如果按

---

① D. Foden and L. Magnusson，"Five Years Experience of the Luxembourg Employment Strategy，" Brussels，ETUI Editions，2003.

② European Commission，"Dublin Declaration on the Employment-The Jobs Challenge，" European Trade Union Information Bulletin，Issue 1 of 1997.

③ Amsterdam Treaty.

④ Eurostat，"European Social Statistics：Labour Market Policy-Expenditure and Participants-Data 2003，" 2005，http：//epp. eurostat. ec. europa. eu.

照欧盟各成员国在积极劳动力市场政策上的投入占 GDP 的比重来看，各国呈现出较大的不均匀性，在该项政策上投入超过本国 GDP 的 1% 的国家有比利时、丹麦、芬兰、法国、德国、瑞典和荷兰，其中荷兰的投入最高，达到 GDP 的 1.85%。相比之下，投入较少即低于 GDP 的 0.5% 的国家有希腊、斯洛伐克共和国、英国和捷克共和国。投入介于 GDP 的 0.5% 和 1% 的国家有奥地利、匈牙利、意大利、挪威、葡萄牙、西班牙和瑞士。而美国在这方面上的投入更少，约占 GDP 的 0.13%，低于欧盟的任何一个国家。[①] 统计数据还反映出了欧盟各国在政策上的侧重点和偏好差异。

卢森堡议程成为开启欧盟层面上欧盟就业政策协调行动的新的里程碑，在欧盟一体化进程中占有特殊的地位：首先，卢森堡议程制定了在欧盟层面上协调劳动力市场政策的总体战略，通过一系列非束缚性的就业指导原则，通过四大就业支柱，即就业能力（employability）、企业家精神（entrepreneurship）、适应能力（adaptability）和机会平等（equal opportunity），从宏观上调控各国劳动力市场法律、政策和机制方面的改革，创造更好的就业环境；其次，卢森堡议程开启了欧盟层面上的一种创新的经济社会政策协调机制，采用开放协调模式，改变了传统的指令式、法规式的治理方式，推行"软法规"机制。

卢森堡议程创建了欧盟与成员国推行欧盟就业战略的互动机制，是欧盟在协调就业政策上开创的一种新的治理模式——开放协调法，其中包括定期报告制度、指标体系和多边监督的一套复杂的体系及衡量指标（benchmarking）、同行评议和成功案例经验交流等多项创新机制。其基本程序是，在广泛征求欧盟部长理事会、成员国以及主要社会伙伴、学术机构的建议基础上，欧盟委员会提出年度就业指导原则，由欧盟部长理事会审议并批准。每年春季，各个成员国围绕着如何执行就业指导原则制订出各国就业行动计划。欧盟委员会和欧盟部长理事会共同评估国别就业行动计划，提出具体建议和新的就业指导原则计划，并提出联合就业报告。由各个成员国委派两名代表和来自欧盟委员会的两名官员所组成的就业委员会对就业指导原则、联合就业报告和建议提出各种修改意见，并监督成员国的国别就业行动计划的进展。图 4-1 比较清晰地描绘出了欧盟就业战

---

① Total Spending on ALMPs in EU Member Countries; 2002 in % of GDP, Source: OECD (2004).

略的互动机制特征①。开放协调法属于欧盟多层治理模式范畴，但与现行的其他四种欧盟多层治理模式很不相同。

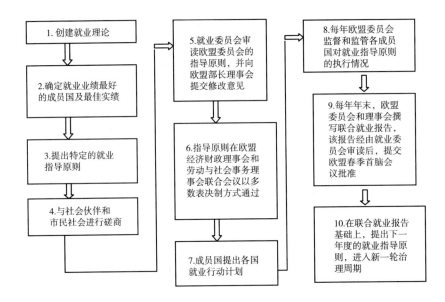

图 4 - 1　欧盟就业战略互动机制

开放协调法可以弥补共同决策和政府间协商模式中决策能力低下和合法性不足的缺陷，在实际运用中，发挥者"软法规"的作用。具体到在欧盟层面上，欧盟委员会通过目标管理体系，监督成员国执行国别就业计划；在成员国层面上，社会伙伴和市民社会的广泛参与，对欧盟就业指导原则提出建议。开放协调法形成了欧盟、成员国、社会伙伴、市民社会等参与的多层治理网络，通过相互监督和相互约束，努力将欧盟的就业指导原则转化为国家或地区政策，促进成员国之间相互认知过程②。

在劳动力市场政策协调上采用这种开放治理模式既是一种创新，也是对

---

①　最早以流程图方式表述欧盟就业战略机制特征的学者是 M. Di Biagi，"The Impact of European Employment Strategy on the Role of Labor Law and Industrial Relations." *International Journal of Comparative Labor Law and Industrial Relations*，Vol. 16，No. 2，pp. 155 - 173。

②　Robert Kaiser and Heiko Prange，"A New Concept of Deepening European Integration? —The European Research Area and the Emerging Role of Policy Coordination in a Multi-level Governance System." *European Integration Online Papers*（Elop），Vol. 6（2002），p. 18，http：// eiop. or. at/eiop/texte/2002 - 018a. htm.

欧盟一体化发展的一种适应性选择。在目前阶段，欧盟多层治理体系中经济治理的基本格局是，在微观经济政策层面上，劳动力市场法规由成员国政府所制定，欧盟层面上制定产品和资本市场法规。在宏观经济政策层面上，成员国具有财政决策权，欧元区国家的货币政策权则让渡给了欧洲中央银行①，可以预计，短期内这种格局难以打破，因为欧盟成员国迟迟不愿在社会政策（劳动力市场、社会保障等）敏感领域向欧盟一级让渡更多的主权，成员国牢牢掌握着劳动力市场方面的决策权，欧盟与成员国在就业决策的权限划分上一度陷入了政治僵局。最终，一些成员国为了借助欧盟层面的力量，缓解长期的失业问题，作出了一定的让步，同意将欧洲经济和货币联盟建设中创建的多层监管机制用于劳动力市场政策的协调中。从这个角度看，欧盟的就业政策协调机制是一种松散的非约束性机制，能否发挥协调作用，更多地取决于成员国与欧盟之间的配合和合作。

三　各国实践及同行评议结果

经过多年的尝试和实践，一些研究表明，这一制度创新机制和年度就业指导原则已经对欧盟各国的劳动力市场产生诸多的影响。在欧盟就业政策的引导下，欧洲的劳动力市场的演变趋势特征明显，一方面欧盟的总体就业形势有所好转，另一方面开放治理机制下的政策传播效应开始显现，欧盟和成员国之间及成员国之间的政策认知（policy learning）和政策转移效应已经明朗化，成员国劳动力市场机制及政策逐渐趋同。

如果考虑到其他刺激就业增长的制度性因素的共同作用，从量化的指标看，欧盟就业战略实施后，欧盟国家的劳动力市场形势普遍明显好转。据统计，欧洲就业战略推行五年以来，在1997～2002年期间，欧盟的就业形势得到了明显改善，新增就业岗位100万个，失业人数下降了400万人，600万人重新进入劳动力市场②，其中大多数为妇女。劳动力市场结构性僵化特征有所改变，劳动力市场弹性增强，进入劳动力市场的人数在上升。

---

① Jean Pisani-Ferry and Jürgen von Hagen, "Why is Europe Different from What Economists Would Like?" Paper Presented at the L1th Congress of the French Economic Association (AFSE), Paris, 19 – 20 September, 2002.

② European Commission, *More and Better Jobs for all*: *The European Employment Strategy*, 2004, p. 12.

随着开放治理模式引入劳动力市场领域，逐渐纳入更多学者研究视野的是，就业政策传播过程中产生的欧盟成员国之间的政策认知（policy learning）和政策转移（policy transfer）。它们普遍认为这是欧盟成员国劳动力市场政策相互影响和互相借鉴的两种重要衡量指标。对此，斯通（Stone）作出了如下定义："认知和转移就是一个动态过程，在不同时间和空间，政策、行政管理或机制安排方面的知识被用于其他地区政策、管理或机制安排方面的发展，例如，欧盟的各种政策协调过程就是成员国之间的政策认知和转移过程。"①

这一传播过程的实现依赖于开放治理模式下，逐渐形成的互动和螺旋式循环上升的认知机制，其中的几个关键性的环节是：在就业指导原则制定过程中欧盟与社会伙伴和市民社会进行广泛磋商，最终出台的就业指导原则中融合了不同阶层的创新设想；成员国参照欧盟提出的就业框架制定各国就业计划，也将欧盟就业战略中的优先目标作为成员国重点解决的目标；欧盟委员会在对国别计划评估及成员国之间同行评议过程中，通过对各种劳动力项目的评估，从中分享和借鉴各国成功经验。欧盟委员会根据上述过程中反馈到的各种信息，建立下一年度新的就业指导原则，进入新的政策认知循环阶段。

政策传播效应也就是就业战略带来的一种增值效应，同行评议得到的反馈证实了这种效应的存在。同行评议程序（peer review procedure）就是欧盟成员国之间对各国劳动力市场计划的一种评估过程。《阿约》第 129 条款认为这种做法旨在"建立信息和成功案例的交流，提供可供比较的分析和咨询建议，激发创新思路和总结经验"。遵照这一条款，欧盟委员会要求各成员国评议本国和他国的劳动力市场计划。迄今为止，欧盟范围内进行了二轮的同行评议。首轮评议从 1999 年开始，2001 年结束。第二轮评议始于 2003 年年初，结束于 2004 年底。首轮评议对欧盟成员国中 13 个国家的 26 个项目进行评议，单独评议国家多达 122 个国家，参与每个项目的评议国家不等，为 2～9 个国家。具体评估时，每个国家一般安排两名评议人，一位是

① D. Stone， "Learning Lessons and Transferring Policy Across Time, Space and Disciplines," Politics 19 (1) 1999, pp. 51 – 59, 转引自 Bernard H. Casey & Michael Gold, Peer Review of Labour Market Programmes in the European Union, "What can Countries Really Learn from one Anther?" *Journal of European Public Policy*, Vol. 12, No. 1, February 2005, pp. 23 – 43。

政府官员，多数来自劳动部或者相关的部门，另一位是独立专家，通常来自研究所或者咨询部门，同行的还有来自欧盟委员会的代表。同行评议程序统一使用英语，事先东道国（评议主持国）和各国独立专家起草评议基本程序，评议一般需要两天时间，包括实地考察，随后负责评议程序的独立研究咨询家撰写评议报告，并征求评议者意见，最终报告概述评议的劳动力市场计划、项目的基本情况、执行及资金来源，并分析计划的成果和面临的障碍和机会。最后，评议国提出项目的特殊性并探讨向他国传输经验的可能性，这份报告发表在专门的网站上①。上述两轮的评议结果表明，大部分评议项目得到了评议方的认可，项目经验很有可能会被其他国家所借鉴，但也有部分项目遭到评议方的反对，认为这些项目并不适合其他国家的劳动力市场，其经验也无法向他国传授。

马里勒·洛佩兹－桑塔纳（Mariely López-Santana）从 2002 年 6 月到 2003 年 12 月期间，对欧盟和西班牙、比利时和瑞典等成员国的高官、决策者、专家、工会和雇主成员进行多次访谈，具体分析欧盟就业战略及开放协调法对不同成员国劳动力市场制度变革的影响，其访谈结果证实了欧盟成员国就业政策的趋同特性。欧盟的就业战略已经在成员国制度层面发生影响，成员国和欧盟在问题意识上的互动过程得到了加强，欧盟层面上提出的各种问题很快引起了成员国的注意，并逐渐纳入到了成员国的劳动力市场决策议程中。欧洲就业战略提出的分析、解决问题的基本框架，成为一种"引导"框架，成为成员国制定国别就业计划的行动指南。访谈中，西班牙、比利时和瑞典的被访谈者均认为可以采用欧盟就业指导原则中的"激活"（activation）方式，帮助失业者提高劳动技能，顺利进入劳动力市场，通过降低失业补贴来推行积极的劳动力市场政策；被访谈者还一致认为，欧洲就业战略对国内政策最大的影响是决策者可以了解、转移和学习他国的经验，其中一名瑞典官员提到"一个重要的因素是我们了解了别国更多的现状。我们逐渐了解到各国存在着许多相同的问题，并就如何解决同类问题借鉴他国经验"，比利时官员则认为欧洲就业战略提供了别国的经验，例如，降低了雇主缴纳的保险费用。而之前一些国家不愿意谈论雇主保险费问题。有迹象表明，今后更多的国家将会向这个方向趋同，但步调不一，对问题的认识

---

① 有关同行评议的报告内容可参看 http：//peereview-employment. org。

也有时间上的先后……最终,欧洲的就业政策就会逐渐趋同①。

现有的一些观察还发现,因为欧盟劳动力市场存在分割,欧盟就业战略对不同劳动力市场的影响呈现非同步性现象。

按照本文前述的萨皮里的分类,荷兰属于北欧模式国家,荷兰认为欧盟就业战略对本国的劳动力市场几乎没有影响,因为欧盟就业战略推出之前荷兰已经采取了欧盟在就业战略中提出的就业指导原则和行动方案,劳动力形势一直处于好转过程中。

意大利属于南欧国家模式,它也提出欧盟就业战略对本国没有影响,但不产生影响的理由与荷兰大不相同,意大利认为欧盟就业战略中提出的具体的就业行动指南,并不符合意大利劳动力市场严重的结构问题现状,高失业率和低就业率长期困扰着意大利,为此意大利甚至对欧盟就业战略提出质疑:欧盟就业战略缺乏灵活性,未能灵活地按照不同国家的实际劳动力市场现状制定与之适宜的政策。②

欧洲大陆模式国家对欧盟就业战略的评价普遍较好,尤其是法国。法国在欧盟就业战略所做的五年评估报告③中提出,欧盟就业战略对法国的劳动力市场政策和机制产生了相当大的影响,刺激了法国就业,从总体上看,法国的就业政策已经与卢森堡议程之前大不相同。法国本国的劳动力政策制定框架、政策内涵、政策执行机制以及不同参与者的作用,特别是社会伙伴的作用等都发生了显著改变。法国的就业目标已经从短期转向了长期,侧重于就业率,而非失业率,与此同时,法国各个不同部门之间在解决就业问题上的协调合作能力得到增强,加速了就业政策由中央向地方层面的下放进程,政府与雇主、雇员之间的社会对话得到了空前加强。在劳动力市场政策方面,强调"激活"政策,推广预防性措施以及利于就业增长的税收制度的改革。

---

① Mariely López-Santana, "The Domestic Implications of European soft law: Framing and Transmitting Change in Employment Policy," *Journal of European Public Policy*, Vol. 13, No. 4, June 2006, pp. 481 – 499.

② James S. Mosher & David M. Trubek, "Alternative Approaches to Governance in the EU: EU Social Policy and the European Employment Strategy," *Journal of Common Market Studies* (JCMS), 2003, Volume 41, Number 1, p. 74.

③ France, "Evaluation de la strategie européenne pour l'emploi," accessed 3 July 2002. http://www.europa.eu.int/comm/employment-social/news/2002/may/eval-en.html, 转引自 James S. Mosher &David M. Trubek, op. cit., pp. 74 – 75。

除了对欧洲劳动力市场的积极评价外，在研究中我们也发现了与此相对立的一些负面观点。例如，萨皮里认为开放协调法是基于就业指导准则下的"软协调"方式，在具体实施过程逐渐暴露出一些结构性缺陷：在欧盟就业政策协调过程中，既缺乏令人信服的衡量指标体系和同行评价实践，也缺乏改变成员国政府决策和行为的有效方法。相比之下，1994年经合组织在就业战略中采用的衡量指标和评估同行比起欧盟就业战略就更为有效：首先，经合组织的就业研究提出了更为清晰的分析框架，重点关注效率，而欧盟就业战略则要兼管效率和公平；其次，经合组织的就业报告将政策分析和政治性区分开来，这些报告均由OECD秘书处所撰写，而欧盟的报告则将二者混为一谈，存在着严重的官僚主义和政治渗透，参与撰写的是欧盟委员会（评论者）和欧洲理事会（同行）；第三，如果目标仅仅是衡量指标和同行评议，那么经合组织可能是最好的论坛，国家范围更广，欧盟成员国及其他国家之间在劳动力市场方面可以进行更为广泛的比较。总之，欧盟就业政策参照经合组织就业研究方式采用衡量指标和同行评议方式，以"软硬兼施"（即"胡萝卜加大棒"）的方式来影响成员国政府决策，恐怕是不可行和不现实的，因为劳动力市场和社会政策的改革是由成员国参照本国经济、社会和政治形势的变化而进行的。欧盟层面上劳动力市场政策的协调必须适度，协调过度可能会阻碍劳动力市场的改革进程，在这一过程中，成员国政府和欧盟委员会之间在劳动力市场改革决策上的职责界限变得十分模糊，造成欧盟公众对劳动力市场改革的权限产生混淆，分不清谁应该是劳动力市场改革的主角。[①]里斯本战略就是这种开放协调法的失败例子。

第四节　劳动力市场改革面临的挑战与前景展望

一　劳动力市场改革的不利因素

（一）欧盟层面上缺乏统一的劳动力市场法规：欧盟软法规体系不具有约束性

弗里茨·沙普夫（Fritz W. Scharpf）提出的欧盟多层治理的其他四种模

---

① André Sapir, "Globalization and the Reform of European Social Models," JCMS, 2006, Volume 44, Number 2, pp. 369 – 390.

式分别为相互调整模式（mulual adjustment）、政府间协商模式（intergovernment negotiation）、超国家方式/等级方式（supranational/hierachical）和共同决策模式（joint-decision mode）。其中，相互调整模式通常用于调节欧共体内部的税收政策、社会保障政策等领域，政府间协商模式立足于欧盟层面，是制度化水平最低的一种模式。通过定期召开的政府间首脑会议以及由政府首脑组成的欧盟委员会峰会，成员国政府相互协商、达成共识，并制定共同同意的条约。这些条约即成为成员国行为的共同约束；在超国家方式/等级方式中，决策和执行能力完全集中在欧洲层面，超国家行为体在没有国家政府参与的情况下控制和掌握决策权。通常由于某些问题的专业性和复杂性，过于广泛的参与反而会使得决策效率低下，因此，在特定领域内的等级治理是十分必要的。欧洲法院、欧盟委员会、欧洲中央银行等超国家机构权限范围内的治理都属于这种模式；共同决策模式将政府间协商和超国家治理相结合，形成了一种"网络治理"机制，欧盟立法权通常由委员会创制，但需要经过部长理事会采纳和批准。同时，如果成员国联合起来共同反对委员会的原始创制权，或者国家利益受到了严重威胁，即使有委员会和欧洲议会的参与，欧洲层级上的解决方案也不能达成。共同决策模式在欧洲共同体的相关立法领域（如卫生、安全、环保等）有着广泛的应用[1]。

开放协调法可以弥补共同决策和政府间协商模式中决策能力低下和合法性不足的缺陷，在实际运用中，发挥着"软法规"的作用。具体到欧盟层面上，欧盟委员会通过目标管理体系，监督成员国执行国别就业计划；在成员国层面上，社会伙伴和市民社会的广泛参与，对欧盟就业指导原则提出建议。开放协调法形成了欧盟、成员国、社会伙伴、市民社会等参与的多层治理网络，通过相互监督和相互约束，努力将欧盟的就业指导原则转化为国家或地区政策，促进成员国之间相互认知过程[2]。

---

[1] 吴志成：《治理创新——欧洲治理的历史、理论与实践》，天津人民出版社，2003，第357～364页。

[2] Robert Kaiser and Heiko Prange, "A New Concept of Deepening European Integration? —The European Research Area and the Emerging Role of Policy Coordination in a Multi-level Governance System," *European Integration online Papers (Elop)*, Vol. 6 (2002), p. 18, http://eiop. or. at/eiop/texte/2002 – 018a. htm.

谢斯廷·雅格布松（Kerstin Jacobsson）认为，欧盟就业战略标志着欧盟建立了一种"志愿性的社会政策治理模式"，这种多层治理框架有五大特征：

（1）它是一种"可豁免的聚合"（cohesion by exemption），在理论上允许成员国随时退出该机制。在欧盟各国普遍面临严重失业困扰的情况下，实际上各国对欧盟就业战略持积极态度。

（2）它是一种"辅助性的联合"（unity by subsidiarity），欧盟颁布的就业指导原则是建立在成员国实践经济基础上的，实际上是一种推广成功经验，促进政策学习的机制。

（3）它是一种"说服的治理"（governance by persuasion），就业战略主要依靠非强制性的"建议"、专家共识、对成员国就业政策中共同要素的阐述以及相互磋商和交换信息来建立共同体层面上的政策，改变了以往的指令式方式。

（4）它是一种"有选择的治理"（governance by choice），欧盟就业战略向成员国政府提供了可变动的"政策菜单"，供其按照本国国情进行选择。成员国只要遵循欧盟的基本政策理念和"优先领域"，在实施的方式上有很大的自主权。

（5）它是一种"传播的治理"（governance by diffusion），在欧盟就业战略框架中，所有成员国政府的就业政策与就业状况均处于社会监督之下，成员国通过相互比较，提高了成员国学习别国先进经验的动力，进而达到增强成员国就业政策同质性的目标。[1]

在劳动力市场政策协调上采用这种开放治理模式既是一种创新，也是对欧盟一体化发展的一种适应性选择。在目前阶段，欧盟多层治理体系中经济治理的基本格局是，在微观经济政策层面上，劳动力市场法规由成员国政府所制定，欧盟层面上制定产品和资本市场法规。在宏观经济政策层面上，成员国具有财政决策权，欧元区国家的货币政策权则让渡给了欧洲中央银行[2]，可以预计，短期内这种格局难以打破，因为欧盟成员国迟迟不愿在社

---

① Kerstin Jacobsson, "Employment Policy in Europe: A New System of European Governance?" http://www.score.su.se/pdfs/1999-11.pdf, 转引自田德文《欧盟社会政策与欧洲一体化》，社会科学文献出版社，2005，第179~180页。

② Jean Pisani-Ferry and Jürgen von Hagen, "Why is Europe Different from What Economists Would Like?" Paper Presented at the L1th Congress of the French Economic Association (AFSE), Paris, 19-20 September, 2002.

会政策（劳动力市场、社会保障等）敏感领域向欧盟一级让渡更多的主权，成员国牢牢掌握着劳动力市场方面的决策权，欧盟与成员国在就业决策的权限划分上一度陷入了政治僵局。最终，一些成员国为了借助欧盟层面的力量，缓解长期的失业问题，作出了一定的让步，同意将欧洲经济和货币联盟建设中创建的多层监管机制用于劳动力市场政策的协调中。从这个角度看，欧盟的就业政策协调机制是一种松散的非约束性机制，能否发挥协调作用，更多地取决于成员国与欧盟之间的配合和合作。

（二）劳动力市场公共投入与产出的不对称性

随着积极劳动力市场政策在欧洲国家的广泛推广，各国开始关注积极劳动力市场的成效。现有大量的文献资料从宏观经济、计量经济和实证研究的角度分析了积极劳动力市场政策的作用。在 2000 年之前，按照评估项目的时序来划分，欧洲国家对积极劳动力市场政策的研究成果分为二代：第一代以赫克曼（Heckman）[①] 等人为代表，他们从计量经济学的角度分析了 1994 年以前欧洲国家积极劳动力市场项目的成效。第二代以克卢弗和施密特（Kluve/Schmidt）[②] 为代表，就 1983～1999 年，特别是对 20 世纪 90 年代以来欧洲国家的积极劳动力市场项目进行评价。

由于欧洲国家的积极劳动力市场政策的历史进程和公共投入上的不同，各国对劳动力市场政策的评估的传统和现实也有明显差异。瑞典是最早采用积极劳动力市场政策的国家，长期以来推行了多种积极政策项目并有大量的评估成果。而一些新入盟的中东欧国家，例如，爱沙尼亚、匈牙利、波兰和斯洛伐克，几乎没有任何此类项目评估成果。而在南欧国家，例如，西班牙的积极劳动力市场政策对解决失业问题上的作用十分有限，因此，在这个领域，鲜有大量的评估报告和研究成果。而像德国这类国家，在推行积极劳动力市场政策领域积累了大量的实践经验，但是对项目的评估研究却才开始。

这些评议报告对欧盟各国的积极劳动力市场政策的成效褒贬不一，得出了比较复杂的结论。就单项政策措施而言，劳动力市场培训是欧洲国家最为

---

① J. J. Heckman, R. J. Lalonde and J. A. Smith, "The Economics and Econometrics of Active Labour Market Programs," in O. Ashenfelter and D. Card (eds.), *Handbook of Labour Economics*, Edition 1, Volume 3, Chapter 31 Elsevier, Amsterdam, 1999, pp. 1865 - 2097.

② J. Kluve and C. M. Chmidt, "Can Training and Employment Subsidies Combat European Unemployment?" *Economic Policy* 35, pp. 409 - 448, 2002.

广泛推行的政策措施，其成效具有多元性。大多数的研究结果表明：培训项目可以增加参与者在培训后获得就业机会的可能性。从长期看，对增加就业起到了积极的作用。少数研究发现培训项目在短期内的成效并不显著，甚至起到了负面的作用。关于私营部门的激励项目，普遍认为这些措施对解决高失业率问题具有积极的影响，丹麦、挪威、瑞典、意大利等国的评估分析证实，私营部门工资补贴项目对提高个人就业前景具有积极作用。不同于私营部门刺激计划的积极成效，公共部门的直接创业项目很少产生正面的作用。而对服务与惩罚措施的总的结论是：这是降低失业率的一项有效手段。对于年轻人项目的评价结果也是褒贬不一。

从评价结果看，积极劳动力市场政策的成效显然是模棱两可的，其比较公认的负面影响体现在两个方面：一是替换效应（displacement effects），一些积极的补贴措施会冲击正常的就业，例如，获得补贴的私营企业可以增加生产量，从而会对那些没有获得补贴的企业产生负面影响。由于可以降低支付给雇员的工资，一些雇主可以不断地替换劳动成本更低的工人。二是无畏损失效应（deadweigh loss），这一效应主要出现在新创造的就业在有国家提供资助或没有国家补贴的情况下均会产生的，这个时候政府通过积极劳动力市场措施，对私人企业提供的补贴其实是一种公共开支的浪费。

这些评议的效果成为 20 世纪 90 年代积极劳动力市场政策改革和创新的原动力之一。此外，最为重要的改革动力是：随着一体化、全球化和老龄化趋势的加剧，特别是欧洲的一体化进程客观上推动了欧洲各国社会政策领域的协调与整合发展。20 世纪 90 年代中期之后，欧洲国家持续的高失业问题呈现明显的刚性和僵化特征，这意味着欧洲劳动力市场存在着严重的结构性问题。在经济全球化加快发展，各国经济相互依赖加深的情况下，仅靠单个国家的就业政策行动，显然无法应对不断恶化的失业问题，必须在更大的范围内，即在欧盟层面上采取更为协调和有效的宏观经济政策措施。

（三）经济增长乏力等不利因素影响就业增长

欧洲经济逐渐摆脱衰退，但步伐缓慢。受外部环境、金融形势持续改善和欧洲经济复苏政策等利好因素影响，从 2009 年第三季度起，欧洲经济呈现环比增长，欧盟和欧元区第三季度分别实现环比增长 0.3% 和 0.4%，第四季度环比增幅有所收缩，欧盟为 0.1%，欧元区与上一季度持平，为 0.3%，欧洲经济呈现逐渐摆脱衰退阴影的迹象，但步履蹒跚。2010 年的经济增长好于预期。第一季度欧元区经济增长达到了 0.3%，第二季度欧洲经济趋于稳定，增长率达到了 1%，2010 年第一季度和 4 月份的经济敏感指数持续上升。然而，从 2010 年 5 月起，在连续 13 个月的持续上升后，经济敏感指数开始下跌。欧元区债务危机引发危机重灾区国家消费信心指数大跌，西班牙的消费信心指数下跌为 -14，希腊为 -13，葡萄牙为 -7，德国为 -11，法国和意大利均为 -8。对经济的悲观情绪还蔓延到了服务行业，5月份零售业和建筑业部门开始不景气。在外部环境逐渐好转的情况下，出口是拉动欧盟国家经济增长的主要推动力。出口增长带动了设备投资，投资扩大拉动了就业增长，刺激了私人消费。预计，2010 年欧盟及欧元区经济增长分别为 1.8% 和 1.7%。

劳动力市场形势有所好转，但年轻人失业状况堪忧。劳动力市场正常运转通常要滞后于 GDP 增长约半年或更长时期，因此，近几个月欧盟国家的劳动力市场形势开始趋于稳定。2009 年第三和第四季度就业环比降幅分别为 0.3% 和 0.5%，2010 年第一季度就业人数环比下降了 0.2%，同比上升了 0.8%。与欧盟就业总趋势不同，2010 年第一季度服务业就业有所上升，尤其是金融业和商业，就业率上升了 0.5%，制造业就业下降了 1%，降幅有所缓和，建筑业就业率下降了 1.5%。2010 年第一季度欧元区和欧盟国家的就业率分别下降了 1.2% 和 1.5%，欧盟主要大国的就业率降幅差异较大，德国就业率下降了 0.3%，法国为 0.8%，意大利为 0.7%，西班牙为 3.6%。

欧盟国家年轻人失业问题异常严峻。2010 年春季以来欧盟及欧元区的失业率保持在 9.6% 和 10.0% 左右。2010 年 4 月欧元区和欧盟国家的失业率分别为 10.1% 和 9.7%。欧盟成员国之间的失业率差异较大，荷兰为 4.1%，德国为 7.1%，意大利为 8.9%，法国为 10.1%，西班牙为 19.7%。年龄在 25 周岁以下的年轻人，失业问题异常严峻，欧元区为 20%，西班牙则高达 40.3%。

实际上，就业率和失业率这两项统计数据还不能够完全说明当前欧盟国家劳动力市场形势。2009 年第四季度欧盟劳动力统计数据显示，经济下滑造成每周工作时间下降，非全日制工作岗位增多，2009 年第四季度每周工作时间降幅为 1.9%，从原来的 34.3 小时，下降为 33.6 小时。全日制就业比重下降了 0.8%，为 74.1%，平均每周工作时间从原来的 41 小时下降到了 40.7 小时。

（四）各社会阶层利益之间的矛盾，既得利益的"刚性"，也是当前欧盟国家的劳动力市场改革面临的阻力之一

劳动力市场改革涉及政府、资方、劳方三者的利益，涉及社会保障制度的改革的程度与范围。为缓和经济危机和主权债务危机带来的严重失业问题，短期内一些欧盟国家政府采取缩短工时、补贴就业的措施，在一段时期内，必然会导致政府公共开支的上涨，也会造成雇员的懒惰情绪，因此，政府救市计划也只能是短期的。危机导致企业赢利下降，只得削减生产性投资，必然会引发新一轮裁员，而欧盟多数国家，特别是南欧国家的具有十分严格的就业保护法规和措施，裁员会直接触犯雇员的利益，引起工会组织的不满和示威抗议等，这些刚性因素导致工会与企业、雇主与雇员关系的趋于恶化，影响社会稳定。因此，如何建立新的劳资关系、改革劳动力市场法规中的刚性因素，更好地适应形势，调整劳动力供需模式，是欧盟各国劳动力市场改革面临的主要障碍。

二 改革前景展望

（一）加强劳动力政策与其他相关政策之间的协调——新技能、新就业政策

寻求劳动力市场供需平衡，加强劳动力市场政策，必然会涉及学校教育、科研制度、企业学徒培训制度、相关福利制度的调整与改革等等，对此，欧盟已提出了相关措施，特别是关注劳动力技能的提升和就业再培训政策的制定和设施。

为应对当前金融危机对欧盟国家就业产生的不利影响，欧洲正在快速调整和创新积极劳动力市场政策。欧盟委员会提倡的新技能与新就业战略可以说是当前欧盟国家救市计划的关键举措，更是欧盟长期发展的关键议题。新技能和新就业战略的重点不仅要重视知识和人力资源问题，更应倡导创新，创造新的就业机会，以人为本，人是推动未来社会发展的智力因素，因此应对富有创新能力的人才进行投资。欧洲应该创造更多新的就业机会，这些领域包括：（1）与健康、卫生医疗部门相关的行业；（2）与家庭服务相关的多项个人服务职能，包括提供对儿童、家庭、老年人的各种服务；（3）商业支柱部门如何支持分析新的技术，使得我们的系统更加完善；（4）如何

更新欧洲城市？城市建造了大量的房屋，现有的房屋需要重新修建、更新；（5）建立适应未来低碳经济时代的交通基础设施建设，创造绿色产业；（6）具有创造性的实业，其中包括文化创意产业；（7）生命技术、纳米技术等应用带来新的产业；（8）制造企业、交通设备、化学工业相关的企业，能够建设新的道路，进行质量控制，提高对用户的服务。以上所列这些领域可以产生更多新的就业机会。

在欧洲采取哪些措施才能让更多的人获得新的就业机会呢？可以提供以下多种可能的途径：一是普遍提高民众受教育的程度，要从儿童做起，重视学校教育，特别是学龄前教育（指3~5岁周岁儿童的学前教育）。大量研究表明，这对儿童的成长尤为关键，因此，今后欧盟的教育和培训均会更加强调学前培训。二是提供更好的基础教育。三是鼓励更多的人选择在职教育。四是年轻人的高等教育。五是成年人的终身教育。欧盟所有成员国努力在上述方面做得更好。但这还不够，如果产生新产业、新领域，面临新的产业过渡，就需要采取更为灵活的做法，高效率地应对新领域的短期需求。欧盟为迎接低碳经济时代所提出的新倡议，只要发现了新的就业机会，为不同就业者量身定做地实施各种培训项目，不失时机地抓住这些新的就业机会。

欧盟提倡采取采用因人而异，量身定做的培训方法，目的是为了通过培训达到新就业所需的基本技能要求。关键是如何进行技术培训以及对哪些技术进行培训？目前在欧洲通常采用定量和定性这两种方法对培训技术进行预测。定量法是一种传统方法，采取经济预测法确定主要的技术发展趋势，在此基础上提出可能的几种技术培训方案，这种方法在欧盟成员国进行了大量的实践，也被称为泛欧方法。第二种是定性法。通常是采取问卷调查，建立专家讨论小组，对所有的领域，包括健康、医疗领域等进行新产业的设计，召集所有领域的专家，来自大中小企业企业家、培训中心专家、大学教授、人力资源等方面官员共同研究，对所有可能产生的新领域进行预测，提出潜在的技能需求。

目前欧盟已经在16个领域通过定性和定量的方法对未来技能需求进行预测。荷兰齐厄（Van der Zee）博士带领的研究团队针对欧盟化学行业的现状，采用量化模型和前瞻性分析方法预测欧盟化学工业未来的技能和工作需求。研究项目分为两个部分，第一部分已于2008年5月完成，第二部分计划在2009年春季左右完成。这项研究分10大步骤来进行：（1）明确化学行业中各种产业活动；（2）了解和分析化学行业主要的经济和就业趋势；（3）分析推动行业变化的主要因素；（4）在此基础上提出一些可能的变化特征；（5）探讨化学行业中职业变化对就业产生的影响；（6）分析职业变化对技能需求带来了的影响；（7）提出与技能需求相适应的战略性措施；（8）分析教育和培训产生的可能影响；（9）提出与行业技能需求变化相关的政策建议；（10）基于上述研究成果，召开研讨会，听取各方意见并不断完善分析结果。在具体研究中，首先是收集和分析欧洲统计局劳动力统计中有关化学行业的职业变化数据，其次是截取一段时间，分析该时段内欧盟各成员国化学行业的布局变化及原因，第三是采用 SWOT 方法，比较化学工业的强项与弱势。例如，当前欧盟国家化学工业的强势特征是：国际化程度较高、具有实力雄厚的研发基地和专家、化学技术领先等等，存在的弱势特征是：结构性的高资源使用成本、相对较小的工厂规模、公众对化学行业认知度下降、与美国相比，在生化技术领域处于弱势地位等等。根据这些分析结果，结合推动化学工业调整和变革的主要因素，提出化学行业未来的发展战略和面临的种种挑战。通过研究，Zee 博士提出推动欧盟化学工业朝着全球专业化方向发展的具体对策：一是要增强竞争力和提升全球和欧盟的经济增长实力，并制定更为灵活的欧盟环境、保障和安全法规；二是与全球区域化发展相比，欧盟应该朝着更加强大的、更为快速的全球化方向发展；三是欧洲应在可持续性并不断发展化工集群上保持优势地位，依靠实力雄厚的化学研究机构和不断深化的一体化进程；四是适度增加对环保产品的需求；五是欧盟与成员国通过全球性开发来奠定欧盟化学工业的全球领先地位；这一个案分析为其他行业技能需求的预测提供了很好的样板。

欧洲正在推行的新技能、新就业战略已经成为全面提升积极劳动市场政策的一项重要战略，在应对当前金融危机发挥一定的积极作用，应予以高度重视和认真借鉴。

（二）欧盟各国政府的"救市"计划和刺激经济计划，将短期需要（促进就业等）与中长期目标（经济改革等）相结合

为应对金融危机，2008 年 12 月欧洲国家推出了总额为 2000 亿的"救市"计划（即欧洲经济复苏计划，European Economic Recovery Plan，EERP），以制止危机蔓延和失业加剧。在欧盟层面上，经济复苏计划的重点是结构改革，劳动力市场改革是欧洲经济复苏计划的重点，其优先改革目标

包括：保持就业、创造就业岗位和促进劳动力流动，增加就业机会，对家庭提供补贴。欧洲金融工具还包括结构基金和欧洲全球化调整基金。

劳动力市场改革侧重调整劳动力供求关系和社会政策，重点在于提供更多的工作岗位，包括修改缩短工时规定、发放工资补贴。削减非工资成本、扩大公共就业服务职能和鼓励自雇职业者。在这些改革措施中，缩短工时（Short-time Work Arrangements，STWA）在金融危机初期是最有成效的，对新雇佣者提供短期补贴，有利于创造新的工作岗位。一些成员国，通过临时实行直接收入转移支付，主要以放宽失业金发放资格和提高失业金补贴额为主，以刺激总就业需求和加强社会聚合，迄今为止，略有成效。

欧盟各成员国的社会伙伴对话有所加强。为应对金融危机，欧盟成员国先后达成了新的社会伙伴协议。在危机初期，欧盟6个成员国达成了新的社会伙伴协议。2008年12月比利时社会伙伴达成了2009～2010年社会伙伴协议，2008年10月荷兰政府与社会伙伴达成了一揽子应对危机的措施，2009年3月，波兰社会伙伴就达成了应对危机的措施，在2009年7月，法国社会伙伴达成了应对经济危机对就业影响的全国性的一揽子部门间协议。拉脱维亚于2009年6月达成了政府、工会与企业之间的三方协议。2010年西班牙社会伙伴达成了三年框架协议，捷克、保加利亚、爱尔兰均达成了应对危机的社会伙伴关系协议。

多数国家正在推行缩短工时计划。法国、比利时、卢森堡缩短工时计划和临时裁员计划就是通常意义上的部分或临时性失业。丹麦缩短工时项目就是"工作分享制"，通过缩短工时以维持更多人就业，避免进一步的裁员。荷兰、奥地利和德国在2009年3月底之前也推行过缩短工时计划。意大利对实行缩短工时计划的人员从工资补偿基金中给予补贴，对此，爱沙尼亚、希腊、塞浦路斯、马耳他和瑞典政府实行缩短工时制，但对此不提供补贴。

缩短工时制在此次金融危机之前就实行过，危机期间一些国家对这一计划进行了调整（包括比利时、丹麦、德国、爱尔兰、西班牙、法国、意大利、卢森堡、奥地利、葡萄牙和芬兰）。这些调整旨在降低雇主实行这一制度的费用，提高对项目的补贴。延长合格期限、为更多人提供这种项目以及简化参与这一项目的程序。

在保加利亚、拉脱维亚、立陶宛、匈牙利、荷兰、波兰、斯洛文尼亚和斯洛伐克这9个国家，政府临时性地为缩短工时计划提供公共补贴，缩短工时公共补贴与提供培训相结合，捷克、匈牙利、荷兰、葡萄牙和斯洛文尼亚规定，参与缩短工时计划者必须参与就业培训。在比利时、德国、立陶宛、匈牙利、马耳他、奥地利、波兰、葡萄牙、斯洛文尼亚和芬兰，这些培训费用来自政府。

此外，应对危机的措施还包括临时性地削减社会保障缴纳费，这一措施可以抑制危机对就业和社会聚合产生的负面影响，尤其有利于特殊群体（包括残疾人、年轻人、少数民族和长期失业者）或者中小企业，这一措施通过增加雇员的可支配收入、减少雇主成本以刺激经济。一些国家还在公共部门创造各种就业机会，立陶宛为登记失业达 6 个月以上、未有失业补贴者提供社区服务的就业机会。英国为年轻人和高失业率地区的求职者提供一种新的补贴工作项目，帮助他们在地方政府和其他社区机构中重新找到工作。提升技能、提高劳动力市场中的供需匹配性。进行在职培训和对失业者提供各种再就业培训。

主权债务危机正在加剧欧洲的失业状况，使得劳动力市场刚性问题更加突出。应避免欧洲劳动力市场刚性常态化，在中期内，欧洲劳动力市场改革将会更关注劳动力市场政策的灵活性、更注重劳动者工作技能的提升，同时修改和调整劳动力市场法规与政策，加快社会福利制度的改革步伐。

第五章

欧盟国家金融市场的改革

　　金融市场又称为资金市场，是资金融通的市场，包括货币市场和资本市场，前者是短期资金的融通市场，而后者则是长期资金的融通市场，资本市场又分为债券市场和股票市场，广义上的金融市场还包括外汇市场和黄金市场。金融市场是一个复杂的体系，构成这个体系的要素包括金融机构、金融交易工具、金融交易规则、金融监管政策和金融监管机构等。

　　欧盟是主权国家的联合体，因此欧盟金融市场的形成和发展离不开主权国家金融市场，但它在许多方面又有别于主权国家金融市场，它是在主权国家金融市场发展到一定阶段后通过超国家干预形成的一体化金融市场。由于对各部分金融市场超国家干预程度的不同，欧盟金融市场各部分的一体化水平存在较大差异，从总体上看，欧盟货币市场一体化程度高于资本市场，资本市场中债券市场一体化程度又高于股票市场。欧盟金融市场发展中的这些特点，使该市场存在如下问题。

　　第一，市场结构。欧盟国家金融市场结构有自己的特点，同美国相比，欧盟金融市场的资产证券化水平较低（见图5-1），特别是欧盟最大的经济实体德国，德国企业投资主要来自银行中长期信贷而不是证券市场，德国境内存在众多的中小型银行，竞争异常激烈，利润率相对较低。欧盟国家的证券市场比较分散，而且都是以国别为基础的地区性市场，其流动性较美国更低，因为成员国的跨境投资往往需要经过不同的审批程序，投资者面临的税收体系更为复杂，这种情况严重制约了欧盟金融市场一体化的发展。

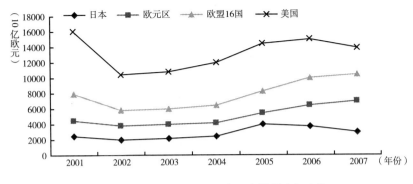

图 5 - 1　欧盟、美国、日本国内股票市场市值

资料来源：根据欧洲资本市场研究所（European Capital Markets Institute）2008 年数据绘制。

第二，市场监管。欧元流通后，由于部分成员国将货币政策的制定权转交给欧洲中央银行行使，因此欧盟在货币政策的管理上形成一套严格的做法，但欧洲中央银行的政策核心是对货币政策进行监管，未获得对整个金融市场体系进行监管的授权，而欧委会建立的金融市场监管机构实际上完全不具备履行超国家监管的权威和能力，结果是欧盟金融市场监管主体仍是成员国金融监管机构，这不仅限制了资金的自由流动，也导致了昂贵的监管成本，最重要的是，这种监管体制很难有效地防范金融系统性风险的发生。

第三，政策冲突。欧盟金融市场上的政策冲突有两层含义：一是成员国之间的政策不能兼容，二是欧盟的政策与成员国政策之间存在矛盾。欧元诞生后，成员国货币政策与财政政策逐渐分离，货币政策已经归属欧洲中央银行，但财政政策仍然归属各国政府，货币政策必须考虑全局利益，而成员国财政政策则需要考虑局部利益，因此形成全局利益和局部利益的冲突。对欧盟金融市场来说，各国相对独立的财政政策不是推动而是制约了一体化的发展。成员国国内政策的相互不兼容还导致欧盟金融市场规则难以实现，譬如，"母国控制"和"相互承认"原则[1]原本是指导欧盟境内金融机构跨国

---

[1]　欧盟母国控制和相互承认原则——母国控制原则（Home Country Control Principle）主要是指欧盟境内金融机构的跨境经营应遵循所属国的监管原则，相应的责任也主要由所属国监管机构承担；相互承认原则（Principle of Mutual Recognition）则指各成员国做出承诺，以监管标准的最低限度协调为基础相互认可对方成员国的监管规则。母国控制和相互承认是欧盟金融服务法律中两项相辅相成的重要原则，其有效的实施依赖于欧盟境内金融监管规则的统一。

界活动的基本原则，自从欧委会 1979 年通过相关指导原则后，"母国控制"和"相互承认"原则经常遭到成员国实践的曲解，这就严重制约了欧盟金融市场，特别是资本市场一体化程度的提高，也影响到欧盟对整个金融市场的有效监管。

由于欧盟金融市场存在的问题，调整和改革势在必行。从政策目标的选择看，欧盟金融市场改革分为两个阶段，前一阶段的主要目标是增强金融市场流动性，为欧盟境内企业创造一个更公平和更高效率的融资场所，后一阶段的主要目标则是提高金融市场的监管效率，在提高金融市场流动性的同时更有效地防范金融系统风险。

第一节　欧洲金融市场改革的历史背景及理论依据

20 世纪 70 年代，世界经济形势发生了深刻的变化。全球化导致各国经济关系更加密切，科技革命引起各国产业结构和市场结构发生改组，区域经济一体化使欧洲产品和货币市场趋于统一，凯恩斯国家干预主义政策的失败开启了全球金融市场自由化改革的大门。

一　金融全球化

金融全球化是经济全球化在金融领域的具体表现。经济全球化加深了金融国际化进程，使许多地区和国家不得不从全球角度重新考虑金融资源的配置，金融全球化的直接后果是主权国家金融活动超越了国界的限制，从地区性和传统的业务活动演变成全球性的创新性活动。

金融全球化给国际金融市场带来了下述内容的重要变化：第一，金融机构的国际化趋势明显加强，一个国家的金融业在海外广泛设立分支机构、开展金融业务，形成信息高度灵敏、规模适当、结构合理的金融机构网络，同时允许外国金融机构进入本国市场，开放国内金融市场；第二，金融市场国际化趋势明显加强，国内金融市场与国际金融市场连成一片，使国内金融市场成为国际金融市场的重要组成部分，国内资金得以在更广泛的市场上实现优化配置，同时吸收利用外国资金、参与国际资金大循环；第三，金融业务的国际化趋势明显加强，国内金融业务向境外进一步延伸和发展，从存款、贷款、投资这类传统的地区色彩浓厚的业务转向全球性业务，业务的规模、性质、对象都发生重要变化；第四，金融资产和收益的国际化趋势明显加强，一个国家金融业在境外的资产和收益占其整个资产和收益的比例达到一定的规模，成为该国金融业的重要组成部分，并具有国际金融的某些特征。

在宏观层面，金融全球化主要表现为以下变化：第一，金融政策的关联化，随着金融全球化的加速发展，各国金融的相互关联程度大大提高，一个国家的金融政策要远离金融全球化发展大潮而"独善其身"已是不可能的了，特别是主要发达国家的金融政策调整，将会引起世界各地金融市场的连锁反应，并有可能迫使许多国家在金融政策方面作出相应的调整。如果一个国家的金融出现问题或发生金融危机，也有可能引发一场严重的地区性金融危机，并有可能对全球经济发展产生严重影响。为适应国际金融领域的新变化和新要求，提高本国经济和金融国际竞争力，许多国家都加大对本国金融体制的改革力度，逐渐放松或取消原有的金融管制，从而使各国金融政策呈现出密切关联的趋势。第二，金融监管的全球化，金融全球化的发展逐渐要求建立统一的金融操作规程，采用统一有效的金融规则已是大势所趋，即金融规则统一化、监管机制统一化、会计准则统一化、信息披露的透明度标准统一化，从而金融协调和监管的全球化应运而生。金融监管全球化的一个重要标志是在金融监管国际合作的深化和发展过程中，巴塞尔银行监管委员会的作用与影响日益显著。金融监管全球化的另一个重要标志是各金融领域监管的国际合作不断加强。巴塞尔委员会与作为国际证券业和保险业重要监管者的国际证券委员会组织、国际保险者监管协会之间的协调与合作日益密切。第三，金融风险的全球化，金融风险可发生在微观领域，如某一金融机构破产或某笔金融资产的损失，金融风险也可出现在宏观领域，如一种货币制度的解体或货币秩序的崩溃。有时候宏观与微观领域的金融风险是交织在一起的，譬如一家银行或多家银行的倒闭可能在整个银行体系中引发了"多米诺骨牌效应"，即所谓银行业的系统性风险，造成银行危机。伴随着金融全球化的深化，金融风险随之加剧。换言之，在金融风险加剧的同时，金融危机也全球化了。

在微观层面，金融全球化造成了以下变化：第一，资金流动的全球化，随着投资行为和融资行为的全球化，即投资者和融资者都可以在全球范围内选择最符合自己要求的金融机构和金融工具，资本流动也全球化了。20世纪 90 年代以来，国际资本流动呈现出不断加速和扩大的趋势，国际资本以前所未有的数量、惊人的速度和日新月异的形式急剧膨胀。第二，金融机构的全球化，作为金融活动的组织者和服务者的金融机构全球化就是指金融机构在国外广设分支机构，进行国际化或全球化的经营。20 世纪 90 年代，许多国家都不同程度地放松了对别国金融机构在本国从事金融业务或设立分支机构的限制，从而促进了各国银行向海外的拓展。1997 年世界贸易组织成员国签署《金融服务协议》，把允许外国在其境内建立金融服务公司并将按竞争原则运行作为加入该组织的重要条件，进一步促进了各国金融业务和机构的跨国发展。此外，金融机构的跨国并购与重组也成为金融机构全球化的一个突出特点，从而造就了众多的巨型跨国银行。第三，金融市场的全球化，金融市场是金融活动的载体，金融市场全球化就是金融交易的市场超越时空和地域的限制而趋于一体。世界主要国际金融中心已连成一片，世界各地以及不同类型的金融市场的依赖性和相关性日益密切。第四，金融规则的全球化，金融规则的全球化主要包括国际会计准则改革和标准化，宗旨是在世界范围内，所有大公司根据单一的高质量的全球会计准则编报财务报告。这场改革获得了包括世界银行、国际货币基金组织、世界贸易组织、证监会国际组织、国际证交所联合会、国际会计师联合会、巴塞尔银行监管委员会、国际财务分析师协会、国际财务主管协会等国际机构和专业组织的有力支持。

二　金融科技革命

金融科技革命是战后科技革命的重要组成部分。二战后，全球出现了新一轮科技革命浪潮，金融科技革命就是新一轮科技革命成果在金融领域扩散的结果。科技革命催生出新的产业集群，而金融科技革命则改变了新产业集群融资方式和规模，与传统资金市场的融资方式不同，科技创新企业需要的是全新的融资方式，直接导致了国际资金市场上风险投资和期权交易两个连带市场的迅速崛起和发展。金融科技革命使资金市场的国别界限更模糊，伴随着资金市场国际化程度的加深，主要通过互联网的数据传输革命实现，传统资金市场那种依靠本地资金的融资模式已经无法满足科技创新企业的发展需要，它们要求在全球范围对资本进行重新配置。

在金融科技革命中，以计算机和网络通信为内容的核心技术始终是推动国际金融交易和金融产品创新的重要力量。计算机技术和网络通信技术降低了各种金融产品的交易成本，促使各国金融市场在时间和空间上联合为一个相互衔接的整体，形成了真正 24 小时的全天候交易市场，密切了国际金融市场不同部分之间的联系，缩小了它们之间的时空距离。网络通信技术的广泛应用降低了金融市场传统服务部门的盈利水平，加剧了同行业的竞争，从而导致了金融产品和服务的创新，计算机和网络通信技术的应用使原来不可能出现的业务出现，如金融期货和期权交易，由于金融产品的复杂性，必须借助先进的科学技术手段才能够确定价格。网络通信技术的高度发达和广泛应用，全球金融市场已经开始走向金融网络化，即全球金融信息系统、交易系统、支付系统和清算系统的网络化，全球外汇市场和黄金市场已经实现了每天 24 小时连续不间断交易，世界上任何一个角落有关汇率的政治、经济信息，几乎同步显示在世界任何一个角落的银行外汇交易室电脑网络终端的显示器上，远隔重洋的地球两端以亿美元为单位的外汇交易在数秒钟之内就可以完成。

三 经济一体化

区域经济一体化是战后出现的一种新的经济形态，欧洲联盟成为目前区域经济一体化的最高级形式。根据区域经济理论，世界可以划分为由不同经济特色地区构成的区域，为了调和两种不同经济特色地区之间的关系，主张消除边界造成的经济交往障碍，这就出现了区域经济一体化的设想。经济一体化是一体化的组织基础，一体化组织则是通过条约的方式把一体化成就固定下来的一种制度性安排。第二次世界大战后，欧盟的经济一体化经历了几个历史阶段：取消成员国内部关税，对外实施共同关税的"关税同盟"阶段；取消生产要素限制、允许劳动和资本等在成员国之间的自由流动，在资本自由流动的"共同市场"阶段；在关税、贸易和市场一体化基础上协调成员国经济与货币政策，进而使用统一货币的"经济与货币联盟"阶段。按照经济一体化理论，目前的欧盟经济一体化只是部分地实现了"完全经济一体化"（complete economic integration）的目标，即实现了货币政策的统一（欧元区国家）、建立了中央银行、使用统一货币，但尚未实现共同的财政政策，成员国国内增值税和消费税也没有协调一致，重要的是，跨国界的金融管制尚未完全废除，在成员国相互购买和发行各种有价证券、实行价格的统一管理等方面还未实现。从欧盟金融市场改革的角度看，经济一体化既为改革创造了独特的外部环境，同时也对改革提出特殊的内在要求。

（一）欧洲统一大市场

在欧洲经济一体化的历史中，统一大市场是重要的里程碑，也为后来的欧盟金融市场改革创造了独特的外部环境。欧委会在 1985 年正式提出了建立内部统一大市场的白皮书，计划通过 282 项具体措施在当时的欧共体内部建立"无国界"的市场，真正实现人员、商品、资本、服务的自由流动，经过七八年的努力，欧委会在 1993 年宣布建成了内部统一大市场。随着统一大市场的形成，欧共体内部的经济环境发生了以下重大变化：通过一系列的公共采购法规的颁布，加强了市场透明度和对市场的监督，开放了除能源、运输和电信之外的公共市场；协调了成员国在直接税、增值税和消费税方面的法规，缩小了成员国在税收上的差异；通过一系列金融市场政策法规，使资本市场和金融服务更加开放和自由化，部分地减少了跨境投资的限制；通过统一的技术法规，使成员国相互承认技术标准和认证方面取得共识，消除了技术标准方面的贸易障碍；通过相互承认学历和技术证书，使持证人能够自由去其他成员国就业，《申根协议》的签署消除了成员国之间的实际边界，使人员可以自由流动。然而，在 1993 年后的一个相当长的时期内，统一大市场计划的实施速度减慢，导致目标与现实之间的差距增大。欧委会虽然强化了各国在税收政策上的协调，但各成员国为了自身的利益，仍不肯在许多税种上向统一标准看齐，譬如在资本收益税方面，或明或暗的歧视性做法相当普遍，导致一个成员国投资者在另一个成员国的投资活动不可能获得与当地投资者完全平等的待遇，而由于英国和卢森堡长期以来对债权和存款利息免税，导致其他成员国的资金流入本国，对欧盟准备实施的债权和利息统一税，两国也是同声反对。因此欧洲统一大市场规定的"四大自由"目标尚未完全实现，特别是在金融领域，成员国各自为政的情况普遍存在，统一政策的推行面临诸多困难。

（二）欧洲经济与货币联盟

经济与货币联盟是欧盟经济一体化的高级阶段。欧盟早在《罗马条约》第 2 条中就提出"建立经济与货币联盟"的目标。1970 年的《维尔纳报告》提出了分阶段建立经济与货币联盟的计划，70 年代的能源危机和美元危机迟滞了这项计划的实施，直到 1989 年，欧委会主席德洛尔才在《德洛尔报告》中重提这个任务。1990 年后，成员国在欧洲货币体系的基础上加强了货币政策的协调，取消了国家外汇管制，促进资本自由流动，同时各成员国加入了欧洲货币体系的汇率机制，缩小了汇率浮动范围。1994 年以后，在德国法兰克福成立了欧洲中央银行的前身：欧洲货币局，进一步协调各成员国的货币政策并加强了欧洲货币单位，确定了加入经济货币联盟的标准和时间表。1999 年以后，逐步取消了欧元区成员国的货币，逐步推广欧洲单一货币。随着欧元在银行、外汇交易和公共债务方面的正式流通，欧洲经济与货币联盟的实现，特别是统一货币的流通极大地影响了欧盟金融市场的结构，它带来以下方面的积极变化：第一，降低了汇率风险和货币交易成本，由于汇率风险的存在，银行之间用于货币对冲费用曾经占到交易资金的4%～5%，欧元的使用减少了这笔费用，使银行能够动用更多的资金用于贸易和投资活动，推动了欧盟境内商品和服务贸易的发展，巩固了一体化的结果；第二，加剧了成员国银行之间的竞争，竞争促进了银行之间的整合，欧盟境内银行之间的业务高度一体化，经营方式的相互借鉴和融合直接推动了经济一体化的深入；第三，加速了金融市场一体化进程，成为欧盟资本市场结构性变革的催化剂，欧洲债券发行量迅速增长，债券市场结构也发生了深刻的变化，股票市场资源整合的速度加快，出现类似"泛欧交易所"这样的多家跨国境甚至是跨地区的超级证券交易市场；第四，促进了成员国的投资业务模式的转型，按照国别划分的业务被按照行业划分的业务取代，激发了股票市场的活力，欧元区成员国上市企业和股票市值的增长明显快于非欧元区成员国。欧元的流通对欧盟原有的金融监管提出了更高的要求，随着欧元的流通，欧洲债券市场的流动性大幅度提高，欧洲股票市场交易面临统一的压力，各种金融衍生品交易和新的交易方式层出不穷，欧盟金融市场监管任务更加复杂，改革落伍的金融监管体系势在必行。

四 金融自由化

所谓"金融自由化"，是 20 世纪七八十年代新自由主义在金融领域的具体表现，如果说新自由主义思想影响的是宏观经济政策的话，那么金融自由主义的影响主要局限在金融市场。20 世纪七八十年代的新自由主义不同于古典的经济自由主义，古典经济自由主义针对的主要是经济领域的活动，而新自由主义针对的范围更宽，其触角还延伸至社会政治领域甚至文化领域。

金融自由主义不同于凯恩斯倡导的国家干预金融活动的理论，其核心思想是反对国家对金融领域活动的干预。20 世纪 30 年代，美国主导了西方国家影响最深刻的一次金融市场改革，思想基础就是凯恩斯的国家干预理论。20 世纪 70 年代以后，随着技术进步、金融业务的扩张和全球化，凯恩斯主义已经不适合西方垄断势力的需要，金融自由主义便应运而生。美国经济学家罗纳德·麦金农（Ronald I. McKinnon）和爱德华·肖（Edward S. Shaw）提出的"金融抑制"理论（financial repression），为金融自由主义开启了大门，他们认为，发展中国家的经济之所以发展缓慢，主要原因就是金融抑制，认为经济发展的前提是金融不能处于抑制状态，为此他们主张"深化"金融或在有关的国家推行金融自由化，其核心论点包括：第一，金融自由化可以产生资源分配效益、规模经营效益和动态效益，从而使金融市场运作更有效率；第二，一个有效率的市场不需要政府干预，政府在金融市场上的干预造成价格扭曲和金融机构的低效率；第三，金融市场应当脱离传统法律的限制，金融机构应当根据市场法则追求利益最大化。在这里，金融自由化理论所主张的"自由"主要指金融市场价格自由化，包括取消国家对利率的控制，取消对金融产品价格的控制；金融业务自由化，包括取消政府对不同金融业务交叉经营的限制和控制，实现银行、保险、证券等业务的广泛融合，在此基础上建立超级的金融集团；金融市场自由化，包括取消外汇管制，允许外资金融机构进入本国市场经营。

第二节　欧盟金融市场主要改革措施

欧盟金融市场的主要改革措施在两个层面实施：在欧盟层面，主要是消除资金流动障碍，创造一个足够规模的、规则统一的金融市场，同时加强对金融市场的统一监管力度；在成员国层面，主要是减少国家对金融市场的限制和干预，促进资金的自由流动。

一　金融市场的改革措施

欧盟层面的改革很多，对欧盟未来经济发展具有战略性影响的改革主要有以下方面内容：实现货币统一、实现资本流动自由化、实践金融监管政策的统一。

（一）实现货币统一

欧盟建立统一货币的理论依托是"最优货币区"理论，最优货币区指的是：在一个生产要素能够进行内部自由流动而外部流动存在障碍的情况下，该地区最适合建立一个独立的货币区，区内国家货币之间实行固定汇率，而区内国家与区外国家货币实行浮动汇率，其经济效果将是最佳的。在战后区域经济一体化中，欧盟是首先具备上述条件的地区，因此建立统一货币的条件也最成熟，然而欧盟建立统一货币的历程却充满艰辛。欧共体在1979年建立了"欧洲货币体系"，由于这个体系内的货币单位是成员国主权国家货币构成的"篮子"货币，每个成员国经济实力决定了其在欧洲货币单位中的权重，当一国经济情况发生改变时，其货币权重地位将发生相应的调整，如不及时调整，则必然发生货币体系的危机。[①] 欧洲货币单位的教训使欧盟领导人决心建立一种真正意义上的货币，因此才有日后"欧元"的出现。

"欧元"实际上是欧盟重新启动货币一体化计划的最终结果，但同20世纪70年代欧洲货币体系相比，新的货币联盟的法律框架更完善，欧元的地位也更稳固。新的货币联盟成功的关键在于：第一，新的货币联盟取消了成员国货币之间2.25的浮动汇率，实行欧元区内货币的固定汇率；第二，新的货币联盟的核心是欧洲中央银行，欧洲中央银行是欧元的发行银行，执行独立的货币政策，确保欧元作为流通和储备货币的稳定性；第三，新的货币联盟为欧元的流通建立的一整套法律保障，包括《马斯特里赫特条约》和《阿姆斯特丹条约》，特别是《阿姆斯特丹条约》（又称《稳定和增长公约》）对欧元区国家的财政提出了严格的要求。

欧元的出现对国际金融体系带来了深刻的影响。第一，欧元为国际货币汇率改革提供了重要的方向标。欧元所代表的是对固定汇率的回归，是把过去20年金融自由化发展和固定汇率有效衔接起来的尝试。由于金融自由化的发展，越来越多的国家采取的是弹性的汇率机制，这种制度一方面迎合了全球经济发展的需要，另一方面却隐含着较多不确定性，特别是频繁的汇率波动会影响各国之间的贸易和投资活动，给经济增长带来消极后果。然而，

---

① 1992年，德国中央银行为保护货币体系内马克对英镑和里拉的地位，大量抛售马克并回收英镑和里拉，引发欧洲金融市场的剧烈动荡，最终迫使英国和意大利退出欧洲货币体系。

由于各国经济发展差距的扩大，完全的固定汇率机制显然是行不通的，欧元的出现使国际汇率关系更加简化，解决了这个难题。第二，欧元是在主权分立的情况下通过协商推出的一种货币。随着过去 20 年中金融创新和金融一体化的发展，当国与国之间的金融交易活动密不可分的时候，货币的分割无疑是金融交易的最大障碍，也是金融风险集中的地方，从这种意义上讲，欧元出世是当代金融创新的重大成就，给欧洲之外其他地区的经济合作和货币合作提供了一个成功的范本。第三，欧元的出现把欧盟推到了国际货币和监管体系改革的最前沿，2007 年国际金融危机爆发之后，欧盟在阻止危机在欧元区内蔓延的同时，加快了对欧盟金融监管制度的调整，并提出了国际金融监管的新蓝图，如果没有欧元作为强大的后盾，在此次金融危机中，欧盟的国际影响力肯定没有这么强大。第四，欧元提高了欧盟经济的全球影响力，在欧元诞生前，虽然欧盟的整体经济实力同美国不相上下，但由于区内货币林立，单靠德国马克很难撼动美国的货币霸权地位，现在的情况发生了很大的改变，2008 年欧元在国际贸易中作为结算货币的比例已经增加到50%，在国际能源市场上，美元仍然是主要结算工具，但在国际碳市场上，欧元已经成为结算工具，在国际融资市场，使用欧元定价的比例在 2008 年已经提高到 30%。欧元地位稳定，为了降低储备货币和资产的汇率风险，更多的国家愿意使用欧元作为储备资产，2010 年欧元在全球中央银行外汇储备中所占的比重已经提高到 27%。

（二）实现金融服务市场统一

欧盟单一市场建成后，欧委会在推动金融市场一体化建设方面采取了许多重要措施，其中最全面、影响最大的是金融服务行动计划①，该战略的基本出发点是推动欧洲金融市场的一体化、改善欧盟境内的融资环境、提高市场主体的竞争力，它的主要任务包括以下三方面。

第一，统一金融服务市场。欧元流通给欧盟资金市场带来深刻变化，最突出的是欧盟成员国证券市场之间的联系更为密切。面对这种情况，欧委会认为有必要优先完成下述任务：制定共同的法律，促进证券市场和金融衍生品市场的一体化，欧盟资本市场在管理上比较分散，为此必须制定跨国界投

---

① 欧盟金融服务行动计划即"Financial Services Action Plan"，简称 FSAP，执行期 6 年，2005年结束。

资服务的稳定的法律框架，新的法律框架不仅要涵盖原有的投资服务和市场垄断法规，而且还要有所创新和发展；消除资本流动障碍，为欧盟境内的融资活动创造更好的条件，由于历史条件和政策因素的影响，欧盟成员国有关资本市场的法律各成体系，增加了欧盟成员国金融机构和企业在境外市场的融资成本，为方便欧盟金融机构和企业到其他成员国资本市场筹措资金，就必须对相关的企业财务制度进行必要的修改和补充，欧委会和欧洲证券监管机构之间的合作必须加强；统一上市公司财务申报制度，使欧盟成员国上市公司能用统一的财务申报书在欧盟境内的所有资本市场筹措资金，建立这种机制的前提是引进国际审计标准[1]，欧委会要求对欧盟企业法规进行部分调整；为欧盟成员国退休基金进入资本市场制定统一的法律框架，欧盟成员国长期实行高福利政策，积聚了巨大的社会保障和退休基金，到 2020 年，这笔退休基金规模将占欧盟国家国内生产总值 70%[2]，而各国政府的社会保障制度和退休基金投资政策差异很大，欧委会的设想是，动员这笔基金为经济发展服务；为欧盟跨国界证券交易提供必要的法律保障，要建立一个稳定的欧盟金融体系，实现证券交易结算机制的一体化，成员国就必须接受跨国界证券交易中的共同承认原则；为欧盟跨国界金融市场重组创造安全和透明的制度环境，欧盟经济的各方面都在经历深刻的改组，金融市场更是如此，因此必须对欧盟现有的企业并购法规进行调整和修改。

第二，统一金融服务零售市场。欧盟拟建立新的法律框架，以便各国金融机构能向整个欧洲的客户群体提供金融服务，金融风险与市场风险防范机制将是这个法律框架的重要组成部分。要克服当前跨国交易的障碍，则必须完成以下任务：提高市场信息透明度，如果来自某个欧盟成员国的客户需要把部分或全部资金都投入到另一个成员国的市场，获得准确的市场信息就变得非常重要，欧委会的目标是为这种信息交流提供一种更加开放和安全的政策环境；妥善解决跨国界赔偿问题，为了提高欧盟成员国跨国界金融交易的信心，就必须建立能够有效解决跨国界法律纠纷的机制，欧委会将通过专门措施来简化纠纷解决方式；完善电子商务服务体系，电子商务可以促进金融

---

① International Accounting Standards-IAS.

② Harry Cowie, *Venture capital in Europe*, The Federal Trust for Education & Research, 1999, p. 25.

市场一体化，但也会给金融零售服务带来一些问题，在欧盟成员国内部，电子商务的发展水平存在差距，针对这种情况，有必要修改有关金融市场服务的电子商务规则；加强对保险中介机构的监管，欧盟成员国的法律一般都有保护消费者权益的规定，但这些规则的出台背景不同，因此有可能影响到保险服务的质量，欧委会建议制定新的相关法律，特别加强对消费者的保护力度，并成为约束欧盟境内保险中介机构行为的统一法律；确立跨国界零售服务的支付方式，欧元已经成为欧元区成员国共同使用的货币，如果不采取相应的措施，统一货币的优势就难以发挥，在欧盟境内，跨国界信用卡消费经常面临比国内更高的收费，因此，有必要在欧盟范围内建立一个跨国界的零售支付系统。

第三，提高金融市场的安全性。欧盟金融监管当局认为，随着欧元的流通，成员国的许多金融机构服务对象已经从国内市场转向欧洲市场，在欧盟境内的证券市场上，以国别为基础的业务模式正在向以行业为基础的业务模式转化，只有适时地调整政策，才能同这些变化保持一致。在这方面，欧盟需要作以下调整：提高对欧盟银行、保险和证券服务业务的监管水平，严格遵循巴塞尔委员会和欧洲证券委员会对市场监管提出的最新要求，为此欧委会先后制定了两个资本充足率指令，目标都是为欧盟境内的所有银行和非银行金融机构制定统一的资本充足率要求，以便提高资本运营效率、维护金融市场稳定、保持消费者对金融机构的信心；制定对金融集团的监管方案，所谓"金融集团"是指那些业务延伸到多个金融领域（银行、保险、证券等）、从事跨国界经营活动的金融组织，伴随着 20 世纪 80 年代金融自由化改革，欧盟境内金融集团的数量有很大增长，原来的监管条例已经无法满足新的需求。

为配合金融服务行动计划的实施，欧盟还特意加强了对金融市场管理体系的调整和改革，采取的主要政策包括：第一，修改欧盟金融市场监管的指令和措施，使其适用现代金融市场发展的要求，形成统一的欧盟证券管理规则，具体措施包括采用统一的国际准则、在股票市场上推行"统一营业执照"、推广金融批发服务市场相互承认原则等。第二，加快欧盟金融市场决策程序的改革，使决策程序简单化，针对欧盟立法体系和决策过程繁杂的弊端，欧盟在 2001 年的斯德哥尔摩特别首脑会议通过了欧盟金融市场监管改革计划，把欧盟的金融市场立法和监管体系分解为 4 个层次，各层次分工明确、相互配合、互相协调、互相监督。第三，加快成员国金融监管体系的改革，基本方向是建立对银行、证券和保险业实行监管的统一的金融监管机构，以便明确责任、改进管理、降低成本、增加透明度。

（三）实现金融监管统一

最近10年中，欧盟对金融监管体系和政策做过两次较大的调整，即"拉姆法鲁西计划"和"德拉鲁西埃计划"，这两项计划所代表的改革的时间跨度将近10年，历史条件不尽相同，但却有较明显的继承性，目标都是强化欧盟金融监管政策的一致性。

1. 拉姆法鲁西计划

针对欧盟成员国金融监管政策上各自为政严重影响市场资金流动性的情况，欧盟从90年代后期就已经在考虑如何对当时的金融监管体系进行必要的改革。2001年，欧洲货币局前主席亚历山大·拉姆法鲁西（Alexandre Lamfalussy）领导的专家小组向欧盟委员会提交了改革欧盟现有金融监管体系的报告[1]。拉姆法鲁西计划明确了欧盟未来的金融监管政策目标，即在欧盟层面上建立统一的金融监管体系（见图5-2）。

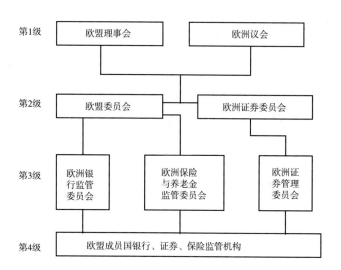

图5-2 拉姆法鲁西框架下的欧盟金融监管结构（2001~2009年）

资料来源：根据《拉姆法鲁西报告》相关资料绘制。

---

[1] Final Report of Committee of Wise Men on the Regulations of European Securities Markets, Chaired by Alexandre Lamfalussy, Brussels, 15 February, 2001.

拉姆法鲁西计划旨在克服欧洲金融市场一体化建设中的两大主要障碍：一是欧洲国家证券市场监管法律法规相互重叠和缺乏灵活性，操作性很低，不足以规范市场；二是欧盟决策程序过于复杂，一项立法程序平均要耗费两年时间，无法适应金融市场的快速变化和经济一体化的深入要求。拉姆法鲁西计划的主要政策措施包括：

第一，加快欧盟证券市场立法和决策程序改革。拉姆法鲁西对欧盟原来混乱的金融监管体系进行了调整，决定建立四级监管体系，第一级是欧盟理事会和欧洲议会，负责制定欧盟金融市场的一般性规则；第二级是欧盟委员会和欧洲证券委员会（European Securities Committee，ESC），负责将立法机构的原则转化为技术细节；第三级是欧洲专业监管机构，包括欧洲证券管理委员会（the Committee of European Securities Regulators，CESR）、欧洲银行监管委员会（the Committee of European Banking Supervisors，CEBS）、欧洲保险和养老金监管委员会（the Committee of European Insurance and Occupational Pensions Supervisors，CEIOPS），负责协调欧盟境内的金融监管政策和促进成员国国内金融监管部门之间的合作；第四级是欧盟成员国国内金融监管部门，它们根据本国实际情况贯彻和落实欧盟金融监管政策。

第二，修改欧盟证券监管法规和措施，以适应现代金融市场的发展需要，最终形成一致性的欧盟证券管理规则，具体措施包括：促进投资和养老金规则的现代化，普及国际会计标准和在证券市场上推行相互承认原则等。

第三，支持欧盟成员国金融监管体系改革，加快成员国金融监管体系的统一。拉姆法鲁西计划提出了欧盟未来的金融监管应当借鉴英国的监管模式。2000 年英国率先在欧盟成员国中统一了国内的金融监管机构，2002 年和 2003 年德国和法国相继进行了相应的改革。实践表明，这种改革有助于明确监管部门职责、改善管理、降低成本和增加透明度。

2. 德拉鲁西埃计划

2008 年，发生在美国的、由次贷危机引发的金融危机迅速波及多数欧盟成员国，"德拉鲁西埃计划"就是欧委会在金融危机爆发后，重新审视前一阶段金融监管改革体系缺陷后出台的新计划，它启动新一轮金融监管改革进程。① 德

---

① The High-Level Group on Financial Supervision in the EU, chaired by Jacques de Larosière, Brussels, 25 Febuary, 2009.

拉鲁西埃认为：随着经济全球化的发展，金融机构的活动往往超过一国范围，但欧盟境内的金融监管体系仍然是成员国各自为政，明显落后现实发展的需要（见图 5 - 3）。

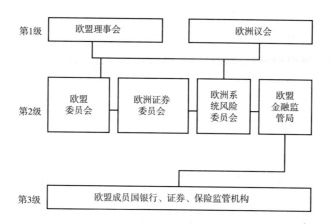

图 5 - 3　德拉鲁西埃框架下的欧盟金融监管结构（2009 ~ ）

资料来源：根据《德拉鲁西埃报告》相关资料绘制。

德拉鲁西埃提出的改革措施主要包括：第一，设立欧洲系统风险委员会（European Systemic Risk Board，ESRB），负责宏观审慎监管。该委员会由欧洲中央银行行长、副行长和欧盟 27 个成员国中央银行行长组成，对欧盟金融市场上的宏观经济发展和整个金融体系发展中出现的威胁到整体金融环境稳定的各种风险进行识别、评估和控制，必要时发出预警信号并向欧盟决策机构提出法律和措施建议。第二，建立欧洲金融监管体系（European System of Financial Supervisors，ESFS）。欧洲金融监管体系将由新成立的欧盟金融监管局（European Supervisory Authorities，ESAs），包括成员国银行、证券和保险监管部门，共同负责微观审慎监管，其活动直接受欧洲系统风险委员会内的指导委员会的指导。欧洲金融监管局内设银行监管局（European Banking Authority，EBA）、证券市场监管局（European Securities and Markets Authority，ESMA）、保险与养老基金监管局（European Insurance and Occupational Pensions Authority，EIOPA）。欧洲金融监管体系是建立在成员国责任共同承担和彼此加强合作的基础上，将欧盟的特定任务和对成员国的金融业务监管结合起来，更好地协调欧盟成员国金融政策的制定和实施，它将充分遵循伙伴合作、灵活性和辅助性原则，增强成员国金融监管部门之间的信任、制定金融稳定和投资保护政策以及有效地防范跨国界金融风险。

德拉鲁西埃计划包括宏观和微观层面内容，新的欧盟金融监管体系和政策有助于加强欧盟和成员国金融监管措施的协调和实施，实现防范未来金融系统风险的协调水平，德拉鲁西埃计划没有完全抛开拉姆法鲁西计划，而是在它的基础上有所创新：第一，将金融监管的内容从证券市场扩展到包括银行和保险在内的整个金融服务领域，拉姆法鲁西计划主要针对欧盟证券市场，试图解决证券市场流动性和监管政策的相互冲突，在机构设置上强调欧洲证券委员会和欧洲证券管理委员会的作用。而德拉鲁西埃计划则强调对整个金融监管体系的建设，除了市场流动性外，更强调抵御金融系统风险。第二，扩大和加强金融监管机构的职能权限，实现监管权力的适度集中，德拉鲁西埃计划将原来的四级监管体系精简为三级，新设立了欧洲系统风险委员会并提升了金融业务监管部门的地位，这种新的布局有利于减少不同机构之间的权力掣肘和职能交叉，提高金融监管效率并降低监管成本。第三，统一金融监管模式，由原来的分业监管转为混业监管，尽管拉姆法鲁西改革中提出了建立单一金融监管模式的目标，但截止到 2009 年 6 月，仍然有许多欧盟成员国的监管体制与欧盟提出的要求存在着较大距离，意大利、西班牙、葡萄牙和希腊等国的改革进展缓慢。德拉鲁西埃改革比拉姆法鲁西改革的进步之处在于，它力争在欧盟层面上实现金融监管部门的职能整合，由于欧盟层面金融监管机构具有更强的超国家权力，这就为欧盟政策在成员国的贯彻和实施创造了基础，并为所有成员国的改革提供了机制保障。

3. 欧盟金融监管改革的影响

欧盟金融监管改革从立法上保障了欧盟超国家机构的权力，开启了成员国让渡金融监管权限的进程，为解决欧盟成员国在金融监管上长期各自为政、欧盟超国家机构缺乏必要权威性等问题提供了制度性保障，并在此基础上推动了欧盟资本市场一体化的深化；开拓了新的金融监管领域，特别是对高风险金融活动的监管，如加强对冲基金和金融评级机构的监管，借助新的泛欧金融监管体系及其相应的各种监管规则，尽量减少金融监管死角和漏洞；促使欧盟国家尽快摆脱国际金融危机造成的影响，使金融领域各项业务重新步入正轨，继续保持伦敦和法兰克福等金融中心的地位和影响力；为全球金融监管改革提供了示范样板，欧盟金融监管体系改革的许多方面都值得国际金融监管体系借鉴，特别是建立高级别金融风险控制机制的做法。具体讲，欧盟金融监管改革措施将带来下述影响。

第一，更好地协调欧盟利益与成员国利益。欧盟金融监管政策的基础是共同体法确定的母国控制原则和共同承认原则。在金融服务领域，母国控制是指跨境金融服务应主要遵循母国监管的原则，相应的监管责任也主要由母国当局承担；而相互承认原则强调欧盟的规则一旦在一个成员国适用，同时也就意味着其他成员国必须遵守。从理论上讲，母国控制原则的前提和基础是相互承认原则，相互承认原则又必须通过母国控制原则来实现。但在实际应用中，母国控制和相互承认原则经常发生冲突，原因在于成员国不同利益的冲突和欧盟层面政策缺乏强制约束力，这种情况给欧盟境内金融监管造成诸多困难。欧盟金融监管改革虽然没有修改母国控制原则，但强调规则的一致性，在此基础上强调欧盟超国家机构监管措施的强制约束力。

第二，促使欧盟金融市场监管政策的趋同。欧盟金融监管新措施将会推动成员国国内资本市场监管模式尽快趋于统一。欧盟国家的金融市场监管模式受金融业务模式的影响，长期存在较大差异，尽管过去十年中，许多国家或多或少地接受了英国的综合监管模式，但具体的监管政策差别仍然存在，德拉鲁西埃改革在继承《拉姆法鲁西报告》的基础上，承诺尽快推动欧盟成员国建立统一的国内监管机构，即包含银行业、证券业和保险业在内的综合监管机构，欧盟成员国金融监管模式的逐渐趋同必将有利于欧盟未来金融监管措施有效落实。

第三，为金融市场运行提供稳定的环境。为有效配合欧盟金融监管措施，欧盟有关部门还将监管触角延伸至许多新的领域，具有对监管体制、监管范围和监管职能的全方位监管特征。全球金融危机源于美国，而美国金融危机的源头则是高风险的金融衍生品，近年来，受到英国自由主义改革的影响，欧盟境内不少大型银行均不同程度涉足高风险的金融衍生品交易，个别银行的杠杆率水平甚至还超过美国银行，有鉴于此，欧盟提出对境内对冲基金和信用评级机构加强监管措施，同时对欧盟境内银行资本充足率提出更高要求，具体做法包括加强对私募基金的监管、加强对信用评级活动的监管、调整银行资本充足率的规定①、严格约束金融机构薪酬的增长等。

---

① 2010年9月新的巴塞尔协议出台后，欧盟表示将积极配合巴塞尔新协议的有关规定，争取在2011年内完成欧盟和成员国的立法准备工作。

第四，推动金融市场一体化的深化。在欧盟内部，金融监管是对成员国现有的一系列金融规则和条例的执行进行监督，欧盟成员国金融规则上的差异必然给金融监管的统一构成严重障碍，因此欧盟监管体系的建设将有助于改变目前成员国之间金融规则缺乏协调的问题，推动欧盟金融市场一体化进程。欧盟层面没有一个具有超国家权力的金融监管机构，这是欧盟金融监管规则缺乏协调性的根源。尤其是欧盟资本市场，长期以来各国发展水平差异较大，如果没有欧盟层面强有力的协调，成员国各自为政的现象难以消除。此外，在欧盟监管机构缺乏超国家权力的情况下，成员国对欧盟的政策可以选择全部执行也可以选择部分执行，甚至可以漠然视之。欧盟新的金融监管体系赋予了欧盟金融监管局在银行、证券和保险行业的超国家权力，加强了对欧盟成员国核心金融规则和条例的协调，改变了因成员国规则和条例差异造成的金融市场上的竞争扭曲以及不合理的资本配置和严重缺乏统一风险的管理方法，欧盟层面超国家金融监管权力的扩大必将推动欧盟金融市场一体化与金融监管政策一体化的协调发展。

第五，为全球金融体系改革提供了样板。建立欧盟金融监管体系的目标不仅是要保护欧盟境内消费者的利益和金融系统的稳定性，更重要的是要通过管制（regulation）和监督（supervision）欧盟金融体系，为全球金融体系改革提供样板和示范作用。从长远利益看，欧盟推动金融监管体系建立的目标是不断发展同世界主要金融集团和力量之间的双边与多边关系，力争在未来的全球金融体系中发挥主导作用。因此，扩大欧盟机构在金融监管领域的权力，旨在构筑欧盟国家在金融监管领域中的"一个声音"的力量。近年来，欧盟与美国在技术层面上就复杂的金融规制和监管问题进行了较好的合作，而此次金融危机对欧美金融体系造成的联动性破坏，更促使双方具有在金融领域中继续合作、共同抵御金融系统性风险的强烈的政治意愿。同时，欧盟国家也在不断寻求与"金砖四国"及其他新兴国家之间就全球金融体系改革达成各种共识。

二　成员国改革措施

从 20 世纪 80 年代开始，金融自由化思潮开始波及欧盟成员国。以金融自由化思想为依托的市场改革是整个新自由主义经济政策调整的重要组成部分，虽然新自由主义经济政策从 1979 年英国撒切尔夫人上台后就已经开始了在英国的试验，但对金融市场全局带来重要影响的改革措施却是从 80 年代中期英国"金融大爆炸"开始的。金融自由化改革对欧盟金融市场带来了深刻的变化，特别是金融业务的混合经营直接导致了欧盟成员国金融监管体系的调整和改革。绝大多数欧盟成员国对金融市场的监管改革在 2008 年金融危机前就已经开始，一些国家还取得了相当显著的成绩，金融危机爆发后，许多国家又根据防范金融风险的需要，对前一阶段的改革政策进行了调整和充实。

（一）英国金融市场改革

1. 金融市场改革

第二次世界大战后，英国政府实行内容广泛的国有化计划，加强了对市场的政府管制，导致曾经是全球金融中心的伦敦金融市场不断萎缩和萧条。20 世纪 80 年代中期，英国政府开始对金融市场进行改革，主导思想是金融自由化，改革时间持续了十年，经历了保守党和工党执政期间的两次"金融大爆炸"。

第一次"金融大爆炸"始于 1986 年，主要内容是金融服务全面自由化，具体措施包括：第一，废除了实行 40 多年的外汇管制政策，允许英镑汇率自由浮动，以更好地发挥市场和竞争的调节作用。第二，废除英国本土和英联邦金融机构不同金融业务之间的壁垒，使商业银行和投资银行业务融合，1986 年通过的《金融服务法案》开创了英国金融混业经营的新时代。第三，允许境外银行、证券公司和保险公司成为伦敦证交所的合法成员，完全取消限制外国资本进入本国市场的条例，使英国资本市场成为全球流动性最高的市场之一。第四，取消对证券交易的各种限制，包括取消对证券经纪商和证券交易商身份的区别，允许金融机构或个人同时兼有双重身份；取消证券交易最低固定佣金限制，实行证券交易代理手续费自由化；取消非交易所成员拥有交易所成员股票的限制，允许所有金融机构参加交易所交易；废除金融投资管制限制，允许银行提供包括证券业务在内的全面服务。

第一次"金融大爆炸"全面摧毁了英国金融机构业务之间的壁垒，促进了银行、保险与证券业务的高度融合，使英国许多金融机构在新的基础上进行了重组，出现了一批业务涵盖银行、证券、保险和信托等多种业务的超级金融集团，犹如宇宙大爆炸形成的新巨星一般。金融大爆炸改革激活了英国金融市场的创新力，同时也增加了市场风险和监管难度，对金融监管改革提出了更高的要求。第二次"金融大爆炸"改革主要是为解决第一次"金融大爆炸"造成的上述问题，它开始于 1997 年，主要内容是金融监管职能的合并和统一，具体措施包括：第一，将确定基础利率和实现通胀目标的职能由政府手中转移至英格兰银行，后者负责制定独立的货币政策；第二，将英格兰银行监管银行的权力划归新成立的英国金融服务监管局（FSA）。英国金融市场的两次"大爆炸"改革奠定了英国近三十年的金融市场格局。

2. 金融监管改革

英国的金融市场监管经历了以"金融机构自律为主、英格兰银行监管为辅"，"将监管职能从英格兰银行剥离、建立单一金融监管机构实施全行业监管"和"将金融监管职能重归英格兰银行、强化对金融系统性风险防范"为线索的三个阶段的调整。80 年代中期英国金融大爆炸改革后，随着各种限制性措施的取消，金融交易异常活跃，发生了包括巴林银行倒闭、国民西敏寺银行危机、国际商业信贷银行破产等一系列重大的国际金融事件，针对这种情况，英国政府在 1997 年启动了金融市场监管改革方案，将市场监管职能从英格兰银行剥离，成立了新的全能金融监管机构—金融服务局（Financial Service Agency，FSA），2000 年通过了《金融服务与市场法案》（Financial Services and Markets Act），从法律上明确金融市场监管者与被监管对象之间的责任、权利和义务，统一了金融监管标准，规范了金融市场运作。① 2008 年金融危机爆发后，英国成为欧盟成员国中的"重灾区"，也使英国政府开始重新审视前一阶段的改革措施，2009 年英国制定了《银行法案》（Banking Act）和《金融市场改革》（Reforming Financial Markets）白皮书，金融监管政策的主要调整包括：第一，强化对金融系统风险的防范，系统性风险成为政府干预市场的重要领域，也是稳定金融秩序的重要目标，考虑到英国金融市场长期自律监管的历史，发生这种系统性风险的概率更高，所以英国政府必须对市场系统性风险进行有效的防范；第二，调整监管机构的职能分配，2000 年的改革曾经将金融股市场监管职能从英格兰银行剥离，使英格兰银行专职货币政策监管，新的《银行法案》使英格兰银行重新成为市场监管的核心，在英格兰银行内设立了与货币政策委员会具有平等权力的金融稳定委员会（Financial Stability Committee，FSC），根据《金融市场

---

① http：//www.cnfinance.cn/magzi/2009 – 09/01 – 1612.html.

改革》白皮书，增设了由英格兰银行、金融服务局和财政部成员共同组成的金融稳定理事会（Council for Financial Stability，CFS）；第三，重新划分监管权限，由于介入金融市场监管的机构数量增多，这些机构又分属不同的政府部门，有效的协调就成为能否实现监管目标的关键，为此赋予英格兰银行对银行支付系统进行全面监控和对发生问题的银行的流动性采取支持性措施的权力，金融服务局应该通过监管执法来降低系统性风险的损害，采取的具体措施包括：加强对超级金融机构的审慎性监管、强化金融市场纪律约束、加强对证券衍生品市场的监管、加强市场基础设施建设等。由三方组成的"金融稳定理事会"负责调查和分析英国金融市场的系统性风险，每半年公布一次《金融稳定报告》，对金融市场稳定进行全面评估并采取相应的降低风险的措施。

（二）法国金融市场改革

1. 金融市场改革

第二次世界大战后，法国政府的国家干预力量空前发展，几乎控制了法国全部金融业务，80 年代以后，法国开始对国内金融市场进行私有化和自由化改革，其主要政策措施包括：第一，银行私有化，法国政府之所以对银行进行私有化，其出发点除了提高银行效率外，主要是为后来的银行重组清扫障碍。法国的银行私有化计划分两个阶段实施，前期主要对包括兴业银行、商业信贷银行、巴黎银行和苏黎世金融国际公司在内的四大国有银行实行私有化改造，后期则对巴黎国民银行和其他规模较小的金融机构进行私有化，到 2000 年，法国的银行私有化的任务基本完成。第二，金融自由化，法国政府的金融自由化改革的主要特点是放宽对金融业务的监管，随着银行私有化的全面铺开，政府对银行的控制被严重削弱，银行可以根据市场规则行事，以市场手段解决自身面临的种种困难。法国政府采取的具体措施包括：取消对金融机构附加贷款规模的限制，允许银行开展自由利率大额存贷业务，使国内利率更加市场化；取消外汇管制，取消了境外居民不得发行欧洲债券的限制；放弃对金融机构的分业监管政策，允许商业银行和投资银行业务相互交叉。第三，金融机构重组，法国在 1984 年通过的《银行法》为金融重组创造了条件，根据新的银行法，法国政府改变了长期实行的重点支持国内中小金融机构发展的政策，使金融机构之间的竞争更加公平，同时，法国政府允许金融机构各种业务混合经营，因此从 80 年代中期以后，法国金融业重组事件层出不穷，除了上面提到的四大银行合并外，法国在十五年内通过 1300 起合并，将中小型储蓄银行的数量从合并前的数百家减少到数十家，终结了国内储蓄信贷市场的混乱局面，一些法国金融机构还放弃劣势业务，将资源集中在优势业务方面，提高国际竞争力。法国金融机构重组取得显著效果，它规范了金融机构竞争环境、优化了金融机构业务结构、提高了法国金融机构的集中度、提高了法国金融机构的盈利水平。

2. 金融监管改革

2003 年，法国通过了《金融安全法案》，成立了金融市场监管局（AMF），负责对整个金融市场的统一监管，但在实际运行中，金融市场监管局并不能完全履行自己的职能，因为法国金融市场的监管职能被分解到许多其他监管主体，例如保险与互助保险监管局和保险企业委员会等，作为中央银行的法兰西银行（la Banque de France）也参与对银行的监管，因此法国的金融监管基本上实行的是分业监管的体系。2008 年金融危机发生后，法国的金融监管体系暴露出许多亟待解决的问题，为此法国政府从 2008 年开始调整了金融监管政策，先后向议会提交了《经济现代化法案》和《消费者信贷改革法案》两部重要法律，在政策层面也作出了下述调整：第一，调整金融各监管机构设置，将银行业和保险业独立的监管机构予以合并，在法兰西银行的监督下对上述两个领域行使监管职能，最终实现对金融市场业务进行统一监管的目标；第二，强化法兰西银行的作用，《经济现代化法》要求成立新的、对银行、保险和证券业务进行统一监管的"审慎监管局"（ACP），① 受法兰西银行监督，同时扩大法兰西银行在防范系统性风险和危机处理方面的权限；第三，扩大金融监管范围，危机爆发后，法国金融市场监管局已经通过 13 项措施强化了对对冲基金和私募基金的监管，要求对冲基金和私募基金向监管当局定期汇报并接受监督；第四，加强对信用评级机构和离岸金融机构活动的监管，法国政府认为，要实现对上述跨国界金融机构的有效监管，国际监管合作与协调必不可少；第五，积极推动欧盟金融监管和国际金融监管体系的改革，法国对危机后欧盟金融监管框架改革提出了多项重要的建议，而且还改变了过去的消极态度，对国际金融体系改革"献计献策"。

---

① http://www.oushinet.com/172-3278-68851.xhtml.

（三）德国金融市场改革

1. 金融市场改革

德国的金融市场同英国和法国均有很大差异，如果说金融自由化改革的重要目标之一是打破金融机构业务之间壁垒的话，那么德国金融机构几乎不存在这样的问题，因为德国金融市场的主导力量是全能银行，这种银行不仅能够从事普通的存贷款业务，而且也能够代企业发行和购买股票，由于德国企业发展资金主要依靠银行提供，因此德国证券市场发展水平不高。20 世纪 80 年代以后，德国也接受了某些金融自由化的措施，例如，在价格自由化方面，德国政府废除了对利率的限制；在市场自由化方面，德国政府取消了对境外金融机构以经营马克为单位的欧洲债券的限制；在市场国际化方面，德国政府允许境外银行在德国境内自由运用各种金融工具。德国的金融自由化改革有两个重要的目标：第一，推动德国大型全能银行发展成为具有全球竞争力的多元化金融集团，为此德国政府在 1997 年提出了振兴金融市场法案，对银行之外的股票市场、信托及金融控股公司进行自由化改革，主要是放宽对某些大型金融集团的管制，以便于它们更积极地参与国际竞争。德国政府通过金融振兴市场法案，积极推动德国境内中小银行走出困境，出路就是实现资本重组、减少业务交叉、提高利润水平。第二，推动德国证券市场，特别是资本市场的发展，在德国政府的政策推动下，德国国内证券市场有显著发展，许多工业企业开始在银行之外寻找第二条融资渠道，它们更愿意尝试证券市场，包括伦敦和纽约的证券交易市场，同时，德国境内金融交易市场开始了整合进程，包括德国证券市场、外汇市场和金融衍生品市场，在这个时期政策的促进下，都有了长足的进步，德国外汇市场已经完全实行了自由化政策，期货市场和期权市场的规模则可以直接挑战伦敦的地位。

2. 金融监管改革

2002 年，德国对金融监管体系进行了较大的调整，成立了联邦金融服务监管局，履行对银行、保险和证券业务的全面监管职能，作为中央银行的"德国联邦银行"也行使独特的监管职能。德国的金融市场监管体系始终是"内部监管"和"外部监管"有机结合体，前者指金融机构的自我监督，后者则指政府机构和社会力量的监督。2008 年金融危机发生后，德国政府对金融监管体系和政策进行了许多调整，主要改革内容包括：第一，修改风险管理最低要求，提高金融机构抗风险能力，2005 年德国政府对金融机构风险管理提出了最低要求，但金融危机发生后，德国政府认为这种要求还不够严格，联邦金融服务金管局因此在 2009 年修改了原来的最低要求，并要求金融机构从当年开始执行新的风险管理最低要求，新政策强调对流动性风险的管理的必要性；第二，调整监管政策工具的作用，提高监管效率，具体措施包括建立灵活的资本充足率调节机制、对信贷和利润分配进行必要的干预、严格对金融杠杆率的控制等；第三，修改相关法律，加强对存款者和投资者的保护力度，2009 年德国政府建议修改《存款担保和投资人补偿法案》，增加了"提高存款保护标准、缩短偿还期限"的新规定，通过对有关证券法的修改，德国政府增加了对投资者利益的保护；第四，积极参加欧盟和国际金融监管体制改革，德国和法国向欧盟监管改革计划提交了许多方案，其中建立强化统一金融监管机构作用的方案已经被欧盟采纳并纳入其"德拉鲁西埃计划"的框架设计中，德国还积极参与 G20 峰会，在新的国际金融监管体系构筑中扮演建设性的角色；第五，调整金融监管机构的职能，2002 年开始，联邦金融服务监管局是唯一全能的金融监管机构，2009 年 10 月，根据德国联邦银行的一项建议，联邦金融服务局的权力将被削弱，对金融机构监管的职能将划归中央银行—德国联邦银行，而联邦金融服务局只专注于对金融市场的监管，这项改革的目标是提升德国联邦银行在整个监管体系中的地位。

第三节　欧盟金融市场改革的前景

一　金融危机的产生原因及其影响

此次金融危机是由美国次贷危机引发的，发源地是美国，但它的破坏力迅速波及欧盟多数国家，原因就是金融市场的"传导效应"。欧盟国家金融市场结构本来同美国有很大差异，除了市场债券化水平低于美国外，金融经营战略的稳健性应该是一个很好的危机防火墙。然而，20 世纪 80 年代的金融国际化和金融自由化改革，使本来"稳健"的欧盟国家金融机构变得不那么"稳健"了，欧盟主要国家金融机构在业务交叉、金融产品创新、金融机构国际化等方面都有了不俗表现。欧盟国家的许多金融机构都在美国拥有分支机构，它们积极参与美国信贷市场，购买大量的"证券化金融产品"，从而使欧盟本土银行成为金融衍生品整个"创新链条"的一环，也使欧盟本土银行间接地卷入了美国的次贷危机。欧盟某些国家陷入危机还有其特殊的原因，欧盟国家的银行集中度不高，中小银行普遍存在，这些银行之间的业务相互交叉现象十分严重，为了生存，各家银行纷纷开辟新的"生财之道"，其中有不乏高风险的金融衍生品交易。① 此外，就欧盟来说，金融市场监管政策的缺位可能也是造成危机的一个重要原因，金融自由化和金融产品创新具有两重性：一方面它有利于实体经济的发展；另一方面，它也蕴含巨大的摧毁力，如果说金融自由化和金融产品创新为金融危机创造了外部条件，那么金融监管的缺位就应该是"罪魁祸首"。欧盟一些国家的金融监管政策固然比美国更严，但欧盟层面的金融监管政策却"苍白无力"，危机爆发后欧盟国家的处境充分说明了这个问题。

在这次全球金融危机中，欧盟国家大致经历了"金融危机"、"经济危机"和"债务危机"三个阶段，三种危机相互交叉、相互推动。此次危机给欧盟带来巨大损失，经过盘点，主要损失包括：

第一，金融机构（主要是银行）损失惨重。欧盟国家的银行业经历了两次冲击：2007 年 7 月美国次贷危机爆发后，欧盟国家部分涉足美国房地产市场的银行遭到重挫，2008 年 9 月美国雷曼兄弟破产触发的美国金融危机迅速波及欧盟国家的整个银行业，主要银行均未置身度外。英国、法国、德国、瑞士、荷兰等国银行由于涉足美国次贷市场业务较深，损失异常惨重，意大利、西班牙等国的银行由于经营策略相对稳健，受损程度较轻。2008 年底，英国银行减记和亏损总额已经达到 682 亿美元，其中汇丰银行一家就占了 331 亿美元，德国银行减记和亏损综合为 670 亿美元，最高的是巴伐利亚银行，为 148 亿美元，瑞士银行减记和亏损总额为 634 亿美元，其中瑞银证券一家就亏损 486 亿美元。危机的后果之一就是银行重组加速，英国只有汇丰银行仍保持着"欧洲十大银行"的名头，皇家苏格兰银行和巴克莱银行已被淘汰出局，德国商业银行收购德累斯顿银行后，德国第一大银行德意志银行的地位受到挑战，迫使它不得不收购德国邮政银行 30% 的股权，欧盟国家银行的此次重组还有一个特点，就是经营稳健的西班牙银行收

---

① http：//www.qstbeorg.cn/zxdk/2009/200906/t20090609_ 1743.btm.

购了英国的巴克莱银行，欧洲以往的银行兼并浪潮中比较少见（见表 5 - 1
和表 5 -2）。

表 5 - 1　欧洲主要国家银行损失情况（截至 2008 年 12 月 31 日）

单位：10 亿美元

欧洲国家银行名称	减记和亏损总额	募集资本总额	欧洲国家银行名称	减记和亏损总额	募集资本总额
汇丰控股	33.1	4.9	瑞士银行集团	48.6	34.2
苏格兰皇家银行	14.9	47.8	瑞士信贷银行	14.8	12.4
德国巴伐利亚银行	14.8	9.0	法国农业信贷银行	9.6	12.5
德国工业银行	14.4	11.9	法国兴业银行	8.4	11.6
德意志银行	13.0	6.0	荷兰 NG	10.5	18.3

资料来源：根据《银行家》2009 年第 3 期相关数据绘制。

表 5 - 2　金融危机后欧洲银行重组后的排名情况

排名	2008 年 1 月 1 日	2008 年 12 月 23 日
1	汇丰银行	汇丰银行
2	苏格兰皇家银行	西班牙国际银行
3	荷兰银行	西班牙 BBVA
4	瑞士银行集团	意大利联合圣保罗银行
5	西班牙国际银行	法国巴黎银行
6	法国巴黎银行	瑞士银行集团
7	瑞士信贷集团	法国兴业银行
8	巴克莱银行	瑞士信贷集团
9	意大利联合圣保罗银行	意大利联合信贷银行
10	西班牙 BBVA	法国农业信贷银行

资料来源：根据《银行家》2009 年第 3 期相关数据绘制。

　　第二，实体经济遭拖累，复苏过程举步维艰。受金融危机冲击，欧盟经济从 2008 年下半年开始陷入严重衰退，当年经济增长率只有 1%，远低于危机爆发前 2006 年和 2007 年的 3.1% 和 2.9%，根据欧委会 2010 年 12 月的预测，欧盟 2010 年、2011 年和 2012 年的经济增长率可望达到 1.8%、1%、7% 和 2%，但仍无望超过经济危机前的水平。在整个经济部门中，受到打击最严重的是欧盟国家的工业，特别是制造业。在制造业中，汽车生产和销售遭受的打击最为严重，房地产投资骤然下降，地产价格低迷。

第三，债务危机暴露欧盟体制"黑洞"，改革任重道远。2009年10月，希腊财政危机拉开了欧盟国家主权债务危机的序幕，希腊政府当年的预算赤字占GDP比重超过12%，而欧盟规定的标准为3%，公共债务占GDP比重达到113%，而欧盟规定的标准为60%。在这种情况下，国际信用评级机构大幅下调了希腊的信用等级，在欧盟成员国内部引发恐慌，各国纷纷采取压缩政府预算的措施，但对于长期执行宽松财政政策的某些成员国来说，这种"临时抱佛脚"的做法于事无补，2009年9月爱尔兰政府宣布当年赤字将占GDP的32%，消息一经传出，欧盟国家更加恐慌，担心主权债务危机波及更多的国家。欧盟主权债务危机的形成原因同金融危机不完全相同，主要是欧盟内部财政纪律松弛的结果，因此欧盟方面在危机发生后即对相关的政策进行了检讨。

二 欧盟应对金融危机的政策措施

金融危机发生后，欧盟国家迅速行动起来，采取多种措施维护金融市场稳定。从2008年10月到2010年12月，欧盟累计批准的成员国救助资金达4.5万亿欧元，其中76%为政府贷款或担保，其他为清理问题资产和对银行进行注资。欧盟国家救助金融市场的行动前期是成员国各自采取行动，后期则由欧盟协调成员国行动。2008年9月，荷、比、卢三国总计拿出164亿美元救助各自的银行，但均属"各家自扫门前雪"，2008年10月，英、法、德三国决定分别拿出5000亿英镑、3600亿欧元和5000亿欧元作为救市基金，在随后欧盟峰会上决定采取联合救市措施，总计拿出2万亿欧元稳定27个成员国金融市场。除了向银行系统输入流动性外，英国还在2008年宣布对北岩银行（Northern Rock，又称诺森罗克银行）等损失惨重的银行实行国有化。此外，英国、法国、德国等国家还对本国银行的个人账户提供担保，避免出现挤兑风潮。希腊债务危机爆发后，欧盟迅速筹集了高达7500亿欧元的救助基金，准备必要的时候投入市场。

欧盟国家采取的上述措施具有临时性，虽然在一定程度上减少了金融危机造成的破坏，但也暴露出一些问题：第一，欧盟层面的干预措施"苍白无力"。在此次危机中，真正能拿出资金救市的只能是成员国政府，欧盟的作用最多只是协调而已，因为欧盟没有独立的"中央财政"，欧盟一级的预算只占27个成员国GDP的1%，这是欧盟同美国、欧洲中央银行同美联储之间的重要区别。从金融救市角度看，欧洲中央银行除调整货币政策外，几乎没有其他政策工具可供使用。此外，根据《马约》条款，欧洲中央银行的首要任务是维护欧元区物价稳定，不扮演最终贷款人的角色，在应对危机过程中也只能向整个银行体系注入流动性，很难解决成员国银行出现的偿付问题。第二，欧盟层面的协调措施不力。欧元区成员国中央银行的部分功能已经转交给欧洲中央银行，只能由政府采取财政性救助措施，这种措施虽然一定程度上缓解了本国的危机，但在客观上却造成"以邻为壑"的效果，随后出现的希腊和爱尔兰等国的主权债务危机都可以看到这种政策的负面影响。第三，欧盟国家大型银行的经营基本上都是跨越国界的，它们在各国设立的银行一般具有独立法人地位，有独立的资产负债表，各国政府的救助行动很难挽救它们的命运。更为严重的是，大规模的注入流动性可能给欧洲经济稳定埋下隐患，其中最主要的是部分成员国可能破坏《稳定和增长公约》的约定，造成严重的财政赤字，不仅造成成员国之间的政策摩擦，而且还会损害欧洲经济的稳定性。

三　欧盟金融市场改革前景

欧盟过去的金融市场改革措施在此次金融危机中经历了严峻的考验，经过此次金融危机，欧盟开始考虑做如下的政策调整：第一，重塑欧洲中央银行的作用。由于受到相关条约的制约，欧洲中央银行只能在维护欧元稳定和经济增长目标上发挥自己的超国家作用，至于维护市场稳定和监督金融机构活动，则不在其目标视野之内，因此欧盟准备在新的金融监管改革框架下突出欧洲中央银行控制系统性风险的作用。危机爆发后，欧洲中央银行手中仅有的 700 亿欧元资金，对于整个金融系统来说，几乎是杯水车薪；此外欧洲中央银行不可能在某个成员国发生债务危机时直接借钱给该国政府，向该国政府提供流动性；同样，发生危机的国家也不能增发货币来缓解危机。上述情况都需要在重塑欧洲中央银行体系的过程中加以考虑。第二，更严格地执行《稳定和增长公约》规定的欧元区成员国必须遵守的财政纪律。欧元诞生后，欧元区成员国的货币政策和财政政策实际上是分离的，因为许多成员国的财政政策都有着自己"历史传统"，它们不是遵循欧盟的政策，而是遵循本国的"政策惯性"。譬如，那些习惯于扩张性财政政策的国家采取了"阳奉阴违"的做法，最终不仅欺骗了欧盟也祸害了自己。数据显示：2009

年真正达到欧元区财政标准的只有瑞典、爱沙尼亚等少数几国，意大利、西班牙、葡萄牙、希腊、爱尔兰等国家当年财政赤字占 GDP 的比重甚至超过了 10%。2010 年 10 月，欧盟财政部长已经达成了一项旨在加强《稳定和增长公约》执行力度的协议，要求对财政赤字接近 3% 的成员国提出警告并限定其在半年内调整，如果做不到，则面临欧盟方面的严厉惩罚。第三，强化欧盟金融监管政策的权威性。欧盟国家金融监管政策的分散性决定了各主权国家债务在资信、流动性、风险等方面差异较大，无法同美国国债进行竞争，更重要的是，欧盟过去的金融监管有许多盲点，许多成员国不仅得以在财政指标上做假，而且在重大金融交易中也"瞒天过海"，导致欧盟金融监管机构很难正常判断某个成员国的金融系统性风险，譬如，此次希腊债务危机爆发之前，希腊的内幕交易多达十几次，涉及资金数十亿美元，对成员国政府与境外投资银行的交易，欧盟金融监管当局居然一无所知！

随着金融危机的爆发和欧盟应对金融危机的改革措施的出台，人们对欧盟未来金融市场改革期望值很高，对政策取向也十分关注，英国对某些问题银行的国有化措施更引发了人们对欧盟国家是否会采取更多的国有化措施的联想。

第二次世界大战以后，欧盟国家金融市场经历了国有化和国家控制向私有化和自由化的转变，考虑到此次金融危机同欧盟国家 20 世纪八九十年代的银行私有化和金融自由化改革有很深的渊源，再加上美国政府对困境中的花旗银行集团注资后，英国先后对北岩银行和另外两家银行实行国有化，人们不禁要问：这种"国有化"措施能否波及更多的领域，从而在欧盟国家出现新的金融机构国有化？从欧盟国家金融市场战后的发展历史看，这种担心是不必要的：第一，金融危机爆发后，金融自由化遭到"唾骂"，但凯恩斯国家干预主义也并非一剂"良药"。凯恩斯主义的实践给欧洲人留下的记忆太深刻了，欧洲政治家不会重蹈覆辙，而且经过 30 多年的金融市场改革，今日的国际金融市场在规模、流动和创新上都同 70 年代前不可同日而语，凯恩斯主义已经失去了现实基础。第二，欧盟国家对银行的国有化措施局限在个别国家，而且具有临时性的特点，不会演变为一次普遍的金融机构国有化运动。金融危机发生后，英国政府明确表示其目标是保护存款人和纳税人的利益，而不是要在金融市场造成国家控制的局面，以皇家苏格兰银行和巴克莱银行国有化为例，英国政府只是通过注资方式持有了这两家损失惨重的银行 60% 和 40% 的股权，英国政府甚至考虑到了危机结束后的退出路径，德国政府则主要是采取向"问题"银行借款和协助融资的方式帮助它们摆脱困境。第三，作为政府救助金融机构的措施之一，对部分银行的国有化不会波及至其他金融领域，因为这样做的代价是任何欧盟国家政府的财政力量所不允许的，据英国统计局测算：若对国内银行实行国有化，则英国政府的公共债务可能陡然增至国内生产总值的 150%，英国尚不是欧元区成员，对于欧元区成员来说，这个负担根本就承受不起。第四，欧洲政治版图的变化会阻止国家干预主义的思潮，金融危机尚未完全度过，欧洲的政治版图已经发生了变化，中右翼政党重新控制了政坛，各国政府断然没有转向金融全面国有化的可能性，被政府暂时国有化的银行可能随着金融危机的结束而重新转入私人之手。

第六章

欧盟国家科学技术领域的发展进步与改革进程

欧洲是近代科技革命的发源地，从 16 世纪到 20 世纪前期的 400 多年时间里，欧洲的科技一直居于世界领先地位。英、法、德、意等国家的科技发展引领着世界科技新潮流。从蒸汽机时代，到电力、化学、钢铁时代，再到电子计算机时代，直至目前的科技新时代，欧洲在全球科技领域的发展令人瞩目。

第一节 科技领域的发展进程与改革压力

一 科技在欧洲（欧盟）国家经济发展中的重要作用

欧洲主要国家在世界科技发展历史中作出过巨大贡献。英国的科技发展较早，一些基础雄厚的著名高等学府，如牛津大学、剑桥大学在公元 12、13 世纪就已成立并发展成英国乃至世界有名的重要科研基地。历史悠久的英国皇家学会成立于 17 世纪，300 多年来更是一直致力于自然科学的研究和发展，享有很高的世界声誉。在历史上，英国科学家人才辈出，如牛顿、达尔文、法拉第等，在学科领域方面尤以物理学、生物学、数学、天文学、地质学等方面的成就最为突出。1764 年，珍妮纺纱机的问世使纺织业进入了工业化时代；1785 年，英国人瓦特发明了蒸汽机；1814 年，英国人史蒂芬孙发明了蒸汽机车；1830 年，英国正式使用火车，此后，人们开始大规模建设铁路。正因为科技方面的成就使得英国成为第一次工业革命的发源地。二战以来，英国在科学技术方面最显著的成绩是雷达、原子弹、青霉素的发明和应用。此外，英国在航空、电子技术、化工医学、海洋和环境等广泛领域成就巨大且数量众多。1948 年英国在全球建立了第一个核电站，并建立了 DNA 双螺旋结构模型。此外，胆固醇、维生素 D 和胰岛素等的发现也均出自英国。自 1901 年设立诺贝尔奖以来，英国籍科学家获此奖的人数在世界上仅次于美国，居第二位。

法国是世界数学故乡。法国于 17 世纪创立了解析几何，并于 19 世纪奠定了微积分学的主要基础。法国于 1935 年建立了布尔巴基团体，每年出版一期《数学原理》丛书，成为世界各国数学书库中必备的巨著。在第一次工业革命前后，法国的科技发明和创新为推动工业革命和加速工业革命的完成作出了巨大的贡献。19 世纪末至 20 世纪初，法国科技依然处在世界的前列，如 1882 年发明了太阳能印刷机和远距离高压直流输电，1856 年开发自动售货机，1896 年发现铀和镭的放射性。1901 ~ 1915 年间，法国人先后获得 11 项诺贝尔奖。同期，英国人仅获得 7 项，美国人仅获得 5 项。居里夫妇、让·佩兰等均是当时蜚声世界的著名法国物理学家。

德国的科学研究具有较长的历史和优秀的传统。德国的基础研究非常发达，曾是许多科学发明和技术成果的发源地，许多发明影响了现代世界。1796 年，"以毒攻毒"这一思想由塞缪尔·哈内德提出，这是顺势疗法的基本原则；1817 年，卡尔·冯·德莱思发明了自行车；菲利普·赖斯于 1861 年发明了电话，开启了全新的通信技术时代；1876 年，卡尔·冯·德林用氨作为制冷剂，发明了第一台冰箱；卡尔·本茨和戈特布利·戴姆勒发明了汽车；此外，在 20 世纪 50 年代之前，德国人还发明了滑翔机、电视机、喷气式发动机、早期电脑等。

意大利对世界科技的贡献独树一帜。13 世纪后期，资本主义生产方式在意大利已经开始萌芽，资本主义经济也开始发展，那里的手工业技艺有了很大的提高，生产力有了明显的发展。15 世纪前半叶被视为佛罗伦萨技术与艺术领袖人物的菲利普·布鲁内斯基（1377 ~ 1446），复兴了古典几何学和数学的研究，解决了起重机、杠杆和滑车等器械的设计问题，确立了科学透视法则。被恩格斯赞为科学巨人的达·芬奇（1452 ~ 1519）是文艺复兴全盛时期的代表人物。他出生在佛罗伦萨附近的一个小镇，14 岁开始学绘画、素描和雕刻，后来他又学习科学技术，很快又掌握了数学、光学、天文学、生物学、解剖学、水力学、地质学、机械学等方面的知识，并有诸多发明和技术创新。

乔尔丹诺·布鲁诺（1548～1600）是著名的哲学家和天文学家，他不但宣传哥白尼的学说，还提出了宇宙新理论。他彻底否定了教会的宇宙观。伟大的物理学家和天文学家伽利莱·伽利略（1564～1642）也是一个神学的叛逆者。1590年只有26岁的伽利略在比萨斜塔上进行落体运动试验，向亚里士多德关于"物体落下的速度同质量成正比"的理论进行了挑战。在天文学领域，伽利略也取得了巨大的成就，他发明了望远镜和温度计。伽利略一生不顾教会和反动势力的反对，勇敢地提出开展科学实验和科学探索，推动了唯物论思想的发展，被誉为近代科技之父。

从16世纪至今，西方世界的科学中心一直在转移，世界科学中心从繁荣开始走向衰落的周期大约为80年。在欧洲国家中，曾经的世界科学中心分别是意大利（1540～1610年）、英格兰（1660～1730年）、法国（1770～1830年）和德国（1810～1920年）。

然而，第二次世界大战严重破坏了欧洲各国的经济发展基础，削弱了综合国力，欧洲科技发展水平逐渐落后于美国。从1920年至今，美国科学技术领先于欧洲其他各国，始终占据世界科学之巅。

二 新形势下，欧盟国家在科技领域面临巨大的改革压力

以蒸汽机为标志的第一次科技革命和以电力为标志的第二次科技革命都发源于欧洲，因此欧洲被称之为"世界科技革命的摇篮"。借助这两次产业革命的浪潮，欧洲一度成为世界高科技产业的执牛耳者。然而，20世纪70年代的第二次世界石油危机，给欧洲各国经济造成巨大冲击，此前20年的经济繁荣景象犹如昙花一现，欧洲陷入了长达数十年的经济滞胀。造成经济滞胀的诱因源于世界能源短缺，但更为直接的原因是，欧洲国家高新技术产业的发展长期落后于美国和日本。据统计，1971～1986年间，美国的高新技术产业增长了46倍，日本增长了107倍，而欧洲仅增长了4倍。落后的原因是多方面的，包括研究力量薄弱、缺乏高科技人才优势、缺乏统一协调的科技政策、高科技产业政策与经济发展和转型不相匹配，以及科研与生产的严重脱节等。在经济滞胀时期，欧洲国家在国际高科技的竞争中仅仅居于一个配角的地位。

欧洲的改革压力来自多个方面：1957年欧共体成立后，欧洲在加快经济一体化建设的过程中，迫切需要进行科技资源的整合与创新。20世纪80年代以来不断加速发展的经济全球化，大大加剧了国家、产业、企业之间在各方面的竞争，而在这些竞争中，欧盟在许多重要领域处于不利的地位。科学技术本身的突飞猛进，促进了欧盟及其成员国必须跟进；欧盟最近二三十年经济增长缓慢、失业问题严重，要求欧盟及其成员国在科技领域作出调整变革以求得更大进步，促进经济发展。

随着经济全球化趋势的不断发展，世界主要发达国家（尤其是欧美国家之间）的经济竞争日益激烈，而各国在高科技产业的竞争优势最终决定着其在全球经济竞赛中的地位。从这个意义上说，自20世纪80年代以来，欧盟国家为了尽快摆脱石油危机给欧洲经济发展造成的严重影响，普遍重视并加快了在高科技政策领域的一体化进程，通过建立和协调欧洲国家的高科技产业政策，力争改变欧洲国家在全球经济竞争中的这种不利局面。

通过实施各种研发框架计划，创建欧洲单一知识共同体，保持和提升欧盟科技优势，积极应对与美日等国家展开的新一轮科技竞争。2000年"里斯本议程"提出了占GDP的3%的研发投入目标，实际上这一目标对欧盟成员国并不具有法律约束力，但却能够敦促各国不同程度地调整科技创新政策，加大研发投入规模，客观上推动了欧盟科技一体化的进程。从研发强度、（R&D Intensity）、科研智力资源、创新能力等多项指标的综合情况看，目前欧盟科技实力仍然落后于美国和日本，但差距呈缩小趋势。

第二节　欧盟国家科技政策的改革进程

一　科技战略指导思想的演变——加强科技政策的协调和合作

欧共体创立以来，各成员国努力从制度、政策和机制角度整合欧洲的科技力量。早在20世纪70年代就提出结构改革计划和各项科技计划。20世纪80年代以来，欧洲比过去更重视科学技术进步的作用。为赶超美国，扭转欧洲衰落颓势，欧洲在制定科技发展战略时强调"创新驱动"的力量和欧洲科技一体化的因素。科技政策一体化是欧洲一体化进程中的重要组成部分，与经济一体化相互交叠，紧密关联。为了整合欧洲各国分散的科技资源，建立协调而统一的科技政策体制，从 1984 年起，欧盟先后发布的七个科技框架计划，成为近 30 年来欧盟实施其科技战略和行动的最为主要的政策工具和治理手段。2000 年开始正式启动欧洲研究区和 2008 年创建的欧洲技术与创新学院（简称欧洲理工学院，即"欧洲的麻省理工大学"），加快了欧洲知识创新共同体的建设，欧盟科技政策治理手段和机制日趋完善。

在 1984 年欧共体国家推出第一个科技框架计划之前，欧共体国家在经济一体化领域中的主要进展在于建立了关税同盟、共同农业政策并努力朝着以商品、货物、资本和服务四大自由流通为目标的单一市场方向发展。但在高科技产业领域，欧共体成员国各自为政，缺乏协调性和统一发展战略，造成欧洲国家科技产业发展水平的严重不均衡现象，无法体现欧共体作为一个区域组织的科技优势和真正实力。为此，从 1984 年开始，欧共体提出了第一个科技框架计划，迄今为止，欧盟先后发布了七个科技框架计划。欧盟的这一系列科技框架计划是目前世界上规模最大的官方综合性科研与开发计划之一，具有投资规模最大、研发领域最宽、参与机构和人员最多等特点，是近 20 年来欧盟实施其科技战略和行动的最主要的政策工具和手段。

1. 第一研发框架计划（1984～1987 年）

20 世纪 80 年代早期，欧共体的科研工作处于相对无序时期，尽管 1974 年的理事会达成了有关决议，但是欧共体尚未形成其整体的科学技术政策。在 1982～1983 年间，欧共体委员达维农和当时的研究总司司长法赛拉（Paolo Fasella）提出了实习研发框架计划的设想，目的是将所有分散的科技研发项目整合起来，并协调欧共体和成员国的研发活动，进而形成整体优势。

1983 年 7 月 25 日，欧共体理事会批准了历史上第一个研发框架计划，该计划实施期为 1984～1987 年，总预算为 32.7 亿欧洲货币单位。框架计划的预算与以前的研发项目相比，作了较大的调整，以 1982 年和 1985 年为例，能源领域的研究开支从占欧共体总研究资金的 65.5% 下降到 50%，提高工业竞争力的研究资金从 17% 提高到 32%。虽然联合研究中心仍然占有相当大的比重，但是欧共体一半以上的研究资金投入到了间接的研究活动。

2. 第二研发框架计划（1987～1991 年）

1985 年 1 月至 1989 年 1 月，那耶斯（Karl Heinz Narjes）任欧共体的工业、信息技术和科研委员。1986 年，欧共体委员会提出了第二个研发框架计划，为期 5 年，总预算 100 亿欧洲货币单位，相当于欧共体年度预算的

5%。然而，英国和德国对研发框架计划投入的显著增加表示明确反对。后来，欧共体委员会将预算多次下调，终于在 1987 年 9 月 28 日，欧共体理事会批准了预算为 54 亿欧洲货币单位的第二个研发框架计划，实施期为 1987～1991 年。这一预算远低于欧共体委员会的期望，仅占欧共体总预算的不足 3%（其中农业研究占研发框架计划总预算的 70%），相当于成员国科研投入总额的 1.8%。

第二个研发框架计划的行动共包括以下八类：（1）生活质量：健康、防辐射、环境保护；（2）建设单一市场和信息通信社会的研发活动；（3）工业现代化：制造业及先进材料的科学和技术、原材料和材料的循环利用、技术标准、检测方法和标样材料；（4）生物资源的探索和优化利用：生物技术、农业食品技术、农工竞争力和农业资源管理；（5）能源：核裂变、可控核聚变、非核能源、能源效率；（6）服务业的科学和技术；（7）海底探索、海洋资源开发、海洋科学技术、渔业；（8）提高欧洲科技合作水平：人才资源开发、大型设施的利用、科研活动的预测评估、科研成果的推广应用。与第一个研发框架计划相比，第二个研发框架计划的研究重点有了明显的变化，最主要的变化是以能源研究为主变为以工业创新研究为主。根据欧洲单一法令，第二个研发框架计划包括了经济和社会协调发展的研究内容。

3. 第三研发框架计划（1990～1994 年）

1990 年 4 月 23 日，欧共体理事会批准了第三个研发框架计划，总预算为 57 亿欧洲货币单位，实施后的实际开支达到了 66 亿欧洲货币单位。理事会为制定和实施第三个研发框架计划确定了以下六大原则：（1）提高欧共体的工业竞争力；（2）解决单一市场建立过程中面临的问题；（3）研究逐渐向跨国联合方向发展；（4）向欧洲科技人员灌输欧洲整体概念；（5）通过实施科研项目增强经济和社会的协调发展；（6）关注环境保护和生活质量。第三个研发框架计划的研究领域分为了三大类：推广技术、自然资源管理和人才资源开发。

4. 第四研发框架计划（1994～1998 年）

欧盟于 1994～1998 年实施了第四个研发框架计划，预算总额（实际支出为 66 亿欧洲货币单位）比第三个研发框架计划增加了一倍，达到 123 亿欧洲货币单位（实际支出总额为 131 亿欧洲货币单位）。20 世纪 90 年代早期，随着欧洲政治经济联盟步骤加快，特别是自 1993 年《马约》生效以来，欧盟研发框架计划在决策和组织管理方面发生了重要的变化。与前三个研发框架计划相比，第四个研发框架计划在管理和布局上有三个不同之处：《马约》为第四个研发框架计划制定了新的法律审批程序；欧盟破天荒地将国际合作纳入了研发框架计划，并制定了相应的财政管理细则；欧盟在这一时期的科技研发投入与过去（占 GDP 的 2%）相比有了较大的增加。

欧盟第四个研发框架计划的总预算为 123 亿欧洲货币单位，共支持 4 个行动计划：行动计划一——研究与技术发展及示范，预算为 106.86 亿欧洲货币单位；其中信息与通信技术 34.05 亿欧洲货币单位，工业技术和材料 19.95 亿欧洲货币单位，环境 10.8 亿欧洲货币单位，生命科学与技术 15.72 亿欧洲货币单位，能源 22.56 亿欧洲货币单位，交通 2.4 亿欧洲货币单位，社会经济研究 1.38 亿货币单位。行动计划二——国际合作，预算为 5.4 亿欧洲货币单位；其中与欧洲其他科技合作计划的合作占 7% ~ 8.5%，与中东欧国家的科技合作占 39% ~ 47%，与欧洲以外发达国家的科技合作占 6% ~ 7.5%，与发展中国家的科技合作占 39% ~ 47%。行动计划三——研究成果的优化和推广，预算为 3.3 亿欧洲货币单位；其中研究成果推广与开发占 48% ~ 55%，向企业推广新技术占 40% ~ 45%，技术推广的财政环境（包括支持措施和中小企业的技术开发与转让）占 5% ~ 7%。行动计划四——研究人员的培训和流动，预算为 7.44 亿欧洲货币单位；其中研究网络占 44% ~ 50%，大型研究设备占 13% ~ 17%，培训占 30% ~ 40%，配套措施占 4% ~ 6%。

与前几个计划相比，欧盟第四个研发框架计划的重点和有限领域愈趋集中，更加强调信息通信技术、新能源和生命科学技术等重要领域，而且将交通和社会经济方面的政策研究纳入框架计划。

5. 第五研发框架计划（1998 ~ 2002 年）

欧盟第五个研发框架计划的战略目标是利用研究与发展的多种手段解决欧盟面临的社会、经济问题和各种挑战以及将精力集中在有限的研究目标和研究领域。该计划的总预算为 149.60 亿欧元，执行期限为 1998 ~ 2002 年。第五个研发框架计划包括四项主题计划和三项横向计划。

四项主题计划包括：（1）生活质量和生活资源的管理：预算为 24.13 亿欧元，包括食品、营养和健康，传染病控制，细胞工程，环境与健康，可持续农业、渔业和林业，农区包括山区综合开发以及老龄化人口和残疾。

（2）用户友好信息社会：预算为 36 亿欧元，包括公共设施与服务，新工作方法与电子商务，多媒体的内容和工具以及基本技术与基础设施。（3）竞争力与可持续增长和能源：预算为 27.05 亿欧元，包括创新性产品、工艺和组织，可持续的机动能力和联运，陆路交通和海运技术以及航空新前景。（4）环境与可持续发展：预算为 21.25 亿欧元，外加欧洲原子能共同体预算 9.79 亿欧元，涉及项目包括可持续管理与水质量，全球变化、气候和生物多样性，可持续海洋生态系统，未来城市与文化遗产，洁净能源系统包括可再生能源，有利于竞争性欧洲的经济和高效能源，可控热核聚变以及核裂变。

三项横向计划包括：（1）确立欧盟研究的国际作用，预算为 4.75 亿欧元；（2）促进创新及鼓励中小企业的参与，预算为 3.63 亿欧元；（3）改善人类研究潜力与社会经济知识基础，预算为 12.8 亿欧元。

第五个研发框架计划下的国际合作得到了广泛的认可和支持，巩固了欧盟内部的多边合作，加强了欧盟在环境、健康和农业领域的研究能力。

欧盟第五个研发框架计划为提升欧盟的科技管理水平和开发实力发挥了积极作用，但问题也十分突出，一是缺乏整体战略考虑，二是各主题计划的横向协调薄弱，特别是国际合作和促进创新方面的问题突出，三是项目数量过多而规模太小、重点不突出，四是申请项目的评审程序复杂繁琐、耗时太长。

6. 第六研发框架计划（2002～2006 年）

第六个研发计划的五大目标为：提高欧洲的研究水平，加强欧洲的技术创新能力，增强欧洲研究基础设施，为发展欧洲知识经济提供支撑以及建立科学、社会与公民之间的新型关系。

第六个研发框架计划总预算为 175 亿欧元，主要内容为四项，即融合并加强欧洲研究区，预算为 125.05 亿欧元，目的是支持欧洲科学优先领域、协助成员国国家计划之间的联系以及评估欧洲科学和创新的优势；构筑欧洲研究区，预算为 30.50 亿欧元，目的是通过融合研究与创新，促进研究人员流动、协调研究基础设施的规划和准入，克服欧洲研究领域的结构缺陷；核领域专门研究，预算为 9 亿欧元，主要是以核废料处理和储藏及反应堆安全为重点的裂变和聚变研究；强化联合研究中心的工作，预算为 10.45 亿欧元。其余两项计划一是食品安全与健康、环境与可持续发展、技术预测、防伪以及自然灾害监测和数据安全；二是核研究，包括核废料的处理与储藏、监督人员培训、反应堆安全、核医学和辐射监测。

优先领域为七项，即生命科学、基因组学和生物技术、信息社会技术，纳米技术和纳米科学、多功能材料和新生产工艺，航空航天，食品安全和质量，可持续发展、全球变化和生态系统，欧洲知识社会中的公民与行政管理理。

第六个框架计划的五大特点是：即从独立项目向综合项目发展；强调扩大项目规模，解决关键问题；倾向长期性、结构性投入；注重框架计划与成员国计划的结合；改革机构设置和管理模式，重组欧委会特别是研究总司的机构，简化项目申报、评审和管理程序，下放权力，提高效率，以适应新的框架计划。

第六个研发框架计划的新举措可归纳为三项：建立优秀中心网络，以加强欧洲科技合力，进一步融合研究能力，并集中优秀人才对专项研究主题进行攻关；上马集成型项目，目的是通过集中欧洲研究与开发的人力和财力开展集成型项目研究，进而强化欧洲竞争力，解决重大社会问题；联合参与成员国计划，促使成员国大部分研究计划的重点与欧盟的优先研究领域相吻合，通过协调工作计划和预算提高整体研究效率，每个项目申请必须由至少3个成员国或2个成员国加1个联合类国家参与合作。

第六个研发框架计划下的国际合作的总目标是向世界开放欧洲研究区，促进欧盟和成员国的联合行动。具体而言，向第三国的研究人员和机构开放"优秀中心网络"和"集成型项目"。国际合作的经费支持分别包括与地中海国家的合作、与俄罗斯和独联体国家的合作以及与发展中国家的合作。新框架计划对发展中国家"国际合作计划"进行了修改，新做法主要是通过融合在主题计划中实施与第三国的国际合作。

7. 欧盟第七研发框架计划（2007～2013 年）

第七个框架计划支持经过筛选的优先领域，致力于欧盟占领或保持世界某些领域的领先地位。它由四个专项计划和一个核研究特殊计划组成：（1）合作计划（Cooperation，324.13 亿欧元）分为十大主题研究领域：健康和食品、农业和生物技术、信息通信技术、纳米科学技术、材料和新制造技术、能源、环境（包括气候变化）、交通（包括航空）、社会经济学和人文科学、空间和安全。（2）创新计划（Ideas，75.10 亿欧元）。该计划由欧洲研究理事会负责实施,致力于吸引最具有聪明才智的科学家增强欧洲竞争力,支持有风险并有高影响力的研究,促进新兴和快速影响力的领域达到世界级科学研究水平。(3)人力资源计划(People,47.50亿欧元)。该计划的目标是通过与外国科学家的合作来加强欧洲研究,通过研究人员的流动建立持久的联系,具体实施则通过"玛丽·居里行动计划"(the Marie Curie Actions)。(4)研究能力建设计划(Capacities,40.97亿欧元)支持欧洲研究和创新能力建设。欧洲原子能共同体计划(Euratom,27.51亿欧元)包括两个特殊计划:核聚变能研究计划和核裂变和辐射保护计划。

这些框架计划根本出发点是为了整合欧洲各国相对分散的科技资源,加快欧洲的科技一体化进程,建立协调而统一的高科技政策体制,从整体上提升欧洲的科技竞争力,目前正在实施的是第七个框架计划(2007~2013年)。作为欧盟科研活动的主体,科技框架计划已经发展为欧盟最为重要的发展战略计划。这些框架计划的总体变化特征是:研发经费规模不断扩大、重点研究领域逐渐拓宽、国际影响力有所上升,纵观第一至第六科技框架计划的目标、内容和实施范围,具有以下共性:(1)随着科技框架计划的发展,欧盟的研发投入规模显著增加,由最初的32.7亿欧元上升到第六框架计划的175亿欧元,翻了近6倍。(2)研究领域逐步拓宽,从当初以能源和工农业为主,转变为紧跟前沿学科、向多领域综合性方向发展;FP 1项目的征集、运作和管理还处于起步阶段,以能源研究为主,主旨是开展工业技术创新研究。FP 2从以能源研究为主转变为农业和工业创新为主,首次增加了有关经济和社会协调发展的内容。FP 3以生命科学作为重点,提出"以科学技术促进发展的概念",首次将"人力资源开发"作为专项研究,强调科研成果的推广应用。FP 4为欧盟诞生后的首个框架计划,经费大幅攀升,信息通信计划、新能源、交通和生命科学作为重点,首次把国际合作作为专项计划,使欧盟框架计划跨出欧洲。FP 5国际合作得到了各国科学家的广泛认可和支持,研究目标和领域更加集中,项目数量多但研究重点不突出。FP 6更加强调项目的规模效应,从独立项目向综合性项目发展,倾向长期性和结构性投入,改进了项目的申报、评审和管理程序,制定了明确的战略目标,即建立"欧洲研究区",努力实现欧盟科技一体化。(3)框架计划的全球影响力与日俱增,最初局限在少数欧盟成员国内开展,此后不断吸引来自世界上约60个国家近百万个高水平科研机构、大学和企业的广泛参与。

正在实施中的第七个科技框架计划在经费投入和重点支持领域均与以往的框架计划具有显著的不同：（1）首先欧盟对第七个框架计划的资金投入实现了翻两番，预计将超过750亿欧元。"空间技术"和"与安全有关的研发活动"成为两个重要的战略领域；（2）从经费和具体援助行动上更重视"国际合作"和"人力资源流动"两大专项计划，鼓励第三国科学家与欧洲科学家共同参与框架计划，以实现欧盟"把欧洲变成更能吸引世界顶尖人才的欧洲"的目标；通过第七个框架计划促进欧盟多个大型科技研发平台的建设（如氢能源研发平台、移动通信技术研究平台、纳米电子技术研发平台等），把有些平台建设的项目放在第七个框架下立项，政府发挥桥梁作用，吸引更多的公共和私有机构参与，使整个欧洲在这些领域的应用研究方面达到世界领先；加强"科学与社会"专项计划，推动欧盟实现其在2010年成为"世界上最具活力和竞争力的知识经济体"的宏伟目标。

二 欧盟及其成员国科技治理机制的建设与发展

欧盟及其成员国为争取科技进步作出的种种努力，除了筹集资金、制定各项科技规划等等之外，还致力于改革制度、机构、机制，更为合理地配置各种资源，并取得不少重大成果。从2000年以来，在欧洲科技一体化进程中，不仅注重成员国之间的科技合作与科技计划的执行，同时也在加快科技管理机制和治理结构的调整与建设工作，创建欧洲研究区其目的之一是打造未来科研共同体，建立更为协调的欧洲科研治理体系。

（一）欧洲研究区的建设与科技治理体制

创建欧洲研究区旨在消除欧盟成员国科技创新体系、科技政策和科技研究项目上各自为政、缺乏协同、重复研究等各种弊病，加强成员国在科研投入与研究上的合作与协调能力，进而提升欧盟科技的整体实力。自2000年欧洲研究区启动以来，欧盟各成员国在研发投入和共同研发等领域的协调性和合作程度均有所提高。2008年欧盟理事会启动了卢布尔雅那议程（the Ljubljana Process），旨在重点改善欧洲研究区的治理能力。在这一进程推动下，欧洲研究区的治理结构取得了实质性的进展：设立了一系列新的伙伴关系项目，2008年9月15日欧洲技术与创新学院（简称欧洲理工学院）的创建为欧洲梦想打造世界级的"知识和创新共同体"提供了现实可能性。为使欧洲经济尽快复苏和实现低碳发展目标，2009～2010年欧洲研究区侧重于如下重要研究平台：联合项目、联合技术项目（JTIs）、战略性能源技术计划（SET Plan）等。

为了提升和创新欧洲研究区建设中的治理结构，2011年9月21日欧盟提出了加强"研究与创新伙伴关系"计划。欧盟意识到欧洲各国经济逐渐从国际金融危机的重创中得以恢复，但主权债务危机的阴霾始终挥之不去，要实现"欧洲2020战略"提出的聪慧的、可持续的经济增长，必须依靠加大研发创新投入和加快研发创新体系的建设。只有更好地利用公共与私人的研究与创新资源，以优化组合的方式发挥公共与私人机构在实现可持续增长方面的作用，才能争取在2014年完成欧洲研究区的建设，实现创新联盟、数字化议程和"欧洲2020战略"中提出的各项重大议题。

当前，在欧洲研究区的建设过程中，主要采用公共伙伴关系（Public-Public Partnerships，P2Ps）和公私伙伴关系（Public-Private Partnerships，PPPs）这两种机制。公共伙伴关系与欧盟各成员国的研发战略相协调，旨在改变各国在研究与创新领域行动中各自为政、重复研究的现象，提高欧盟与其他国际研究合作伙伴的合作效率。公共伙伴关系体现在欧洲研究区的各类项目中，例如，欧洲研究区网络项目（ERA-NET）、加强欧洲研究区网络项目（ERA-NET Plus）以及第185条款倡议项目（Article 185 Initiatives）等。

公私伙伴关系是欧盟层面上的其他公共机构与私人合作伙伴之间在共同研发项目中建立起来的合作关系。研究与创新中的公私合作伙伴关系旨在加强欧盟企业在全球的主导地位，支持和影响特定领域的研究与创新投入。在第七个框架项目下，欧洲研究与创新伙伴关系是以特定的法人形式出现的，例如，联合技术项目（JTIs）和新一代欧洲空中管制交通系统（SESAR）等。欧洲技术与创新学院（即欧洲理工学院）是提高创新研究能力的机构，其机构治理模式既不是公共伙伴关系模式（P2Ps）形式，也不是公私合作伙伴关系（PPPs）形式，首批启动的三个知识与创新社区（KICs），即气候变化减缓与适应（Climate-KIC）、可持续能源（KIC InnoEnergy）和未来信息与传播社会（EIT ICT Labs）作为其主要的执行机构。知识与创新共同体（KICs）是以教育、研发、企业等主体之间建立相互关系为构架，来积极应对各种社会挑战。

无论是公共伙伴关系还是公私伙伴关系，通过不同机构之间的合作，有助于研发与创新活动的开展，并为各方带来利益。基于这些关系建立起来的各种网络可以增进互信，为长期战略性伙伴关系的建立奠定基础，进而提出共同的研发目标，制定研发战略和技术发展路径。然而，在欧盟层面上，通过这种关系开展起来的各类项目与创新活动，在项目管理、项目执行、项目资金使用等方面面临各种问题，单靠这些关系是无法解决的，应在欧盟层面上建立更加有效的创新合作伙伴关系。

欧洲创新伙伴关系（the European Innovation Partnerships，EIPs）最初在"欧洲创新联盟"倡议中被正式提出。这一伙伴关系既不是传统意义上的公共伙伴关系，也不是公私伙伴关系，而是基于一种框架关系结构，将欧盟层面上不同领域、不同部门和不同国家的研究力量整合起来。这种创新伙伴关系的建立旨在确保研发项目具有相当的规模和覆盖一定的范围，进而推动在欧盟层面上，也包括在国际层面上，创新合作伙伴之间共同制定研发战略与创新目标，并对欧盟研发与创新项目的发展作出积极贡献，使得参与项目的合作伙伴可以辐射或扩大到更广的范围和领域内。综上所述，建立和加强欧洲研究区的创新伙伴关系，将有助于解决当前欧盟面临的严峻挑战，通过高效的研发与创新活动，全面提高欧盟竞争力。

即将启动的"展望2020"项目（即欧盟第八个研发框架项目）将重点依托这一伙伴关系，为欧盟研发与创新中的公共伙伴关系和公私伙伴关系奠定法律基础，并为所有"展望2020"下支持的重大创议制定共同规则，简化项目参与程序，确保两个共同战略框架：即研究与创新框架（Research and Innovation）与聚合框架（Cohesion）能够相互补充。

（二）欧洲创新联盟政策与战略目标

除了改善和优化欧洲研究区的治理结构，欧盟将建设创新联盟作为创建欧洲研究区，实现知识在各国之间自由流动的主要政策行动。

创新联盟是"欧洲2020战略"中的重大倡议之一，也是核心内容，因为欧盟当前面临的公共财政严重短缺、人口老龄化和全球性竞争压力，只有通过提高欧洲竞争力和创造就业的能力，才能弥补危机造成的不利影响，因此，未来欧洲生活水平的提高依赖于通过创新推动产品、服务、企业和社会模式的发展。创新也是解决各种全球性挑战：即气候变化、能源和资源短缺、健康和老龄化等问题的重要手段。欧洲蕴藏着极大的创新潜力，具有世界顶级的研究专家、企业巨头、大企业，在价值观、科技传统、创新和多样性等方面具有独特的优势。因此，欧盟必须为建立一个全球最大的统一的创新联盟而努力。而且，欧洲企业与公民也积极参与到新兴和发展中国家的经济发展中，许多世界级的创新理念和实践均来源于欧洲。从这个意义上说，欧盟必须重视这些优势，克服不足。相比美国与日本，欧盟在研发创新上的投入不足，中国也正在迎头赶上。创新机制上也存在各种缺陷，比如，融资难度较大，知识产权保护成本较高，产品标准化进程缓慢，公共采购效率较低等。这些弊病与不足造成更多欧盟企业更愿意到其他国家和地区从事和开展研发工作。由于欧洲科技一体化还在建设中，各国在研发与创新上的重复投入与相互交叉，影响了研发资源的使用效率。为此，当前欧盟及其成员国面临的最大挑战就是如何采取战略性的研发战略，这一战略就是以研发为中心，从中期和长期看，所有的政策手段、措施和资金使用方式将能以激励创新为主，欧盟成员国和地区政策将相互协调、互为补充，欧盟高层将制定战略议程，定期监督创新进程和解决出现的各种遗留或拖延问题。

建立创新联盟必须充分挖掘和利用欧盟现有科技创新优势，保持经济增长基础，确保欧盟公民的基本生活和社会模式。为此，需要突破常规的方法，采取的具体措施有：（1）欧盟及其成员国应该继续加大对教育、研发、创新和信息通信技术上的投入；（2）欧盟成员国必须共同致力于科研体制改革，提高研发资金使用效率，改变成员国之间相互分离或割裂状态。更好地协调和改善欧盟及成员国的研究与创新体系；（3）加快欧盟教育制度的现代化进程，以创建世界一流为目标，打造更多具有世界影响力的大学，在提高技能的同时，不断引进国外优秀人才和专家；（4）研究者与创新者之间应该加强合作，争取尽快建立欧洲研究区，实现欧盟内知识的自由流动；（5）简化欧盟项目的申请程序，重视私人投资的作用，加强欧洲研究理事会的作用。研发框架计划应有利于中小企业的成长，充分利用欧洲地区发展基金；（6）需要引导和鼓励更多在研究之外的创新。加强与世界科学界和企业界的合作，消除可能存在的障碍和引进激励机制；（7）打破企业家将创新理念进行商业化经营的各种壁垒，提供更好的创新融资环境，特别是有利于中小企业的创新融资环境；（8）削减知识产权保护费用，健全商标等法规体系；（9）启动欧盟创新伙伴关系以加快研发、创新市场化进程，及时应对各种社会挑战，改变资源低效利用状况，提高欧盟企业竞争力；

（10）充分利用欧盟国家在设计与创造力方面的优势，发挥欧盟在社会创新领域的标杆作用，更好地理解公共部门的创新活动，确定和明确成功倡议的评价体系。

当然，实现创新联盟，必须重视与国际合作伙伴的合作，这就意味着欧盟的研发项目向世界开放，并能提供与国外良好的创新环境相媲美的研发条件。通过这些措施，预计在 2020 年可以达到欧盟提出的 3% 的研发目标，创造 370 万个就业岗位，到 2025 年，年均 GDP 增长为 8000 亿欧元。

第三节　科技创新面临的新问题与前景

一　欧盟及其成员国科技领域发展进步成效评估

迄今为止在科技领域发展进步与改革调整方面取得了一定的成效，欧盟依然是当今世界上最先进的经济体之一；同时又依然面临巨大压力，除美、日竞争，还有"新兴国家"的兴起等。

2009 年 12 月全球三大评级公司下调希腊主权债务评级，从而引发了一场由希腊债务危机爆发、蔓延并仍在升级的欧洲债务危机。2010 年 5 月欧盟批准对希腊实施救助，紧接着在 2010 年 6 月 17 日，欧盟夏季首脑会议正式通过了欧盟在 21 世纪第二个十年发展战略，即欧洲 2020 战略。实现智能、可持续性和包容性增长（Europe 2020：A Strategy for Smart, Sustainable and Inclusive Growth）（以下简称"欧洲 2020 战略"）。这一战略的核心内容是通过加大研发投入，加快欧盟向低碳经济转型，实现经济的绿色和可持续增长。在欧洲债务危机爆发初期，2000 年里斯本议程中提出的争取到 2010 年实现研发投入占 GDP 的 3% 的目标未能实现，从研发强度、（R&D Intensity）、科研智力资源、创新能力等多项指标的综合情况看，欧盟科技实力仍然落后于美国和日本，但差距呈缩小趋势。

1. 欧盟在当今多极世界格局中的研发水平和创新能力

在当今的多极世界格局中，欧盟具有较强的研发竞争能力，但是世界研发和科技产业的重心似乎正在发生转移。最新的统计数据显示：在全球研发体系中，欧盟占了全球研发总额的 24.3%，研发总人员的 22%，全球最有影响出版物总量的 32.4%，全球专利合作条约专利（PCT Patent）的 31.5%①。随着近年来五大亚洲国家和地区（包括日本、韩国、新加坡、台湾地区和中国）科研能力的快速提升，欧盟在全球研发领域的地位趋于相对下降。2000 年以来中国在全球研发投入中的比重从 3.9% 增加到了 10%，创新技术和能力快速提高。2007 年，中国在全球最有影响力的科技出版物中所占比重为 8.7%，4.1% 的 PCT 专利，大大超出了 2000 年的水平，当时这两项指标分别仅为 2.5% 和 1.5%。据预测到 2020 年亚洲将成为世界研发创新的领先地区和世界科技重要一极。

2. 欧盟研发强度年均增幅较小，成员国及地区之间的差距仍然显著

欧盟大部分国家的科技实力较强，欧盟 27 国在科研经费等方面的总投入仅次于美国，位列全球第二。2008 年欧盟 27 国研发总投入达到 2370 亿②，比上年增加了 83 亿欧元，美国为 3100 亿欧元。英、法、德、意四大成员国的研发投入占了欧盟总投入的 50% 以上。2000～2009 年，欧盟 27 国以年均 20% 的幅度增加研发投入，但与里斯本战略提出的占 GDP 的 3% 的研发目标仍有不小差距，2008 年欧盟 27 国的研发强度为 1.9%，比 2007 年（1.85%）有所增加，仍落后于日本、韩国和美国，略高于中国。其中日本研发强度最高（2007 年为 3.44%），紧随其后的是韩国（2007 年为 3.21%），美国位居第三（2008 年为 2.76%），中国为 1.44%（2007 年）③。

研发强度的强弱大致可以勾勒出欧盟成员国和地区经济发展和创新理念上的差异性，欧盟 27 国只有瑞典和芬兰两国的研发强度超过了里斯本议程中的研发目标，其研发强度分别高达 3.75% 和 3.73%。丹麦（2.72%）、奥地利（2.67%）和德国（2.63%）均未能达到 3% 的研发投入目标，但超过了欧盟 27 国的平均水平。（见表 6-1）

---

① European Commission, *Innovation Union Competitiveness Report*, 2011 Edition.

② 数据来源：Eurostat, *Science, Technology and Innovation in Europe*, 2010 Edition, Luxembourg: Publications Office of European Union, 2010。由于衡量欧盟创新能力和研发强度主要依靠综合其他经济指标，因此有关欧盟科技报告中的统计数据通常是有时滞的。

③ 如果没有特别加以说明，本文中有关欧盟研发投入、研发人员等方面的数据均来自 Eurostat, *Science, Technology and Innovation in Europe*, 2011 Edition, Luxembourg: Publications Office of European Union, 2011。

表 6 - 1   2000 ~ 2010 年欧盟及其成员国研发投入占 GDP 的比重

单位：%

地域\年份	2000	2001	2002	2003	2004	2005	2006	2007	2008	2009	2010
欧盟 27 国	1.86	1.87	1.88	1.87	1.83	1.83	1.85	1.85	1.92	2.01	2.00
欧元区 17 国	1.84	1.86	1.88	1.87	1.85	1.84	1.87	1.88	1.96	2.06	2.06
比利时	1.97	2.07	1.94	1.87	1.86	1.83	1.86	1.89	1.97	2.03	1.99
保加利亚	0.51	0.46	0.48	0.48	0.49	0.46	0.46	0.45	0.47	0.53	0.60
捷克	1.17	1.16	1.15	1.20	1.20	1.35	1.49	1.48	1.41	1.48	1.56
丹麦	2.24	2.39	2.51	2.58	2.48	2.46	2.48	2.58	2.85	3.06	3.06
德国	2.47	2.47	2.50	2.54	2.50	2.51	2.54	2.53	2.69	2.82	2.82
爱沙尼亚	0.60	0.70	0.72	0.77	0.85	0.93	1.13	1.08	1.28	1.43	1.62
爱尔兰	1.11	1.09	1.09	1.16	1.22	1.24	1.24	1.28	1.45	1.74	1.79
希腊	—	0.58	—	0.57	0.55	0.60	0.59	0.60	—	—	—
西班牙	0.91	0.92	0.99	1.05	1.06	1.12	1.20	1.27	1.35	1.39	1.39
法国	2.15	2.20	2.24	2.18	2.16	2.11	2.11	2.08	2.12	2.26	2.26
意大利	1.04	1.08	1.12	1.10	1.09	1.09	1.13	1.17	1.21	1.26	1.26
塞浦路斯	0.25	0.26	0.30	0.35	0.37	0.41	0.43	0.44	0.43	0.49	0.50
拉脱维亚	0.45	0.41	0.42	0.38	0.42	0.56	0.70	0.60	0.62	0.46	0.60
立陶宛	0.59	0.67	0.66	0.67	0.75	0.75	0.79	0.81	0.79	0.83	0.79
卢森堡	1.65	—	—	1.65	1.63	1.56	1.66	1.58	1.57	1.66	1.63
匈牙利	0.81	0.93	1.00	0.94	0.88	0.94	1.01	0.98	1.00	1.17	1.16
马耳他	—	—	0.26	0.25	0.53	0.57	0.62	0.58	0.56	0.54	0.63
荷兰	1.94	1.93	1.88	1.92	1.93	1.90	1.88	1.81	1.77	1.82	1.83
奥地利	1.93	2.05	2.12	2.24	2.24	2.46	2.44	2.51	2.67	2.72	2.76
波兰	0.64	0.62	0.56	0.54	0.56	0.57	0.56	0.57	0.60	0.68	0.74
葡萄牙	0.73	0.77	0.73	0.71	0.75	0.78	0.99	1.17	1.50	1.64	1.59
罗马尼亚	0.37	0.39	0.38	0.39	0.39	0.41	0.45	0.52	0.58	0.47	0.47
斯洛文尼亚	1.38	1.49	1.47	1.27	1.44	1.44	1.45	1.45	1.65	1.86	2.11
斯洛伐克	0.65	0.63	0.57	0.57	0.51	0.51	0.49	0.46	0.47	0.48	0.63
芬兰	3.35	3.32	3.36	3.44	3.45	3.48	3.48	3.47	3.70	3.92	3.87
瑞典	—	4.13	—	3.80	3.58	3.56	3.68	3.40	3.70	3.61	3.42
英国	1.81	1.79	1.79	1.75	1.68	1.73	1.75	1.78	1.79	1.86	1.77

资料来源：欧盟统计局网站最新统计资料，http：//epp. eurostat. ec. europa. eu/portal/page/portal/eurostat/home/。

就区域而言，研发强度较高的区域几乎均分布在德国、丹麦和芬兰境内。据统计，2007 年欧盟成员国中，有四个国家的地区研发强度超过了

5.0%，名列研发强度前四强的地区分别是德国的不伦瑞克（Braunschweig，6.77%）、英国的东英格利亚（East Anglia，5.72%），北芬兰地区（Pohjois-Suomi，5.38%），丹麦的首都大区（Hovedstaden，5.09%）。

3. 研发经费来源及投向逐渐趋向对等性

欧盟27国中，2008年55.0%的研发经费来自企业，来自政府的研发经费占33.5%。在成员国层面上，包括卢森堡（76.0%）、芬兰（70.3%）和德国（67.9%）这三个国家来自企业研发经费达到了里斯本新战略提出的第二个目标：即研发经费的2/3应来源于企业。企业、政府和高教部门是研发投入的主体，研发经费的63.9%投入企业部门（BES），投入高教部门和政府部门分别为22.4%和12.7%。按照产业和部门结构划分，制造业始终是研发投入的重点领域和投入规模最大的部门，德国、斯洛文尼亚和芬兰的企业分别将88.7%和88.2%和80.0%的研发经费投入制造业。一般而言，在欧盟国家中，雇员人员超过250人的企业，其研发投入要明显高于雇员人数较少的企业。

4. 研发人员占总就业人口的比例偏低，男性占主导地位

欧盟国家从事研发的人员比重偏低，2007年欧盟27国从事研发的人数占总就业人口的比重仅比2006年增加0.03个百分点，为1.57%。具体到国别层面上，芬兰、爱尔兰和卢森堡的研发人员比重最高，分别为3.19%、3.13%和2.74%。按照全日制工作当量计算（Full-time Equivalents，FTE），2008年欧盟从事研发的人员为250万。2003~2008年期间，27国的所有产业部门和企业的研发人员年均增幅为3.3%，但各国情况差别较大，增幅超过10%的国家有马耳他（17.0%）、葡萄牙（14.0%）、捷克（12.7%）和斯洛文尼亚（11.2%），还有三个国家研发人员比重略有减少，分别是芬兰（-0.2%）、波兰（-0.6%）和罗马尼亚（-1.7%）。

政府、企业和高校从事研发人员分布情况因国而异，很难加以简单概括。笼统地说，欧盟27国企业雇佣的研发人员占了研发总人数的45.9%，其次为高校（40.4%），政府部门研发人员比重为12.5%。在性别构成上，多数国家的研发人员仍以男性为主，立陶宛和拉脱维亚基本实现了性别平等，女性研发人员分别达到了50.4%和52.4%。2007年欧盟27国从事研发的女性比重为35%，其中立陶宛（54.5%）、拉脱维亚（54.3%）和保加利亚（50.8%）这三个国家的研发人员中女性的比例高达50%。在企业部门，由于制造业吸收的研发投入最多，多数欧盟成员国制造业中的研发人员比重

也最大，也有一些国家，例如，丹麦、爱沙尼亚、葡萄牙、斯洛文尼亚等，企业中从事服务业的研发人员接近了 60%。在地区分布上，2007 年苏格兰东北地区的研发人员比重最大为 5.7%，其次为丹麦的首都大区（4.95%）、捷克的布拉格（4.8%）和奥地利的维也纳（4.73%）。

5. 科技创新能力与美、日仍有距离，与金砖四国（BRIC）的差距却在缩小

2000 年以来，欧盟委员会采用欧洲创新指数体系①来衡量各国的科技创新能力和水平。"欧洲 2020 战略"出台之后，欧盟对创新指标体系的统计与计算相应作了调整，从 2011 年起，在《欧洲创新指数报告》的基础上，欧盟正式发表《欧洲创新联盟报告》（the Innovation Union Scoreboard，IUS），这一新的指标体系和工具旨在更客观地评估与监督"欧洲 2020 战略"提出的重大创议之一——欧洲创新联盟的进展情况，综合比较欧盟 27 国创新研发能力的优势与劣势。

在欧盟层面上，参照 2010 年欧盟创新联盟指数的强弱，可以将欧盟 27 个国家划分为四种类型：（1）创新领先国家（the Innovation Leaders），包括丹麦、芬兰、德国、瑞典。英国由于近年来创新能力趋于停滞状态，由 2009 年的创新领先国家倒退到了创新跟进国家。其中，德国和芬兰是创新能力提升最快的两个国家，丹麦创新能力提升相对缓慢；（2）创新跟进国家（the Innovation Followers），包括奥地利、比利时、塞浦路斯、爱沙尼亚、法国、爱尔兰、卢森堡、荷兰、斯洛文尼亚和英国。近年来由于创新进程加快，创新能力持续增强，从 2008 年起，塞浦路斯、爱沙尼亚和斯洛文尼亚跻身为这一类型；（3）创新一般国家（the Moderate Innovators），包括捷克、希腊、匈牙利、意大利、马耳他、波兰、葡萄牙、斯洛伐克、西班牙。2009 年属于这一类型的立陶宛也因创新能力下降倒退到了创新较弱国家；（4）创新较弱国家（the Modest Innovators），属于这一类型的国家有保加利亚、拉脱维亚、罗马尼

---

① 2000 年以来欧盟委员会开始一年一度发表《欧洲创新指数报告》，其中采用的综合创新指数（Summary Innovation Index，SII）是衡量欧盟国家创新能力的主要工具之一。综合创新指数是多种参考指标的集合，每年选取的指标并不是固定不变的，通常会随着经贸结构、科技水平的变化而加以调整。2009 年计算综合指数的各项指标增加到了 29 项。从 2010 年起，新的指标体系调整为采用 25 项指标加以综合，由于其中一项指标高增长创新企业占总企业比重没有具体的统计数据，因此，2010 年创新综合指数是根据 24 项指标综合计算而成的。

亚。这些国家的创新水平与欧盟 27 国家的平均水平尚有不小差距。

在上述四种类型国家中，保加利亚、爱沙尼亚、马耳他、罗马尼亚和斯洛文尼亚的创新能力的追赶速度较快，年均增幅达到了 5% 以上。创新领先国家与创新跟进国家之间始终存在创新趋同发展特性，但趋同速度较为缓慢；在创新一般国家和创新较弱国家之间却不存在趋同特性。

在全球范围内，欧盟的创新能力不及瑞士，与美、日之间仍然存有差异，但美、日在创新能力上的主导地位呈削弱之势。美国和日本采用的统计指标与欧洲综合创新指数不能完全吻合，因此在对比欧盟与美、日的创新能力时，仅采用了创新指标体系中的 12 项指标。结果显示：美国有 10 项指标[①]表现明显好于欧盟 27 国，在新毕业博士生人数、国际合作出版物总量、企业研发投入和许可证及专利收入方面，美国的优势还在扩大。2009 年美国在国外许可和专利收入占 GDP 的比重为 0.64%，欧盟仅为 0.21%。[②] 欧盟得分高于美国的指标有两项：即公共研发投入额和知识密集型服务业的出口额。日本有 7 项指标的创新能力明显优于欧盟，具体指标包括：高等教育、企业研发投入、公私合作出版物、PCT 专利、社会挑战、中高科技产品出口、许可和专利收入。新毕业博士生人数、国际联合出版物、常被引用出版物、公共研发投入、知识密集型服务业出口这 5 项指标上，欧盟的创新优势表现好于日本。

相比金砖国家，欧盟较印度和俄罗斯具有较大优势，但与中国和巴西在创新优势上的差距正在缩小。在创新能力上，欧盟的许多指标的表现明显好于中国，中国在中高科技产品的出口方面要强于欧盟。综合来看，欧盟的创新能力强于中国，但这种优势地位逐渐在下降，中国的创新业绩的提升速度明显快于欧盟 27 国。中国与欧盟在 8 项指标上的差距正在缩小（包括高等教育、国际合作出版物数量、企业研发投入、公私合作出版、PCT 专利、知识密集型的服务出口、许可和专利收入），在中高科技产品出口方面的优势在扩大。欧盟在常被引用出版物和公共研发投入上的优势地位在扩大。

6. 欧盟第七个研发框架计划（FP 7）成为欧洲研究区创建的核心推动力

第七个研发框架计划分为非核研究与核研究两类。非核研究项目通常称

---

① 这 10 项指标是：新毕业博士生人数、国际合作出版物数量、被引用文献数量、企业研发投入额、公私合作出版物数量、PCT 专利、社会挑战、中高科技产品出口额。

② *Innovation competitiveness report 2011*, p. 33.

之为第七框架计划，总预算为 505.21 亿欧元，项目执行期为 2007~2013 年，核研究部分即欧洲原子能共同体计划，总预算为 27.51 亿欧元，项目执行期为 2007~2011 年。第七研发框架计划支持特定的优先领域，分为四大专项计划：合作计划、创新理念计划、人力资源计划、能力建设计划。欧洲原子能共同体计划分核聚变能研究与核裂变和辐射保护两大计划。在具体实施中，合作计划通过联合研究（JRC）、联合技术项目（JTIs）、成员国研究项目的协调、欧洲技术平台（ETPs）方式加以执行。创新理念计划由欧洲研究理事会负责实施，人力资源计划则以"玛丽·居里行动计划"方式加以落实。

在 2007~2008 年期间，FP 7 项目取得了一系列的进展：（1）科学研究人员踊跃申请项目，提交项目申请书高达 36000 份，项目资助率为 15%；（2）欧盟研究理事会正式创建并卓有成效。理事会第一轮项目招标就收到项目申请书 11000 份，从中筛选出了 500 个前沿研究项目，分别由欧洲著名研究机构承担；（3）设立了欧洲研究理事会独立研究人员启动资金项目（ERC Starting Grant，简称启动基金）和欧洲研究理事会高级研究人员基金项目（ERC Advanced Grant Schemes，简称高级基金）。对于举一国之力量或者单纯依靠一个学科所无法完成的科技新问题和高尖端疑难问题，采取联合技术项目的方式进行跨国、跨地区、多种学科的联合研究。技术联合项目设立了五大重点公私伙伴关系项目：创新药物（IMI）、嵌入式电脑系统（ARTEMIS）、洁净天空、纳米电子（ENIAC）、燃料电池和氢能（FCH）；（4）创建了 30 个新的风险分担融资工具（RSFF），截至 2009 年初，通过这一机制共签署贷款额 20 亿欧元；（5）新设了两大项目管理机构：欧洲研究执行局和欧洲研究区执行局。对 FP7 项目实施科学管理，不同程度地简化了项目申请、执行、评估等诸多程序。

二 应对国际金融危机的科技政策调整战略

2000 年欧洲研究区建设启动后，欧盟及其成员国均采取了一系列提高创新能力的政策与行动，科技一体化建设进程得以加快。然而，国际金融危机和欧洲主权债务危机严重影响了欧洲各国经济发展，特别是那些创新能力较弱的国家，企业活动受危机的冲击更为严重。2009 年的创新晴雨表显示：欧盟 29% 的企业因受经济衰退影响而削减了创新投入，29% 的企业 2009 年的创新支出低于 2008 年，而 2006~2008 年只有 9% 的企业削减创新开支，

27 个国家中最具创新活力的企业受经济危机的影响程度很小。经济危机导致欧盟 27 国创新能力趋同进程有所逆转：2008 年欧盟创新指数报告显示欧盟 27 国创新能力呈显著的趋同性，而 2009 年的创新报告表示各国创新能力趋同性有所减弱，呈离散倾向。创新追赶国家近年来的创新能力快速增长态势出现了停滞状态，这些国家受经济危机影响最大，经济下滑最严重国家的企业则更倾向于削减创新支出。

为了尽快摆脱经济衰退，各国都提出了经济结构调整和加强科技创新的目标思路，欧盟国家也是如此。

（一）欧盟继续加大了研究和创新投入，加快实现经济复苏

欧盟委员会在 2010 年 7 月连续公布第七个科研框架计划（2007～2013 年）下两项规模庞大的科研投资。7 月 19 日，欧盟委员会提出将在 2011 年投资约 64 亿欧元用于科研和创新领域，这是迄今为止欧盟在科研和创新领域推出的最大年度投资计划，该计划将覆盖 51 个科研项目，主要涵括通信、公共卫生、工业产品创新、能源和粮食安全等九大领域。此外，欧盟委员会 20 日还提出，将追加投资 8.6 亿欧元至欧盟参加的国际热核能试验性反应堆（ITER）项目，以填补该项目 14 亿欧元的资金短缺。ITER 项目也是第七个科研框架计划（2007～2013 年）的一部分，由欧盟、中国、印度、日本、俄罗斯、韩国和美国共同参与。其中欧盟覆盖该项目资金的 45%，预计约 72 亿欧元，以换取该反应堆项目设立于法国。项目资金预计将于 2012 年启动。科研资金主要面向科技人员及机构以及中小企业。

（二）信息欧洲建设全面启动

由于信息和通信法规缺失和内部信息市场分隔，欧洲与美国在信息技术应用上存在着差距。30% 的欧洲人从来没有接触过互联网。美国下载的音乐量是欧盟的 4 倍。欧洲在通信和信息技术的投资及高速网络的应用上明显落后于美国和日本。只有 1% 的欧洲人采用光纤高速信息网络，日本和韩国的这一比例是 12% 和 15%，欧盟用于信息和通信技术上的投资还不及美国的 40%。

国际金融危机之后，欧盟将发展信息技术作为实现经济复苏的重要手段。2009 年 3 月，欧盟委员会提出了《信息通信技术研发和创新战略》，呼吁加大对信息技术研发和创新的支持和投入，力争使欧盟在该领域领先全球。这一战略要求欧盟未来 10 年对信息技术的研发投资实现翻番，信息技

术合作方面的年度研发投资将从 2010 年的 11 亿欧元增加到 2013 年的 17 亿欧元。欧盟还倡议通过建立公私伙伴关系，制定共同技术发展战略，整合资源，灵活运作，促进信息技术领域创新和发展。

《欧洲数字化议程》被正式确定为实现"欧洲 2020 战略"的七大重大创议行动之一，这一议程正在由理念转变为行动计划。2010 年 5 月 19 日正式发布《欧洲数字化议程》，提出了七大重点行动领域：一是要在欧盟建立单一的充满活力的数字化市场；二是改进信息通信技术标准的制定，提高可操作性；三是增强网络安全；四是实现高速和超高速互联网连接；五是促进信息通信技术前沿领域的研究和创新；六是提高数字素养、数字技能和数字包容；七是利用信息通信技术应对气候变化、医疗费用高昂和人口老龄化等社会问题。

（三）推出战略性能源技术开发路线图，向低碳经济转型奠定基础

发展低碳技术，开发绿色、清洁和可再生能源是欧洲向低碳经济转型的关键。国际金融危机暴露出欧盟经济结构问题和创新能力不足等弊病，促使欧盟加快了低碳技术的开发行动。欧盟委员会在 2009 年 10 月 9 日发布了未来 10 年低碳技术发展与投资路线图，总投资为 585 亿～715 亿欧元，确定在风能、太阳能、智能电网、生物能源、碳捕获、运输与储存、核能六大领域发起欧洲产业行动，并配套推进氢燃料电池联合技术行动，智能城市能源效率改善行动，以及欧盟能源联合联盟，加快向低碳经济转型。

具体来说，七大低碳技术发展基本路径是：（1）风能：力争到 2020 年，投入风力发电的总投资（包括公共和私人投资）估计为 60 亿欧元，欧盟 20% 的电力来自风能，创造大约 25 万个技术岗位。（2）太阳能：在太阳能上投入为 160 亿欧元，实现 15% 的电力来自太阳能，创造 20 万个新的就业岗位。（3）智能电网：在智能电网上投入为 20 亿欧元，将 35% 的可再生能源电力并入欧洲电网，有效满足市场供给与需求。（4）生物质能：未来 10 年预计总投资 90 亿欧元，欧盟能源基本构成中，至少 14% 是具有成本竞争力、可持续性的生物质能，创造 20 万个新就业。（5）碳捕获与储存（CCS）。总投资 130 亿欧元，每吨二氧化碳的 CCS 成本削减 30～50 欧元，使得 2020～2025 年碳定价符合低成本高效率原则，碳捕获与储存技术将具有价格竞争优势。（6）在未来数十年（表示持续到 2040 年，30 年左右时间），投入 70 亿欧元，使现有的核技术能够继续提供欧盟 30% 的电力，到

2020 年第一个第四代核反应堆投入运营，到 2040 年使之商业化（运营与正式商业化之间需要有 20 年左右的实践时期）。（7）低碳城市示范区：投入 110 亿欧元，到 2020 年将 25 ~ 30 个欧洲城市将率先发展为低碳经济示范区。这些城市将作为智能网络枢纽，新的城市建筑和低碳交通设施将在欧洲普及，大规模地改变现有的能源供应体系。

（四）加强多元化的国际科技合作

25 年来，欧盟开展了广泛的国际合作，在全球化和相互依赖的世界中，积极应对新挑战，不断进行科技创新，努力为欧洲公民创造和平与稳定的社会经济环境。欧盟正致力于构筑全方位、多层次的国际合作关系网络，进一步发挥其在全球研发领域中的主导地位和影响力。

2009 ~ 2010 年欧盟与世界主要大洲之间的科技合作关系又向前推进了一步。2009 年 9 月 7 ~ 9 日欧盟科技委员雅奈兹·波托奇尼克（Janez Potočnik）首次正式出访非盟和肯尼亚，并参加一系列高层政治会晤，专程前往内罗毕和亚的斯亚贝巴考察欧盟资助的科技研究中心。此次访问是 2007 年 12 月欧盟与非盟建立科技合作伙伴关系框架下的一次重要活动，为扩大欧洲在非洲地区的科技影响力具有重大意义。欧盟与非盟建立科技伙伴关系，旨在加强非洲在科技领域中的研究能力，促使非洲能够创造并利用自身的科技知识解决发展中面临的各种挑战，提升其在全球科技中的地位。

2009 年 11 月 30 日，欧盟与约旦和日本分别签署了科技合作协议。约旦是欧盟睦邻友好政策的重要合作伙伴之一，欧盟与约旦将重点在能源、可持续性发展等领域广泛开展合作研究，共同解决科技领域面临的各种挑战。在 FP 7（2007 ~ 2013 年）项目执行期最初三年中，大约有 19 个约旦的研究机构获得了欧盟项目的资助，项目资助的重点领域是环境、食品、农业和生物技术。按照欧日科技合作协议，未来欧盟与日本也将重点在能源、环境等领域等开展合作，双方将通过联合申请、共同研发重大科技项目等方式，提升欧日双方科技界学者之间的交流和合作关系。

欧盟与拉美地区的科技合作趋向知识一体化。2010 年 5 月 17 ~ 19 日，在马德里召开的欧盟–拉美加勒比首脑会议上，欧盟与拉美加勒比地区国家签署了《欧盟与拉美加勒比地区联合研究和创新倡议》（EU-LAC Joint Initiative for Research and Innovation），首次提出创立欧盟拉美知识区的设想。这是继 2004 年瓜达拉哈拉首脑（Guadalajara Summit）会议后，欧盟与拉美-加勒比国家之间在科研合作上的重大举措。在欧盟第七个框架计划中，2011 年欧盟将与拉美-加勒比国家就食品、农业、渔业和生物技术、社会人文科学、环境与气候、交通等专题举行多次视频会议，推动欧盟与拉美-加勒比国家知识区的创建与发展。

中国与欧盟科技合作范围不断拓展，进入战略性产业合作阶段。2009年 11 月 30 日，在第十二次中欧领导人正式会晤期间，中欧双方签署了 5 个合作文件：《中欧科技合作协定》《中国科技部与欧盟委员会关于通过碳捕集与封存示范项目开展煤炭利用近零排放发电技术合作的谅解备忘录》《中国住房和城乡建设部与欧盟委员会企业与工业总司及能源与交通总司关于建筑能效与质量的合作框架》《支持中国可持续贸易和投资体系》和《中欧环境治理项目》。这些协议为中欧双方在战略性产业上的合作奠定了法规基础，加快了中欧在高科技贸易及产业上的合作。2010 年 4 月 30 日中国和欧盟在清洁能源领域的重要合作项目——中欧清洁能源中心在清华大学正式启动。欧盟委员会主席若泽·曼努埃尔·巴罗佐出席启动仪式并发表演讲。中欧清洁能源中心是中国和欧盟在清洁能源方面合作方面的标志性项目，中欧双方将着重推动低碳经济的发展，共同应对经济危机、气候变化、能源等全球性挑战。中欧清洁能源中心的项目实施由意大利都灵理工大学和中国清华大学承担，资金规模达 1240 万欧元，执行期限为 5 年。该中心着力于实现欧洲清洁能源和节能技术在中国的本土化，并将为中国提供能够有效地回报政府和企业在清洁能源和节能领域投资的技术方案。涉及清洁煤、可再生能源、低能耗建筑及智能电网等领域。

中国科技合作协议将有助于双方致力于发展新型的战略性合作伙伴关系，这一新的合作机制将打破单纯由中方参与欧方资助项目的传统模式，在卫生、生物技术、食品、航空、核裂变安全等领域开展中欧双方共同资助项目。2007~2009 年，在欧盟第七研发框架计划下，大约有 900 多个中国研究团队与欧盟合作伙伴联合申请了项目，获得资助项目为 145 个。中国项目合作伙伴方获得的欧盟资助额为 2000 万欧元。

美欧跨大西洋之间的科技合作始终是欧盟国际合作的关键部分。欧盟与美国于 1999 年正式签署科技合作协议，此后在 2004 年和 2009 年两次续签科技合作协议。双方在生物技术、环境、材料科学（包括纳米技术）、非核和可再生能源领域广泛开展合作。2009 年 11 月，欧盟与美国成立能源部长理事会，旨在推动双方在能源安全、市场、研究及发展清洁和环境友好型能源等领域的合作。双方还成立了抗生物障碍工作组，研究应对威胁人类健康的主要问题并提出行动计划。

此外，欧盟与联系国之间的科技合作也在不断扩大。2010年6月3日欧盟与法罗群岛（Faroes）签署了欧盟第七框架计划下的联系国科技合作协议，使得参与欧盟FP 7的联系国达到了13个，分别是挪威、冰岛、列支敦士登、以色列、瑞士、土耳其、克罗地亚、马其顿、塞尔维亚、黑山、阿尔巴尼亚和波黑及法罗群岛。

三　欧盟科技发展的战略预期：智能化与低碳化发展趋势

在实施"欧洲2020战略计划"及建设欧洲研究区的过程中，未来科技创新战略的目标以提升竞争力、刺激经济增长和创建新产业为核心，智能化、低碳化是科技研发战略中的核心内容，具体包括清洁能源技术创新政策、可再生能源创新政策、泛欧洲智能电网创新战略、泛欧洲智能交通创新政策和欧洲未来智能城市创新发展战略。在2013年推行的第八研发框架计划（欧盟研发展望计划）中，许多研发项目将围绕着低碳化、智能化内容展开。毋庸置疑，欧盟科技创新战略是应对全球气候变化、调整国际经济秩序、确保能源安全供应、实现欧洲经济再复兴的有效政策工具和手段，其现实意义在于：在短期内，通过推行科技创新战略可以尽快提升欧盟在全球地缘科技中的竞争力和创新能力，尽快摆脱国际金融危机和欧洲主权债务危机对欧洲社会经济发展带来的严重冲击和不利因素；从中期看，科技创新战略将有助于欧盟掌握全球核心科技创新技术和技术标准规制权，引领全球科技经济发展新潮流；在长期，必将对未来全球经济秩序的重塑、推动各国社会经济变革产生重大影响。进而能够在减缓气候变化、建立新的经济增长方式、创新新兴产业和扩大绿色就业诸方面，为发展中国家，特别是中国，选择适合本国国情和政治制度的社会经济发展道路提供有益启示和借鉴案例。

第七章

欧盟环境政策的改革与发展：
深化、优化、一体化

　　工业化和全球化的加深加速，自然灾难的频频警告，使得环境这一全球性的问题逐渐上升为国际社会关注的最大焦点。环境问题已是全球化和区域一体化进程中无法绕开的关键变量，环境规制也成为推动区域一体化和全球化的动力。因而，环保领域的改革和发展，极大地影响着一个国家和地区的综合国力及其在全球中的地位和作用。作为工业革命的始发站，欧洲最先感受到环境威胁，同时也是最早开始环境治理的地区。其环保领域的改革和发展集中地体现在环保理念的更新、环境政策及其政策实施机制的改革、完善和趋同（一体化）等方面。伴随着世界环保理念的更新以及环保技术的升级，三条主线贯穿了欧盟环境领域改革和发展的历程：环境政策①的扩展和深化、实施机制的优化、环境政策及其实施机制的一体化（趋同）。

　　环境政策的扩展和深化。包括两方面：一是环境政策逐渐从仅仅作为共同市场的衍生品发展为独立完备的政策体系，在此过程中主动性不断增强，并影响着外交和贸易（欧盟是最早和最频繁使用环境贸易壁垒的经济体），并进一步形成了欧盟层面的环境外交、环境贸易；二是环境政策范畴的扩大

---

　　① 欧盟环境政策是欧盟机构就环境事务所决定采取的具有政策形式和政策效力的方法和措施的总称，欧盟环境政策形式可以分为两大类：一是欧盟环境法律（又称法律框架或法律体系），主要包括欧盟基础条约即欧盟宪法，国际条约或协定、条例、指令和决定；二是非法律的欧盟环境政策文件（又称政治框架或软法），主要有建议、意见、决议（包括宣言、行动纲领或规划）和其他政策文件等。参见蔡守秋主编《欧盟环境政策法律研究》，武汉大学出版社，2002。

和深化，从最初的范围较窄的环境保护，如保护饮用水、控制空气污染、处理危险化学品等，逐步渗透到经济、政治等各领域，并囊括了环境、能源、自然资源、全球气候、野生动植物保护、生产及消费过程中的一切与环境相关的问题。目前欧盟环境政策的目标重点是应对气候变化，保护生物多样性，减少污染对健康的影响，更加负责任地使用自然资源（可持续性）。在保护环境的同时，这些目标也通过创新和企业发展来推动经济增长。[①]

应对政策及其实施机制的优化。集中体现在一系列的法律和非法律文件及环境法律体系的逐步建立和完善，以及实施工具和手段的不断丰富和创新。

环境政策的一体化。包括两个方面：一方面是环境政策与其他领域政策的协同，另一方面是欧盟环境政策目标在成员国层面的实施协调。

本章主要沿着上述三条主线讨论欧盟环境政策的改革与发展，分析欧盟环保领域改革的经验及对中国的启示。

第一节 国际环境制度背景下欧盟环境政策的演进、扩展和深化

国际社会对环境的关注始于20世纪50年代至60年代，最初主要表现为一些零散的环境保护运动，呼吁要重视环境，保护生态，可以说这是一个环境理性和基本价值取向的形成；直到70年代现代环境主义的形成[②]，标志是1970年代的《斯德哥尔摩宣言》《增长的极限》《寂静的春天》等一系列环保文件和作品的问世；80年代逐步发展到可持续发展时代，主要标志是1987年世界环境与发展委员会（WCED）发表的著名报告《我们共同的未来》，其中提出可持续发展的定义；21世纪初进入后可持续发展时代或称低碳时代，主要标志是英国于2003年发表的《能源白皮书》，环境问题聚焦到全球气候变化问题上来。相应的，欧盟环境领域的改革和发展也大致沿循着上述四个阶段：从最初体现在《建立欧洲煤钢共同体条约》中的环境理性（企业增长的同时应合理开发资源以避免耗竭）开始，从工业污染控

---

① http：//europa．eu/pol/env/index_ en．htm，查阅时间2009年9月3日。
② 陈迎：《国际环境制度的发展和改革》，《世界经济与政治》2004年第4期，第44～50页。

制（如化学品的危害防治）到全面的生态环境保护，从末端治理到源头预防、从成员国的独立环保政策到欧盟层面的协整再到引领全球行动，欧盟的环境政策逐渐从共同市场的衍生品发展到完备的政策体系，走向欧盟层面的一体化，同时影响、推动着全球的环保运动以及环境标准，并形成了欧盟层面的环境贸易和环境外交政策。

一 环境理性的萌芽阶段（1951～1972 年）：末端治理

工业化带来了经济和人口的增长，也加剧了人类活动对环境的负面影响，尽管环境问题的表露相对于人类活动有一定的时滞，但环境问题伴随着工业化的推进而日益显著，环境成为全人类的共同问题。最早工业化的地区也最早地感受到环境的恶化。1951 年，欧盟（当时正在形成欧共体）就在第一个条约，即《建立欧洲煤钢共同体条约》（《巴黎条约》）中提出了环境和资源的保护。这是欧盟（当时还是煤钢共同体）层面上首次关于环保的条款。在第一编第三条款的第四点（d），明确提出要"确保维护相关的条件，以鼓励企业扩大和提高生产能力并且建立合理开发自然资源的政策，从而避免资源因缺乏这种考虑而耗竭"[1]。在第三编的第四章中，提出了煤钢资源在共同体所管辖的行业生产、出口和其他消费之间的合理分配，以及确定消费的优先原则。该条约可以说是欧盟环保政策的起点。

相对于《巴黎条约》，1957 年的《罗马条约》（Treaty of Rome）更多地引入了环保因素，如其中的《建立欧洲原子能共同体条约》中，涉及了原子能的利用对于人健康和环境所产生的危害，以及相应的安全保护措施，在《建立欧洲共同体条约》第三部分第六编中，从第 130R 条到第 130T 条，都谈到了合理谨慎的使用自然资源，改善环境质量，保护人类健康。[2]

在此阶段，有三个特点：一是对环保的认识是事后的，是由于意识到人类活动对环境带来的恶化，是一种末端治理的观念；二是对环境的关注和理解集中在保护资源，保护人类的健康，环保主要从节约资源的角度出发，更

---

① http://en.wikisource.org/wiki/The_Treaty_establishing_the_European_Coal_and_Steel_Community_（ECSC），This page was last modified on 11 November 2007，at 15：25. 查阅时间 2009 年 5 月 31 日。

② http://europa.eu/legislation_summaries/institutional_affairs/treaties/treaties_euratom_en.htm，查阅时间 2009 年 10 月 31 日。

多地考虑资源的合理开发利用，防止资源耗竭；三是环境政策是被动的，是对某项活动的环境外部性的一种反应，环境政策是适应性地从属于其他领域，而不是主动地影响其他领域，在从事其他活动时考虑到对资源和环境以及人类健康的负面影响。此时环境政策处于一种初始萌芽的状态，更多的是一种意识和理念层面上的思考，形成一个方向性的趋势，成为欧盟法律框架和体制的一个基本价值取向。

二 现代环境主义阶段（1972～1987年）：从末端治理到源头预防

欧盟环保领域的发展是与国际环境趋势和环保动态紧密联系的。1972年罗马俱乐部发表了《增长的极限》，强调增长的环境瓶颈以及与人口和能源的重要关联。同年召开的联合国人类环境会议，首次将环境问题提上最高的国际政治议程，开启了东西方冷战时代有关环境问题的"南北对话"。会上《斯德哥尔摩宣言》从道德的高度提出的一系列保护自然资源和环境的原则，为国际环境制度的建立奠定了最初的基础。1972年的人类环境会议催生了联合国环境规划署（UNEP）作为联合国内协调重大环境行动的专门机构。斯德哥尔摩会议后，各国纷纷制定环境法并设立负责环境政策的行政机构，同时，国际上形成一系列多边环境公约[①]。

在此背景下，环境政策的重要性在1972年巴黎政府首脑峰会上进一步彰显，会上欧共体六国首次提出在欧共体内部建立一个共同的环境保护政策框架，要求欧共体在1973年7月31日前拿出一个带有精确时间表的行动规划[②]，于是第一个环境行动规划在1973年11月出台，将环境议题真正纳入了欧盟政策性领域。该行动规划初步确立了欧盟环保政策的基本目标和原则：（1）预防优先原则；（2）污染者付费原则；（3）辅从原则，即欧共体进行环境决策的领域为国家行动无效的领域、具有共同利益的领域、国家单独行动将会造

---

① 如《保护世界文化和自然遗产公约》《濒危野生动植物物种国际贸易公约》等。陈迎：《国际环境制度的发展和改革》，《世界经济与政治》2004年第4期，第44～50页。

② "…Emphasized the Importance of a Community Environmental Policy and to this end Invited the Community Institutions to Establish, before 31 July 1973, a Programme of Action Accompanied by a Precise Timetable," http：//www.clapv.org/new/show.php？id=951，查阅时间2009年11月13日。

成重大经济和社会问题的领域；共同体需要进行环境影响评价的领域；防止
跨界污染行动的领域；（4）高水平保护原则，即成员国有权采取比共同体规
定更为严格的措施，在未来两年内各成员国的执行原则应以共同体的标准来
进行。内容涉及减少和防止污染及有害物，改善环境和生活质量，以及在涉
及环境保护的国际组织中采取共同行动，该文件中还提出了若干协调措施①。

　　1977 年 5 月 17 日，理事会通过了欧共体第二个环境行动规划（1977 ~
1981 年）。该计划延续和扩展了第一个环境行动规划中所确定的行动，扩大
了环保领域，强调经济的需求要与自然的供给相匹配，对水、空气、噪声污
染领域的控制行为给予优先，特别注意自然保护和自然资源的合理利用，同
时强调欧共体环境政策中的预防政策，尤其是在保护自然中的作用。此外，
还提出与发展中国家进行环保方面的合作。第二个行动规划指出经济增长的
障碍是有限的自然资源，强调了环境保护在经济增长中的重要性，说明欧盟
的环境政策进一步融入其经济发展的政策考量中。

　　1983 年欧盟理事会通过了欧共体第三个环境行动规划（1982 ~ 1986
年），为欧共体提供了一个自然资源和环境保护的全面战略。该计划在沿袭
前两个计划的同时，提出五点创新：（1）"综合污染控制"这一概念首次出
现在规划中，鼓励对废弃物的循环再利用，维护生态系统的平衡和再生能
力；（2）强调环境政策的经济、社会影响，指出环境政策纳入共同体的各
部门政策的必要性，如提到环保和创造新的就业之间的关系；（3）提出开
发使用不可再生资源的替代品；（4）强化环境政策中的预防功能，包括有
意识地培养公民的环保意识；（5）强化环境的影响评估。该计划将《罗马
条约》提出的环境行动成本收益分析更往前推进一步，发展到充分重视环
境政策的成本效应，更多地权衡环境政策的有效性，如它提出强化环境的影
响评估，包括成本效益分析和行政结构分析，避免个别国家的一些措施影响
到内部市场的功能或者是共同体其他政策的实施。

　　环境政策逐渐从第一阶段的价值确立或者是概念型的思考，发展到初步
框架的形成，明确了基本原则和目标。环境保护的内容不再局限于第一阶段

---

① "···Emphasized the Importance of a Community Environmental Policy and to this end Invited the
Community Institutions to Establish, before 31 July 1973, a Programme of Action Accompanied by
a Precise Timetable," http://www. clapv. org/new/show. php? id = 951, 查阅时间 2009 年 11
月 13 日。

的资源保护和合理利用，而是向广度扩展和向深度细化。

首先是环保政策的内容和领域扩展了。早期的环境法令焦点集中于测定和标志危险化学制品、饮用水和地表水的保护以及控制空气污染，如 SO_2、NO_x 等与人类健康息息相关的环境因素；受 70 年代世界石油危机的冲击，以及罗马俱乐部《增长的极限》等环境作品的影响，该阶段欧盟环境政策的内容增加了废弃物和噪声管理与控制以及核能利用；到 80 年代欧共体着手野生动植物栖息地和动植物区系的保护，要求对资源和自然界进行良好的管理，严禁开发利用对生态平衡造成不良的影响，要更多地考虑到整个生态系统的平衡[①]。

其次是环保措施从末端治理转向源头预防，发生了质的改变。从第一个环境规划提出的预防优先原则（基本原则），到第二个行动规划中的加强预防性政策，强化预防政策在保护自然资源中的作用（政策层面），再到第三个行动规划中有意识地训练和培养公民的环保意识（观念层面），进一步强调环境政策中的预防功能以及强化环境影响评估等（保障措施层面）。从原则的确立，到政策，到观念培养，再落实到以环境影响评估为手段之一的保障措施上，环保政策日益细化和完善。

这些渐进式的改革都有力地证明了此阶段环境政策正从末端治理转向源头预防，其中最重要的一个举措就是，关于特定公共和私人工程建设的环境影响评估制度的第 85/337 号指令的发布，该指令确立了一个基本原则：对任何一个有可能导致对环境损害的行为，都必须事先经过环境影响评估。[②]在这一阶段，"综合污染控制"首次出现在欧盟环境行动规划中，体现了循环经济原则的预防原则——在源头削减污染物排放，环保政策开始推动经济从线型增长方式向循环经济方式转变。

第二阶段环保政策开始向外交领域延伸。欧共体 1970 年曾提出第一个环境口号"环境无国界"体现了跨国界的环保理念，与此相呼应，此阶段的环保政策已经开始涉足外交领域。紧接着，第二个规划中提出与发展中国

---

① 陈光伟、李来来：《欧盟的环境与资源保护——法律、政策和行动》，《自然资源学报》1999 年第 7 期，第 288～292 页。

② Council Directive of 27 June 1985 on the Assessment of the Effects of Certain Public and Private Projects on the Environment (85/337/EEC)，PDF，http：//www.consilium.europa.eu/uedocs/cms_ data/docs/pressdata/en/envir/011a0009.htm，查阅时间 2010 年 1 月 10 日。

家的合作。

此外，该阶段的环境政策正从第一阶段的被动、从属和适应性的政策向主动性方向转变。如强化政策的预防功能，而不是事后被动的适应性治理；更多考虑环境政策的经济和社会影响，对内部市场以及其他政策的影响，还提出环保对创造就业的影响，都表明了环境政策已经逐渐脱离了原有的相对于其他领域和其他政策的从属性质，环境政策的主动性以及与其他政策的互动都明显增强。

三 可持续发展时代（1987～2000年）：环境政策从衍生品到完整体系

随着国际政治经济关系的深刻变革，人们对环境问题的认识也在逐步深化。1987年世界环境与发展委员会（WCED）发表了《我们共同的未来》，提出可持续发展的定义，促使国际环境制度的发展进入一个新阶段。在各国政府对环境问题的认识不断加深的同时，非政府组织和企业界的参与日益广泛，欧洲绿党开始步入政治舞台。同时，国际多边环境协定的谈判也取得重要进展，如1987年签署的《消耗臭氧层物质的蒙特利尔议定书》，被认为开创了发达国家与发展中国家、政府与企业界通过合作解决全球环境问题的新模式，是国际环境合作的一个成功范例。[①]

进入20世纪90年代，可持续发展战略和制度成为国际环境制度建设的中心任务。环境问题被纳入社会经济的决策框架之中。[②] 人们越来越认识到，全球环境问题的解决需要全球的共同努力，多边环境协定（MEA）成为国际环境制度的核心内容，自斯德哥尔摩会议以来，MEA发展迅猛。[③]

21世纪可持续发展战略步入实施阶段，2002年8月的约翰内斯堡世界可持续发展首脑会议（WSSD）可以看作是全球可持续发展进程的一个新的

---

① 陈迎：《国际环境制度的发展和改革》，《世界经济与政治》2004年第4期，第44～50页。
② 在此期间1992年在里约热内卢召开的联合国环境与发展会议（UNCED）达成了包含27项原则的《里约宣言》，通过了全球可持续发展战略文件《21世纪议程》，签署了《联合国气候变化框架公约》。
③ 转引自陈迎《国际环境制度的发展和改革》，《世界经济与政治》2004年第4期，第44～50页。

起点，会议通过了可持续发展战略的《实施计划》。① 国际环境制度的改革和完善也从外部推动了欧盟环境政策的发展，这一时期，欧盟签署了一系列的条约、环境行动规划、环境指令，并对之前的政策性文件进行了修订和完善。

1986 年的《单一欧洲法令》对《罗马条约》的修订，对于欧盟环境政策有着突破性的意义。在《单一欧洲法令》的第 25 条中明确提出"应在《建立欧洲经济共同体条约》的第三部分中，增添第七编，名为'环境保护'"②，条例 130R 规定共同体的环境政策应该致力于如下目标：保持、保护和改善环境质量；保护人类健康；节约和合理利用自然资源；在国际层面上促进采用处理区域性的或世界性的环境问题的措施③。

上述规定明确了欧盟环境政策的目标。其中第 130R 条第二点中提出共同体有关环境保护的行动要基于以下原则：应以采取预防性行动为主；由污染者承担费用；环境保护要求应成为共同体其他政策的组成部分。第 130R 条第三点提出，共同体应考虑到整个共同体经济与社会发展及各地区的平衡发展。④ 于是，第二次环境行动规划中曾提出自然资源的预防政策以及第三次环境行动规划中提到不可再生资源的替代，在《单一欧洲法令》中就有了系统完善的表述和法律依据。

《单一欧洲法令》巩固和发展了第二、三次行动规划。修改后的《建立欧洲经济共同体条约》第三部分（共同体政策）的第 16 篇就是环境，从第 130R 条到第 130T 条，都强调了"改善环境质量，保护人类健康，谨慎合理利用自然资源，改进国际层面上的环保措施以处理区域性和全球性的环境问

---

① 该计划专门论述了制度建设问题，提出政府、非政府部门和国际组织为强化可持续发展制度建设所应承担的责任，呼吁各国批准一系列重要的环境协定，建立政府与非政府部门之间广泛参与的"伙伴关系"，并强调促进现有联合国机构的协调和合作等。

② "A Title VII should be added to Part Three of the EEC Treaty reading as follows: Title VII: Environment", Single European Act (1986), Official Journal L 169 of 29 June 1987, TIFF, p. 11, http://eur-lex. europa. eu/en/treaties/index. htm，查阅时间 2010 年 1 月 13 日。

③ "preserving, protecting and improving the quality of the environment, prudent and rational utilization, promoting measures at international level to deal with regional or worldwide environmental problems." Treaty on European Union (1992), Official Journal C 191 of 29 July 1992, http://eur-lex. europa. eu/en/treaties/index. htm，查阅时间 2010 年 1 月 13 日。

④ "the economic and social development of the Community as a whole and the balanced development of its regions." "A Title VII should be added to Part Three of the EEC Treaty reading as follows: Title VII: Environment," Single European Act (1986), Official Journal L 169 of 29 June 1987, TIFF, p. 12, http://eur-lex. europa. eu/en/treaties/index. htm，查阅时间 2010 年 1 月 13 日。

题。提到共同体的环境政策应该致力于高层次的保护，应因地制宜考虑到共同体内不同区域的不同情况。环境保护要立足于防范，破坏环境的行动应优先予以纠正，污染者付费"[1]。第130R 的第二点还提出了"环保的要求应纳入共同体的其他政策中"[2]。第三点提到"在环境行动时要分析采取行动和不行动的成本和收益，并且要考虑到共同体作为一个整体的经济社会发展，以及兼顾共同体不同地区的平衡发展"[3]。130S 中提出"要在 1993 年 12 月 31 日之前建立凝聚基金，以财政支持环境保护措施"[4]。另外，第 130S 条则授权理事会可以在环境保护方面采取行动，成为环境保护措施的新的重要的执法依据[5]。于是，环境保护在基础法中得到了明确授权，并依据相应的目标和原则，从 1986～1992 年，共颁布了 100 多项环境法令，欧盟环境政策不断得到充实和完善。

由此可见，该阶段欧盟的环境政策有了突破性的发展。提出"可持续发展"的定义和目标，将环境保护的要求纳入共同体其他政策的制定和实施，并且细化到一系列的行动中。欧盟环境政策经历了一个横向融合渗透，纵向扩展深化，以及对外延伸的过程。期间颁布了大量的法律法规，共实施了 5 个环境行动规划，发展了包括法律、市场、财政金融手段等一系列的政策工具。建立了资源可持续利用（涵盖了空气、水、土壤、海洋环境、土地使用、土壤保护等方面），废物控制与循环、气候变化、化学品、噪声、自然与生物多样性等领域众多的完备的政策体系。

四 后可持续发展时代或低碳时代（2000 年至今）：从区内政策到全球视角

全球气候变化将带来难以估量的负面影响已为世界所接受，并成为广泛关注和研究的全球性环境问题。1979 年第一次世界气候大会呼吁保护气候。

---

① http：//www. hri. org/MFA/foreign/treaties/Rome57/3title16. txt，查阅时间 2009 年 10 月 31 日。

② http：//www. hri. org/MFA/foreign/treaties/Rome57/3title16. txt，查阅时间 2009 年 10 月 31 日。

③ http：//www. hri. org/MFA/foreign/treaties/Rome57/3title16. txt，查阅时间 2009 年 10 月 31 日。

④ http：//www. hri. org/MFA/foreign/treaties/Rome57/3title16. txt，查阅时间 2009 年 10 月 31 日。

⑤ Single European Act (1986)，Official Journal L 169 of 29 June 1987，TIFF，p. 12，http：//eur-lex. europa. eu/en/treaties/index. htm，查阅时间 2010 年 1 月 13 日。

1992 年通过了《联合国气候变化框架公约》（UNFCCC）确立了发达国家与发展中国家"共同但有区别的责任"原则，阐明了其行动框架，力求把温室气体的大气浓度稳定在某一水平，从而防止人类活动对气候系统产生"负面影响"。《联合国气候变化框架公约》是国际社会在对付全球气候变化问题上进行国际合作的一个基本框架。1997 年通过的《京都议定书》确定了发达国家 2008～2012 年的量化减排指标。2000 年欧盟出台了欧洲气候变化方案（ECCP），在此框架下，欧盟各成员国都认识到共同应对气候变化的重要性并采取了一系列减排措施。2003 年英国《能源白皮书》的发表，预示着低碳时代的到来。

2002 年 7 月欧洲议会和理事会通过了《欧共体第六个环境行动规划》，即《环境 2010：我们的未来，我们的选择》，设定了欧盟在第六个规划期间（2002～2012 年）的环境政策框架[1]。规划将环境与增长、竞争、就业等欧盟发展目标联系起来，明确了优先领域、战略目标以及行动措施。

规划第一条第四点确定的四个优先领域中，首当其冲就是气候变化，之后分别为自然和生物多样性，环境、健康与生活质量，自然资源与废物管理。[2] 在第二条则提出了 2002～2012 年期间的战略目标：致力于高水平的保护，将辅助性原则和共同体不同区域间的差异性考虑在内；实现环境退化与经济增长之间的脱钩；环境规划以污染者付费原则、风险防范原则、预防原则和预防行动以及源头控制原则为基础。[3] 规划的目标还包括要构成欧盟可持续发展战略的环境角度的基础，将环境考虑纳入共同体的所有政策中。[4] 在第

---

[1] http：//ec. europa. eu/environment/newprg/intro. htm.

[2] Decision No. 1600/2002/EC of the European Parliamet and of the Council of 22 July 2002, Laying down the Sixth Community Environment Action Programme, PDF, L 242/3.

[3] "Ensuring a High Level of Protection, Taking into Account the Principle of Subsidiarity and the Diversity of Situations in the Various Regions of the Community, and of Achieving a Decoupling between Environmental Pressures and Economic Growth. It shall be Based ParticuLarly on the Polluterpays Principle, the Precautionary Principle and Preventive Action, and the Principle of Rectification of Pollution at Source." Article 2, Principles and overall aims, Decision No. 1600/2002/EC of the European Parliament and of the Council, of 22 July 2002, Laying down the Sixth Community Environment Action Programme, PDF, L 242/3.

[4] "The Programme shall form a Basis for the Environmental Dimension of the European Sustainable Development Strategy and Contribute to the Integration of Environmental Concerns into all Community policies, inter alia by Setting out Environmental Priorities for the Strategy." L 242/3.

三条提出了十大战略途径：包括制定新的共同体法律并修订已有立法；促进共同体环境法律更有效执行；将环保要求纳入共同体不同领域的活动以及政策的制定与执行中；推广可持续的生产与消费方式；与企业以及它们的代表机构、消费者及其组织，包括社会合作者建立一种合作伙伴关系，推动企业的环保行为致力于可持续生产；帮助促成个体消费者、企业、公共团体形成可持续消费方式；支持环境在金融部门的融合；创建社区责任制度要求包括环境责任的立法；改进与消费者团体以及非政府组织的合作伙伴关系，增进相互理解，推动欧洲公民参与环境问题；充分尊重辅从原则，鼓励和促进在充分考虑环境影响基础上的土地与海洋利用与管理的有效和可持续性。规划中单独列出了第五条，专门针对气候变化，提出减缓气候变化的三大目标和优先行动措施。

三大目标分别是：（1）2002 年前批准加入《京都议定书》，并且欧盟作为一个整体履行 8% 的碳减排承诺（到 2008~2012 年以 1990 年为基准线减少 8%）；（2）在 2025 年之前根据《京都议定书》的承诺，实现明显的进步；（3）置身于可信的位置上推动更加严格的国际减排协议，协议致力于显著减排，并考虑走向一个全球公平的排放配置的必要性。

优先行动措施主要有[1]：执行包括《京都议定书》在内的国际气候领域的承诺；在能源、交通、工业部门减排；其他部门减排，特别提到包括要显著提高在建筑设计中制冷制热的能效，以及考虑在共同农业政策和废弃物管理领域与其他环境政策协同起来减排的必要性；使用其他的适当措施，包括：金融手段如能源税、鼓励清洁能源和交通以及技术创新，鼓励工业部门减排的环境协议，确保气候变化在研究和科技发展以及国家研究项目方面作为共同体政策的主题。[2]

欧盟要求解决气候变化问题时必须考虑欧盟的扩大，确保成员国之间在

---

[1] Article 5, "Objectives and Priority Areas for Action on Tackling Climate Change," *Official Journal of the European Communities*, 10. 9. 2002, PDF, L 242/6 – 8.

[2] "Ensuring Climate Change as a Major Theme of Community Policy for Research and Technological Development and for National Research Programmes," Article 5, Objectives and Priority Areas for Action on Tackling Climate Change, *Official Journal of the European Communities*, 10. 9. 2002, PDF, L 242/6 – 8.

气候问题上的紧密合作。[1]

如果说在上一个阶段，欧盟环境政策从共同市场的衍生品走向独立完备体系的话，那么，在这一阶段，欧盟环境政策开始了它的全球视角的环境战略。目前，以气候变化为中心的环境领域是欧盟最能跟美国抗衡甚至领先于美国的一个领域，时至今日，欧盟在应对气候变化领域一直走在全球的前列。

从上述四个阶段，可以发现欧盟环境政策涉足的领域不断扩展，内容不断深化和细化。从最初的合理使用和保护资源的提出，从《有关危险制品的分类、包装和标签的 67/548 指令》（1967 年）[2] 以及《有关机动车允许噪声声级和排气系统的 70 /157 指令》（1970 年）[3] 的制定开始，迄今为止，欧盟共实施了 6 个环境行动计划，建立了涵盖空气、气候变化、水、废弃物、化学品、噪声、土壤、土地使用、自然与生物多样性以及生物技术等诸多领域的较为全面的环境政策。（见表 7 - 1）

表 7 - 1　欧盟环境政策发展阶段及特征

发展阶段	大致时间	特征	标的事件
第一阶段：环境理性的萌芽	1951～1972 年	环境政策以节约资源、末端治理为主	《巴黎条约》和《罗马条约》
第二阶段：现代环境主义	1972～1987 年	环境政策目标从末端治理转向源头控制、线性增长转向循环经济	联合国人类环境会议
第三阶段：可持续发展	1987～2000 年	环境政策从衍生品到完整体系、可持续发展战略的提出和实施	世界环境与发展会议
第四阶段：低碳时代	2000 年至今	区内政策转向全球视角、环境政策与欧盟地位相结合	《欧洲气候变化方案》，英国《能源白皮书》

---

[1]　"Iaying Down the Sixth Community Environment Action Programme," *Official Journal of the European Communities* 10. 9. 2002, PDF, L 242/6.

[2]　Directive 67/548 Relating to the Classification, Packaging and Labeling of Dangerous Preparation, OJ 1967 L 196 /1，此后又经过多次修订。

[3]　Directive 70/157 Relating to the Permissible Sound Level and Exhaust System of Motor Vehicle, OJ 1971 L 42/16，此后又经过多次修订。转引自中国合格评定国家认可委员会实验室认可证书附件。

　　欧盟环境政策，尤其是日渐成熟的气候变化政策成为对外政策的重要组成部分。2003 年英国发表了《能源白皮书》，欧盟开始积极发展低碳经济，同时凭借在低碳经济领域的技术优势提升自身的全球地位和作用。2005 年 10 月，欧盟又启动了第二个欧洲气候变化方案，以识别具有成本效益型的减排措施，开发适应气候变化的战略。2007 年以来，欧盟采取了更加积极的气候变化政策，并针对 2012 年后减排机制提出了新的气候变化政策。2007 年 3 月，欧盟提出三个 "20%" 目标，即到 2020 年，欧盟单方面将温室气体排放量在 1990 年的基础上至少削减 20%；能效改善 20%；可再生能源所在总能源消费中的比例将提高到 20%。在积极应对环境问题的同时，环境外交、环境贸易、气候外交、气候贸易随之登上欧盟外交政策和贸易政策的舞台，并扮演着越来越重要的角色。可见，欧盟的环境政策已经发展成为一个全球视角的积极的政策体系了。

第二节　欧盟环境政策及其实施机制的优化

　　从第一节的分析可见，环境政策从作为共同市场的衍生品发展到了一个完整的政策体系，并且促进和推动了欧盟一体化的发展，在此过程中环境政策实施机制也在丰富和创新中逐步完善。

一　环境法律体系不断健全

　　实施机制的优化是基于不断完善的法律体系之上，后者主要表现为环境法的范围不断扩展，内容不断完善，环保机构日益健全和机构权能逐步扩大。

　　经过半个世纪的发展，欧盟形成了一套多层次的较为全面的法律体系。欧盟的法律可分为四个层级：基本立法（Primary Community Law）、二次立法（Secondary Community Law）、不成文法律（Unwritten Community Law）和国际协定（International Agreement）。基本立法即欧盟赖以建立的基本条约，相当于国家的宪法，是欧盟最高层次的法律。具体来说，欧盟的基本立法包括：《巴黎条约》、《罗马条约》、《布鲁塞尔条约》、《单一欧洲法令》、《欧洲联盟条约》和《阿姆斯特丹条约》等。欧盟在其基本立法规定的范围内享有立法权力，为完成基本立法中规定的任务和目标，欧盟各权力机构在其立法权限内制定了大量的法律，即二次立法。二次立法主要有法规、指令和决定三种形式。欧盟现具有效力的环境法规有 200 多条，其中包括 140 多条指令。其中 IPPC①、EIA② 和 SEA③、SEVESO 指令④、EMAS 规则⑤构成了欧盟环境污染管理和风险管理最重要的四大支柱法规。⑥⑦ 欧盟环境法律文件近 10 几年来数量迅速增加，涵盖范围逐渐扩大：1990 年，欧盟有各类环境法律文件不超过 30 件，其中绝大部分为关于环境保护和欧盟环境保护机构设置的一般规定；到 2007 年，欧盟环境法律文件的数量已达到 700 余件，17 年的时间内数量上增加了 22.3 倍。环境法律文件内容从一般规定发展到不同领域的具体规定。范围扩展到包括水污染防治、大气污染防治、土壤污染防治、减缓气候变化、废物管理、产品环境品质管理、生物资源保护利用与生物多样性保护、动物福利、环境责任、公众知情参与和诉讼等几乎所有环境保护与治理领域。

同时，环境保护机构也日益完善，从 1973 年的一家机构逐步增设发展

---

① http：//europa. eu/legislation _ summaries/environment/waste _ management/l28045 _ en. htm，查阅时间 2009 年 11 月 1 日。

② http：//ec. europa. eu/environment/eia/sea-legalcontext. htm，查阅时间 2009 年 11 月 1 日。

③ http：//ec. europa. eu/environment/eia/eia-legalcontext. htm，查阅时间 2009 年 11 月 1 日。

④ Council Directive 82/501/EEC，http：//eur-lex. europa. eu/LexUriServ/LexUriServ. do? uri = CELEX：52002XG0131 (01)：EN：HTML，查阅时间 2009 年 11 月 1 日。

⑤ http：//www. anpm. ro/Files/Reg_ EMAS_ III_ 1221_ 2009_ en_ 2010120306422. pdf，查阅时间 2009 年 11 月 1 日。

⑥ 乔利利：《欧盟环境政策新动向》，《世界环境》2004 年第 3 期。

⑦ IPPC 指令（Integrated Pollution Prevention and Control 综合污染防治管理）是关于产业污染源的综合治理，用以替代 Directive 96/61/EC，该指令通过企业操作许可制度来控制和减少各污染源的污染。EIA（Environmental Impact Assessment，环境影响评价）和 SEA（Strategic Environment Assessment，战略环境影响评价），EIA 指令规定了环境影响评价的范围，如明确规定在陆上焚烧废物、用土地填埋方法处置有毒和危险废物属于应进行环境影响评价的活动，以及评价的程序和公众参与等问题。SEA 是对政策、计划、程序进行战略环境影响评价，在以往的以产业为对象的环境影响评价的基础上，在决定过程中征求并加入一般市民的意见。《塞芬索指令》，即《关于某些工业活动的重大事故危害的指令》，主要包括环境危险、采取的安全措施、装备的安全设施、向工人提供的安全情报和安全培训。EMAS 规则（Eco-Management and Audit Scheme Regulation，环境管理审计规则）是以企业为对象，为推进企业自发的引进环境政策而设立的。并从 2001 年 4 月开始执行新的 EMAS 规则。新的规则对象不但是企业还包括地方公共团体。认证 EMAS 的企业要求对外公开环境声明，包括环境管理体系状况、环境影响评价、有关环境数据和指标并定期对外发布环境报告书。

成为一个较为完善的平行机构体系：1973 年，欧盟唯一的环境管理机构是与其他总署平行的"环境与消费者保护事务处"（Environment and Consumer Protection Service），即欧盟环境总署（Directorate General）的前身，其职能范围为其他总署管辖范围外的边角问题：如废油、地表水、废弃物和洗浴用水等；2008 年，欧盟化学管理局运行，成为欧盟环境管理的辅助机构，至此，欧盟环境管理形成了以委员会下属的环境总署、欧洲议会下属的环境委员会及理事会下属的环境工作组为主导，欧洲环境保护总局（European Environment Agency，1990）、欧洲环境与可持续发展咨询论坛（European Consultative Forum on the Environment and Sustainable Development，1993）、欧洲环境法施行网络（European Network for the Implementation and Enforcement of Environmental Law，1992）、环境政策评审组（Environmental Policy Review Group）等为辅助的平行机构体系，环境总署的职能范围也扩大至大多数领域。[①]

二 政策工具和实施手段不断完善

为确保环境政策的实施，欧盟逐步发展了包括法律工具、市场机制和财政手段、金融支持以及一般措施在内的系统化实施工具。欧盟委员会还采取了财政支持、生态标签、生态管理与生态审计等手段。自 2000 年以来，欧盟先后发布了《关于环境财政基金（LIFE）的 1655、2000 号条例》《关于修订共同体生态标签奖励方案的 1980、2000 号条例》《允许以组织形式自愿参加共同体的生态管理和审计方案（EMAS）761、2001 号条例》《关于同意共同体财政援助为改善货物运输系统的环境行为（第 1382、2003 条例）》《环境协议条例》《在欧洲构建空间信息基础指令》《环境协议通讯》《综合工业产品政策战略白皮书》《将环境纳入标准化通讯》《欧洲环境与健康行动计划 2004～2010 通讯》《公民与环境保护战略》[②] 等。在此背景下，欧盟主要成员国根据各自的情况发展了有效的环保手段和措施。

下文以英国的气候领域为例，说明环保政策实施机制的优化及其效果。

---

① 陈欢欢：《欧盟环境法的最新发展、不足与启示》，http：//www. chinalawedu. com/new/ 21602_ 21676_ /2010_ 1_ 22_ ji373215305512210102177710. shtml。

② 胡必彬：《欧盟不同环境领域环境政策发展趋势分析》，《环境科学与管理》2006 年第 6 期。

为促进企业减排，英国引入一揽子经济激励措施，如气候变化税、气候变化协议、英国排放贸易机制、强化投资补贴项目和碳基金等五大主要实施工具，如图 7-1 所示。实践证明，它们不仅各具特色，而且注重相互之间的协同和配合，紧密围绕大气领域的政策目标形成合力，为减排行动提供了切实有效的政策激励。

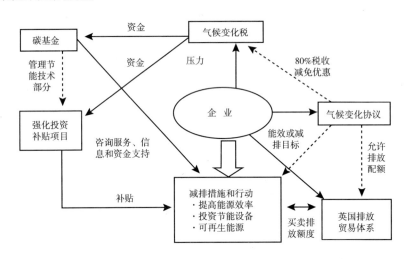

图 7-1　英国在气候变化领域的政策工具及其协调关系

资料来源：陈迎《英国促进企业减排的激励措施及其对中国的借鉴》，2006。

其中，气候变化税于 2001 年 4 月 1 日生效，是英国在该领域总体战略的核心部分。它针对非民用的工业、商业和公共部门，向为这些部门提供能源产品的供应商征收。应缴税额根据能源产品的供应量及相应税率计算，不设起征点。不同的能源品种其税率也不同，如电力为 0.43P/（kWh），煤炭约 0.15 P/（kWh），天然气 0.15 P/（kWh），液化天然气 0.07 P/（kWh），气候变化税将使企业的燃料费用普遍增加 10% ~ 15%。同时，为了鼓励企业提高能源效率和减少排放，保护特定部门企业的竞争力，也规定了一些税收豁免或减免措施。如符合规定的热电联产和可再生能源发电项目可享受豁免，农艺部门在最长 5a 的过渡期内暂时减免 50%。与政府签订自愿的气候变化协议的能源密集型工业企业，如果完成规定的能效或减排目标，则可以最多减免 80% 的气候变化税。遵循通行的环境税收人"中性原则"，英国政府除针对特定技术或部门制定优惠政策之外，将气候变化税的收入主要通过三个途径返还给企业：一是将所有企业为雇员交纳的国民保险金（NIC）调低0.3个百分点；二是通过"强化投资补贴"项目鼓励企业投资节能和环保的技术或设备；三是设立服务于共同利益的碳基金和其他资助项目。

气候变化协议是英国政府与能源密集型企业之间签订的自愿减排协议，主要内容是为每个部门确定2002~2010年的能效目标或减排目标，每两年为一个目标期。完成协议规定的能效或减排目标的企业可享受减免80%的气候变化税。英国政府还聘请一家咨询公司对主要部门的能源使用现状、基准排放情景及采用不同节能措施的节能潜力等进行详细评估和定量分析，以确定总的减排目标。然后将这一目标分解到各个工业部门。所有签订协议的企业，通过注册还可以参与英国排放贸易机制，进行排放配额的买卖，以降低企业的减排成本。

排放贸易是英国在《京都议定书》框架下于2002年4月率先启动的利用市场促进减排的一个重要机制。它以33个直接参与的企业作为主体，政府以拍卖方式提供2.15亿英镑的资金，换取这些企业2002~2006年自愿减排1188万吨二氧化碳当量的承诺。以1998~2000年的平均排放量为基准线，政府确定企业每年允许排放配额并免费分配给企业。此外，与政府签订气候变化协议的企业，项目减排量的拥有者，以及其他中介机构和非政府组织等都可以自愿参与。为了保证减排的真实性，所有承诺减排目标的参与者必须按相关条例严格监测和报告企业每年的排放状况，并经过有执业资格的第三方独立认证机构的核实。为方便交易，英国还开发了一套排放贸易的电子注册系统和实时交易平台。所有参与者至少注册一个账户，用来记录其基本情况及其配额、配额转移和配额供需等信息。管理机构根据系统记录的履约状况，向完成减排目标的企业发放相应的奖励金和新一年的全部排放配额。未完成减排目标的企业不仅得不到奖励金，还要扣减一定数量的排放配额或被处以罚款。作为一个开放系统，该机制还允许参与者将《京都议定书》目标下取得的国际排放额度用于履约。通过英国排放贸易机制，仅直接参与的企业，在2002~2004年间相对基准线已累计减排590万当量。

碳基金是英国政府利用气候变化税的部分收入创立的以帮助和促进企业及公共部门减排为目的的公共基金。主要在三个重点领域开展活动：一是能马上产生减排效果的活动，通过实地调查、专业咨询、金融产品等形式多样的服务，帮助和促进企业和公共部门利用现有技术制定并实施成本有效的减排措施，提高能源效率；二是低碳技术开发，通过赠款、贷款、建立创新基地或"孵化器"等不同方式和渠道，鼓励新的节能技术和低碳技术也包括产品、过程和服务的研发和创新，开拓和培育低碳技术市场，促进长期减排；三是通过信息传播和咨询活动，帮助企业和公共部门提高应对气候变化的能力，向社会公众、企业、投资人和政府提供与促进低碳经济发展相关的大量有价值的资讯。碳基金的管理运作模式独特，一方面由政府出资创立，每年从政府获得资金，代替政府进行公共资金的管理和运作；另一方面，作为具有独立法人地位的公司，碳基金采用商业模式进行管理和运作，力图通过严格的管理和制度保障使公共资金得到最有效的使用。碳基金这种介于政府与企业之间的独特地位，有利于调动和协调政府、企业、行业协会、咨询公司、投资公司、科研机构和媒体等各方面的力量，同时碳基金提供的各种服务受到企业用户的普遍欢迎，促使企业高层管理者的经营观念发生明显转变。此外，碳基金还通过自身商业运作的经验和成功实践，树立起良好的品牌和示范效应，带动了对低碳技术的投资，并刺激了咨询业的蓬勃发展。

强化投资补贴项目，包括节能技术、节水技术和低碳排放技术，通过在企业应税利润中扣除全部首期投资费用包括购买、运输和安装费用的补贴方式，鼓励企业投资于节能和环保技术设备。其中节能技术部分由碳基金负责管理和实施。碳基金组织制订了《能源技术清单》（ETL）和《能源技术标准清单》，目前包括 15 大类 53 细目的 9000 多种产品，且每月更新一次，产品的范围和数量不断增加。企业投资购买的节能设备如果符合清单的要求，就有资格申请补贴。不仅如此，碳基金还提供一个有 ETL 字样的特殊标志，符合清单要求的节能产品经过申请和认证，生产商可以在其产品上使用该标志，吸引消费者购买本企业生产的节能产品。[①]

三 环境政策的地位和有效性不断提升

欧盟环境政策在不断完善的过程中，其有效性和影响力也在上升。1987 年的第四个环境行动规划（1987～1992 年）比较系统完整地制定了环境政策，标志着欧盟环境政策的影响力和渗透力达到了一个新的高度。

---

① 陈迎：《英国促进企业减排的激励措施及其对中国的借鉴》，2006。

该行动计划（1）重申要将环境保护的要求纳入农业、工业、运输等行业中；（2）首次在环境行动规划中提出环境信息和环境教育，更加强调环境领域与其他领域的互动合作；（3）针对污染提出多种方法，如多种介质法（Multi-media Approach）①、立足原材料法（Substance-oriented Approach）、污染源法（Pollution Source-directed Approach）；（4）指出要建立严格的环境标准。

1992 年签订的《欧洲联盟条约》（Treaty of European Union），即《马约》（Treaty of Maastricht）则又将环保政策向前推进了一大步：（1）明确了可持续发展的目标，继《我们共同的未来》5 年之后，欧盟首次明确提出其基本目标之一——可持续发展，"欧盟的基本目的之一是促进经济活动的协调，均衡发展，以及可持续的，没有通货膨胀的，尊重环境的增长。"② 环境保护也第一次明确地进入了这一关键条约的第 2、3 条中。（2）提升了环境政策的地位，《马约》第三条中的 k 项，明确了实现可持续发展目标的措施应该包括制定环境领域的政策③。（3）环保政策更明确地向外延伸，《马约》新增的条款中，第 130R 条还增加了在国际上采取措施，以处理区域性的或世界性的环境问题，于是，在第二个环境行动规划的基础上，欧盟更进一步将环境政策超越于欧洲之外。（4）在第 130S 条中，欧盟第一次将合作程序，共同决策程序引入了环境政策的决策程序中，提高了欧洲议会在环境政策领域的发言权。（5）进一步明确了环保政策向其他政策的渗透，相对于《单一欧洲法令》第 130R 的第 2 条中提到环境保护要求"应该是共同体

---

① 即污染从水转移到空气或从空气转移到土壤。

② "To Promote throughout the Community a Harmonious and Balanced Development of Economic Activities, Sustainable and Non-inflationary Growth Respecting the Environment, a high Degree of Convergence of Economic Performance, a High Level of Employment and of Social Protection, the Raising of the Standard of Living and Quality of Life, and Economic and Social Cohesion and Solidarity Among Member States." Title II, Article 6, B2, Treaty on European Union, *Official Journal* C 191, 29 July, 1992, http://eur-lex.europa.eu/en/treaties/dat/11992M/htm/11992M.html#0001000001, 查阅时间 2010 年 1 月 10 日。

③ For the Purposes Set out in Article 2, the Activities of the Community shall Include, as Provided in this Treaty and in Accordance with the Timetable Set out Therein… (k) a Policy in the Sphere of the Environment, http://eur-lex.europa.eu/en/treaties/dat/11992M/htm/11992M.html#0001000001, 其中还包括提高科研和技术的发展，鼓励泛欧洲网络的建立和发展等，查阅时间 2010 年 1 月 10 日。

其他政策的一个组成部分"①,《马约》第 130R 的第 2 条中则明确规定了环境保护的要求"必须纳入到共同体其他政策的制定和实施中",强调欧盟环境政策目标是高水平的保护,是建立在预防原则的基础上,环境保护必须纳入到所有其他欧盟政策的制定和实施中。② 至此,环境政策在第一阶段的从属性已经完全消退,主动性和地位显著增强。

理事会在 1993 年通过了欧共体的第五个环境行动规划(1993~2000年),该行动规划明确提出的口号就是"走向可持续发展"。③ 较之前的四个环境规划,又是一次显著的突破:(1)规划第一次提出了可持续发展的四个特征④,并提出了实现可持续发展的两大基础原则,其中第一个就是环境维度必须纳入到所有的主要政策领域中,第二是以各种行为主体(如政府、业界及公众人士)的责任共担来代替原来的"命令-控制"式手段;(2)提出了实现可持续发展的 4 个工具/手段:通过法律手段建立环境标准、通过经济手段鼓励生产和使用环境友好产品和工艺、横向支持手段(如信息、教育、科研)、财政支持手段(如基金);(3)提出可持续发展战略的五个优先领域:工业、能源、交通、农业、旅游。此外,该规划还提出了七大主题和目标、风险管理需要特别关注的三大领域(其中之一就是环境突发事件)以及七种类型的政策工具。⑤ 可见,第五个环境行动规划是欧盟环境改革的一个重大突破,它以可持续发展为目标,进而提出实现目标的环境政策及其具体实施手段。尤其是建立环境标准问题的提出,对之后的产品环境规制、对于经济、贸易、外交都有着深远的意义,可以说是欧盟环境政策的一个里程碑。

1997 年的《阿姆斯特丹条约》(Treaty of Amsterdam),即《新欧洲联盟

---

① "Environmental Protection Requirements shall be a Component of the Community's other Policies." Single European Act, Official Journal of the European Communities, 29. 6. 87, No. L169.

② "Environmental Protection Requirements must be Integrated into the Definition and Implementation of other Community Policies." Article 130r, Environment, Title XVI, *Official Journal of the European Communities*, 31. 8. 92, No C 224/52.

③ The Strategy "Towards Sustainability" Required a Wide Range of Instruments: 1. Legislation to Set Environmental Standards; …, Towards Sustainability: the European Community Programme of Policy and Action in Regulation to the Environment and Sustainable Development," http://ec. europa. eu/environment/actionpr. htm, 查阅时间 2010 年 2 月 3 日。

④ 其中最后一点就是不能以损害子孙后代的需求来满足当代的需求。

⑤ http://ec. europa. eu/environment/actionpr. htm, 查阅时间 2010 年 2 月 3 日。

条约》（The New Treaty of European Union）更加突出了可持续发展的地位，在第一部分（实质性修订）第一条的第 2 点，提出推进经济社会的发展要考虑可持续发展的原则，[①] 第 5 点提出欧盟应该设定的五个目标中，第一个就是"可持续发展"。[②] 而原来《罗马条约》中的"在界定和实施共同体政策与活动时，必须包括环境保护的要求"作为新条款移至该条约的"原则"部分，从而上升为共同体的一项原则，将环境保护融入一体化的进程中来。《阿约》进一步引入了战略环境影响评价，欧盟委员会在提出对环境可能会产生重大影响的立法建议时，都必须首先对此进行环境的影响评价，其中修订后的《欧共体条约》第 6 条指出，环保要求必须纳入共同体的政策制定和执行以及上文第三条的一系列活动中，尤其是以期促进可持续发展，[③] 明确了环保政策是实现可持续发展的有效途径，环境保护已成为共同体的一项基本的原则。

四 实施机制更加灵活

欧盟的环境政策实施机制也经历了一个从命令控制型转向经济刺激型的过程。分水岭就是欧盟于 1993 年实施的第五号环境行动规划。20 世纪 90 年代之前，尤其是罗马俱乐部发表了《增长的极限》之后，国际社会对人类活动的环境负面影响的认识增强，从政府行政的手段进行环保干预成为最

---

① "Determined to Promote Economic and Social Progress for Their Peoples, Taking into Account the Principle of Sustainable Development and Within the Context of the Accomplishment of the Internal Market and of Reinforced Cohesion and Environmental Protection, …," The Treaty of Amsterdam Amending the Treaty of the European Union, the Treaties Establishing the European Communities and Certain Related Acts, *Official Journal* C 340, 10 November 1997, http://eur-lex. europa. eu/en/treaties/dat/11997D/htm/11997D. html，查阅时间 2010 年 2 月 3 日。

② The Union Shall set Itself the Following Objectives: – to Promote Economic and Social Progress and a High Level of Employment and to Achieve Balanced and Sustainable Development, in Particular Through the Creation of an Area Without Internal Frontiers, …; The Treaty of Amsterdam Amending the Treaty of the European Union, the Treaties Establishing the European Communities and Certain Related acts, *Official Journal* C 340, 10 November 1997, http://eur-lex. europa. eu/en/treaties/dat/11997D/htm/11997D. html，查阅时间 2010 年 2 月 3 日。

③ "Environmental Protection Requirements Must be Integrated into the Definition and Implementation of the Community Policies and Activities Referred to in Article 3, in Particular with a View to Promoting Sustainable Development." Article 6 (ex Article 3c), Treaty of Amsterdam Amending the Treaty on European Union, the Treaties Establishing the European Communities and Related Acts, *Official Journal* C 340, 10 November, 1997, TIFF.

普遍的方式。如1983年的第三个环境规划提出了环境的影响评估、环境行动成本收益分析，第四个规划则更进一步，针对污染提出多种介质法、立足原材料法及污染源法，并且指出要建立严格的环境标准。表明了"命令－控制"式的实施机制占据了主导地位。

第五个环境规划显示欧盟环保政策发生了巨变，为了促使社会各阶层去共同分担责任，欧盟越来越多地使用经济手段①。第五个规划强调使用诸如财政手段和价格机制等新的环境规制措施来改善环境品质，强调逐渐增加经济手段的使用，而减少命令控制型规制措施的使用。《1996年7月15日条例》修改了1993年的条例②，建立了环境财经手段，1997年公布的《关于利用绿色税和费的报告》③。上述经济激励机制在欧盟循环经济立法中发挥着重要作用。

欧盟现已采用的经济手段主要有环境税、排污权交易、押金返还、环境补贴、环境标签、环境认证、信息披露和自愿协议④。但需要指出的是，这种实施机制的转变并非完全替代型的，而是一种互补。经济手段主要是为了补充而不是替代传统的命令控制型环境规制，是基于传统的命令控制型规制措施之上，因而实际上是转向一种多重的实施机制。

针对环境政策实施过程中的执行成本高、执法力度不够、程序复杂等问题，欧盟对此做了一系列的调整，如简化了环境法规以增加欧盟环境法的清晰度和有效性；加强欧盟与成员国和地方权力机构的合作，如建立环境法执行网络（IMPEL），制定一套更连贯更有效的环境报告体系，召开环境法执行讨论会以定期检视成员国执法不力的情况和通过刑法打击环境犯罪等等；通过环境金融工具（LIFE）、结构基金和凝聚基金来帮助最贫穷的成员国实施联合环境项目，以减轻环境法执行成本和财政负担；提供申诉和违反程序的替代方案，使一些个案能在成员国法律框架下解决。上述调整使得环境政策执行的清晰度和可操作性进一步增强。

---

① 实际上最早的经济手段就是传统的"污染者付费"制度。出现在《关于废物的75/442指令》第15条，《关于处置废油的75/439指令》第14条，等等。

② Regulation（EEC）No. 1973/92.

③ Communication on the Use of "Green" Levies and Charges.

④ Stephen M. Johnson：《经济手段 VS 环境正义：欧盟的视角》，《环境经济》2009年10月总第70期。

五　民主化和信息公开化程度提高

公众参与和司法诉讼是执行环境政策的重要方式和环节，因此公众的环境知情权和信息权是一个不可忽视的方面。

欧盟通过不断提高决策过程的透明度和保证诉讼公开原则来提高环境政策实际决策过程中的公众参与。1982 年欧共体的《塞芬索指令》明确规定，各成员国必须设立主管部门，向可能受事故影响的人和公众主动提供关于安全措施和事故状况的情报；成员国必须保证生产者采取一切必要措施预防和处理重大事故，包括向政府主管部门报告已经查明的现有危险、采取的安全措施、装备的安全设施，向工人提供的安全情报和安全培训。欧共体理事会《关于环境影响评价的指令》（1985 年，欧共体理事会指令第 85/337 号，1988 年 7 月 3 日生效）对环境影响评价的范围（如明确规定在陆上焚烧废物、用土地填埋方法处置有毒和危险废物属于应进行环境影响评价的活动）、程序和公众参与等问题作了规定，它包括：开发建设者对主管机关和公众提供项目资料；征求主管机关、其他部门和公众的意见；主管机关在审批过程中的责任（如考虑有关部门和公众对项目环境影响的意见、向公众公开有关项目的决定和有关情报资料等）。

为进一步增强透明度，欧盟理事会于 1990 年通过《自由获得环境信息的指令》，于 1993 年生效。该指令规定任何自然人或法人都有权以合理的代价要求获得有关环境的信息，不需要这个人证明他与这些信息有利害关系。有关公共当局必须在两个月内对要求获取该信息的请求做出反应，在拒绝提供信息时必须说明理由。[①] 欧盟陆续出台了《公众获得环境信息第 2003/4/EC 号指令》、《公众参与起草有关环境规划第 2003/35/EC 号指令》和《实施奥胡斯公约关于信息知情权、决策中的公众参与、公共体机构环境问题中的诉讼权利第 1367/2006 号规章》。此外，欧共体的第三个环境行动规划中还强调了要有意识地训练和培养公民的环保意识。

六　实施过程中共同体内部环境正义问题得以关注

"环境正义"（environmental justice），是指人类社会在处理环境保护问题时，

---

① Directive 80/51 on Noise Emission form Subsonic Aircraft；[1980] OJL 18/26.

各群体、区域、族群、民族国家之间所应承诺的权利与义务的公平对等。① 环境正义正成为欧盟环境法规和政策中的一项重要议题，欧盟的环境正义主要关注贫穷和污染的关系，欧盟已公布了一些针对污染和低收入群体关系的研究。其中最为重要的当属英国地球之友发布的研究报告（这是英国，也是欧盟第一份有关污染是否对低收入群体带来不公影响的报告）。该研究调查了重污染企业在英国的地区分布，认为"收入低于 5000 英镑的家庭比收入高于 6 万英镑的家庭受重污染企业干扰的比率高出两倍"。该报告指出"伦敦 90% 以上的重污染企业坐落于低收入社区"。②

针对环境政策实施中的非正义状况，欧盟逐步完善环境法规中所包含的"经济措施安全网"③。其中包括公众参与、信息获得法规、环境影响评估以及司法救济等方式。如《奥胡斯公约》的第三条提出 9 条措施确保公众环境信息权的获取，其中第 3 点提出了"环境正义"，"每个成员国应提高和普及公众的环境教育和环境意识，特别是公民如何获得信息参与决策，获取环境正义的手段"④。通过上述措施，欧盟对于实施机制中的环境税、排污权交易、自愿协议、成本收益分析（成本收益分析由于低收入社区缺乏资金参与此类研究，所以政策决策程序中很难照顾低收入人群的利益）等经济手段所产生的环境非正义进行了弥补和改革。

如针对环境税的负面影响⑤，采取了能源税改革等补救措施，政府针对能源的终端用户征收累进能源税，能源使用额较小的用户就可以少交税，或者政府可以针对特定的能源使用者免征能源税，向低收入家庭提供能源消费补贴。此外，政府也可以采用其他补充措施，比如采取措施改善低收入家庭

---

① 王韬洋：《有差异的主体与不一样的环境"想象"——"环境正义"视角中的环境伦理命题分析》，《哲学研究》2003 年第 3 期，http：//philosophy. cass. cn/chuban/zxyj/yjgqml/03/0303/05. htm，查阅时间 2010 年 3 月 4 日。

② Stephen M. Johnson：《经济手段 VS 环境正义：欧盟的视角》，《环境经济》2009 年 10 月总第 70 期。

③ Stephen M. Johnson：《经济手段 VS 环境正义：欧盟的视角》，《环境经济》2009 年 10 月总第 70 期。

④ "Each Party shall promote environmental education and environmental awareness among the public, especially on how to obtain access to information, to participate in decision-making and to obtain access to justice in environmental matters." Article 3, Convention on Access to Information, Public Participation in Decision-Making and Access to Justice in Environmental Matters, http：//www. unece. org/env/pp/documents/cep43e. pdf, p. 5.

⑤ 主要表现为给低收入群体带来的累退效应。

的能源使用效率，欧盟各国便采用了这样的措施。

欧盟还对因自愿协议引起的非正义性进行一些弥补。自愿协议因其签订的有限公众参与和有限信息披露使得穷人的利益通常无法体现在自愿协议之中，使得自愿协议的制定被利益集团所掌控，于是公共利益会被减损。更何况自愿协议一般都较难监督和执行。对此，欧盟委员会针对自愿协议所制定的指引，要求确定可量化的目的、监督执行结果、进行定期报告、对结果进行认证和进行信息披露。同时强调，应该让利益攸关者和公众参与自愿协议的谈判。欧盟环保署也认为必须加强自愿协议的透明度，同时应该建立可信的监督和报告制度，以确保协议企业能够切实履行自愿协议。①

第三节　欧盟环境政策的一体化

环境政策的一体化既是欧洲共同市场的必然要求也是环境政策有效执行的前提。《欧洲联盟条约》中对于环境政策重要性的表述正好阐释了环境政策一体化的主要内涵。环境政策的一体化包括两个层面：一是环境政策与其他领域政策的渗透融合，二是环境政策在行动主体各成员国之间的协调趋同。总之，是在可持续发展的框架下采取协调一致的环境标准和政策目标，欧盟环境政策及其手段是与谋求全球地位相结合的。

一　环境政策和其他领域政策的一体化

环境政策和其他领域政策的一体化是指，在其他部门的政策和行动中要确保其中的环境问题、环境影响得到充分的考虑，即环境保护的要求必须明确地纳入其他政策的制定和执行以及和其他领域的活动中，这一点从1997年开始便成为欧共体条约下的一个基本要求。欧共体条约的第六条规定，"环保要求必须纳入到政策的定义和实施中，尤其应促进可持续发展"，在第六个环境行动纲领又一次重申，"为实现可持续发展，环境问题与其他政策的融合必须深化"②。欧盟委员会明确规定了环境政策的一体化包括：农

---

① 但事实是，多数欧盟成员国并没有为公众提供参与自愿协议协商的机会，也没有在自愿协议协商的过程中向公众提供必要的信息。

② http：//ec. europa. eu/environment/integration/integration. htm，查阅时间 2010 年 9 月 10 日。

业、渔业、能源、交通、发展、企业（涵盖工业）、贸易与对外关系、经济复苏计划、内部市场、经济与金融事务、凝聚政策（cohesion policy）、就业政策等领域。① 任何旨在促进经济和社会发展的政策都不能以损害环境为代价。下文以与农业政策的协调为例，分析欧盟环境政策与其他领域政策的一体化。

欧盟共同农业政策在 20 世纪 90 年代以前主要是提高生产力，确保粮食供应和稳定农民收入，对环境的影响没有足够的重视，欧盟农业政策的负面效果越来越多的显现。90 年代后，按照可持续发展的思路，欧盟为了环境保护而在农业领域采取了一系列措施。②

欧盟委员会关于"环境与农业"的文件中提出，农业部门在环境总局（the Environment Directorate-General）中的任务就是，将环境问题纳入到共同农业政策中。所追求的在环境与农业间的关系就是"农业的可持续发展"③，"消除环境退化的风险，提高农业生态系统的可持续性"。④ 这就要求以可持续的方式来管理自然资源，确保未来的权益。农业部门应保护和改善水，空气和土壤质量，保护生物多样性以及自然景观。欧盟环境政策与共同农业政策的一体化框架主要包括四个方面：基本原则、具体措施、政治承诺以及一体化评价。⑤

基本原则一是"要确保可持续的农业生产方式，避免对环境有害的农业活动"；二是"为有利于环境的公共产品和服务提供激励机制"。⑥

相应地，针对第一条原则，衍生出了农业活动范畴的"污染者付费原则"（polluter-pays-principle）。为确保可持续发展意义上的农业活动，制定了保护环境和景观的共同规则和标准，农民有义务遵守共同规则和标准。这些强制性的准则形成了确保农业活动以可持续方式进行的根本基础，同时也

---

① http：//ec. europa. eu/environment/ integration/integration. htm， 和 http：//ec. europa. eu/environment/integration/enterprise_ en. htm，查阅时间 2010 年 9 月 10 日。

② 肖主安：《欧盟环境政策与农业政策的协调措施》，《世界农业》2004 年第 5 期。

③ http：//ec. europa. eu/environment/agriculture/index. htm，查阅时间 2010 年 9 月 3 日。

④ http：//ec. europa. eu/agriculture/envir/index_ en. htm，查阅时间 2010 年 9 月 3 日。

⑤ http：//ec. europa. eu/agriculture/envir/cap/index_ en. htm#level，查阅时间 2010 年 9 月 3 日。

⑥ "Ensuring a Sustainable way of Farming by Avoiding Environmentally Harmful Agricultural Activity and Providing Incentives for Environmentally Beneficial Public Goods and Services," http：//ec. europa. eu/agriculture/envir/cap/index_ en. htm#level，查阅时间 2010 年 9 月 3 日。

是衡量污染者付费的基准线①。而针对于第二条，则衍生出了农业范畴的"提供者获益原则"（provider-gets-principle）。此原则激励农场主（或农民）在自己的环境义务之外，以自己的私有资源提供符合公众和社会利益的环境公共产品和服务，推动农民志愿参与到环保相关的行动中。②

根据上述原则，为更好地服务于可持续发展目标，促进环境政策与农业领域的一体化，欧盟于1992年以来还对共同农业政策逐步进行了调整和改革，从改革的过程中可以明显观察到，从价格和生产支持转向直接收入援助和促进农村发展的一个转变趋势。欧盟主要是通过以下四个措施，使得共同农业政策在适应市场需求的同时又能和环境政策的融合齐头并进：③

• 维护有利于环境的农业结构和农业类型的措施，如旨在稳定市场和收入支持的措施同时又能对环境产生正面的附带影响；

• 推动强制性执行环保要求和污染者目标的措施，如分离付费与交叉遵守的组合；

• 旨在鼓励自愿提供环境服务的措施，如农业环境措施（agri-environment measures）；

• 旨在促进遵守强制性环境要求的措施（如"符合标准"的措施），或者是补偿因环境要求引致的区域特定模式的相对经济劣势的措施（如水框架指令）。

20世纪90年代以来，欧盟各国政府首脑一直赞同在欧洲理事会制定政策指导方针的时候时应采取相应的行动考虑农业的环境影响，并逐步完善相应的制度并作出承诺。在此过程中有几个关键进程，如表7-2所示。

---

① For ensuring sustainable agricultural activities, farmers are obliged to respect common rules and standards for preserving the environment and the landscape. The common rules and standards are mandatory and form the very basis for ensuring that agricultural activity is undertaken in a sustainable way. These rules and standards form the "reference level" up to which the costs for complying with these obligations have to be born by the farmer, according to the "Polluter-Pays-Principle". http://ec.europa.eu/agriculture/envir/cap/index_en.htm#level，查阅时间2010年9月3日。

② After all, we have to take into account that, beyond their obligations, farmers employ their own private resources and factors of production to deliver environmental public goods and services which are of interest to the wider public and society. Where farmers are remunerated for voluntarily engaging in environment-related activities, we speak about the "provider-gets-principle".

③ http://ec.europa.eu/agriculture/envir/cap/index_en.htm#level，查阅时间2010年9月10日。

表7-2　环境政策与农业领域协调的关键进程

时间	事件	进　展
1992 年	麦克夏利改革	设想要加强农村发展和农业环境措施——标志着共同农业政策的新导向。
1997 年 7 月	《阿姆斯特丹条约》	明确了环境因素在农业政策中的地位,条约第 6 条将环境因素列为重点:将环保要求纳入社区所有政策的定义和执行当中,以促进可持续发展。
1998 年 3 月	通过《2000 年议程》	将环境因素的重要性落实到具体法规中,议程主张将"多功能"的方法适用于农业政策,为此 CAP 增列了第二个支柱(支持农村发展项目)的规定[1],以"确保农业在保护生产安全和高质量食品的农村环境中的作用"[2]。提出农业应是多功能的,包括一些公共物品,如保护环境、维持生物多样性、良好的田园风光等,"正是因为农民在农业生产中提供了公共物品,他们应该得到政府的补偿,否则,公共物品将由于市场的失灵而供给不足"。
1998 年 6 月	卡迪夫理事会(卡迪夫进程)	各成员国首脑决定推进环境政策一体化的进程,着手环境政策与农业政策的协调,并制定适当的指标来监测一体化。
1999 年 12 月	赫尔辛基理事会	为环境问题融入共同农业政策制定了一项战略,该战略为保护生物多样性、景观、水、土壤、合理的土地使用、气候变化和空气质量提出了特定的一体化目标。
2001 年 6 月	哥特堡理事会	明确了农业政策中对于环保的源头控制,要求制定包括农业在内的各项经济社会政策时都必须考虑对环境的影响。
2003 年 6 月	共同农业政策改革	更多地引入了经济手段,如脱钩的农业补贴;转向农村发展(创设补贴的强制性调节制度);实行交叉遵守的补贴。即实行农业的支持与生产活动脱钩,环保被确立为欧洲农业管理的中心目标[3],"支持环保的生产方法,公众所需的优质产品"。

注:①第一个支柱是直接支持。

②姜双林:《欧盟农业环境补贴法律制度的嬗变及其对中国的启示》,《法治研究》2008 年第 6 期。

③Michael Cardwell:《欧共体污染者付费原则及其对英国农民的影响》,《俄克拉荷马州法律评论》2006 年春季号, 59 Okla. L. Rev. 89. 转引自姜双林《欧盟农业环境补贴法律制度的嬗变及其对中国的启示》,《法治研究》2008 年第 6 期。

　　除此之外,为确保环境政策融入农业领域,欧盟还对环境政策与共同农业政策的一体化进行定期评估,围绕着 42 个农业 - 环境指标(agri-environmental indicators)的定期评价方法也已经在欧盟层面、成员国层面以及区域层面建立起来,以达到以下目的:提供农业的环境状况信息;了解和监督农业活动及其对环境的影响之间的联系;提供特别是关于欧盟农业生态系统多样性方面的相关信息；评估农业和农村发展政策促进环境友好的农业活动以及农业可持续发展的程度；提供农业可持续发展的全球评估进程。[①]

在欧盟环境政策与共同农业政策的一体化框架下，农户在履行义务时有四种选择：第一，采用高效农业生产方式；第二，遵守通用环境条款，直接获得奖励；第三，采用保持自然水土平衡的项目；第四，遵照 2007～2013 年农业环境测量规则，签署短期或者长期条款。这些举措将环境服务和农业耕作、基础法律结合起来，并且与农户的补贴收入直接挂钩，使环境成为农户所实际关心的方面，有助于建立新的农村发展框架。[②]

在引入第二个支柱（农村发展项目）的基础上，欧盟建立了一般农村发展目标的基本框架，但确定具体的项目目标由成员国自己决定。依托这种农村发展项目来管理实施环境政策，欧盟在农业环境保护上取得了明显的成效，下文以英格兰为例，说明通过农村发展这一项目的改革来实现共同农业政策与欧盟环境政策的协调。

在欧盟的框架下，英格兰农村发展有两个特殊的重点目标："一个有生产力和可持续的农村经济的创设"和"农村环境的保护与加强"。其中农村环境的保护与加强能够提供直接的环境效益。该目标的主项目是环境管理者项目。环境管理者项目"向在英格兰的农民和在他们的土地上能进行有效的环境管理的其他土地管理者提供资金"。这个项目对以获取或超越环境目标的基准要求的，提供额外资金。环境管理者项目分为三个层次：入门级管理者，有机的入门级管理者，高水平的管理者。入门级管理者，面向所有农民，只要满足法定的要求即可获准。对于大多数英国农场主的范围来说，一个农民想要获得项目资格，必须根据计分制，要"得分"达 30 个积点。积点是对一系列活动的奖励，如："保留……排水沟渠或未修剪灌木树篱（这样可以方便鸟儿筑巢）或在冬季保留小麦或玉米茬在地上（成为小动物和地面巢鸟良好的栖息地）"。入门级管理者项目激励了生产者使用对环境友好的做法，巩固了资源在城市和农村人口之间的转换，促进了共同的利益。第二类项目，有机的入门管理员，对那些在自己全部或部分的土地进行有机

---

① http://ec.europa.eu/agriculture/envir/indicators/index_en.htm，查阅时间 2010 年 9 月 13 日。

② 曹佳、肖海峰：《欧盟共同农业政策面临的挑战及最新改革措施》，http://e-nw.shac.gov.cn/wmfw/hwzc/hwzc/201004/t20100415_1264456.htm，查阅时间 2010 年 9 月 13 日。

管理的农民开放。有机的入门管理员，也要实行积点工作制，但需要 60 个积点才能领取支付。单独将土地实行有机生产的，可赚取 30 个积点，基本上完成管理要求的，积点相同。这一计划还鼓励生产者开始有机生产，并提供资金以促进这一转变。该项目有助于对环境友好的做法并把英国农场转换成一个更可持续生产的方式。最后一类项目，高水平的管理员项目，并不向所有生产者开放，并且"旨在优先的情况和区域内产出重大的环境效益"。这个项目"是自由裁量的并集中了更为复杂的管理类型，那里的土地管理者需要辅导和支持，那里的协议须根据当地的情况进行修改"。这一项目的重点是需要更多的管理上的关注度，它不是基于积分制，而主要是根据既定目标的"实现度"或"成功的指数"。它旨在让 DEFRA 在既定的区域具有更大的灵活性，为英国纳税人提供最直接的环境效益。[①] 这些环境管理者项目促进了农村的可持续发展和资源保护。

二 环境政策在欧盟与成员国之间的协同

这一层面的一体化实质就是欧盟环境政策在成员国范围内的实施。欧盟在基本立法中确定环境政策在各政策领域的法律地位；在环境行动纲领中确定欧盟在一段时间内环境政策指导思想和目标；在联盟层面上，主要通过环境立法实现环境目标，环境指令只规定欧盟所要达到的环境目标，而将如何实现交给各成员国的立法机构完成，以确保责任清晰。为了兼顾共同环境政策目标与地区的差异性，欧盟规定了在转化指令过程中成员国可高于或者低于指令目标的两种例外情况[②]，以便与各国灵活贯彻实施。[③]

因此，欧盟层面的环境行动纲领只规定欧盟总体的环境目标，常态下并无具体的实施方案，对此，欧盟一般通过欧盟理事会立法，以环境指令的形

---

① 姜双林：《欧盟农业环境补贴法律制度的嬗变及其对中国的启示》，《法治研究》2008 年第 6 期。

② 蔡守秋主编《欧盟环境政策法律研究》，武汉大学出版社，2002。

③ 欧共体 1973 年 11 月通过了第一个环境行动计划，要求各国环境政策的主要方面不再由各国孤立地计划和实施，而在欧共体范围内进行协调。1987 年生效的《单一欧洲法案》将环境问题正式纳入欧盟的基础条约，1993 年生效的《欧洲联盟条约》，正式将环境保护纳入欧盟的宗旨和使命，要求共同体的环境政策应瞄准高水平的环境保护，考虑共同体内不同国家的各种情况，并提出将环境保护融入欧盟的所有政策和活动，以促进环境与经济的可持续发展。

式使总体目标具体化，成员国根据指令要求的目标自主选择适合自己情况的
手段和措施。环境指令一般有一个 5 年的期限，期限内，允许成员国参照指
令执行或将指令转化为本国环境立法，并且逐步执行；但假如超出期限成员
国还未将环境指令转变为该国的环境立法，则指令将直接在成员国内强制执
行。在欧盟环境指令和成员国环境立法并存的情况下，欧盟就通过辅助性原
则、直接适用原则、优先适用原则以及例外原则来协调欧盟环境政策在成员
国层面的实施①。如图 7 - 2 所示。

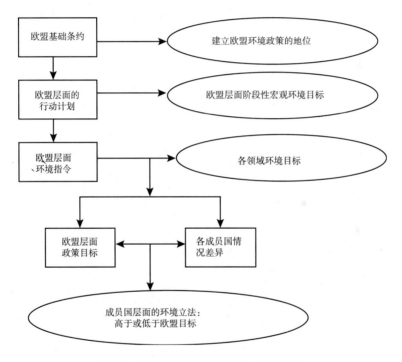

图 7 - 2 欧盟层面环境政策一体化示意

首先，各成员国的国内环境政策要确保遵守欧盟环境政策。

欧盟机构制定的各种法规、指令、决定等是欧盟为实现环境目标而进行
的二次立法，它们与基础条约共同形成了一个完善的法律体系来确保欧盟环
境政策的有效实施。《罗马条约》第 189 条规定共同体各机构制定的法令主

---

① 访谈 Deutsch Bundsstiftung Umwelt，Local Governments for Sustainability，IFAT. 2010 年 9 月
10 ~ 21 日。

要包括：法规（regulation）、指令（directive）。《罗马条约》赋予了法规三个特性：（1）普遍适用性，它是欧盟内部统一适用的一般性法规，不限定于某一成员国或某一法律主体；（2）直接适用性，即直接对成员国产生法律效力；（3）全面约束力，各成员国国内法不得与之发生冲突，法律效力具有整体性。法规一旦颁布就在成员国内产生完全的效力，成员国必须完全遵守并不得对其有所变更，而且各成员国内的国内环境法规不得与之相冲突。例如，要加入欧盟就必须首先达到欧盟严格的环境标准。

欧盟环境政策在成员国层面的细化实施可以清晰地在欧盟水框架指令的执行过程中得以反映。从某种程度上，水框架指令的一体化实际上更多的是使用了强制执行力。

2000年10月23日，欧洲议会和欧盟理事会制定了《欧盟水框架指令》（EU Water Framework Directive，简称WFD），并于2000年12月22日正式实施①。该指令共有26个条款和11个附件，每一条都有比较详细的内容。水框架指令的条目包括：目的、定义、流域内部的行政合作与协调、环境目标、流域特性、人类活动的环境影响评价和水利用的经济分析、保护区的登记地表水、地下水和保护取水的状况、水服务的费用、水的点源和面源、采取的项目措施、成员国层面不能解决的问题、流域管理规划、公众信息和咨询、报告制度、控制水污染的战略、预防和控制地下水污染的战略、欧盟委员会的报告、未来欧盟措施规划、指令中的技术更新、管理委员会、废除和转化为成员国的规定、罚则、执行、适用范围等。该指令是近几十年来，欧盟在水资源领域颁布实施的最重要的指令。所有欧盟成员国以及准备加入欧盟的国家都必须使本国的水资源管理体系符合水框架指令（WFD）的要求，并引入共同参与的流域管理。即各成员国都必须根据WFD，通过该国相应的立法以达到规定的具体目标，而至于采取何种方式、方法则可由各成员国当局决定。② WFD批准实施后，成员国需要按时提交有关的工作方案给欧盟委员会并在本国实施。欧盟委员会有权对不按照欧盟法规要求的国家提起监

---

① the "Directive 2000/60/EC of the European Parliament and of the Council Establishing a Framework for the Community Action in the Field of Water Policy", http：//ec. europa. eu/environment/ water/water-framework/index_ en. html，查阅时间2010年3月10日。

② http：//ec. europa. eu/environment/water/water-framework/info/intro_ en. htm，查阅时间2010年3月10日。

督和诉讼程序。水框架指令第 24 条要求在 2003 年 12 月 22 日前各成员国将水框架指令的要求转化为国内的相关法律并将情况通报给欧盟委员会。到 2005 年初，大部分国家都完成了这项工作，但是还有四个国家没有按时将水框架指令的内容写进本国法律，于是欧盟委员会按照条约和程序要求，正式通知该四个国家。如果其没有正当的理由解释其原因，欧盟委员会有权提起诉讼，将其告到欧洲法院。另外，欧盟委员会对所有按照水框架指令应该执行而没有执行的，或者没有执行好的行为，也都可以启动其监督和诉讼程序。

为了确保国内及国际合作，成员国必须做出适当的行政安排，其中包括确定权威管理机构。对于国际流域，流域内相关国家需要共同确定流域边界并分配管理任务。它们必须为国际流域管理规划共同努力。如果共同管理难以实现，各国可以分别采取措施，但彼此之间的规划与实施必须相互协调而不能冲突。对于水体污染控制，欧盟水框架指令规定成员国均应采用统一的排放标准，并采用最新的环保技术（针对点源污染）。WFD 实施以来，虽然面临不少挑战，又有新成员国的加入，增加了协同难度，各国的进展不一，但因其详尽的时间表和可操作的实施方案，并且有严格的监督措施，该项环境政策在成员国层面的一体化成效明显。①

下文以英国的综合污染控制为例，分析成员国层面与欧盟层面的环境政策一体化。

"综合污染预防与控制"是欧盟实施的一项法律制度，于 1999 年 11 月起生效，欧盟综合污染预防与控制法案（IPPC）《法案》的主要目的是：预防或最大限度减少排放；把环境作为一个整体，以提供高水平的环境保护；最大限度减少原料和能源消耗；简化并加强的政府主管机构（立法）的角色。IPPC 的中心思想是要求欧盟内部提供一个授予许可的综合性平台，以综合控制欧盟内部国家的废水、气、渣、噪声的产生和排放，同时规定安装设施的运行管理方式。

在欧盟 IPPC 的总体框架下，英国于 1999 年通过了《污染预防与控制法》，引入了欧盟 IPPC《法案》要求。新法案对多数具有重大环境影响的工业活动进行控制，并在所有相关行业中实施。现有设施不一定马上纳入综合

---

① 谭伟：《欧盟水框架指令及其启迪》，http://free-thesis.cn/law/Economic-Law/economic-law-3853.html，查阅时间 2010 年 3 月 10 日。

污染预防与控制法案（IPPC）要求，但当时的法案规定出了一个不同部门逐渐实施的时间表。并且英国根据欧盟综合污染预防与控制法案（IPPC）关于监测工艺和排放参数以及数据处理的方式，制定了自己国家的基本的综合污染预防与控制法案许可授予、监测和报告系统的结构，如图7-3所示。

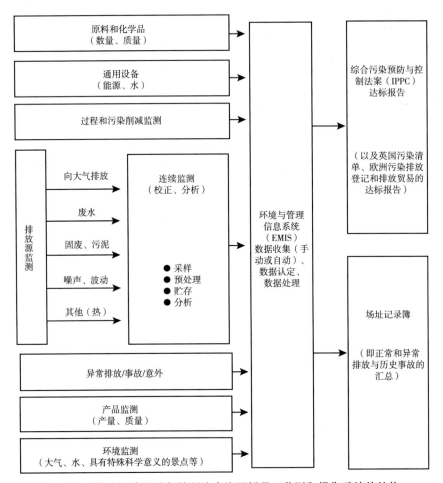

图7-3 综合污染预防与控制法案许可授予、监测和报告系统的结构

资料来源：英国 AEA 科技集团环境公司：《英国及欧盟对应气候变化的政策》，http://www.ccchina.gov.cn/file/source/ia/ia2003072111.htm，查阅时间 2010 年 9 月 13 日。

其次，根据成员国的不同情况因地制宜。

鉴于各成员国的环境禀赋差异以及各自经济社会发展情况的不同，欧盟内部不可能实现环境政策的绝对一致。为了确保在欧盟内部实现统一性与多样性的协调，各成员国可以根据各自特点对环境政策进行立法，但是其国内法规不得与欧盟的基础条约冲突。① 如，通过例外原则，一方面，条件较好的国家如德国、丹麦、瑞典制定较高的标准，这些较高标准的环境政策经过一段时期，将有可能在更多的成员国实施，进而上升为欧盟层面的政策；另一方面，条件相对较低的成员国则可以在欧盟层面通过资源和信息共享，借鉴条件较好的成员国的环保手段和措施，逐步跟进。

如减排量分担的差异性处理。《京都议定书》下，欧盟整体承诺了 2008 ~ 2012 年期间将温室气体排放在 1990 年基础上减少 8%。在欧盟总的减排框架下，当时的 15 个成员国就共同减排目标达成减排量分担协议。为了实现既定目标，并且根据各国的不同情况分配成员国各自的责任，一些成员国将显著地减排（德国、丹麦和英国），如德国承担了最大分量的减排任务——21%（以 1990 年或 1995 年②为基准年份）③；另一些国家将稳定在 1990 年的排放水平（如法国、芬兰），其他一些国家则在 1990 年排放水平上有所增加（如西班牙、葡萄牙、希腊），有的成员国则没有目标，如塞浦路斯、马耳他等，在遵守欧盟环境目标的同时也尊重各成员国的个体差异。如表 7 - 3 所示。

表 7 - 3 欧盟整体减排量以及部分成员国减排任务分担

成员国	1990 年	成员国减排任务分担	成员国	1990 年	成员国减排任务分担
	（百万吨）	- 8 (%)		（百万吨）	- 8 (%)
奥 地 利	79.2	- 13.0%	爱 尔 兰	55.5	13.0%
比 利 时	144.5	- 7.5%	意 大 利	516.9	- 6.5%
塞 浦 路 斯	6.0	—	马 耳 他	2.2	—
丹 麦	69.0	- 21.0%	荷 兰	211.7	- 6.0%
欧盟15国	4243.8	- 8.0%	波 兰	453.6	- 6.0%
芬 兰	70.9	0.0%	葡 萄 牙	59.1	27.0%
法 国	563.3	0.0%	西 班 牙	287.7	15.0%
德 国	1227.7	- 21.0%	瑞 典	72.0	4.0%
希 腊	104.6	25.0%	英 国	768.5	- 12.5%

资料来源：http://europa.eu/rapid/pressReleasesAction.do? reference = IP/08/965&format = HTML&aged = 0&language = EN&guiLanguage = en，查阅时间 2010 年 3 月 1 日。

---

① 吕屺云：《欧盟环境政策体系的演化及所面临的挑战》，《市场透视》2007 年第 8 期。

② 对于 HFC、PFC 和 SF6，基准年为 1995 年。

③ BMU/NC4 (2006)，"Fourth National Report by the Government of the Federal Republic of Germany," Federal Ministry of the Environment, *Nature Conservation and Nuclear Safety*, June 2006.

    欧盟环境政策的一体化与成员国差异性之间的统一，还表现在欧盟与成员国的生态标签及其他环保认证间的关系中。

    为鼓励在欧洲地区生产及消费"绿色产品"，欧盟于 1992 年通过第EEC/880/92 号条例出台了"生态标签"体系。① 鉴于欧盟有些成员国使用不同于欧盟统一规定的本国生态标签（如德国使用"蓝天使"标志，北欧诸国使用"白天鹅"标志）的情况，2000 年，欧盟在生态标签补充条例中规定，各成员国可以制定本国生态标签体系，但产品的选择标准、生态标准应与欧盟生态标签体系保持一致。欧盟的生态标签在这些国家内同样适用，而德国等国家为了标榜自己在环保方面的先锋地位，其"蓝天使"标签所涵盖的产品种类要远远多于欧盟生态标签所涵盖的产品。可以说，这一灵活的环境政策实施手段能够鼓励环保先行者的创新积极性。德国已经成为欧盟环保标准制定的先锋和试点，一种产品的环保标准一旦在德国制定并执行，极有可能在今后被欧盟所采纳并推广。

    然而，面对各成员国之间环境问题的显著跨国性特征，一般而言，共同体机构更以长远观点看待环境问题和要求，而各国政府则更侧重短期问题，缺少足够的动力在非营利的环境领域制定制定长期战略。因此欧盟环境政策的一体化是一个艰难的过程。据欧盟委员会调查，约 1/3 的违反欧盟法的案例都出自环境领域，主要原因有：成员国缺乏执行法规的人力或财力；法规过于复杂，难以执行；执行成本过高等。为此，欧盟提出的应对措施有：（1）简化环境法规。这有助于加强欧盟环境法的清晰度和有效性，并利于贯彻执行；（2）加强欧盟与成员国和地方权力机构的合作，诸如建立环境法执行网络（IMPEL），制定一套更连贯更有效的环境报告体系，召开环境法执行讨论会以定期检视成员国执法不力的情况和通过刑法打击环境犯罪等等；（3）减轻环境法执行成本和财政负担，例如通过环境金融工具（LIFE）、结构基金和凝聚基金来帮助最贫穷的欧盟国家实施联合环境项目；（4）提供申诉和违反程序的替代方案，使一些个案在成员国法律框架下就能满意的解决。

    不可忽视的是，欧盟环境领域改革与欧洲一体化日渐趋同，这不仅仅

---

    ① 该条例于 2000 年通过欧盟（EC）NO.1980/2000 号条例又被进一步修改补充，允许贸易商及零售商可以为自己品牌的商品申请生态标签。

是因为共同体成员国之间在地理上的密切关系、环境的跨国特征明显，而更重要的是出于经济、政治利益的考虑。环境政策与其他领域的政策协同和一体化进一步推动了市场、产品与服务标准、贸易以及外交的一体化进程。

一方面，一体化尤其是共同市场要求统一的环境政策和环境标准，要求商品、劳动力、资本的自由流通，以消除商业障碍和避免竞争扭曲。在单个成员国单独行动的条件下，如果环境规制落后于其他成员国，则可能导致该成员国的产品将受到其他成员国的绿色壁垒；反之，假如环境规制较其他成员国更严格，就将因增加产品的环保成本而降低自身在价格上的竞争力，导致市场扭曲，并同样迫使该成员国政府对来自其他成员国的产品设限，影响统一市场。因此，环保意识较强的利益攸关者都有动力倾向环境标准的一致。此外，欧盟扩大、世界能源危机、气候危机等全球性问题的挑战也推动着"用同一个声音说话"，使欧盟环境政策改革朝着一体化方向发展。

欧共体六国首次提出其共同的环境保护政策框架是在 1972 年政府首脑峰会上。但在前三个环境行动规划阶段，欧盟的环境政策还只限于各成员国之间的协调发展，重点是在共同体原则下的一种趋向于超国家的环境保护合作，还没有提出共同一致的环境政策，也就说对于共同一致的环境政策有了法理的思考，但还没有明确的法律依据。[①] 1983 年通过《欧共体第三个环境行动规划》（1982~1986 年）以来，从此，环境问题被纳入到欧共体的其他政策之中成为欧共体环境政策的一个关键词。该规划注意了运用环境影响评价程序以评估某些公共的和私人的项目对环境的影响。随后，环境一体化在《欧共体第四个环境行动规划》（1987~1992 年）的框架中得到了进一步的解释，并在《单一欧洲法》（1987 年）的第 130R（2）条中获得了法律地位。从对于环境保护"纳入欧共体其他政策中"的表述语气中可见一斑：从《单一欧洲法令》的"应该"，到《欧洲联盟条约》中的"必须"，再到第五个环境行动规划中的"确保"，重要性逐步提升，并进一步细化，将环境纳入到诸如工业、能源、运输、农业、旅游等其他政策领域。[②] 自 2003

① 张平华：《欧盟环境政策实施体系研究》，《环境保护》2002 年第 1 期。
② 见本章第一节。

年始，环境保护开始纳入欧盟交通法律中，如 1382/2003 条例、2003/30 指令、2327/2003 条例等，欧盟农业和渔业政策中也开始出现生态与资源保护的内容。①

另一方面，在共同市场和一体化要求的推动下，产品和服务的环境标准也不断统一和提高。欧盟先出台了 84/450/EEC 指令，针对误导性广告问题规定各成员国在法律、规章和管理细则方面的一致性要求，接着又出台了 97/55/EC 指令，修订了 84/450/EEC 中有关误导性广告问题，将对比广告包括在指令管理范围内。在 ISO 14021Ⅱ型环境标志标准颁布后，欧盟委员会成立了专门工作组，通过与相关的权威机构和利益团体协商，发表了 67/94/22/1/00281 号报告，对 ISO 14021 标准做出积极响应。

反过来，环境标准的统一也推动了一体化和国际化，环境政策尤其是气候变化政策已发展为欧盟对外关系政策的一个关键变量。如欧盟第六个环境规划第 5 条的第 5 点提到，应对气候变化将成为欧盟对外关系政策不可分割的组成部分，构成可持续发展政策中的一个重点。这就要求共同体及其成员国进行协调一致的努力，包括协助发展中国家和转型经济体，如通过《京都议定书》框架之下的 CDM 机制和联合执行机制；响应既定的技术转让需求；协助有关国家的适应气候变化挑战②。2008 年 12 月 17 日，欧盟议会正式批准了"气候和可再生能源一揽子计划"，进一步加大了温室气体控制范围；制定了约束性可再生能源目标，强调推行生物质燃料；制定关于碳捕获和封存（CCS）以及环境补贴的新规则；扩展欧盟排放交易机制（EUETS），采用"责任分担协议"，依据成员国的人均 GDP，适当参考可再生能源发展现状、潜力、能源结构等指标，将 20% 的减排目标分解给各成员国，而且，为成本有效地实现各自可再生能源目标，鼓励各成员国间可以进行"可再生能源配额交易"，进一步推动区内统一的气候市场的形成。这次哥本哈根大会上，欧盟准备率先在减排上树立榜样，然而却因为没能推动其他国家效仿而沦为局外旁观者，积极性下降，于是提出的减排目标仍旧沿用其一年多前提出到 2020 年比 1990 年水平减排 20%，如果其他国家也同样付诸积极行

① 蔡守秋、王欢欢：《欧盟环境法的发展历程与趋势》，《福州大学学报（哲学社会科学版）》2009 年第 4 期。

② Article 5, "Objectives and Priority Areas for Action on Tackling Climate Change," *Official Journal of the European Communities*, 10.9.2002, PDF, L 242/6 - 8.

动，则欧盟将减排 30%。这一减排承诺只是达到 IPCC 报告提出的"发达国家到 2020 年比 1990 年减少 25% ~ 40%"的基本要求[1]。欧盟一直是国际气候进程的领导者和推动者，其气候变化政策是作为一个整体活动在全球气候政治舞台上。进入第四阶段后，欧盟的环境政策已经完成了从国家到区域到全球的过渡。

第四节 欧盟环保领域改革的借鉴及应对

欧盟环保领域在世界的领先地位，是与其环境政策的不断改革和完善紧密相关的。从 50 年代环境理性阶段的资源保护理念，到 1972 年巴黎峰会首次提出在欧共体内部形成共同环保政策框架，到共同体第一、二个环境行动规划对于环保基本原则的确立，到第三、四个环境行动规划提出环境影响评价、综合污染治理方法和成本效益分析方法，到第五个环境行动规划提出可持续发展目标，再到第六个环境规划全面的战略途径、量化的减排目标和全球化视角，半个多世纪以来，欧盟环境政策及其实施机制逐步完善，环境规制和影响的范围和领域不断扩展。

作为发展中国家，一方面中国应当注重欧盟环境政策成功经验的借鉴，另一方面更要谨防欧盟环境政策对我国带来的和潜在的负面影响。

一 可资借鉴的经验

环境保护的有效执行需要完善的环保制度以及全面的政策工具，重视促进科技进步，必须有完善的财政税收等政策扶持，制定并执行对环境破坏的严惩制度以强化政策的实施，在政策制定和实施的过程中（包括实施手段）要关注可能带来的环境非正义，并对此开发和启用有效的防护措施等。

（一）构建完善的环境法体系，明确环境责任

完善的环境保护制度体系是欧盟环境政策的重要特点。通过六个环境规划，欧盟逐步建立和完善了以实体性原则、工具性原则以及关于立法权限原则的三大类基本原则为基础，以环境影响评估制度、环境质量标识制度、企业自我监控制度、环境危险评估和控制制度为主体的，包括了对各种形式的

---

[1] 庄贵阳：《哥本哈根气候博弈与中国角色的再认识》，《外交评论》2009 年第 6 期。

污染行为进行控制以及一系列的实施手段在内的环保制度体系以及全面较为灵活的实施手段。完善的环境保护制度体系是推动环保领域良性发展的基础保障。

明确的环境责任是环境政策得以实施的一个重要条件。欧盟于 2004 年 3 月颁布了《关于预防和补救环境损害的环境责任 2004/35/EC 指令》，指令明确了两种环境责任形式：一种是严格责任，适用于指令附件三所列职业活动所造成的环境损害，这源于《罗加诺公约》对危险活动责任形态的认定；另一种是过错责任，适用于附件三之外故意或过失引起自然生境或物种损害的职业活动。欧洲委员会 COM（2007）51 草案还提出通过刑法保护环境。如获通过，那么，引发严重污染事故、运输与处置废物、不合理处理核物质、运营可能造成严重环境危害的工厂、制造或销售消耗臭氧物质、杀害或交易受保护植物或动物物种造成保护区内生境严重破坏等行为都有可能受到刑事追究。

（二）环境政策的强化执行与严格的"环境罚"制度

除了完备的环境法之外，欧盟还规定了严格的"环境罚"，但各成员国的惩罚程度不一。例如在 2005 年 9 月间，保加利亚国民议会 14 日通过了《环境法》修正案，进一步细化了对环保违法行为的处罚和监督措施，其目的即在为保加利亚 2007 年如期加入欧盟扫除环保水平上的障碍。依据修正后该国的《环境法》规定，普通公民随地乱扔垃圾或未将垃圾袋放置在指定地点的，将被视为轻微违法，并处以 100 列弗的罚款。政府公务员涉及破坏环境、但未构成犯罪的，将被罚款 1000～10000 列弗。企业未经环保部门批准就擅自开工，将被处以重罚，罚金在 3 万至 10 万列弗不等（当然各国惩罚程度的不一也带来了负面作用：污染的转移和市场的扭曲等）。为有助于环境政策的实施，欧盟还展开多层面的多种合作，有助于责任的到位。一方面是加强环境与其他领域的部门合作，另一方面是加强欧盟内部不同层面之间的合作。包括与成员国的合作、与地方和地方政府合作、与 NGO 合作、与企业合作等形式。严格的环境罚制度给环境政策的落实创造了良好的条件，然而，尽管如此，欧盟环境政策在具体实施过程中还是有不少盲点。

首先是强制力度不够，与其他经济调控手段相比，环境法律规范不具有强制性，多采用"正式通知"的方式执行。其次，不同层次主体之间的责权不明晰，如在环境诉讼中，委员会提起的诉讼占所有案件的 80%，尽管成员国之间也可相互诉讼，但目前尚无此类案例，这说明应当由欧盟机构、成员国和公众三方来执行的诉讼却几乎全部集中在委员会方面。再次，环境政策的实施缺乏足够有效的监督，欧盟委员会仅有精力关注欧盟环境政策在成员国的转化，而不过问实施问题，这实际上与基本条约的规定是相悖的。因与其他利益不同，环境利益本身是没有利益集团支撑的，尽管公众是理论上的环境利益的支撑者，但是在欧盟现有的制度框架下，公众缺乏充分的途径表达和主张自己的环境利益需求，使得环境政策的实施得不到应有的监督与支持。上述情况导致了欧盟环境政策框架有时候流于形式。例如，1976年欧共体制定了《有关排入欧共体海洋环境若干危险物质造成污染的76/646指令》，并随后以理事会决议的形式，决定针对数百种危险物质制定子指令，事实上，在制定了17个子指令后，该项工作宣告终结。可以说，欧盟机构本身执行力度还不够，欧盟委员会中没有任何科学、学术、技术、生态或社会经济的咨询机构，而农业、能源、工业、运输部门都有。欧盟也逐渐认识到了问题的严重性，采取了一些缓解措施，如增强欧洲议会在环境法治中的作用、拓宽公众参与的途径等①。

因此，环境政策的顺畅实施首先要保证其中的制度设计环环相扣，明确各层次之间的责权，对于环境政策的实施要有有效的监督机制，要使公众有充分的途径表达自己的环境利益诉求，在上述基础上，强调环境政策和法规执行的强制力。

（三）必须重视环保技术研发

欧盟在环保研发方面，设立研究资金制度；例如（环境财政基金 LIFE）资助，该资助主要由欧盟提供资金，同时亦受到欧盟友国的资助，曾经2000~2004年的预算就高达64亿欧元②。为保持环保技术上的领先优势，欧盟一直重视该领域的投资。如2009年欧盟推出"能源技术战略规划"，该规划规定在10年内再增加500亿欧元作为研发气候保护技术的经费，从而使欧盟每年用于资助气候保护开发的资金达到80亿欧元，这相当于2009

① 陈欢欢：《欧盟环境法的最新发展、不足与启示》，http：//www.chinalawedu.com/new/21602_21676_/2010_1_22_ji37321530551210010217710.shtml，查阅时间2010年9月10日。

② http：//www.deltwn.cec.eu.int/ch/whattheeuis/whodoeswhatint heeu.htm，查阅时间2009年5月4日。

年资助金额的 3 倍。新增的资助资金中，有 160 亿欧元用来继续开发太阳能技术，130 亿欧元将用于避免二氧化碳排放技术的研发，旨在研究出一种截留火力发电厂二氧化碳排放的方法，并将其储存到地下。还有 110 亿欧元将用在"智能城市"的开发上，主要为了提高城市的能源效率，比如建设节能型住宅或实行近距离交通方案等。其余的资金将用在风能、生物能和核能的开发上。

（四）注意运用多种政策扶持措施

在这方面，中国可以从欧盟吸收很多成功的经验。如欧盟通过政策扶持、财政补贴、税收等方面促进环保领域的发展。以循环经济的推行为例，欧盟的政策扶持措施就有融资帮助、政府绿色采购，环保专项基金支持、贴息贷款、鼓励绿色消费，照顾性地分配污染物排放总量指标，建立循环经济科研和中小企业发展基金，鼓励废物回收与再生企业投资、建设与运营的市场化，鼓励循环经济企业的股票上市，优先发行循环经济债券和彩票等等。从而从不同的渠道为环境政策提供财政支持，如结构基金、环境财政基金、凝聚基金和欧洲投资银行等渠道。许多欧盟国家在发展循环经济过程中，通过财政补贴对于相关企业予以支持。如德国对于兴建环保设施给予财政补贴，其补贴数额相当于投资费用的一个百分点，对建造节能设施所耗费用，按其费用的 25% 给予补贴。同时，欧盟在第六个环境行动规划中建议立法取消对不利环保的所有补贴。在征收环境税费方面主要的措施如扩大征收范围、实行税负转移、完善计税方法、强调资源税的特殊性、惩罚性以及对环保友好项目的增值税和所得税减免等。为了推动循环经济的运行，鼓励绿色生产、绿色经营和绿色消费，欧盟及其成员国还建立和完善了绿色 GDP 制度、环境审计等。

（五）关注环境正义问题

环境正义（或非正义）问题，自有环境问题以来就一直不同程度地存在着，英国伦敦的烟尘事件，日本的水俣病事件，苏联的切尔诺贝利核泄漏事件等，就是发达国家环境正义问题的典型例证。欧盟在环保领域较早地意识到了环境正义问题，针对实施中的环境非正义状况，欧盟逐步完善环境法规中所包含的"经济措施安全网"以争取逐步消除或缓解。

中国在环境正义方面尚需下很大的决心和努力。就不同地区的发展定位而言，如西部生态上游不少地区划为保护区，"宜荒则荒，宜林则林"，然而在此约束条件下该地区的居民如何发展，如何评估地区的发展定位对居民的影响，环境效益和人文发展如何统一，此类环境正义问题涉及的不仅仅是地区和居民的经济利益，而且关乎社会的稳定。党的十七大就已经提出，建立健全资源有偿使用制度和生态环境补偿机制，建立生态补偿机制，是从制度上保护生态，促进经济社会可持续发展，可更好地解决经济发展重点区域与生态保护重要区域之间的协调发展问题。党的十八大报告提出了加强生态文明制度建设，展示了一幅中国生态文明建设的美丽图景：给自然留下更多修复空间，给农业留下更多农田，给子孙后代留下天蓝、地绿、水净的美好家园，努力建设美丽中国，实现中华民族永续发展。然而美丽中国的实现，还需要有效的经济激励机制、完善的法律法规、合理的评价体系、透明的监督机制等配套措施来保驾护航。环境正义问题的重视程度将很大程度上影响着我国生态上游地区环保和发展的效率和信心。

二 应对可能的负面冲击

面对国际环境压力，中国一方面要积极应对，将环境问题作为中国自身的利益诉求；另一方面对于国际尤其是欧盟环境政策的发展、变化，开展深入、系统的研究，完善自身的制度体系，建立防御系统，趋利避害。

（一）防范各种形式的跨境污染

发达国家意识到环境问题的源头在于工业发展，便通过自我控制，将引起公害的设备引渡给发展中国家。如作为环保领先的德国，其工业垃圾输出量占据世界首位，大量的有害垃圾运往发展中国家是不争的事实。1988 年发生了意大利有害垃圾偷运贩入尼日利亚可可港的事件。20 世纪后半期，发达国家的有害工业设备向发展中国家输出，造成全球性的环境危机，直接体现在：埃利诺等气候异变肆虐，臭氧层大面积破坏，酸雨使大面积土地坏死，巴西、马来西亚、印度尼西亚等地的热带林有相当数量遭破坏[1]等等一系列的严重后果。

因此，环境正义问题在国际层面的存在和加剧更为明显，对此最基础的

---

[1] http://www.chinaue.com/html/lunwen/104907181313313331.htm，查阅时间 2010 年 3 月 4 日。

手段就是完善和提升自身的产业结构和技术水平。随着生产网络全球化的形成和发展，发达国家从原来的污染产业转移，已经发展到产业链转移。作为一个发展中国家和制造业大国，中国需要在承接产业和产业链方面及时调整产业政策，重视国内环境保护以及国内减排，注重发展低碳产业以及产业的低碳运行，提高产业自主研发水平，加快产业结构升级换代。

（二）谨防环境贸易壁垒

全球化中一个明显的悖论就是发达国家将高排放的产业向发展中国家转移的同时，又开始以各类环境标准来制造贸易壁垒，实施贸易保护主义。欧盟自从 2005 年 1 月 1 日开始实施全面的排放贸易制度，之前荷兰、瑞典、挪威、芬兰和丹麦等国还采取了碳税等政策来推进减排。加之全球经济下滑的形势，更加助长了贸易保护主义。欧盟是中国的第一大贸易伙伴，因此，中国不仅要在产品标准上下工夫，同时还要谨防和应对欧盟通过贸易措施以环境保护为名，行贸易保护之实。

其中一种倾向就是碳关税，碳关税的呼声在欧洲由来已久[①]。欧盟一方面在为推动碳关税大造舆论，另一方面紧锣密鼓地对推动碳关税做技术方面的准备。其中一项重要的工作就是根据 2009 年 3 月通过的欧盟排放贸易体系（Directive 2009/29/EC）的相关条款，对遭受严重碳泄漏风险的能源密集型行业的情况进行评估，根据评估结果，欧盟可以分配给这些行业更多的免费配额以保护其竞争力，也可以以此作为引入碳关税的依据。2009 年 7月份欧盟已经发布一份行业名单草案供各方评价，2009 年 10 月 30 日，欧盟峰会通过气候变化立场文件中明确指出，"为了维护欧盟政策的环境整体性、根据国际谈判的结果及其导致全球温室气体减排的程度，有可能要考虑与国际贸易规则相一致的适当措施"。时任法国总统萨科齐（Nicolas Sarkozy）继续在这一方向上推进，公开呼吁欧洲各国领导人考虑"对来自

---

① 碳关税在 2005 年《京都议定书》生效以后，许多欧洲政要和学者都提出要采取措施来避免履行减排目标所带来竞争力损失，2005 年 3 月，欧洲议会议员卡罗琳·卢卡斯（Caroline Lucas）就建议欧盟委员会考虑针对美国等国采取边境调节措施。2006 年 10 月，欧盟委员会高层讨论小组就起草一个对来自未采取减排行动的国家的能源密集型进口产品征税的报告草案。2006 年 11 月时任法国总理德维尔潘（Dominique de Villepin）在可持续发展部长级会议上强调"欧洲应该竭尽全力反对环境倾销"，并表示准备与其他欧盟国家协商，自 2012 年起对来自非《京都议定书》缔约国的进口工业产品征收二氧化碳排放税。

不尊重《京都议定书》的国家进口产品进行征税”的问题。欧盟提出碳关税设想最初主要针对美国，当然也包括发展中大国。① 因此，提高碳生产力，提升技术水平，已是紧迫的任务。

另一倾向就是技术性贸易壁垒。以电子产品为例，2009 年以来欧盟已经出台多个法规和措施对相关产品设置技术性贸易壁垒。一是对绿色“双指令”（RoHS 和 WEEE 指令）进行了修订，提高了废弃电子电气设备的回收率，将医疗器械及监视和控制设备纳入 RoHS 指令管辖范围，并要求符合 RoHS 指令的产品统一加贴 CE 标志。二是发布了关于耗能产品生态设计（EuP）指令的多个实施措施，对产品的能耗以及相关性能指标提出了严格要求。三是关于化学品注册、评估、许可和限制的 REACH 法规首批 7 种高度关注物质（SVHC）清单。此外，今后欧盟 EuP 指令还将包括 LED 灯、计算机、网络及存储设备、家用电器、影像设备、冷冻设备、用水设备等在内的近 40 个实施措施。

根据 2009 年 1 月生效的《家用和办公用电子电气设备待机和关机模式电能消耗的生态设计要求》据估算，相关产品要达到第一阶段的 1～2W 待机功耗，企业生产每件产品需增加约 5 元成本，而要达到第二阶段的 0.5～1W 功耗，每件产品需增加成本约 10 元。以中国每年出口欧盟该类产品 5 亿台计算，第一阶段需要增加 25 亿元成本，而第二阶段需增加 50 亿元成本。更迫切的是，为满足 EUP 指令要求，需要改进产品设计方法和生产工艺，必须重新取得产品认证。②

欧盟市场对我国产品外贸举足轻重，面临对方日益严格的环境标准，我们需要从完善国内环境法规、创新政策手段来刺激、推动环保原材料、环保工艺、清洁生产、生态产业链、绿色政府采购、绿色消费、绿色回收等各个环节的规则运行，将严格的外部环境约束作为国内转变经济增长方式的强大动力。

（三）应对“碳政治”挑战

欧盟在环境领域处于全球领先的地位。欧盟一方面通过技术领先，推出

---

① 陈迎、谢来辉：《“碳关税”的远虑和近忧》，经济观察网，http://www.eeo.com.cn/Politics/international/2009/12/10/157729.shtml，查阅时间 2010 年 3 月 4 日。

② 《欧盟环保壁垒迭出 值得关注》，中国质量新闻网，http://www.sina.com.cn，查阅时间 2010 年 3 月 4 日。

和制定各种环境标准，赢得产品优势，从而以环境标准获取贸易发言权；另一方面又是通过环境外交谋求全球地位。坚持环保理念的绿党和各种环境保护组织在欧洲各国的兴起，不仅强化了"布鲁塞尔政治"，而且使得环境保护成为欧盟在全球政治外交中的一张王牌。如现阶段的气候外交就是欧盟的一个重要战略。欧盟推动 1992 年的《联合国气候变化框架公约》，并于 1997 年进一步变成可操作的法律文件《京都议定书》。环境问题逐渐转化为气候问题并进而在技术上转化为碳排放，从而在法律上产生各国围绕"碳排放权"展开的全球政治博弈，由此形成全新的"碳政治"，而欧盟目前已经取得全球"碳政治"的领导权[①]。尽管欧盟在哥本哈根的表现不如之前积极，但是其针对"共同但有区别的责任"鼓吹发展中国家内部进行分类及提出"碳排放的趋同原则"，究其实质都是想力压中国实施有约束力的减排目标。面对这一大挑战，中国一方面需要加强环保领域技术研发的交流与合作，另一方面需要积极谨慎应对其环境外交中对我们不利的一面。在气候变化领域，中国在坚守"共同但有区别的责任"的同时，还必须积极转变经济增长方式，在保证人文需求的基础上节能减排，推进低碳经济，促进可持续发展。

---

① 《"碳政治"：新型国际政治与中国的战略抉择》，http://www.in-en.com/article/html/energy_0937093720547580.htm。

结　语

本书完稿之时，欧债危机正愈演愈烈。在如何尽快化解这场危机上，欧盟各方依然分歧不小，由此加剧了危机的持续蔓延和不断扩大。我们认为化解危机的途径之一就是要加快推进欧洲经济改革步伐，加强欧洲经济治理，通过政策、制度等多个层面上的变革与调整，逐渐实现推动欧洲经济恢复增长和社会稳定的目标。

一场由希腊债务危机引发的欧债危机仍愈演愈烈，爱尔兰、葡萄牙已步希腊后尘，不得不接受了欧盟的救助。迄今为止，南欧国家受危机蔓延和冲击的影响面最广，西班牙、希腊等国家的主权债务或银行信用评级也先后遭到了国际评级公司的降级，欧元区内外的市场及消费信心受到重创，各成员国政府债券遭到银行和居民的大量抛售，股市、汇市接连呈现暴跌行情。一些媒体借机大肆炒作，放言将希腊（所谓的"欧猪五国"之一，PIGS）逐出欧元区，大肆渲染"欧元消亡论"或"欧元区崩溃论"。当前及未来阶段，欧元区确实陷入了困境，然而在这一严峻挑战面前，欧盟及其成员国领导人依然对欧元有信心，正在设法采取各种措施，包括通过采取建立欧洲金融危机基金和欧洲金融稳定机构体系，对救助基金规模进行适当扩容，并设想创建欧洲经济政府和发行欧洲统一债券等等措施，所有这些救助行为、机制建设和创新发展理念，旨在坚定维护欧元区的稳定，防止欧债危机的系统性风险给全球经济带来的不利影响，制止欧债危机的全欧化和全球化蔓延态势。

在欧盟层面上，保卫欧元实际上就是保卫自欧共体诞生以来，欧洲一体化在深化与扩大方面取得的各项进展。欧洲联合进程源于 20 世纪 50 年代初的煤钢联营，1958 年正式诞生欧共体，创始国包括德国、法国、比利时、荷兰、卢森堡和意大利，此后经过多轮扩大，特别是 2004 年的欧盟东扩，将最初的 6 个创始国发展为今天的欧盟 27 个成员国。欧共体的每一次扩大，其经济总量、人口规模、自然地域、地缘政治、外交影响力等力量均趋于增强。2002 年欧元正式流通后，作为欧元区内单一货币，在国际金融体系中的地位趋于上升，欧元作为国际流通货币、储备货币和结算货币，在国际货币体系中被更多的国家所接纳、使用和认可，成为一种可以在未来与美元、日元相抗衡的国际重要货币。因此，维护欧元的稳定，对欧洲一体化具有举足轻重的意义，这也是欧盟国家领导人保卫欧元的主要原因之一。

作为欧元区国家和欧盟成员国，即使是希腊受主权债务危机冲击最为严重冲击，也不轻言退出欧元区。从现实角度看，假设希腊退出欧元区，就可以重新获得已经让渡给了欧央行的本国货币主权，通过国际金融市场上的汇率变化来灵活调控本国经济，实现财政再平衡。然而，事实上，迄今为止，没有哪一个欧元区国家愿意主动退出欧元区。相反，在 2004 年欧盟东扩之后，新入盟国家还在积极申请加入欧元区，欧盟委员会 2010 年 7 月 13 日正式批准爱沙尼亚加入欧元区，2011 年 1 月 1 日，爱沙尼亚成为欧元区的第 17 个成员国，欧元取代了爱沙尼亚克鲁恩，爱沙尼亚成为继斯洛文尼亚和斯洛伐克之后，第三个使用欧元的转轨国家、第一个采用欧元的前苏联国家和第一个使用欧元的波罗的海国家。由于爱沙尼亚是全球金融危机后，欧元俱乐部第一次增加新成员，并向中欧、东欧其他国家传递了一个信号，即只要欧元区的入盟标准，它们也可以成为欧元区的一员，未来欧元区还将继续东扩，这必将在欧洲一体化发展史上具有非常深远的意义。

欧元区国家正遭遇着严重的主权债务危机冲击，欧元作为主要储备货币的市场信誉受到了较大的影响，在这种情况下，爱沙尼亚申请加入欧元区、使用欧元意味着欧洲国家并没有对欧元丧失信心，欧元区扩大的步伐并没有因全球金融危机而放缓，也没有因希腊主权债务危机而终止。这是因为，从欧洲一体化的利弊得失看，欧洲联合进程给欧元区国家带来的好处要明显大于弊端的，各成员国，特别是南欧诸国，相对于其他欧元区国家而言，地区发展水平相对落后，也因此在欧共体的区域发展中，得到了更为特殊的好处。例如，在东扩之前，希腊、葡萄牙、西班牙和爱尔兰是欧盟地区发展和结构基金的最大受惠国。

无论是在理论上还是从现实考察，欧盟各成员国在欧洲一体化进程中是利弊兼得的，而且直接获得的好处更多。1992年欧共体完成统一大市场的建设，实现了商品、资本、人员和劳动的四大自由流通。包括资本、劳动、技术、资源等生产要素可以在统一大市场的更大规模空间中得到进一步的优化配置，比如，南欧等一些低收入国家的剩余就业人口可以自由地前往西欧、北欧等发达经济体寻求新的工作岗位等等，德国以及芬兰、瑞典等北欧国家可以更容易地在欧元区内进行技术投资和开展高科技贸易。

单一货币欧元正式流通后，欧元区内国家享受到了统一货币带来的各种好处。欧元区有助于防止外部货币冲击，减少本国银行体系的外币信贷风险，比如，取消了不同货币之间的换汇成本和交易成本，过去容易受到国际货币投机冲击的弱币国，希腊、葡萄牙、西班牙等国家不再受到汇率剧烈波动对经济造成的严重冲击，有助于推动本国经济的稳定增长。加入欧洲货币联盟可以增加成员国经济运行和金融市场的稳定性，使得货币融资、对外投资和区内贸易变得更加快捷和便利。与其他使用欧元的国家一样，加入欧元区还有助于提升爱沙尼亚的国际影响力，爱沙尼亚中央银行可以在欧洲中央银行委员会中占有一席之地，成为欧元的决策者之一。欧元诞生是欧洲统一市场建设的必然产物，其他好处还包括欧元的币值稳定带来较低的市场利率，降低了通货膨胀预期和风险。区内商品价格更加透明，成员国之间的商业和贸易往来更加快捷和便利，经营成本也下降，消费者可以购买到更为便宜的同类商品。外汇交易成本被取消，可为从事区内贸易活动的企业和居民旅行节省大笔开支，欧元区内没有了汇率波动和汇率风险，取消了货币兑换和交易成本，对于欧元区内的企业而言，相当于提升了企业赢利空间，而区外国家，例如，英国企业在欧元区从事各种经营，每年需要额外支付15亿欧元用于换汇，或多或少地削弱了英国企业在欧元区内的竞争力。

不仅是欧元区内经济落后的国家可以从欧洲一体化进程中获得较大的利益，德国、法国这两个积极推动欧洲联合的轴心国从中获得的利益更具战略性意义，因为欧洲统一大市场及单一货币诞生之后，德国、法国以其经济、政治上的优势，可以不断扩大区内贸易，获得经济利益，同时，法德两国借机可以提高其在全球经济、政治、外交的影响力，建立在法、德为轴心的欧盟更具竞争力和政治影响力，才有可能在未来与美国、日本在国际事务中呈抗衡之势。

从全球角度看，欧元诞生提升了欧洲在全球经济与金融中的战略地位，为有朝一日创建替代美国的"欧洲世纪"或建立欧洲合众国奠定基础。欧元首批 11 个成员国的国内生产总值占世界的 23.4%，与美国相当；黄金外汇储备占 20.6%，日本和美国分别为 13.8% 和 4.1%；出口占 20%（不包括区内贸易），美国和日本分别为 16% 和 7%。随着欧元区成员国的不断增加，欧元区的国内生产总值占世界的比重、外汇储备及出口比重均上升，表明了欧盟经济稳定性和抵御外界危机的能力必将强于美国。哈佛大学经济学家弗兰克尔甚至预言在 15 年后欧元将取代美元，成为世界第一大货币。欧盟东扩，随之出现了欧元区的东扩，吸引原苏联东欧地区许多国家加入欧盟并在国际贸易中更多地采用欧元，使它们都处于统一的欧洲政治影响之下，建立在以欧元货币体系为核心的"统一欧洲"将在国际事务中发挥更大作用。德国前总理科尔说："货币联盟是我们对全球挑战的回答。"法国总统希拉克说得更加坦率："在将来不可避免的竞争中，只有欧盟能够赋予欧洲以必要的力量。欧洲能够而且应该成为明天多极世界的头号大国。"

当然，对于成员国而言，成为欧元区国家，失去本币的浮动汇率制度——这是加入欧元区、使用欧元取代本币的最大成本——它不利于解决国际收支失衡问题，也不利于提高本国出口产品的价格竞争力，各成员国无法采用货币工具来调控经济，欧央行成为单一货币的决策者。然而，相比各国从一体化中获得的更多好处，让渡货币主权其实不能算是弊端，而是欧洲一体化发展的必经之路，是无法绕开或跳跃的发展阶段。

欧债危机的持续蔓延，使人们对欧洲前途产生各种隐忧，甚至有人认为欧元崩溃已指日可待。事实上，从煤钢联营、原子能共同体、欧共体、统一大市场建成以及单一货币欧元诞生等等欧洲一体化的深化轨迹看，推动欧洲一体化发展一波三折，每一次克服困难、朝前发展，离不开欧洲政治精英的强有力的推动和各成员国在具体方案上的妥协。因此，这一次也不例外，在解决欧债危机、继续推动欧洲联合进程中，欧盟正尝试着从加强经济治理、加强监管等政策、制度层面上，推动欧洲联合的发展。

迄今为止，欧盟国家在经济治理和加强银行监管方面已经提出了一系列政策措施。2012 年 9 月 12 日欧盟委员会提出建立欧元区单一银行监管机制提案（a Single Supervisory Mechanism，SSM），拟赋予欧洲央行对欧元区所有银行的监管权，各成员国的银行业监管机构将主要负责日常监管并执行欧洲央行的相关监管政策。根据提案，欧洲银行业联盟的建立将分为三步走：首先，赋予欧洲央行对欧元区所有银行的监管权，欧元区以外的欧盟国家的银行可以自主选择是否加入这一监管体系；其次，由银行自己出资设立一个基金以应对可能出现的银行破产清算；最后，建立一个健全的存款保险机制，在银行破产或重组时保护欧元区储户利益。

欧盟建立欧元区单一银行业监管机制，有助于弥补欧盟制度设计上的缺陷。单一银行监管机制将克服现有银行监管中的缺陷，确保欧元区金融稳定和银行业正常运转；确保银行监管在欧盟成员国发挥有效作用，使得单一市场规则在成员国运用的有效性和可持续性。欧洲中央银行将扮演规则和监管者的角色，使得欧元区的银行可以实行稳健的财政纪律。其最终目的就是要严禁纳税人的钱被用来救助银行。综合而言，提出建立单一银行机制提案，预期将达到如下目标：打破银行与主权债务之间的恶性关联性；恢复金融部门的公众信誉；切实保障纳税人的利益；确保银行为社会服务和实体经济增长作贡献。通过单一监管机制，可以提高金融市场效率、推动金融市场一体化和透明性，确保银行现有资金可以为刺激实体经济增长作出贡献，银行成为推动社会制度改革的重要融资机构。

加强银行监管，根本目的在于加深欧洲经济与货币联盟进程，进一步完善欧洲单一市场建设，改变欧盟一体化过程中金融一体化滞后的局面，创建单一监管机制，进而建立银行联盟将会实现监管权力的高度集中，凸显欧洲中央银行在泛欧银行监管中的主导地位。这为欧盟走向一个更加紧密的经济与货币联盟奠定了基础，也为加强全球金融监管的协调与发展提供了示范。

从这一点看，欧洲前途应该是比较乐观的。

主要参考文献

序及导论

1. 联合国贸易和发展会议:《世界投资报告:跨国公司与基础设施的挑战》,2008 年,纽约和日内瓦。

2. 郭英彤:《宏观经济政策在欧盟地区的应用与效果评价》,吉林大学出版社。

3. 〔德〕格哈德·施罗德:《塑造未来需要变革的勇气》,《新社会/法兰克福》2003 年第 5 期。

4. 〔德〕赫尔穆特·施密特:《全球化与道德重建》(中译本),社会科学文献出版社,2005。

5. 杨逢珉、张永安:《欧洲联盟经济学》,华东理工大学出版社,1999。

6. 〔德〕维尔纳·魏登费尔德等主编《欧洲联盟与欧洲一体化手册》(中译本),中国轻工业出版社,2001。

7. 〔德〕维尔纳·贝克尔:《欧元这十年》,德意志银行研究报告,2008。

8. 〔美〕莱斯特·瑟罗:《资本主义的未来》,中国社会科学出版社,1998。

9. 〔美〕爱德华·勒特韦克:《涡轮资本主义——全球经济中的赢家与输家》,光明日报出版社,2000。

10. 薛彦平:《欧洲工业创新体制与政策分析》,中国社会科学出版社,2009。

11. 〔英〕保罗·赫斯特等:《质疑全球化——国际经济与治理的可能性》(中译本第二版),社会科学文献出版社,2002。

12. 〔德〕迪特·伯劳尼格：《欧盟劳动力市场政策——"分权"与"集权"之间难以拿捏的平衡》，《德意志银行研究报告》，2008。

13. 薛彦平：《欧盟资本市场的基本特点与发展趋势》，《国外社会科学》2009 年第 4 期。

14. 〔德〕诺贝特·沃尔特：《欧元的大时代——欧元的国际角色》，《德意志银行研究报告》，2008。

15. 中国社会科学院欧洲研究所、中国欧洲学会编《欧洲联盟 50 年》，中国社会科学出版社，2008。

16. 丁一兵：《欧盟区域政策与欧洲产业结构变迁》，吉林大学出版社，2008。

17. EBC, Monthly Bulletin, July 2009.

18. IMF, World Economic Outlook, October 2009.

19. John Gray, False Dawn: The Delusions of Global Capitalism, London, Granta Books, 1998.

20. Bela Balassa, The Theory of Economic Integration, London: Allen & Unwin, 1962.

21. Victoria Curson, The Essentials of Economic Integration, New York: St. Martin's Press, 1974.

22. Jan Tinbergen, International Economic Integration, Amsterdam: Elsevier, 1965.

23. Richard N. Cooper, The Economics of Interdependence: Economic Policy in the Atlantic Community, New York: McGraw-Hill, 1968.

24. European Commission, Sector Enquiry under Article 17 of Regulation (EC) No .1/2003 on the Gas and Electricity Markets (Final Report) [R] . Brussels: Commission of the European Communities, 2007.

25. OECD, "Welfare Expenditure Report (Microsoft Excel Workbook)," 10 Dec. 2009.

26. Tatsachen Über Deutschland, Berlin: Societäts Verlag, Frankfurt an Main, 2008.

27. European Commission, "Investing in Research: An Action Plan for Europe," COM (2003) 226, 2003.

28. European Commission, "More Research and Innovation-Investing for

Growth and Employment: A Common Approach," COM (2005) 488, 12 October 2005.

29. Robert-Jan H. M. Smits, "EU Research for Industrial Competitiveness," in Michael Darmer and Laurens Kuyper (eds.), *Industry and the European Union: Analysing Policies for Business*, Edward Elgar, 2000.

第一章

1. 〔英〕凯恩斯:《就业、利息和货币通论》，商务印书馆，1977。

2. 周叔莲、刘述意编《国有企业的管理和改革》，经济管理出版社，1989。

3. 裘元伦:《中国社会科学院学术委员文库·裘元伦文集》，上海辞书出版社，2005。

4. 顾俊礼主编《福利国家论析——以欧洲为背景的比较研究》，经济管理出版社，2002。

5. 周弘:《福利国家向何处去》，社会科学文献出版社，2006。

6. 〔美〕薇安·A. 施密特:《欧洲资本主义的未来》，张敏、薛彦平译，社会科学文献出版社，2009。

7. 王鹤:《欧洲经济货币联盟》，社会科学文献出版社，2002。

8. 〔英〕安东尼·吉登斯:《气候变化的政治》，曹荣湘译，社会科学文献出版社，2009。

9.《马克思恩格斯全集》第 46 卷，人民出版社，2003。

10.《资本论》第 3 卷，人民出版社，1975。

11.《列宁全集》第 2 卷，人民出版社，1959。

12.《马克思恩格斯全集》第 44 卷，人民出版社，2001。

13.《马克思恩格斯全集》第 45 卷，人民出版社，2001。

14. Derek H. Aldcroft, *The European Economy 1914 – 2000*, 4th Edition, Routledge, 2000.

15. N. F. R. Coafts and N. W. C. Woodward, *The British Economy Since 1945*, Clarendon Press (Oxford), 1991.

16. Bernard J. Foley, *European Economies Since the Second World War*, Macmillan Press Ltd., 1998.

17. Paul Hare, *Planning the British Economy*, Macmillan Publishers Ltd., 1985.

18. C. P. Kindleberger, *Europe's Postwar Growth：The Role of Labour Supply*, Cambridge, MA：Harvard University Press, 1967.

19. A. Maddision, *Economic Growth in the West*, London：Allen & Unwin, 1964.

20. E. F. Denison, E. F., *Why Growth Rates Differ*, Washington, DC：Brookings Institution, 1967.

21. European Commission, *European Economy*, No. 68, 1999.

22. Marie-Josée Drouin, Maurice Ernst, Jimmy W. Wheeler, *Western European Adjustment to Structural Economic Problems*, University Press of America, 1987.

23. David Parker, *Privatisation in the European Union：Theory and Policy Perspectives*, Routledge, 1988.

24. Damien Geradin, *The Liberalization of State Monopolies in the European Union and Beyond*, Kluwer Law International, 2000.

25. European Commission："Special Report：EMU@ 10 – Assessing the First Ten Years and Challenges Ahead," *Quarterly report of the Euro Area*, Volume 7, No. 2 (2008).

26. "An Accessment Policies and Reforms in Europe," *Lisbon Review*, World Economic Forum, 2004.

27. Eurostat, *Science, Technology and Innovation in Europe*, 2010 Edition.

28. BIS, "International Banking and Financial Market Developments," *Quarterly Review*, September 2009.

第二章

1. 田德文：《欧盟社会政策与欧洲一体化》，社会科学文献出版社，2005。

2. 顾俊礼主编《福利国家论析——以欧洲为背景的研究》，经济管理出版社，2002。

3. 周弘：《福利国家向何处去》，社会科学文献出版社，2006。

4. 周弘：《福利的解析：来自欧美的启示》，上海远东出版社，1998。

5. 丁开杰、林义：《后福利国家》，上海三联书店，2004。

6. 邹根宝：《社会保障制度——欧盟国家的经验与改革》，上海财经大学出版社，2001。

7. 纪军：《东欧及独联体国家经济转轨研究》，中共中央党校出版社，2008。

8. 马晓强、雷钰：《欧洲一体化与欧盟国家社会政策》，中国社会科学出版社，2008。

9. 祁亚辉：《福利国家的比较研究》，海南出版社，2005。

10. 姜守明、耿亮：《西方社会保障制度概论》，科学出版社，2002。

11. 邵芬主编《欧盟诸国的社会保障制度研究》，云南大学出版社，2003。

12. 张世雄：《社会福利的理念与社会安全制度》，唐山出版社，1996。

13. 〔英〕安东尼·吉登斯等主编《欧洲模式：全球欧洲，社会欧洲》，沈晓雷译，社会科学文献出版社，2010。

14. 〔英〕彼得·泰勒等：《压力下的福利国家：变革与展望》，刘育延等译，台北松慧有限公司，2006。

15. 〔英〕保罗·皮尔逊：《福利制度的新政治学》，汪淳波、苗正民译，商务印书馆，2004。

16. 〔加〕R. 米什拉：《社会政策与福利政策——全球化的视角》，郑秉文译，中国劳动社会保障出版社，2007。

17. 〔德〕贝娅特·科勒-科赫、托马斯·康策尔曼、米谢勒·克诺特：《欧洲一体化与欧盟治理》，顾俊礼、潘其昌、周弘、刘立群等译，中国社会科学出版社，2004。

18. 周弘、〔德〕贝娅特·科勒-科赫主编《欧盟治理模式》，社会科学文献出版社，2008。

19. 〔德〕克劳斯·奥菲：《福利国家的矛盾》，郭忠华等译，吉林人民出版社，2006。

20. 〔西〕圣地亚哥·加奥纳·弗拉加：《欧洲一体化进程：过去与现在》，朱伦等译，社会科学文献出版社，2009。

21. 〔丹〕哥斯塔·艾斯平-安德森：《转变中的福利国家》，周晓亮译，重庆出版社，2003。

22. 〔德〕弗兰茨-克萨韦尔·考夫曼：《社会福利国家面临的挑战》，王学东译，商务印书馆，2004。

23. 〔加〕R. 米什拉：《资本主义社会的福利国家》，郑秉文译，法律出版社，2003。

24. 冯英华、戴启秀：《经济全球化对欧洲福利国家的挑战——以德国为例》，《国际观察》2005 年第 3 期。

25. 汪华：《论"福利国家"产生的实践传统与理论渊源》，《理论与战略》2008 年第 12 期。

26. 〔英〕安东尼·吉登斯：《欧洲社会模式的反思与展望》，潘华凌、郭忠华译，《开放时代》2007 年第 6 期。

27. 〔意〕莫瑞吉欧·费雷拉：《欧洲福利国家：黄金般的成就与白银般的前景》，张文成编译，《经济社会体制比较》2008 年第 4 期。

28. 林义：《西方社会保险改革的制度分析及其启示》，《学术月刊》2001 年第 5 期。

29. 周弘：《国外现代社会保障制度面面观》，《求是》2009 年第 22 期。

30. 唐虹：《欧洲福利国家的困境与改革》，《求是》2008 年第 6 期。

31. 潘屹：《金融危机下社会政策的全球性复归》，《红旗文稿》2009 年第 16 期。

32. 张成、朱乾龙：《从福利国家的两难困境看我国社会保障制度的完善》，《北方经济》2009 年第 9 期（上）。

33. 曾瑞明：《从西欧社会党的社保改革看福利国家的发展趋势》，《北京行政学院学报》2009 年第 5 期。

34. 柴尚全：《金融危机背景下国外不同发展模式的困境与选择》，《红旗文稿》2009 年第 21 期。

35. 郑秉文：《金融危机引发社保制度改革不断深化》，《中国证券报》2009 年 7 月 6 日。

36. 印久青：《欧洲债务危机的几点启示》，《中国信息报》2010 年 6 月 7 日。

37. 金雁：《剧变 20 年"新欧洲"发展中的新动向》，《南方都市报》2009 年 10 月 12 日。

38. 纪双城、青木：《欧洲尝试改革福利》，《环球时报》2010 年 5 月 24 日。

第三章

1. 〔美〕西蒙·库兹涅茨：《各国的经济增长》，商务印书馆，1985。

2. 《当代世界经济使用大全新编》，中国物价出版社，1994。

3. 《欧洲联盟基础条约》，程卫东、李靖堃译，社会科学文献出版社，2010。

4. European Commission, "Industrial Policy in an Open and Competitive Environment: Guidelines for a Community Approach," COM (1990) 556, 16 Oct. , 1990.

5. European Commission, "Europe's Way to the Information Society," COM (94) 347, 19 July, 1994.

6. European Commission, "Benchmarking the Competitiveness of European Industry," COM (1996) 463, 09 Oct. , 1996.

7. European Commission, "The Competitiveness of European Industry 1999 Report: Commission Communication on Structural Change and Adjustment in European Manufacturing," COM (1999) 465, 1999.

8. European Commission, "Industrial Policy in an Enlarged Europe," COM (2002) 714, 2002.

9. European Commission, "Some Key Issues in Europe's Competitiveness-Towards an Integrated Approach," COM (2003) 704, 2003.

10. European Commission, "Fostering Structural Changes: An Industrial Policy for an Enlarged Europe," COM (2004) 274, 2004.

11. European Commission, "Implementing the Community Lisbon Programme: A Policy Framework to Strengthen EU Manufacturing—Towards a More Integrated Approach for Industrial Policy," COM (2005) 474, 2005.

12. European Commission, "Mid-term Review of Industrial Policy, A Contribution to the EU's Growth and Jobs Strategy," COM (2007) 374, 2007.

13. European Commission, "Europe's Digital Competitiveness Report, Main Achievements of the i2010 Strategy," COM (2009) 390, 04 Aug. 2009.

14. European Commission, "EU Industrial Structure 2009—Performance and Competitiveness," DG Enterprise and Industry, 2009.

15. "Measuring and Benchmarking the Structural Adjustment Performance of EU Industry," The Framework Contract of Sectoral Competitiveness Studies-ENTR/06/054, Final Background Report, Ecorys, Copenhagen, May 2009.

16. European Commission, "Product Market Review 2009, Microeconomic

Consequences of the Crisis and Implications for Recovery," *European Economy*, 11/2009.

17. Eurostat, "European Economic Statistics," 2010 Edition.

18. European Commission, "Europe 2020 A Strategy for Smart, Sustainable and Inclusive Growth," Brussels, COM (2010) 2020, 3 Mar. 2010.

第四章

1. 周弘主编《欧洲联盟 50 年：2007 ~ 2008 年欧洲发展报告》，中国社会科学出版社，2008。

2. 周弘主编《欧洲发展报告（2008 ~ 2009）：欧盟"中国观"的变化》，社会科学文献出版社，2009。

3. 吴志成：《治理创新——欧洲治理的历史、理论与实践》，天津人民出版社，2003。

4. 田德文：《欧盟社会政策与欧洲一体化》，社会科学文献出版社，2005。

5. Gøsta Esping-Andersen and Marino Regini, *Why Deregulate Labour Markets?* Oxford University Press, 1999.

6. Stephen Nickell, "Unemployment and Labour Market Rigidities: Europe versus North America," *The Journal of Economic Perspectives*, 11 (1997).

7. Gøsta Esping-Andersen, *The Three World of Welfare Capitalism*, Princeton, NJ, Princeton University Press, 1990.

8. André Sapir, "Globalization and the Reform of European Social Models," *Journal of Common Market Studies* (*JCMS*), 44 (2006).

9. Peter Auer, Ümit Efendioölu and Janine Leschke, "Active Labour Market Policies around the World: Coping with the Consequences of Globalization," *International Labour Organization*, 2005.

10. R. Barrell (ed.), "The UK Labour Market, "Comparative Aspects and Institutional Development," in *National Institute of Economic and Social Research*, Cambridge University Press, 1994.

11. EC, *Employment in Europe*, *1996*, Brussels: European Commission.

12. *The OECD Jobs Study*, 1994; *The OECD Jobs Strategy: Making Work Pay*, 1997b, Paris: OECD.

13. *The OECD Jobs Strategy: Making Work Pay*, 1997b, Paris: OECD.

14. Peter Auer, Ümit Efendioğlu and Janine Leschke, "Active Labour Market Policies around the World: Coping with the Consequences of Globalization," International Labour Office, Geneva, 2005.

15. Manulela Samek Lodovici, "The Dynamics of Labour Market Reform in European Countries," edited by Gøsta Esping-Andersen & Marino Regini, *Why Deregulate Labour Markets?* Oxford University Press, 1999.

16. Jochen Kluve, David Card, etc., *Active Labour Market Policies in Europe: Performance and Perspectives*, Springer, 2007.

17. D. Foden and L. Magnusson, "Five Years Experience of the Luxembourg Employment Strategy," Brussels, ETUI Edition, 2003.

18. Jean Pisani-Ferry and Jürgen von Hagen, "Why is Europe Different from What Economists Would Like?" Paper Presented at the L1th Congress of the French Economic Association (AFSE), Paris, 19 – 20 September, 2002.

19. European Commission, "More and Better Jobs for all the European Employment Strategy," 2004.

20. Bernard H. Casey & Michael Gold, "Peer Review of Labour Market Programmes in the European Union: What can Countries Really Learn from One Anther?" *Journal of European Public Policy*, 12 (2005).

21. Mariely López-Santana, "The Domestic Implications of European Soft Law: Framing and Transmitting Change in Employment Policy," *Journal of European Public Policy*, 13 (2006).

22. James S. Mosher & David M. Trubek, "Alternative Approaches to Governance in the EU: EU Social Policy and the European Employment Strategy," *Journal of Common Market Studies (JCMS)* 41, 2003.

23. J. Kluve and C. M. chmidt, "Can Training and Employment Subsidies Combat European Unemployment?" *Economic Policy* 35, 2002.

第五章

1. Werner G. Seifert, *European Capital Markets*, London: Macmilian Press Ltd., 2000.

2. Beate Reszat, *European Financial Systgems in the Global Economy*, San Franciso: John Wiley & Sons Ltd, 2005.

3. Harry Cowie, *Venture Capital in Europe*, Washington: The Federal Trus for Education & Research, 1999.

4. Edward B. Flowers, Francis A. Lees, *The Euro, Capital Markets, and Dollarization*, New York: Rowman & Littlefield Publishers, Inc. , 2002.

5. Daniel Gros, Karel Lannoo, *The Euro Capital Market*, London: John Wiley & Sons Ltd. , 2000.

6. J. Jay Choi, Jefferey M. Wrase, *European Monetary Union and Capital Markets*, London: Elsevier Science, 2000.

7. Klaus Liebscher, *Foreign Diret Investment in Europe, a Changing Landscap*, Northampton, MA, USA: Edward Elgar Publishing Inc. , 2007.

8. Jeff Frankel, *Comment on: Long Term Capital Movements by Lane and Milesi Ferretti*, NBER Macroeconomic Annual. , Cambridge, Mass, USA: MIT Press, 2001.

9. Edward M. P. Cardener, Philip Molyneux, Barry Moore, *Banking in the New Europe, the Impact of the Single European Market Programme and EMU on the European Banking Sector*, Hampshire, UK: Palgrave Macmilian, 2002.

10. Olivier Blanchard, and Francesco Giavazzi, *Current Account Deficits in the Euro Area: The End of the Feldstein-Horioka Puzzle*, Washington: Brookings Papers on Economic Activity 2, 2006.

11. Mehme Ekinci, Sebnem Kalemli-Ozcan, and Bent Sørensen, *Capital Flows within EU Countries: The Role of Institutions, Confidence and Trust*, NBER International Seminar on Macroeconomics, Cambridge, Mass, USA: MIT Press, 2009.

12. Robert Putnam, *Making Democracy Work. Civic Traditions in Modern Italy*, Princeton, NJ: Princeton University Press, 2003.

13. European Commission, *White Paper on the Single Market for Investment Funds*, COM (2006) 686 final;

14. European Commission, *Indirect Tax on Raising Capital (Recast Directive)*, 2008 Directive 2008/7/EC.

15. European Commission, *The EU's Financial Reporting Strategy*: *The way forward*, COM （2000） 359 final.

16. Alexandre, Lamfalussy, *Final Report of Committee of Wise Men on the Regulations of European Securities Markets*, Brussels, 15 February 2001.

17. Jacques, de Larosière, *The High-Level Group on Financial Supervision in the EU*, Brussels, 25 Febuary, 2009.

第六章

1. 菲利普·比斯坎、弗朗瓦索·路易斯：《欧洲科学帝国的衰落——如何阻止下滑》，邱举良译，科学出版社，2008。

2. 计秋风、洪邮生、张志尧：《欧洲的梦想与现实——欧洲统一和历程与前景》，南京大学出版社，2000。

3. 靳仲华、周国林：《欧盟科学技术概况》，科学出版社，2005。

4. 李正风、曾国屏：《走向跨国创新系统：创新系统理论与欧盟的实践》，山东教育出版社，2001。

5. 彼得·贝克尔、奥格尼安·N.希舒、刘可扬：《里斯本进程：要求与现实》，《世界经济与政治》2005年第10期。

6. 施学光：《从里斯本战略和〈欧洲宪法条约〉的困境看欧洲联盟世纪发展前景》，《世界经济与政治论坛》2007年第3期。

7. 张敏：《欧盟里斯本新战略——增长和就业伙伴计划》（专题篇），周弘主编《2005~2006年欧洲发展报告·欧洲宪法的命运》，中国社会科学出版社，2006。

8. 张承友、曹增友：《欧洲科技发展战略探讨（二）》，《科学学与科学技术管理》1989年第4期。

9. 贡泰也：《从欧盟第四个"总体框架"看其科技发展战略》，《全球科技经济瞭望》1996年第10期。

10. 金川相：《面向新世纪的欧盟科技发展规划——欧盟第五个研究与技术开发总体规划》，《全球科技经济瞭望》1997年第10期。

11. 王景文：《欧盟国家科技政策功效分析》，《全球科技经济瞭望》2006年第12期。

12. 冯兴石：《欧盟的研发政策研究及启示》，《中国科技论坛》2007年第

12 期。

13. 薛彦平：《欧洲工业创新体制与政策分析》，中国社会科学出版社，2009。

14. 桑倞：《欧洲联盟创新政策浅析》，中国社会科学院博士论文，2002。

15. 赵莉晓：《欧洲创新记分牌（EIS）2007 报告概述及其启示》，《科学学研究》2009 年 2 月。

16. 张敏：《2010～2011 年欧盟科技进展报告》（欧洲联盟篇），周弘主编《2010～2011 年欧洲发展报告》，中国社会科学出版社，2011。

17. Andrew J. Pierre, *A High Technology Gap? Europe*, *America and Japan*, New York and London: New York University Press, 1987.

18. Attilio Stajano, *Research*, *Quality*, *Competitiveness*: *European Union Technology Policy for the Knowledge-based Society*, Springer, 2009.

19. Simon Dresner and Nigel Gilbert, *The Dynamics of European Science and Technology Policies*, Aldershot: Ashgate, 2001.

20. Henri Delanghe, Ugur Muldur, Luc Soete, *European Science and Technology Policy*: *Towards Integration or Fragmentation*. Cheltenham, UK; Northampton, MA: Edward Elgar, 2009.

21. John Krige, Luca Guzzetti, *History of European Scientific and Technological Cooperation*, Luxembourg: Office for Official Publications of the European Communities, 1997.

第七章

1. 蔡守秋主编《欧盟环境政策法律研究》，武汉大学出版社，2002。

2. 蔡守秋、王欢欢：《欧盟环境法的发展历程与趋势》，《福州大学学报（哲学社会科学版）》2009 年第 4 期。

3. 陈迎：《国际环境制度的发展和改革》，《世界经济与政治》2004 年第 4 期。

4. 李俊峰、马玲娟：《低碳经济是规制世界发展格局的新规则》，《世界环境》2008 年第 2 期。

5. Stephen M. Johnson：《经济手段 VS 环境正义：欧盟的视角》，《环境经济》2009 年 10 月（总第 70 期）。

6. 王韬洋：《有差异的主体与不一样的环境"想象"——"环境正义"视

角中的环境伦理命题分析》，《哲学研究》2003 年第 3 期。

7. 肖主安：《欧盟环境政策与农业政策的协调措施》，《世界农业》2004 年第 5 期。

8. 张坤民、潘家华、崔大鹏等：《低碳经济论》，中国环境科学出版社，2008。

9. 周大地：《2020 中国可持续能源情景》，中国环境科学出版社，2003。

10. 庄贵阳：《哥本哈根气候博弈与中国角色的再认识》，《外交评论》2009 年第 6 期。

11. BMU/NC4, "Fourth National Report by the Government of the Federal Republic of Germany. Federal Ministry of the Environment," *Nature Conservation and Nuclear Safety*, June 2006.

12. Bundesministerium fuer Umwelt, Erneuerbare Energien in Zahlen, März 2003.

13. Bundesministerium fuer Wirtschaft und Technologie, *Sustainable Energy Policy to Meet the Needs of the Future*, 2002.

14. Commission of the European Communities, "Energy for the Future, Green Paper for a Community Strategy," COM (1996) 576 final, Brussels, 20.11.1996.

15. DTI (Department of Trade and Industry), UK Energy White Paper: Our Energy Future—Creating a Low Carbon Economy, London: TSO, 2003.

16. EIA (Energy Information Administration), *International Energy Outlook 2007*.

17. European Commission, "Energy for the Future: Renewable Sources of Energy," White Paper for a Community Strategy and Action Plan, COM (1997) 599 final (26.11.97).

18. "Federal Ministry for the Environment, Nature Conservation and Nuclear Safety," in *Renewable Energy Sources Act Progress Report 2007*.

19. Helmut H., Karl-Heinz E., Fridolin K., "How to Calculate and Interpret Ecological Footprints for Long Periods of Time: the Case of Austria 1926 – 1995," *Ecological Economics*, 38 (2001), pp. 25 – 45.

20. IPCC, *Summary for Policymakers of Climate Change 2007: Mitigation. Contribution of Working Group III to the Fourth Assessment Report of the Intergovernmental Panel on Climate Change*, Cambridge, UK: Cambridge

University Press, 2007.

21. Joanna Lewis and Ryan Wiser, "Fostering a Renewable Energy Technology Industry: An International Comparison of Wind Industry Policy Support Mechanisms," *Energy Policy* 35 (3), 2007, pp. 1844 – 1857.

22. Yoichi Kaya, "Impacts of Carbon Dioxide Emission Control on GDP Growth: Interpretation of Proposed Scenarios," Paper Presented at IPCC Energy and Industry Subgroup Response Strategies Working Group, Paris, France, 1990.

23. Mischa Bechberger and Danyel Reiche, "Renewable Energy Policy in Germany: Pioneering and Exemplary Regulations," *Energy for Sustainable Development*, 8 (2004).

24. Paul Runci, "Renewable Energy Policy in Germany: An Overview and Assessment," Pacific Northwest National Laboratory Technical Lab Report PNWD – 3526, January, 2005.

25. "Single European Act," *Official Journal of the European Communities L 169*, Volume 30, 29 Jnne 1987.

26. N. Stern et al., *Stern Review on the Climate Change*, Cambridge University Press, 2007.

27. Tapio P., "Towards a Theory of Decoupling: Degrees of Decoupling in the EU and the Case of Road Traffic in Finland between 1970 and 2001," *Journal of Transport Policy*, 12 (2005), pp. 137 – 151.

28. *Treaty on European Union (1992)*, *Official Journal* C 191 of 29 July 1992, UK Carbon Trust, Carbon Footprinting, 2008.

29. Volkmar Lauber & Lutz Mez, "Three Decades of Renewable Electricity Policies in Germany," *Energy & EnviRonment*, 15 (2004).

30. T. Wiedmann and J. Minx, "A Definition of 'Carbon Footprint'," *Ecological in Economics Research Trends*, Nova Science Publishers, Inc., 2008.

图书在版编目（CIP）数据

欧盟国家经济改革的理论与实践/裴元伦等著. —北京：
社会科学文献出版社，2013.6
ISBN 978 - 7 - 5097 - 4577 - 9

Ⅰ.①欧…　Ⅱ.①裴…　Ⅲ.①欧洲国家联盟 - 经济改革 -
研究　Ⅳ.①F150.1

中国版本图书馆 CIP 数据核字（2013）第 086923 号

欧盟国家经济改革的理论与实践

著　　者 / 裴元伦　张　敏 等

出 版 人 / 谢寿光
出 版 者 / 社会科学文献出版社
地　　址 / 北京市西城区北三环中路甲 29 号院 3 号楼华龙大厦
邮政编码 / 100029

责任部门 / 全球与地区问题出版中心（010）59367004　　责任编辑 / 高明秀　郑凤云
电子信箱 / bianyibu@ ssap. cn　　　　　　　　　　　　责任校对 / 李晨光　苏向蕊
项目统筹 / 祝得彬　　　　　　　　　　　　　　　　　　责任印制 / 岳　阳
经　　销 / 社会科学文献出版社市场营销中心（010）59367081　59367089
读者服务 / 读者服务中心（010）59367028

印　　装 / 北京季蜂印刷有限公司
开　　本 / 787mm × 1092mm　1/16　　　　　　　印　张 / 23
版　　次 / 2013 年 6 月第 1 版　　　　　　　　　字　数 / 388 千字
印　　次 / 2013 年 6 月第 1 次印刷
书　　号 / ISBN 978 - 7 - 5097 - 4577 - 9
定　　价 / 69.00 元